全 世 界 无 产 者， 联 合 起 来！

列宁全集

第二版增订版

第三十七卷

1919年6—12月

中共中央 马克思 恩格斯 列宁 斯大林 著作编译局编译

人民出版社

《列宁全集》第二版是根据中国共产党中央委员会的决定，由中共中央马克思恩格斯列宁斯大林著作编译局编译的。

凡　　例

1. 正文和附录中的文献分别按写作或发表时间编排。在个别情况下，为了保持一部著作或一组文献的完整性和有机联系，编排顺序则作变通处理。

2. 每篇文献标题下括号内的写作或发表日期是编者加的。文献本身在开头已注明日期的，标题下不另列日期。

3. 1918 年 2 月 14 日以前俄国通用俄历，这以后改用公历。两种历法所标日期，在 1900 年 2 月以前相差 12 天（如俄历为 1 日，公历为 13 日），从 1900 年 3 月起相差 13 天。编者加的日期，公历和俄历并用时，俄历在前，公历在后。

4. 目录中凡标有星花 * 的标题，都是编者加的。

5. 在引文中尖括号〈　〉内的文字和标点符号是列宁加的。

6. 未说明是编者加的脚注为列宁的原注。

7.《人名索引》、《文献索引》条目按汉语拼音字母顺序排列。在《人名索引》条头括号内用黑体字排的是真姓名；在《文献索引》中，带方括号[　]的作者名、篇名、日期、地点等等，是编者加的。

目　录

附　　录

插　　图

前　　言

本卷收载列宁在1919年6月至12月期间的著作。

1919年年中，红军击溃了高尔察克的精锐部队。高尔察克的军队已经不再是主要危险。同时，红军粉碎了尤登尼奇的白卫军队向彼得格勒的进攻。外国武装干涉者和俄国反革命势力眼看在俄国东部的败局已定，便于1919年5月下半月开始在南方发动大规模的新攻势。南俄白匪司令邓尼金从美、英、法等国获得大量装备，纠集了15万兵力，在整个南方战线发起了猛烈攻击。到夏季，邓尼金军队已经占领了库班、捷列克、顿河等地区、乌克兰第聂伯河左岸的一部分地方和顿巴斯，继续向北推进。7月3日，邓尼金发出了向莫斯科进军的命令。他的精锐部队沿着哈尔科夫—库尔斯克—奥廖尔—图拉—莫斯科一线向莫斯科进逼。10月中旬，邓尼金军队占领奥廖尔并窜入图拉省，首都莫斯科岌岌可危。与此同时，尤登尼奇的军队再次逼近彼得格勒，西部的波兰白卫军和东部的高尔察克残部积极助攻，牵制住红军的一部分兵力。苏维埃俄国又处于四面受敌的危险境地。

本卷收载的文献反映了列宁领导党和国家进行的艰苦卓绝的斗争和他对科学社会主义学说作出的重大贡献。

本卷的头一篇著作《伟大的创举》具有重要的理论意义和实践意义。1919年5月莫斯科—喀山铁路员工中的共产党员和同情分子为支持苏维埃政府取得国内战争的胜利发起组织了共产主义星期六义务劳动。列宁高度称赞这一活动，把它称为“伟大的创举”。列宁指出，这一创举的重大意义在于“它向我们表明了工人自觉自愿提高劳动生产率、过渡到新的劳动纪律、创造社会主义的经济条件和生活条件的首创精神”(见本卷第15页)。列宁认为：“无产阶级专政不只是对剥削者使用的暴力，甚至主要的不是暴力。这种革命暴力的经济基础，它的生命力和成功的保证，就在于无产阶级代表着并实现着比资本主义更高类型的社会劳动组织。”(见本卷第11页)他指出，社会主义的最终目的是消灭阶级，同时给阶级下了经典定义：“所谓阶级，就是这样一些大的集团，这些集团在历史上一定的社会生产体系中所处的地位不同，同生产资料的关系(这种关系大部分是在法律上明文规定了的)不同，在社会劳动组织中所起的作用不同，因而取得归自己支配的那份社会财富的方式和多寡也不同。”(见本卷第13页)他指出：为了完全消灭阶级，不仅要推翻地主和资本家，废除他们的所有制，而且要废除任何生产资料私有制，消灭城乡之间、体力劳动者和脑力劳动者之间的差别。要完成这一长期才能实现的事业，必须大力发展生产力，大大提高劳动生产率，劳动生产率归根到底是使新社会制度取得胜利的最重要最主要的东西，“共产主义就是利用先进技术的、自愿自觉的、联合起来的工人所创造的较资本主义更高的劳动生产率。”(见本卷第19页)列宁认为无产阶级在夺得政权后，在镇压资产阶级的反抗的同时要引导劳动群众进行经济建设，建立新的劳动组织和新的劳动纪律，而后一个任务比前一个任务更困难，也更重要，“因为归根到底，战胜资产阶级所需力量的最深源泉，这种胜利牢不可破的唯一保证，只能是新的更高的社会生产方式，只能

是用社会主义的大生产代替资本主义的和小资产阶级的生产。”（见本卷第15页）

《大家都去同邓尼金作斗争！》一文是列宁在7月上旬受党中央的委托起草的动员全民力量粉碎邓尼金白卫军猖狂进攻的号召书。号召书分析了苏维埃俄国所面临的两年来最危急的局势，指出工人和农民所取得的成果有丧失的危险，号召全党和全体劳动人民把全部力量都转到直接的战争任务上来，使苏维埃共和国真正成为统一的军营，坚决击退邓尼金的进攻，消灭白卫军。号召书还提出了一些重要措施：为了加强军事工作，缩减或暂时停闭与军事没有直接关系的苏维埃工作的部门和机关，把优秀的党政干部派到红军中去；在群众中进行政治教育工作，说明高尔察克和邓尼金的真相，动员全民参战；建立巩固的后方，要空前紧张地行动起来，“用革命精神从事工作”。列宁指出：在处理国家事务时必须实行集体管理制，但不能把实行集体管理的机关变成清谈馆；“任何时候，在任何情况下，实行集体管理都必须极严格地一并规定**每个**人对**明确**划定的工作所负的个人责任。借口集体管理而无人负责，是最危险的祸害”（见本卷第41—42页）。

本卷收载的列宁在党的、苏维埃的、群众团体的各种会议以及工人或红军战士的集会上所作的许多讲话和报告，列宁给工人、红军战士和各级党组织写的许多书信，中心内容都是说明国内外形势的真实情况，号召保卫苏维埃政权，分析红军受挫或取胜的原因，论证国内战争的最后胜利必属苏维埃人民，坚定广大干部和工农兵群众的胜利信心，动员共产党员和优秀工农分子到前线去担负最困难最艰巨的工作。其中《为战胜高尔察克告工农书》是一篇重要文献。它是列宁在8月间为红军取得了重创高尔察克军队、收复乌拉尔并开始解放西伯利亚的辉煌战果而写的。列宁在这篇文献中指出，工农群众应当从这一胜利中记取五大教训：为了捍卫工农政权，必须有强大的红军；为了巩固红军，国家要有大量的粮食储备；为了彻底消灭高尔察克和邓尼金，必须遵守极严格的革命秩序，恪守苏维埃政权的法律和命令；要继续与孟什维克和社会革命党人这些白卫分子的帮凶作斗争；要结成农民同工人阶级的联盟。

列宁十分关注共产党自身的建设和共产党员素质的提高。在1919年国内战争局势最危急的时刻，俄共中央一方面继续进行党员登记，清除党内那些贪生怕死、谋取私利的党员，另一方面在10月举行了征收党员周，吸收了20多万优秀工人、农民和红军战士入党。编入本卷的《工人国家和征收党员周》和《莫斯科征收党员周的总结和我们的任务》这两篇文章阐述了执政的无产阶级政党保持党员队伍先进性、加强自身组织建设的原则，总结了莫斯科征收党员周的成绩和经验。他指出："徒有其名的党员，就是白给，我们也不要。世界上只有我们这样的执政党，即革命工人阶级的党，才不追求党员数量的增加，而注意党员质量的提高和清洗'混进党里来的人'。""我们不向这些普通党员许愿，说入党有什么好处，也不给他们什么好处。相反地，现在党员要担负比平常更艰苦更危险的工作。"（见本卷第217、218页）他赞扬在国家危难时刻申请入党的无产阶级群众所表现的对苏维埃政权的无限忠诚、高度的自我牺牲精神和英雄主义热情。他强调党取得政权后，要重视人才的培养，要善于发现和使用人才，要特别重视从工人和劳动农民中间发掘新人才，要多吸收真心拥护共产主义的正直的劳动者入党。列宁还重视新党员的培养和使用，要求各级党组织打破常规，

“应该**更大胆地**把各种各样的国家工作托付给他们，应该更迅速地在实践中考验他们”，“要**立即**给这些新手在**广阔的**工作领域中施展才能和一显身手的机会”（见本卷第232页）。

编入本卷的《论国家》、《论无产阶级专政的小册子的提纲》、《无产阶级专政时代的经济和政治》等文献，反映了列宁在国内战争的严峻日子里的理论活动。

《论国家》是列宁1919年7月11日在斯维尔德洛夫大学所作的讲演。这篇讲演透彻地阐述了马克思主义的国家学说和共产党对国家的态度。列宁指出，国家问题是关系全部政治的基本问题和根本问题，是一个最复杂最难弄清的问题，也是被资产阶级学者弄得最混乱的问题，只有把国家问题弄清楚，才能坚定共产主义信念。列宁首先阐明了研究国家问题的科学方法，“那就是不要忘记基本的历史联系，考察每个问题都要看某种现象在历史上怎样产生、在发展中经过了哪些主要阶段，并根据它的这种发展去考察这一事物现在是怎样的”（见本卷第63页）。这种科学方法就是唯物史观。列宁用唯物史观考察了国家产生和发展的历史，对奴隶制国家、封建制国家和资本主义国家的特征作了科学分析，从生产方式和社会阶级结构的变化说明了一种国家类型过渡到另一种国家类型的规律；揭示了国家的实质，指出国家是维护一个阶级对另一个阶级的统治的机器。他指出了资本主义国家的实质是资产阶级专政，揭露了资产阶级民主、自由和平等的虚伪性。他批判了第二国际领袖所宣扬的不要无产阶级专政而经过“一般民主”过渡到社会主义的机会主义论点，阐明了共产党对国家的态度，指出：“我们已经从资本家那里把这个机器夺了过来，由自己掌握。我们要用这个机器或者说这根棍棒去消灭一切剥削。到世界上再没有进行剥削的可能，再没有土地占有者和工厂占有者，再没有一部分人吃得很饱而一部分人却在挨饿的现象的时候，就是说，只有到再没有发生这种情形的可能的时候，我们才会把这个机器毁掉。那时就不会有国家了，就不会有剥削了。”（见本卷第77—78页）

《论无产阶级专政的小册子的提纲》和《附录》中收载的另外几个提纲，是列宁为总结苏维埃政权成立两周年的经验而撰写一部论述无产阶级专政的专著所作的准备。列宁由于工作繁忙未能实现他的愿望，但提纲反映了列宁对无产阶级专政问题的新思考。列宁指出，无产阶级专政是无产阶级阶级斗争的新形式，并列举了五种形式：镇压剥削者反抗；国内战争；中立小资产阶级，特别是农民，中立靠说服、示范；利用资产阶级，迫使敌对者服从，让资产阶级专家积极工作；培养新纪律。列宁还指出，无产阶级专政是破坏资产阶级民主和建立无产阶级民主；无产阶级专政是无产阶级对全体劳动者进行训练，进行领导。

列宁在《无产阶级专政时代的经济和政治》一文中根据马克思主义关于过渡时期的理论，结合世界上第一个社会主义国家成立两年来的经验，论述了过渡时期俄国社会经济结构的特点。他指出：在资本主义和共产主义之间有一个过渡时期，这个过渡时期不能不兼有这两种社会经济结构的特点；这一时期社会经济的基本形式是资本主义、小商品生产和共产主义，相应的基本力量是资产阶级、小资产阶级（特别是农民）和无产阶级。无产阶级专政的基本任务是把多种结构的经济改造成为社会主义经济。列宁在论述“社会主义就是消灭阶级”的思想时指出，为了消灭阶级，首先要推翻地主和资本家，其次要消灭工农差别，对农业实行社会主义改造。从个体小商品经济过渡到公共的大经济，这是一个无比困难的和长期的任务。他告诫说:“采用急躁轻率的行政手段和立法手段,只会延缓这种过渡,给这种过渡造成困难。只有帮助农民大大改进以至根本改造全部农业技术,才能加速这种过渡。”(见本卷第275页)列宁还论述了无产阶级专政条件下阶级斗争的新任务,指出:“无产阶级在推翻资产阶级、夺得政权以后,成了**统治**阶级:它掌握着国家政权,支配着已经公有化的生产资料,领导着动摇不定的中间分子和中间阶级,镇压着剥削者的日益强烈的反抗。这些都是阶级斗争的**特殊**任务,是无产阶级以前不曾提出也不可能提出的任务。”(见本卷第277页)

《苏维埃政权成立两周年》一文和《十月革命两周年》的讲话,阐述了苏维埃政权建立两年所取得的成就,总结了两条重要的经验教训:一是“只有让工人参加国家的整个管理工作,我们才能在这样难以置信的困难条件下坚持下去,只有走这条道路,我们才会取得完全的胜利”。二是“要正确地对待农民,正确地对待千百万农民群众,因为正是这样做,我们才顺利地克服了各种困难,也只有这样做,我们才能从胜利走向胜利”(见本卷第290—291页)。

列宁《在农业公社和农业劳动组合第一次代表大会上的讲话》中阐明了办好农业集体经济的重要性,指出苏维埃政权高度重视农业公社、农业劳动组合和一切旨在把个体小农经济转变为公共的、共耕的或劳动组合的经济组织,这些经济组织的意义非常大,因为不改变原来那种贫困不堪的农民经济,就谈不上巩固地建立社会主义社会。列宁同时指出:“要想用某种快速的办法,下个命令从外面、从旁边去强迫它改造,那是完全荒谬的。我们十分清楚,要想影响千百万小农经济,只能采取谨慎的逐步的办法,只能靠成功的实际例子,因为农民非常实际,固守老一套的经营方法,

要使他们进行某种重大的改变，单靠忠告和书本知识是不行的。”（见本卷第365—366页）

列宁十分重视苏维埃政权的民族政策和俄国东部各民族的解放运动问题。列宁在《致土耳其斯坦共产党员同志们》的信中指出，苏维埃工农共和国对以前受压迫的弱小民族的态度，不仅对苏维埃政权本身，而且对世界上所有的殖民地都具有重大的实际意义，因此共产党员们要用实际行动证明他们真心想要根除大俄罗斯帝国主义的一切残余。列宁在他起草的《俄共（布）中央关于乌克兰苏维埃政权的决议》中再次肯定乌克兰共和国的独立，指出乌克兰共和国和苏维埃共和国的联盟形式问题最后应由乌克兰工人和劳动农民决定，指示乌克兰苏维埃政权要更广泛地吸收贫苦农民和中农参加管理工作，铲除妨碍乌克兰语言和文化自由发展的一切障碍。

列宁《在全俄东部各民族共产党组织第二次代表大会上的报告》中深刻论述了东部各民族的民族解放运动问题，高度评价了俄国东部各族人民的觉醒。列宁说道，东方的人民群众将作为独立的斗争参加者和新生活的创造者参与决定世界的命运。他指出：东部各民族共产党组织“面临着全世界共产党人所没有遇到过的一个任务，就是你们必须以共产主义的一般理论和实践为依据，适应欧洲各国所没有的特殊条件，善于把这种理论和实践运用于主要群众是农民、需要解决的斗争任务不是反对资本而是反对中世纪残余这样的条件”（见本卷第328页）。列宁认为，无论在哪一部共产主义书本里都找不到解决这种任务的现成答案，只能根据自己的经验来解决。

妇女解放问题也是列宁关心的一个重要问题。在《伟大的创举》和《论苏维埃共和国女工运动的任务》两文中，列宁指出，苏维埃政权废除了有关妇女处于不平等地位的法律，从而在法律上保障了妇女的平等权利，但是，要使妇女和男子达到真正的平等，必须创办食堂、托儿所等公共设施，让妇女摆脱繁重琐碎的家务，减少和消除妇女在社会生产和社会生活上同男子的不平等，此外还要使妇女参加政治活动。在《苏维埃政权和妇女的地位》一文中，列宁就妇女的地位问题对资产阶级民主和社会主义民主作了鲜明对比，揭穿了资产阶级民主的虚伪。

《答美国记者问》、《致美国工人》、《答美国〈芝加哥每日新闻报〉记者问》等文献，评述了资本主义的历史地位，阐述了苏维埃国家的对外政策。列宁肯定了资本主义的历史进步性同时指出资本主义将被社会主义代替的历史必然性。列宁说，资本主义同封建主义相比，是在“自由”、“民主”、“平等”、“文明”的道路上向前迈进了具有世界历史意义的一步，但资本主义只是改变了经济奴役形式，而没有改变奴役的实质。资本主义现在已经成熟并走向衰朽，资本主义的崩溃是不可避免的。资本家、资产阶级能办到的，至多是延缓社会主义在这个或那个国家取得胜利，但决不能挽救资本主义。列宁还阐明了苏维埃俄国的对外政策，指出苏维埃政府愿意保证不干涉别国内政，对外执行和平政策，因为持久和平会大大改善俄国劳动群众的处境。有些美国人（主要是资产者）不赞成同俄国打仗，希望缔结和约后，不仅同俄国恢复贸易关系，而且能够从俄国获得一定的承租权。列宁答复说：“在社会主义国家和资本主义国家共存的时期，我们也愿意在合理的条件下给予承租权，作为俄国从技术比较先进的国家取得技术帮助的一种手段。”（见本卷第 190 页）

《论第三国际的任务(拉姆赛·麦克唐纳论第三国际)》、《给西尔维娅·潘克赫斯特的信》、《资产阶级如何利用叛徒》、《向意大利、法国和德国的共产党人致敬》、《就分裂问题给德国共产党中央委员会的信》、《致加入过统一的"德国共产党"而现在组成新党的共产党员同志们》、《致塞拉蒂同志和全体意大利共产党员》等文献,反映了列宁在国内战争十分激烈的日子里依然密切注视着国际共产主义运动。列宁揭露了第二国际领袖们的机会主义路线,斥责他们是社会主义事业的叛徒,指出不同他们进行斗争、不同他们分裂就谈不上真正的共产主义工人运动。列宁同时指出,同机会主义斗争不要在赞成或反对参加资产阶级议会和反动工会这一方面进行,那样做是绝对错误的,但是如果离开马克思主义的思想和实践路线而走向工团主义的思想和实践,那错误就更加严重了。列宁告诫说,无产阶级夺取政权的斗争是复杂的、困难的、长期的,党应当在资产阶级议会和反动工会中做工作,应当到一切可以向工人讲话和能够影响工人群众的地方去,要善于经常地在群众中进行革命宣传,要善于把合法的和不合法的活动结合起来。

《俄共(布)第八次全国代表会议文献》和《全俄苏维埃第七次代表大会文献》收载了列宁在1919年12月上旬先后召开的这两次会议上的报告和讲话以及列宁草拟的决议草案。这两次会议是在国内战争取得重大胜利的情况下召开的。红军从10月中旬开始反攻,经过一番鏖战,使得邓尼金军队节节败退。到12月,邓尼金已临近覆灭的边缘。高尔察克的军队在11月被全歼,尤登尼奇的军队在12月被击溃。苏维埃共和国的国内形势和国际形势都显著好转。列宁在两次会议上的报告和讲话中分析了有利的国内外形势,总结了苏维埃共和国两年来巩固无产阶级专政和粉碎协约国两次进攻的经验教训，阐述了苏维埃政府的对内政策和对外政策。列宁论述了处于执政地位的无产阶级政党如何加强组织建设的问题。他强调指出，只有工人阶级的先进部分，只有工人阶级的先锋队，才能领导国家。在党取得执政地位以后，会有一些有害分子混进来捞取好处，因此必须严把党的大门，应当把工人和其他阶级中最可靠的人吸收到党内来，保证党组织的纯洁性和战斗力。只有这样的党，才能解决苏维埃国家的政权建设问题、经济建设问题和军事问题。列宁起草的《关于国际政策问题的决议草案》论述了俄国苏维埃政权为实现和平外交所作的努力，表明了俄国人民希望与各国人民和平相处，把自己的全部力量用来进行国内建设的愿望。列宁在全俄苏维埃第七次代表大会的闭幕词中高兴地说道："第七次代表大会第一次能用这么多的时间来讨论实际的建设任务，第一次开始直接根据经验来实际讨论如何更好地组织苏维埃经济和苏维埃管理工作的任务。"（见本卷第 417 页）他号召代表们回到各地加倍努力做好军事的以及同军事有关的各项工作。他深信"我们在这一冬季战局中就一定能够在最短期间彻底消灭敌人，结束国内战争，这样，我们就能够赢得一段很长的时期来进行和平的社会主义建设"（见本卷第 419 页）。

在《列宁全集》第 2 版中，本卷文献比第 1 版相应时期的文献增加 26 篇，其中有《给人民委员会秘书处的指示》、《中央政治局关于同马蒙托夫作斗争的措施的决议草案》、《人民委员会关于中央纺织工业委员会由集体管理制改行个人管理制的决定草案》、《人民委员会关于最高国民经济委员会和国家监察人民委员部之间争执的决定草案》、《中央消费合作总社俄共（布）党团和粮食人民委员部俄共（布）党团会议关于食品收购总结的决定草案》、《合作社问题上的要求》、《同阿富汗特命大使穆罕默德·瓦利·汗的谈话》、《对开赴前线的伊万诺沃-沃兹涅先斯克工人共产党员的讲话》、《对开赴前线的社会教育训练班学员的讲话》、《关于统一林业机构问题的建议》、《人民委员会关于收购马铃薯的决定草案》、《俄共(布)中央全会决定草案》、《俄共(布)中央全会关于全俄中央执行委员会的组成的决定草案》、《对人民委员会关于改善铁路运输管理的法令草案的补充》、《关于粮食部门工作的决议草案》等等以及《附录》中的全部文献。

在本增订版中,本卷文献比《列宁全集》第2版相应时期的文献增加两篇,即针对列·达·托洛茨基请求辞职问题的《俄共(布)中央组织局和政治局决定草案》,以及涉及乌克兰的《俄共(布)关于乌克兰政策的提纲草案》。

弗·伊·列宁

（1919 年）

伟大的创举

（论后方工人的英雄主义。
论“共产主义星期六义务劳动”）

（1919年6月28日）

报刊上登载了红军战士的许多英勇事迹。工人和农民们在与高尔察克、邓尼金和其他地主资本家军队作斗争中，表现了不少英勇果敢和坚韧不拔的奇迹，保卫着社会主义革命的果实。根绝游击习气和克服疲沓涣散现象的过程进行得很缓慢，很费力，然而却一直在前进。为了社会主义的胜利而自觉地承受牺牲的劳动群众的英雄主义，是红军中新的同志纪律的基础，是红军恢复、巩固和壮大的基础。

后方工人的英雄主义也同样值得重视。在这方面，工人自己发起组织的**共产主义星期六义务劳动**确实具有极大的意义。显然，这还只是开端，但这是非常重要的开端。这是比推翻资产阶级更困难、更重大、更深刻、更有决定意义的变革的开端，因为这是战胜自身的保守、涣散和小资产阶级利己主义，战胜万恶的资本主义遗留给工农的这些习惯。当**这种**胜利获得巩固时，那时，而且只有那时，新的社会纪律，社会主义的纪律才会建立起来；那时，而且只有那时，退回到资本主义才不可能，共产主义才真正变得不可战胜。

5月17日《真理报》登载了阿·日·同志的文章《用革命精神从事工作(共产主义星期六)》。这篇文章很重要,所以我们把它全文照录如下:

用革命精神从事工作

(共产主义星期六)

俄共中央关于**用革命精神**从事工作的信①,给了共产党组织和共产党员以有力的推动。由于热情普遍高涨,铁路上的许多共产党员职工走上了前线,但是大多数人不能离开重要岗位,要用革命精神从事工作,又找不到新的方法。来自各地的关于动员工作缓慢的消息和办事拖拉的现象,使莫斯科—喀山铁路分局不得不去注意铁路机构的工作情况。结果了解到,由于劳动力不够和劳动效率低,一些急活和机车赶修任务都拖了下来。5月7日,在莫斯科—喀山铁路分局共产党员和同情分子大会上,提出了不能嘴上说帮助而要以实际行动帮助战胜高尔察克的问题。提出的建议中说:

"鉴于国内外形势的严重,为了对阶级敌人取得优势,共产党员和同情分子应当更加鞭策自己,从休息时间内抽出一小时,也就是把自己的工作日延长一小时,将这些时间集中起来,在星期六这天进行一次六小时的体力劳动,以便立即创造出实际的价值。我们认为,共产党员为保卫革命果实,不应吝惜自己的健康和生命,所以这项工作应该是无报酬的。提议在全分局内实行**共产主义星期六**,一直干到完全战胜高尔察克。"

开始人们有些犹豫,最后一致同意这个建议。

5月10日,星期六,晚上六点钟,共产党员和同情分子像士兵一样来到工作现场,整队之后,秩序井然地由领工员分别领到各处工作。

用革命精神从事工作**收到了明显的**效果。下列表格指明了工作部门和工作性质。

① 见本版全集第36卷第263—266页。——编者注

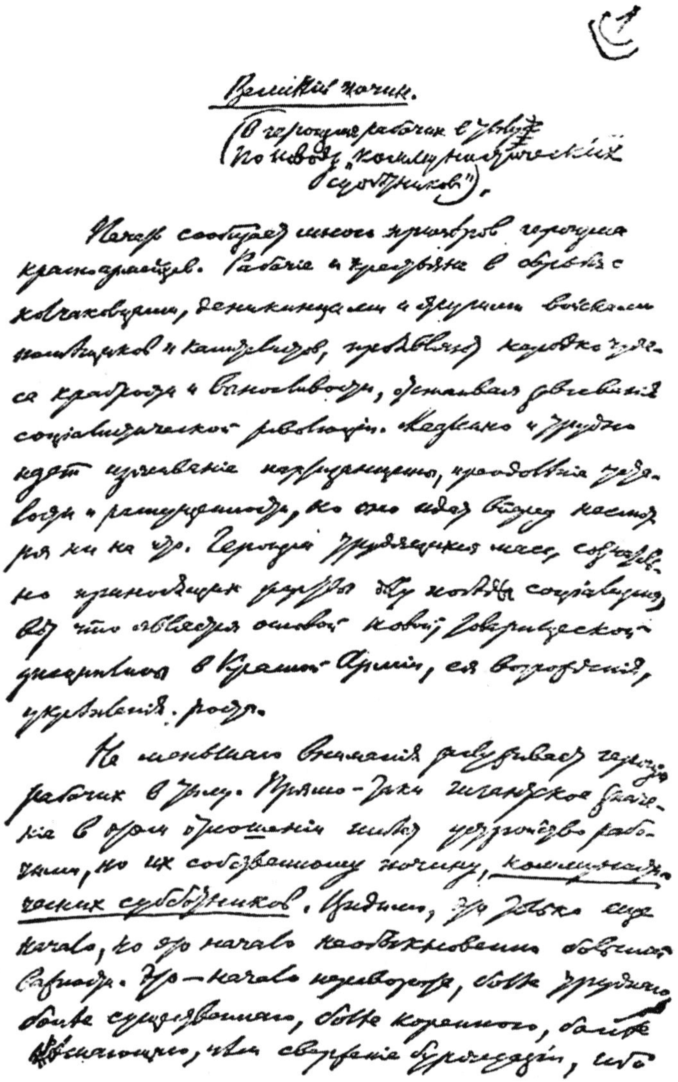

Великий почин.

(О героизме рабочих в тылу. По поводу «коммунистических субботников»).

Печать сообщает много примеров героизма красноармейцев. Рабочие и крестьяне в борьбе с колчаковцами, деникинцами и другими войсками помещиков и капиталистов проявляют нередко чудеса храбрости и выносливости, отстаивая завоевания социалистической революции. Медленно и трудно идет изживание партизанщины, преодоление усталости и распущенности, но оно идет вперед несмотря ни на что. Героизм трудящихся масс, сознательно приносящих жертвы делу победы социализма, вот что является основой новой, товарищеской дисциплины в Красной Армии, ее возрождения, укрепления, роста.

Не меньшего внимания заслуживает героизм рабочих в тылу. Прямо-таки гигантское значение в этом отношении имеет устройство рабочими, по их собственному почину, коммунистических субботников. Видимо, это только еще начало, но это начало необыкновенно большой важности. Это — начало переворота, более трудного, более существенного, более коренного, более решающего, чем свержение буржуазии, ибо

1919 年 6 月 28 日列宁《伟大的创举》手稿第 1 页

（按原稿缩小）

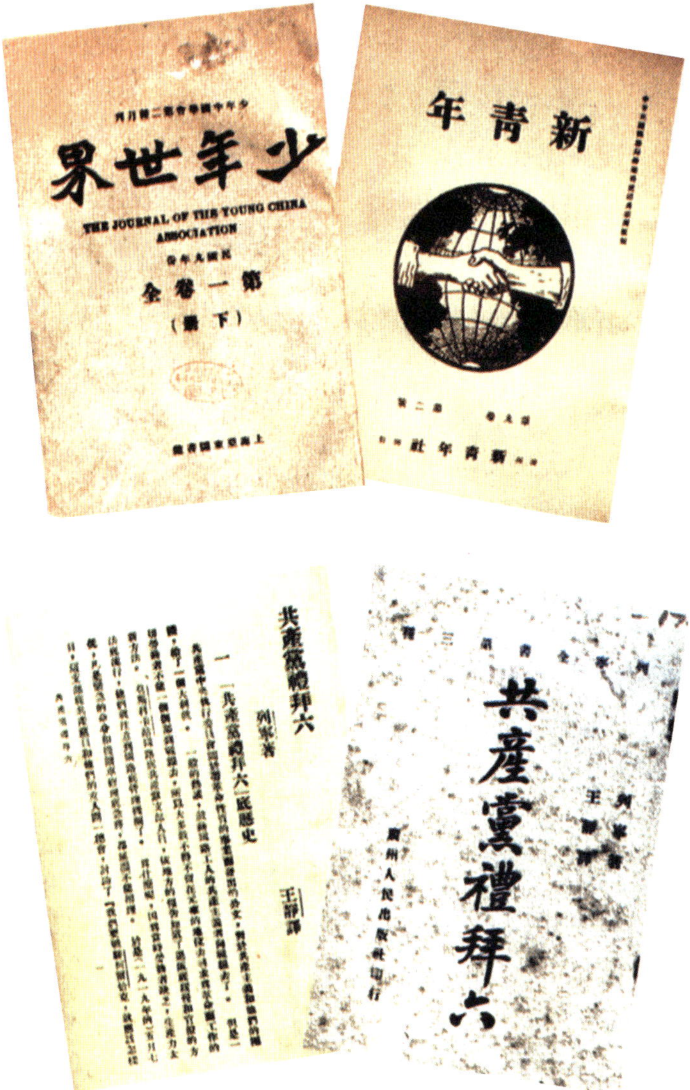

1920 年 7 月 1 日和 1921 年 6 月 1 日分别刊载列宁《伟大的创举》一文部分中译文的《少年世界》杂志第 7 号和《新青年》杂志第 9 卷第 2 号的封面；中国共产党创办的人民出版社 1922 年 1 月在上海出版的列宁《伟大的创举》中译本（当时译《共产党礼拜六》）

工作地点	工作名称	工人数目	工作时数		完成工作量
			工作小时	合计	
莫斯科机车总修配厂	装载发往佩罗沃、穆罗姆、阿拉特里和塞兹兰的沿线所需材料以及修理机车用的装备和车辆部件	48 21 5	5 3 4	240 63 20	装车7 500普特，卸车1 800普特
莫斯科客车机务段	机车的复杂日常修理	26	5	130	总共修理机车1.5台
莫斯科编组站	机车的日常修理	24	6	144	修理好机车2台，拆卸4台机车的应修部件
莫斯科车辆部	客车的日常修理	12	6	72	三等客车2辆
"佩罗沃"车辆总修配厂	车辆修理和小修				棚车12辆和平车2辆
	星期六	46	5	230	
	星期日	23	5	115	
	总计 ……………	205	—	1 014	共修好机车4台和客货车16辆，装卸车9 300普特

工作总值按正常工资计算为500万卢布，按加班工资计算还应增加50%。

装车的劳动效率较普通工人高270%。其余工作的效率大致上也是这样。

因劳动力不足和办事拖拉而拖延7天至3个月的活(紧急的)现已完成。

由于设备发生故障(不难排除的故障)，个别组曾耽误三四十分钟，但并未影响工作的完成。

留下来指导工作的管理人员，忙得几乎来不及给人们准备新的工作。一位上年纪的领工员也许是有些夸张地说，在一个**共产主义星期六**干的活，等于不自觉的疲沓的工人一个星期干的。

鉴于一些真心拥护苏维埃政权的人也来参加了工作，而且今后还会有大批这样的人来参加星期六义务劳动，同时其他地区也会要求学习莫斯科—喀山铁路的共产党员的榜样，现在我根据来自各个现场的消息较详细地谈谈组织方面的情况。

参加工作的约有10%是经常在现场工作的共产党员。其余的则是负责工作人员和选任的人员，其中有路局的政治委员，也有各企业的政治委员，以及工会人员、管理局和交通人民委员部的工作人员。

大家干活时非常努力并密切合作。当工人、办事员、管理人员齐心协力地把住40普特重的客运机车轮箍，像勤劳的蚂蚁似的把它滚往目的地的时候，人们心中油然产生一种来自集体劳动的强烈的愉快感觉，坚定了工人阶级必胜的信心。世界上的掠夺者扼杀不了胜利的工人，国内的怠工者也盼不到高尔察克。

工作完结时，在场的人都亲眼看到这一空前未有的情景：上百个身体疲乏但眼中闪烁着愉快光芒的共产党员，唱起庄严的《国际歌》来庆祝工作的胜利，这胜利的凯歌的声浪仿佛越过墙壁，涌向工人的莫斯科，像投石激起的水波一样荡漾在整个工人的俄罗斯，激励着疲惫、懒散的人们。

阿·日·

5月20日《真理报》刊登的恩·尔·同志的《值得学习的榜样》一文，在评价这个出色的榜样时写道：

“共产党员做这样的工作并不是罕见的事情。我知道电站和各铁路线都有这样的事例。在尼古拉铁路上，共产党员加班干了几个晚上，把陷在转盘坑里的机车起了出来；冬季，北方铁路上的全体共产党员和同情分子用了好几个星期天去清除铁路上的积雪；许多货运站的支部为了同盗窃货物作斗争，在站上进行夜间巡逻，——不过这种工作都是偶然进行的，而不是经常性的。莫斯科—喀山线的同志们提供的新的东西是，他们把这一工作变成了有系统的经常的工作。他们决定‘一直干到完全战胜高尔察克’，工作的全部意义正在于此。他们决定在整个战争状态时期把共产党员和同情分子的工作日延长一小时；同时作出工作高效率的榜样。

这个榜样已经引起而且今后**一定会**进一步引起大家的效法。亚历山德罗夫铁路的共产党员和同情分子大会，讨论了军事形势和莫斯科—喀山线的同志们的决议之后通过了如下的决议：(1)亚历山德罗夫铁路的共产党员和同情分子决定实行‘星期六义务劳动’。第一次星期六义务劳动定于5月17日进行。(2)把共产党员和同情分子组织成示范队,向工人表明,应当怎样工作,在现有的材料、工具和伙食的情况下实际上能够做到什么。

据莫斯科—喀山线的同志们说,他们的榜样给人们留下了很深的印象,他们预料下一个星期六将有大量的**非党**工人参加工作。作者写此文时,亚历山德罗夫铁路修配厂的共产党员还没有开始做加班工作,但是要组织义务劳动的消息刚一传出,非党群众就激动地谈论起来了。到处都有人说:‘昨天我们不知道,不然我们也会作好准备干它一场’,‘下星期六我一定来’。这项工作给人留下的印象是很深的。

后方的所有共产党支部都应当向莫斯科—喀山线的同志们学习。不仅莫斯科枢纽站上的各共产党支部应当如此,全俄罗斯的党组织都应当效法这个榜样。乡村中的共产党支部,首先应当帮助红军家属,实行代耕。

莫斯科—喀山线的同志们高唱《国际歌》结束了第一次共产主义星期六劳动。如果全俄罗斯的共产党组织都学习他们的榜样,而且坚持不懈地贯彻下去,那么,俄罗斯苏维埃共和国就会在共和国全体劳动者的洪亮的《国际歌》声中度过今后一段艰苦的岁月……

共产党员同志们,动手干吧!”

1919年5月23日《真理报》报道说:

“5月17日在亚历山德罗夫铁路举行了第一次共产主义‘星期六义务劳动’。共产党员和同情分子共98人根据大会决议在班后做了5小时无报酬的工作,他们不过有权再买一顿饭,而这顿饭同一般体力劳动工人的一样,也是每人半俄磅面包。”

尽管准备工作做得不充分,组织得也差,但**劳动生产率**还是**比平常高1—2倍**。

例如:

5个旋工在4小时内做了80根小轴。生产率等于平常的213%。

20个粗工在4小时内收集了600普特旧材料和70个各重3.5普特的车底弹簧,共重850普特。生产率等于平常的300%。

“同志们解释说，这是因为平时干活枯燥乏味，在这里，大家干活都兴高采烈。可是今后，平时干活比共产主义星期六义务劳动干得少，那就太丢脸了。”

“现在有许多非党工人都表示愿意参加星期六义务劳动。各机车修理队都自告奋勇要在星期六义务劳动时间内把机车从‘坟堆’里弄出来，修好使用。

有消息说，维亚济马铁路上也在组织这样的星期六义务劳动。”

A.嘉琴科同志在6月7日《真理报》上谈到了共产主义星期六义务劳动的情形，现在把他的《星期六义务劳动记》一文的主要部分摘引如下：

“我和一个同志怀着极愉快的心情，遵照铁路分局党委员会的决定，去上星期六义务劳动‘课’，让脑子暂且休息几个小时，让肌肉发挥一下作用…… 我们的工作是在铁路局的木工厂。到那里后，看到自己人，彼此问好，开一会儿玩笑，查点了人数——总共30人…… 我们面前躺着一个‘怪物’——一个相当有分量的蒸汽锅炉，足有600—700普特重，要我们把它‘搬家’，就是说，要把它滚到大约¼或⅓俄里以外的一个平车那里。我们心里不由得产生了一些疑虑…… 但我们动手干起来了：同志们把木滚就那么往锅炉下面一垫，系上两根绳子，工作就开始了…… 锅炉还有点不情愿挪动，但终于还是移动了。我们很高兴，要知道，我们人是这样少……就是这台锅炉，比我们多两倍的非党工人几乎拖了两个星期，在我们到来之前它还躺在原地不动…… 我们在一位领班同志有节奏的‘一、二、三’口令声中，齐心协力地卖劲地干了一个小时，锅炉慢慢地向前移动着。忽然，出了岔子！一长串同志突然狼狈不堪地倒了下去，——原来我们手里的一根绳子‘叛变了’…… 但是没有多大一会儿，就换上了一根粗缆绳…… 到了傍晚，天色已经明显地暗下来，但我们还得拖过一个小岗子，那时很快就会完工了。我们胳膊酸痛，手掌发烧，周身火热，还是拼命地往前拉，——事情进行得很顺利。旁边站着一位‘管理人’，他被我们的成绩弄得不好意思了，也不由自主地拉起缆绳。帮着干吧！你早就该过来了！一个红军战士出神地瞧着我们工作。他拿着手风琴。他在想什么？也许他想：这是些什么人？大家都回家去过星期六，他们这是在干什么？我打破他的疑团说：‘同志！给我们奏一个快乐的曲子吧，我们可不是什么来随便凑数干活的，我们是真正的共产党员，——你看，这手里的活干得多欢，咱们可没有偷懒，是在拼命地干。'红军战士轻轻地放下手风琴，赶快跑过来抓住缆绳……

——'英国人真机灵！'——响起了乌·同志动听的男高音。我们和着他的歌声，高唱起工人歌曲：'唉嗨，杜宾努什卡，嗨哟，拉呀，拉呀……'

干这活不习惯，累得要死，肩酸背痛，但是……明天就是假日，可以好好休息，有时间睡个够。目的地快到了，经过一番小小的周折，我们的'怪物'已差不多靠近平车了：只要垫上木板，滚到平车上，这锅炉就能干人们早就等着它干的工作了。我们一窝蜂涌进屋里，这是地方支部的'俱乐部'，屋里挂满标语，摆着步枪，灯光明亮，我们高唱《国际歌》，享受了加'甜酒'的茶，还吃了面包。干完重活以后，当地同志这样款待我们，真是再惬意不过了。和同志们亲热地告别之后，我们列成纵队。夜阑人静，革命歌声响彻了沉睡的街道，整齐的步伐声应和着歌声。'同志们，勇敢地齐步前进。''起来，饥寒交迫的奴隶'——我们唱起劳动歌和《国际歌》。

过了一个星期。胳膊和肩膀都歇过来了，这回我们的'星期六义务劳动'是到9俄里以外去修理车辆。目的地是佩罗沃。同志们爬到叫做'美国人'的车厢顶上，嘹亮动听地唱起《国际歌》。乘客们带着惊异的神情静静听着。车轮有节奏地响着；我们没有来得及爬到上面去的人就蹬在'美国人'车厢的梯子上，像是一些'玩命的'乘客。转眼就到了车站。我们到达目的地，又走过一个长长的院子，见到了亲热的政治委员格·同志。

——工作有的是，就是人太少了！总共才30个人，6小时内要完成13辆车的中修！面前就是划了记号的轮对，不光有空车，还有装得满满的一辆油罐车……不过没问题，同志们，咱们'对付得了'！

工作热火朝天地干起来了。我和五位同志用吊杆，也就是用杠杆干活。按照'领头'同志的指挥，这些重六七十普特的轮对，在我们的肩膀和两个吊杆的推压下，轻快地从一条线路跳到另一条线路上。一对车轮撤掉之后，就换上一对新的。放好所有的轮对，我们就把那些磨损了的旧家伙顺着轨道迅速地'打发到'棚子里去……　一、二、三，——它们被一台旋转式铁吊杆吊到空中，轨道就腾出来了。那边，在黑暗中，响着手锤声，同志们在自己的'病'车跟前像蜜蜂般地忙碌着。既做木工，又上油漆，还盖车顶，工作干得热火朝天，我们和政治委员同志都很高兴。那里的锻工们也需要我们帮忙。在一座移动锻工炉上放着一根烧红了的'导杆'，也就是车辆上用的钩杆，钩已经撞弯。白热的钩杆被钳到砧子上，直冒火花，在经验丰富的同志的指导下，我们灵巧的锤击使它渐渐恢复了原状。它还放着红光就被我们迅速地抬去，冒着火花安进铁孔里，——锤了几下，就把它安好了。我们爬到车厢底下。这些车钩和导杆的构造并不像我们想象的那样简单，那里有一整套东西，有铆钉、弹簧……

工作热火朝天，夜幕降临了，炉火烧得更亮。很快就完工了。一部分同志靠着一堆轮箍在'憩息'，慢慢地'品'着热茶。清凉的5月之夜，一弯美妙的新月悬在天空。人们有说有笑，互相开着玩笑。

——格·同志，收工吧，修好13辆不少了！

但格·同志还没有心满意足。

喝完了茶，我们唱着庆祝胜利的歌曲，向出口走去……"

开展"共产主义星期六义务劳动"运动的地方，不只是莫斯科。6月6日《真理报》报道：

"5月31日在特维尔进行了第一次共产主义星期六义务劳动。有128名共产党员到铁路上劳动。三个半小时装卸了14辆车，修好了3台机车，锯了10立方俄丈木柴，还做了别的工作。熟练的工人党员的工作效率比一般效率高12倍。"

接着，6月8日《真理报》又写道：

共产主义星期六义务劳动

"**萨拉托夫** 6月5日讯。铁路上的共产党员职工响应莫斯科的同志们的号召，在党员大会上决定：为了支援国民经济，每星期六无报酬地加班劳动5小时。"

* * *

我详尽无遗地援引了关于共产主义星期六义务劳动的消息，因为我们从这里无疑地可以看到共产主义建设的一个极其重要的方面，对于这个方面，我们的报刊没有充分地加以重视，我们大家也还没有给予应有的评价。

少唱些政治高调，多注意些极平凡的但是生动的、来自生活并经过生活检验的共产主义建设方面的事情，——我们大家，我们的作家、鼓动员、宣传员、组织者等等都应当不倦地反复提出这个口号。

在无产阶级革命后的初期，我们首先忙于主要的和基本的任务，即击败资产阶级的反抗，战胜剥削者，粉碎他们的阴谋（如从黑帮和立宪民主党人[1]到孟什维克和社会革命党人[2]都参加过的企图出卖彼得格勒的“奴隶主的阴谋”[3]），这是当然的，不可避免的。但除了这个任务以外，同样不可避免地要提出——而且愈向前发展就愈要提出——一个更重要的任务，即从积极方面来说建设共产主义，创造新的经济关系，建立新社会。

我曾屡次指出，例如3月12日我在彼得格勒工人、农民和红军代表苏维埃会议上讲话时就曾指出，无产阶级专政不只是对剥削者使用的暴力，甚至主要的不是暴力。这种革命暴力的经济基础，它的生命力和成功的保证，就在于无产阶级代表着并实现着比资本主义更高类型的社会劳动组织。实质就在这里。共产主义的力量源泉和必获全胜的保证就在这里。

农奴制的社会劳动组织靠棍棒纪律来维持，劳动群众极端愚昧，备受压抑，横遭一小撮地主的掠夺和侮辱。资本主义的社会劳动组织靠饥饿纪律来维持，在最先进最文明最民主的共和国内，尽管资产阶级文化和资产阶级民主有很大的进步，广大劳动群众仍旧是一群愚昧的、受压抑的雇佣奴隶或被压迫的农民，横遭一小撮资本家的掠夺和侮辱。共产主义的社会劳动组织——其第一步为社会主义——则靠推翻了地主资本家压迫的劳动群众本身自由的自觉的纪律来维持，而且愈向前发展就愈要靠这种纪律来维持。

这种新的纪律不是从天上掉下来的，也不是由善良的愿望产生的，它是从资本主义大生产的物质条件中生长起来的，而且只能是从这种条件中生长起来。没有这种物质条件就不可能有这种纪律。代表或体现这种物质条件的是大资本主义所创造、组织、团结、训练、启发和锻炼出来的一定历史阶级。这个阶级就是无产阶级。

如果我们把无产阶级专政这个原出于拉丁文的、历史哲学的科学用语译成普通的话，它的意思就是：

在推翻资本压迫的斗争中，在推翻这种压迫的过程中，在保持和巩固胜利的斗争中，在创建新的社会主义的社会制度的事业中，在完全消灭阶级的全部斗争中，只有一个阶级，即城市的总之是工厂的产业工人，才能够领导全体被剥削劳动群众。（我们要顺便指出：社会主义和共产主义之间的科学区别，只在于第一个词是指从资本主义生长起来的新社会的第一阶段，第二个词是指它的下一个阶段，更高的阶段。）

“伯尔尼”国际[4]即黄色国际的错误，就在于它的领袖们只在口头上承认阶级斗争和无产阶级的领导作用，却害怕思索到底，害怕作出恰恰是资产阶级觉得特别可怕和绝对不能接受的必然结论。他们害怕承认无产阶级专政**也**是一个阶级斗争时期，只要阶级没有消灭，阶级斗争就不可避免，不过它的形式有所改变，在推翻资本后的初期变得更加残酷，更加独特。无产阶级夺得政权之后，并不停止阶级斗争，而是继续阶级斗争，直到消灭阶级——当然，是在另一种环境中，在另一种形式下，采取另一些手段。

“消灭阶级”是什么意思呢？凡自称为社会主义者的人，都承认社会主义的这个最终目的，但远不是所有的人都深入思索过它的含义。所谓阶级，就是这样一些大的集团，这些集团在历史上一定的社会生产体系中所处的地位不同，同生产资料的关系（这种关系大部分是在法律上明文规定了的）不同，在社会劳动组织中所起的作用不同，因而取得归自己支配的那份社会财富的方式和多寡也不同。所谓阶级，就是这样一些集团，由于它们在一定社会经济结构中所处的地位不同，其中一个集团能够占有另一个集团的劳动。

显然，为了完全消灭阶级，不仅要推翻剥削者即地主和资本家，不仅要废除**他们的**所有制，而且要废除**任何**生产资料私有制，要消灭城乡之间、体力劳动者和脑力劳动者之间的差别。这是很长时期才能实现的事业。要完成这一事业，必须大大发展生产力，必须克服无数小生产残余的反抗（往往是特别顽强特别难于克服的消极反抗），必须克服与这些残余相联系的巨大的习惯势力和保守势力。

认为一切“劳动者”都同样能胜任这一工作，那是纯粹的空话或马克思以前的旧社会主义者的幻想。因为这种能力不是自行产生的，而是在历史上生长起来的，并且**只能**是从资本主义大生产的物质条件中生长起来的。在开始从资本主义走向社会主义的时候，**只有**无产阶级才具有这种能力。它所以能够完成它所肩负的巨大任务，第一是因为它是各文明社会中最强大最先进的阶级；第二是因为它在最发达的国家中占人口的多数；第三是因为在像俄国这样一些落后的资本主义国家中，大多数人是半无产者，就是说，这些人总是每年有一部分时间过着无产者的生活，总是某种程度上靠在资本主义企业中从事雇佣劳动来维持生活。

谁想根据什么自由、平等、一般民主、劳动民主派的平等这类泛泛的空话来解决从资本主义向社会主义过渡的任务(像考茨基、马尔托夫和伯尔尼国际即黄色国际其他英雄们所做的那样),谁就只能以此暴露出他在思想方面奴隶般地跟着资产阶级跑的小资产者、庸人和市侩的本性。要正确地解决这一任务,只有具体地研究已经夺得政权的那个特殊的阶级即无产阶级和所有一切非无产阶级以及半无产阶级劳动群众之间的特殊的关系,这种关系不是在空想和谐的、"理想的"环境中形成的,而是在资产阶级进行疯狂的和多种多样的反抗的现实环境中形成的。

在任何一个资本主义国家里,包括俄国在内,大多数人,尤其是劳动群众,都千百次地亲身遭受过,他们的亲属也遭受过资本的压迫、资本的掠夺和各种各样的侮辱。帝国主义战争——为决定由英国资本或德国资本取得掠夺全世界的霸权而屠杀千百万人的战争——更异常地加剧、扩大和加深了这种困苦,使人们认清了这种困苦。所以大多数人尤其是劳动群众必然同情无产阶级,因为无产阶级英勇果敢、毫不留情地以革命手段推翻资本的压迫,推翻剥削者,镇压他们的反抗,用自己的鲜血开辟一条创建不容剥削者存在的新社会的道路。

非无产阶级和半无产阶级劳动群众的那种小资产阶级的犹豫动摇,即倒退到资产阶级"秩序"、资产阶级"卵翼"下去的倾向不论如何严重,如何不可避免,他们也终究不能不承认无产阶级的道义上政治上的威信,因为无产阶级不仅推翻剥削者并镇压他们的反抗,而且建立新的更高的社会联系,新的更高的社会纪律,即联合起来的自觉的工作者的纪律,这些工作者除了他们自己的联合组织的权威以外,除了他们自己的更加自觉、勇敢、团结、革命、坚定的先锋队的权威以外,是不承认任何束缚和任何权威的。

为了取得胜利，为了建立和巩固社会主义，无产阶级应当解决双重的或二位一体的任务：第一，用自己在反对资本的革命斗争中奋不顾身的英勇精神吸引全体被剥削劳动群众，吸引他们，组织他们，领导他们去推翻资产阶级和彻底镇压资产阶级的一切反抗；第二，把全体被剥削劳动群众以及小资产阶级的所有阶层引上新的经济建设的道路，引上建立新的社会联系、新的劳动纪律、新的劳动组织的道路，这种劳动组织把科学和资本主义技术的最新成就同创造社会主义大生产的自觉工作者大规模的联合联结在一起。

这第二个任务比第一个任务更困难，因为解决这个任务决不能靠一时表现出来的英勇气概，而需要在大量的**日常**工作中表现出来的最持久、最顽强、最难得的英勇精神。但这个任务又比第一个任务更重要，因为归根到底，战胜资产阶级所需力量的最深源泉，这种胜利牢不可破的唯一保证，只能是新的更高的社会生产方式，只能是用社会主义的大生产代替资本主义的和小资产阶级的生产。

* * *

"共产主义星期六义务劳动"所以具有巨大的历史意义，是因为它向我们表明了工人自觉自愿提高劳动生产率、过渡到新的劳动纪律、创造社会主义的经济条件和生活条件的首创精神。

一位不可多得的，甚至可以说是绝无仅有的德国资产阶级民主主义者约·雅科比（他在1870—1871年的教训之后没有转向沙文主义和民族自由主义而转向了社会主义）曾经说过，建立一个工人联合会比萨多瓦会战[5]具有更大的历史意义。这话说得很对。萨多瓦会战所解决的，是在建立德意志民族资本主义国家方面奥地利和普鲁士这两个资产阶级君主国究竟哪一个当霸主的问题。建立一个工人联合会是无产阶级在世界范围内战胜资产阶级的一个小小的步骤。我们同样也可以说，1919 年 5 月 10 日莫斯科—喀山铁路工人在莫斯科举行的第一次共产主义星期六义务劳动，要比兴登堡或者福煦和英国人在 1914—1918 年帝国主义大战中的任何一次胜利具有更大的历史意义。帝国主义者的胜利是为了英美法三国亿万富翁的利润而对千百万工人进行的屠杀，是垂死的、快胀死的和在活活腐烂的资本主义的残暴行为。而莫斯科—喀山铁路工人的共产主义星期六义务劳动，却是使世界各国人民摆脱资本桎梏和战争的社会主义新社会的一个细胞。

资产者老爷们及其走狗，包括那些惯于自命为“舆论”代表的孟什维克和社会革命党人在内，当然要嘲笑共产党人的希望，称这种希望是“小花盆里栽大树”，讥笑星期六义务劳动的次数同大量存在的盗窃公物、游手好闲、生产率低落、损毁原料和产品等等现象比较起来是微乎其微的。我们回答这班老爷们说：假如资产阶级知识分子把自己的知识用来帮助劳动群众，而不是用来帮助俄国和外国的资本家恢复他们的权力，那么变革会进行得快一些，和平一些。但这是空想，因为问题要由阶级斗争来解决，而大多数知识分子是倾向于资产阶级的。无产阶级取得胜利，将不是靠知识分子的帮助，而是排除他们的对抗（至少是在大多数场合下），抛弃那些不可救药的资产阶级知识分子，同时改造和重新教育动摇的知识分子，使之服从自己，把其中越来越多的人逐步争取到自己方面来。对变革中的困难和挫折幸灾乐祸，散布惊慌情绪，宣传开倒车，——这一切都是资产阶级知识分子进行阶级斗争的手段和方法。无产阶级是不会让自己受骗的。

如果从实质上来观察问题，难道历史上有一种新生产方式是不经过许许多多的失败、错误和反复而一下子就确立起来的吗？农奴制颠覆后过了半个世纪，俄国农村仍有不少的农奴制残余。美国废除黑奴制度后过了半个世纪，那里的黑人往往还处于半奴隶状态。资产阶级知识分子，包括孟什维克和社会革命党人在内，一贯替资本服务，至今还在强词夺理，在无产阶级革命之前，他们责备我们是空想主义，在革命之后，他们却要求我们以神奇的速度铲除过去的遗迹！

但我们不是空想主义者，我们知道资产阶级"论据"的真正价值，也知道在革命后的一定时期内旧习俗残余必然比新事物的幼芽占优势。当新事物刚刚诞生时，旧事物在某些时候总是比新事物强些，这在自然界或社会生活中都是常见的现象。讥笑新事物的幼芽嫩弱，抱着知识分子的轻浮的怀疑态度等等，——这一切实际上是资产阶级反对无产阶级的阶级斗争手段，是保护资本主义而反对社会主义。我们应当仔细研究新事物的幼芽，对它们极其关切，千方百计地帮助它们成长和"护理"这些嫩弱的幼芽。其中有一些不免会死亡。不能担保说，"共产主义星期六义务劳动"一定会起特别重要的作用。问题不在这里。问题在于应支持各种各样新事物的幼芽，生活本身会从中选出最富有生命力的幼芽。一位日本科学家为了帮助人们战胜梅毒，耐心地试验了 605 种药品，直到制出满足一定要求的第 606 种药品，要想解决战胜资本主义这一更困难的任务的人们，也应该具有坚韧不拔的精神来试验几百以至几千种新的斗争方法、方式和手段，直到从中得出最适当的办法。

"共产主义星期六义务劳动"所以非常重要，是因为发起这种劳动的，并不是条件特别好的工人，而是各种不同专业的工人，还有并无专业的工人，也就是处于**通常的即最困难的**条件下的粗工。我们大家都清楚，现在不仅在俄国一国，而且在世界各国都出现劳动生产率低落的现象，其基本原因就是帝国主义战争所引起的破产和贫困、愤恨和疲乏，以及疾病和饥饿。最后这一点最为重要。饥饿，这就是原因之所在。为了消灭饥饿现象，必须提高农业、运输业和工业中的劳动生产率。结果就形成了这样一个循环：要提高劳动生产率，就得消除饥饿，而要消除饥饿，又得提高劳动生产率。

大家知道，这类矛盾在实践上是靠打破这种循环，靠群众情绪的转变，靠一些集团的英勇首创精神来解决的，而首创精神在群众情绪转变的背景下往往起着决定的作用。莫斯科的粗工和莫斯科的铁路员工（当然指的是大多数，而不是少数投机者、管理者以及诸如此类的白卫分子）是生活极端困难的劳动者。他们经常吃不饱，而在目前青黄不接、粮食状况普遍恶化的时候，简直是在饿肚子。可是，就是这些处在资产阶级、孟什维克和社会革命党人恶毒的反革命煽动包围中的忍饥挨饿的工人，不顾饥饿、疲乏和衰弱，实行"共产主义星期六义务劳动"，**不领任何报酬地**加班工作，并且**大大提高了劳动生产率**。难道这不是极伟大的英雄主义吗？难道这不是具有世界历史意义的转变的开端吗？

劳动生产率，归根到底是使新社会制度取得胜利的最重要最主要的东西。资本主义创造了在农奴制度下所没有过的劳动生产率。资本主义可以被最终战胜，而且一定会被最终战胜，因为社会主义能创造新的高得多的劳动生产率。这是很困难很长期的事业，但**这个事业已经开始**，这是最主要的。度过四年艰苦的帝国主义战争、又度过一年半更艰苦的国内战争的挨饿的工人，1919 年夏季尚且能在饥饿的莫斯科开始这件伟大的事业，一旦我们在国内战争中获得胜利并争得和平，它又将获得怎样的发展呢？

共产主义就是利用先进技术的、自愿自觉的、联合起来的工人所创造的较资本主义更高的劳动生产率。共产主义星期六义务劳动非常可贵，它是**共产主义**的**实际**开端，而这是极其难得的，因为我们现时所处的阶段，“只是采取**最初步骤**从资本主义向共产主义过渡”（正如我们党纲中完全正确地指出的那样）①。

普通工人起来承担艰苦的劳动，奋不顾身地设法提高劳动生产率，保护**每一普特粮食、煤、铁**及其他产品，这些产品不归劳动者本人及其“近亲”所有，而归他们的“远亲”即归全社会所有，归起初联合为一个社会主义国家然后联合为苏维埃共和国联盟的亿万人所有，——这也就是共产主义的开始。

卡尔·马克思在《资本论》中讥笑了资产阶级民主的自由人权大宪章的浮华辞藻，讥笑了所有关于**一般**自由、平等、博爱的美丽词句，这些词句迷惑了一切国家的市侩和庸人，也迷惑了今日的卑鄙的伯尔尼国际的卑鄙英雄们。与这种冠冕堂皇的人权宣言针锋相对，马克思用无产阶级的平凡的、质朴的、实在的、简单的提法提出问题。由国家规定缩短工作日，就是这种提法的一个典型。②无产阶级革命的内容愈展开，马克思意见的全部正确性和深刻性在我们面前就显得愈清楚，愈透彻。真正共产主义的“公式”与考茨基之流、孟什维克、社会革命党人及其在伯尔尼国际中的亲爱“兄弟们”的华丽、圆滑、堂皇的辞藻不同的地方，就在于它

① 见本版全集第 36 卷第 417 页。——编者注

② 参看《马克思恩格斯文集》第 5 卷第 348—350 页。——编者注

把一切归结于**劳动条件**。少谈些什么“劳动民主”，什么“自由、平等、博爱”，什么“民权制度”等等的空话吧。今天有觉悟的工人和农民从这些浮夸的词句里，是不难看出资产阶级知识分子的欺诈手腕的，正像每个有生活经验的人只要看到那种“贵人”修饰得十分“光滑的”面孔和外表，就能一下子正确无误地断定“这准是个骗子”。

少说些漂亮话，多做些平凡的、**日常的**工作，多关心每普特粮食和每普特煤吧！多多努力使挨饿的工人和褴褛的农民所必需的每一普特粮食和每一普特煤，**不**是通过**奸商的**交易，通过资本主义的方式获得，而是通过像莫斯科—喀山铁路的粗工和铁路员工这样的普通劳动者自觉自愿的奋不顾身的英勇劳动来获得。

我们大家应当承认，资产阶级知识分子在革命问题上崇尚空谈的遗风现在还到处都可以看到，甚至在我们队伍里也是这样。例如，我们的报刊很少向腐朽的资产阶级民主的这些腐朽的残余开战，很少支持普通的、质朴的、平凡的但是生气勃勃的真正共产主义幼芽。

拿妇女状况来说吧。在这一方面，世界上任何一个最先进的资产阶级共和国内的任何一个民主政党，几十年中也没有做到我们在我国政权建立后第一年内所做到的百分之一。我们真正彻底废除了那些剥夺妇女平等权利、限制离婚、规定可恶的离婚手续、不承认私生子、追究私生子的父亲等等卑鄙的法律，这种法律的残余在各文明国家内还大量存在，而这正是资产阶级和资本主义的耻辱。我们有充分的权利以我们在这方面所做的一切而自豪。可是，我们把旧时资产阶级法律和制度的废物清除得**愈干净**，我们就愈清楚地看到，这只是为建筑物清理地基，还不是建筑物本身。

尽管颁布了种种解放妇女的法律，妇女仍然是**家庭奴隶**，因为**琐碎的家**务压在她们身上，使她们喘不过气来，变得愚钝卑微，把她们禁锢在做饭管孩子的事情上，用完全非生产性的、琐碎的、劳神的、使人愚钝的、折磨人的事情消耗她们的精力。只有在大规模地开始为消除这种琐碎家务而斗争(在掌握国家权力的无产阶级领导下)，更确切地说，**大规模地**开始把琐碎家务**改造**为社会主义大经济的地方和时候，才会开始有真正的**妇女解放**，真正的共产主义。

对于这个所有共产党员在理论上都没有异议的问题，我们在实践中给予了足够的注意吗？当然没有。我们对于这方面已有的共产主义**幼芽**给予了足够的关心吗？还是这句话：没有，没有。公共食堂、托儿所和幼儿园就是这些幼芽的标本，正是这些平凡的、普通的、既不华丽、也不夸张、更不显眼的设施，**在实际上**能够**解放妇女**，减少和消除她们在社会生产和社会生活中的作用方面同男子的不平等。这些设施不是新的，它们(也如社会主义的一切物质前提一样)是由大资本主义造成的，但它们在资本主义制度下，第一，数量极少，第二，——这点特别重要——不是具有投机、渔利、欺骗、伪造等劣迹的**营利性**企业，就是理应受到优秀工人憎恶和鄙视的"资产阶级慈善事业的把戏"。

毫无疑问，在我国，这样的机构已经比过去多得多了，而且它们的性质已经**开始**改变。毫无疑问，女工和农妇中**有组织才能的人**比我们知道的要多许多倍，她们善于举办有很多工作者和更多使用者参加的实际事业，而没有自命不凡的"知识分子"或幼稚的"共产党员"所常"患"的那些毛病：空话连篇，无事奔忙，无谓争吵，空谈计划、体系等等。可是我们还**没有**认真地**护理**这些新事物的幼芽。

请看看资产阶级。他们多么善于宣扬**他们**所需要的东西！资本家在**他们**发行千百万份的报纸上对他们心目中的“模范”企业大肆赞扬，把资产阶级的“模范”机构当做民族的骄傲！我们的报刊却不注意或者说几乎完全不注意报道那些最好的食堂或托儿所，不断促使其中一些机构成为模范机构，为它们作宣传。至于**模范的、共产主义的工作**，在节省人力方面，在便利使用者、节约产品、把妇女从家庭奴隶境遇中解放出来、改善卫生条件等方面正在做出什么成绩，能够做出什么成绩，以及如何将这一切推广到全社会，推广到全体劳动群众中去，报刊也没有详细报道。

模范的生产，模范的共产主义星期六义务劳动，对取得和分配每普特粮食所表现的模范的认真负责态度，模范的食堂，某个工人住房和某个街区的模范的清洁卫生工作，——这一切是我们的报刊和**每个**工人和农民组织应当比现在更加十倍注意和关心的对象。所有这些都是共产主义的幼芽，照管这些幼芽是我们共同的和首要的义务。不管我们的粮食和生产状况怎样困难，在布尔什维克执政的一年半中还是在**各方面**取得了无可怀疑的进展：粮食的收购量从 3 000 万普特（1917 年 8 月 1 日至 1918 年 8 月 1 日）增加到 1 亿普特（1918 年 8 月 1 日至 1919 年 5 月 1 日）；蔬菜业发展了，未播种的土地面积减少了，铁路运输在燃料极其困难的情况下开始得到改善；等等。在这样的总的背景下，在无产阶级国家政权的支持下，共产主义的幼芽不会夭折，一定会茁壮地成长起来，发展成为完全的共产主义。

*　　*　　*

应该好好考虑一下“共产主义星期六义务劳动”的意义，以便从这个伟大创举中得出一切由它产生的极其重要的实际教训。

从各方面支持这一创举，这是首先的、也是主要的教训。“公社”这个词在我们这里用得太随便了。凡是共产党员创立的或在共产党员参加下创立的一切企业，往往一下子就宣布为“公社”，而人们却往往忘记，**如此光荣的名称**是要用长期顽强的劳动**争得**的，是要用在真正共产主义建设中证实了的**实际**成效争得的。

因此，中央执行委员会大多数委员已经考虑成熟，决定**废除**人民委员会法令中涉及“消费公社”这一**名称**[6]的内容，这个决定在我看来是完全正确的。让名称普通一些，这样，新的组织工作在**最初**阶段上的缺陷和缺点也就不会推到“公社”身上，而将由**不好的**共产党员负责(这是理所当然的)。最好是不允许**广泛**使用“公社”字样，禁止动辄使用这个字眼，或者**只承认**那些在实践中真正证明(并由附近全体居民一致公认)有按共产主义精神办事的能力和本领的真正的公社，**才有权使用这个名称**。首先你要证明自己能为社会、为全体劳动群众无偿地劳动，能“用革命精神从事工作”，能提高劳动生产率和模范地进行工作，然后你才有权取得“公社”这个光荣称号！

在这方面，“共产主义星期六义务劳动”是一个十分宝贵的例外，因为这里，莫斯科—喀山铁路的粗工和铁路工人**首先在实际上**证明了他们确实能像**共产主义者**一样工作，然后他们才称自己的创举是“共产主义星期六义务劳动”。应当努力争取，而且一定要做到，今后不论是谁，只要**未经**艰苦劳动和**长期劳动的**实际**成效**以及真正按共产主义精神办事的模范事迹**证实**，就把自己的企业、机关或事业称做公社，都应当被看成骗子或空谈家，受到无情的嘲笑和羞辱。

“共产主义星期六义务劳动”这个伟大创举，在另一方面，即在**清党**工作中，也应当予以利用。在革命后的初期，很多“诚实的”和抱着庸俗心理的人特别胆小畏缩，资产阶级知识分子——自然包括孟什维克和社会革命党人在内——则全体怠工，以此讨好资产阶级，在这种情况下，冒险家和其他危害分子乘机混进执政党里来，这是完全不可避免的。任何革命都有过这种现象，而且不可能没有这种现象。全部问题在于，以健康的强有力的先进阶级作为依靠的执政党，要善于清洗自己的队伍。

在这方面我们早已开始工作。要坚持不懈地继续这一工作。动员共产党员去作战这件事帮助了我们——胆小鬼和坏蛋逃到党外去了。让他们滚开吧！党员数量上的**这种**减少意味着党的力量和作用的**大大增加**。要利用“共产主义星期六义务劳动”这个创举继续清党：非经半年“用革命精神从事工作”的“考验”或“见习期”，不得接收入党。1917 年 10 月 25 日以后入党的**一切**党员，如果没有特殊的劳动或功绩证明自己绝对忠诚可靠，能够做一个共产党人，都需要经过这样的审查。

清党工作，同不断**提高党**对真正共产主义工作的**要求**联系起来，将会改善国家政权**机关**，并大大促使农民早日**彻底转到**革命无产阶级方面来。

“共产主义星期六义务劳动”也非常鲜明地显示了无产阶级专政下的国家政权机关的阶级性质。党中央写过一封“用革命精神从事工作”的信。[①] 这是拥有一二十万党员（我预料在严格清党后

① 见本版全集第 36 卷第 263—266 页。——编者注

将留下这么多，目前党员人数是超过这一数字的）的中央委员会提出的主张。

这个主张得到了工会的有组织的工人的响应。这样的工人在我们俄罗斯和乌克兰有 400 万人。他们绝大多数是拥护无产阶级的国家政权，拥护无产阶级专政的。20 万和 400 万，这就是两个“齿轮”（如果可以这样说的话）的比例。此外，还有**几千万**农民，他们主要分成三类：人数最多的、同无产阶级最接近的一类，即半无产者，或者说贫苦农民；其次是中农；最后是人数最少的一类，即富农，或者说农村资产阶级。

只要还有可能买卖粮食和利用饥荒来干投机勾当，农民就仍是（这在无产阶级专政下的一定时期内是不可避免的）半劳动者和半投机者。作为投机者，农民是敌视我们，敌视无产阶级国家的，他们同资产阶级和主张自由买卖粮食的资产阶级的忠实奴仆（直到孟什维克舍尔或社会革命党人波·切尔年科夫）往往是一致的。但是**作为劳动者**，农民是无产阶级国家的朋友，是工人在反对地主资本家的斗争中最忠实的同盟者。作为劳动者，千百万的农民大众是支持一二十万人的无产阶级共产主义先锋队所领导并由几百万有组织的无产者所组成的国家“机器”的。

真正更民主的、同被剥削劳动群众有更紧密联系的国家**在世界上还没有过**。

正是这种由“共产主义星期六义务劳动”所标志所实现的无产阶级工作，一定会彻底巩固农民对无产阶级国家的尊敬和爱戴。这种工作，而且只有这种工作，才会彻底使农民相信我们正确，相信共产主义正确，才会使农民成为我们无限忠实的拥护者，也就是说，才会把粮食困难完全克服，使共产主义在粮食生产和分配问题上完全战胜资本主义，使共产主义完全巩固起来。

1919 年 6 月 28 日

1919 年 7 月由莫斯科国家出版社印成单行本

译自《列宁全集》俄文第 5 版第 39 卷第 1—29 页

关于目前形势和苏维埃政权的当前任务

在全俄中央执行委员会、莫斯科工人和
红军代表苏维埃、全俄工会理事会和
莫斯科工厂委员会代表联席会议上的报告[7]

（1919 年 7 月 4 日）

同志们，在面临估计当前总形势这一任务的时候，我们会不由自主地首先想到把 1919 年 7 月同 1918 年 7 月作一对比。我觉得这种自然想到的对比，最容易使我们对那些新的、但在某种程度上依然是旧的困难有一个正确的了解，目前这种困难已经加大，使情况严重起来，要求我们作出新的努力。另一方面，这种对比也会向我们表明，一年来世界革命向前迈进了一大步，即使以极冷静甚至抱怀疑的态度来看问题，我们也还是可以充分相信我们正在走向完全的和最终的胜利。

同志们，请回忆一下一年前的情况吧。就在 1918 年 7 月的时候，一种似乎极为可怕的乌云，似乎根本无法挽救的灾祸笼罩着苏维埃共和国。当时和现在一样，正是青黄不接的时候，粮食情况恶化。去年的情况是无比严重的。去年夏天和现在一样，除了粮食上的困难以外，还有更多的国内外政治上军事上的困难。去年夏天召开苏维埃代表大会[8]的时候，左派社会革命党人正在莫斯科举行暴动[9]，当时军队的一个司令、左派社会革命党人穆拉维约夫叛变了[10]，几乎使我们的战线崩溃。1918 年夏天，在雅罗斯拉夫尔有过一次规模巨大的阴谋[11]。这次阴谋，正如阴谋的参与者所证实和供认的那样，是由法国大使努兰斯策动的。努兰斯暗中唆使萨文柯夫布置这次阴谋，并且担保说，在阿尔汉格尔斯克登陆的法国军队将增援雅罗斯拉夫尔，如雅罗斯拉夫尔情况极端困难，可以同阿尔汉格尔斯克的协约国军队会师，从而使莫斯科迅速陷落。去年夏天，敌人从东面夺取了萨马拉、喀山、辛比尔斯克、塞兹兰、萨拉托夫。在南方，受德帝国主义支持(这一点已得到十分确凿的证明)的哥萨克部队得到了金钱和装备。敌人向我们展开进攻，从两方面把我们包围了，并且嘲笑我们。德帝国主义集团说："你们既然对付不了捷克斯洛伐克军，那就来对付我们吧。"德帝国主义者竟说出这样厚颜无耻的话来。

当时苏维埃共和国处于似乎毫无出路的被包围状态，粮食情况空前困难，我们的军队刚刚开始形成。军队没有组织，也没有经验，我们只得匆匆忙忙地建了一队再建一队，根本无法设想进行完整的有系统的工作。这一年我们熬过了，如果我们依靠这种经验，牢记这种经验，再来看看现在的情况，那我们完全有理由说：是的，情况是困难的，但是比较一下去年和现在的情况，甚至从内部的简单的力量对比来看，从造成暂时困难的种种事实的对照来看，我们现在的情况也比过去稳定得多，——只要能仔细研究并观察，不信口胡说，谁都会认为这是无疑的，——因此，张皇失措就是严重的犯罪。一年前的情况严重得多，尚且终于克服了困难，现在我们更可以绝对有信心地说，我们现在也能克服这些困难，这样说既没有丝毫夸大我们的力量，也没有缩小我们的困难。我只想举出一些主要的对比材料，因为下面几位报告人会更详细地谈到这个问题。

去年夏天，粮食情况十分紧张，7 月和 8 月两月内，我们管粮食的机关粮食人民委员部的仓库里简直一无所有，拿不出东西来供应最劳累、最受折磨、最挨饿的城市居民和非农业地区的居民。这一年中我们的机构已前进了一大步。在 1917 年 8 月 1 日至 1918 年 8 月 1 日这一年中，我们只收购了 3 000 万普特，而在 1918 年 8 月 1 日至 1919 年 5 月 1 日这一期间，我们却收购了 1 亿普特。这同我们的需要相比还是很少的，但这证明，在收购粮食方面，我们必须战胜有余粮的农民给我们造成的无数组织上的困难。他们习惯于像过去那样在自由市场做粮食生意，认为按自由价格出卖粮食是他们的神圣权利，他们还不了解，在国家同俄国的和世界的资本作斗争的时候，做粮食生意就是危害国家的一种最严重的罪行。这是对穷人和挨饿者的侮辱，这是对资本家和投机者的最好的效劳。我们知道，每一个靠劳动和血汗勉强过活的农民都知道什么是资本主义。他们是同情无产阶级的（虽然这种同情是模糊的、出自本能的），因为他们看到无产阶级将毕生精力、满腔热血都献给了推翻资本的事业。但是，要做到善于捍卫社会主义国家的利益，善于把这种利益置于目前希望发横财的小商人（目前他们能够用空前高的价格把粮食卖给挨饿者）的利益之上，还有一段漫长的距离。我们正在开始测量这段距离。这段路程我们已经走了一部分，因此我们确信，这段路程不论如何艰难险阻，这些困难我们是能够克服的。同去年比较起来，我们已经前进了一大步，不过我们还远没有解决一切困难。我们不能许愿说情况会立刻好转，但是我们知道，目前的情况终究使我们有了大得多的希望，我们知道,现在我们的资源来路毕竟没有像去年那样被东南面的哥萨克匪帮、西南面的德帝国主义以及东部产粮区的捷克斯洛伐克军所切断。现在的情况要好得多,因此,虽然未来的几个星期无疑会带来新的牺牲和新的负担,但是我们一定能够熬过和战胜这些日子,因为我们知道,我们在去年已经这样做过一次,现在的情况已经好转,我们知道,这是整个社会主义革命的最主要的困难,这就是我们已实际经受过的粮食方面的困难。我们根据自己的实际经验,而不是根据推测和愿望,的确能够说,能够肯定地说,我们已经学到了克服这种困难的本领,我们也一定会学到彻底克服这种困难的本领。

就目前的军事形势而论,协约国继一度占领敖德萨、塞瓦斯托波尔的德国人之后,占领了乌克兰,它们也遭到了失败。由此可见,小资产阶级群众和吓怕了的庸人认为无法战胜的威胁,原来是假的,这个巨人的腿原来是泥做的。协约国尽一切可能以武器和装备援助白卫分子、地主和资本家。英国的报纸公开吹嘘(英国的大臣们也这样吹嘘)他们的支援帮助了邓尼金。我们得到消息,说他们送去了可供25万人用的装备和应有尽有的武器。我们获得的确凿消息说他们送去了数十辆坦克。这就使我们在东部受到压力时,又遭到邓尼金的沉重打击。我们知道,我们在去年7月经历了怎样艰难的日子。我们决不缩小危险,也决不忽视要公开到广大群众中去,向他们讲清目前的形势,说明全部真实情况,擦亮他们的眼睛,因为工人、特别是农民(要农民了解真实情况是很困难的)对真实情况知道得愈多,他们就会愈坚决、愈稳定、愈自觉地转到我们这方面来。(鼓掌)

同志们,昨天我们在中央委员会决定由托洛茨基同志在这里作关于军事形势的报告。可惜今天医生坚决不许他作报告。因此，我来简略地谈一谈军事形势，我在这方面完全不能充当报告人，但是同志们，我可以把托洛茨基同志视察南线后昨天给我们讲的一些情况，扼要地告诉你们。

那里的情况的确困难，我们所受的打击非常沉重，损失很大。我们失败的原因有两个方面，就是说有两个原因。第一个原因是我们遭到高尔察克打击的时候，不得不把很大一部分兵力调去增援东线。邓尼金恰巧在这时开始普遍动员。不错，一位在当地工作了很久的南方面军革命委员会委员告诉我们说：这次普遍动员将使邓尼金遭到毁灭，正像高尔察克被普遍动员所毁灭一样。当他的军队还是一支阶级的军队，还是由憎恨社会主义的志愿兵组成的时候，这支军队是强固的。当他开始普遍征兵的时候，当然能很快地补充军队，但是军队愈扩充，它的阶级性就愈弱，力量就愈小。被邓尼金强征入伍的农民，在这支军队中，肯定也会干出西伯利亚农民在高尔察克军队中所干的事——就是他们把高尔察克彻底搞垮的。

除了邓尼金军队大大加强以外，失败的另一个原因就是南线游击习气的发展。这一点，托洛茨基同志昨天也向我们详细介绍了。你们大家知道，我们的军队由于格里戈里耶夫的冒险（这种冒险是马赫诺叛乱的后果）忍受了多少痛苦，乌克兰的农民和全体无产阶级在盖特曼统治[12]时期忍受了多少痛苦。由于乌克兰无产阶级的觉悟非常低、力量不足、缺乏组织性，由于佩特留拉的捣乱和德帝国主义的压力，在乌克兰就自发地滋长起仇恨情绪和游击习气。每一队农民都拿起武器，推选自己的阿塔曼或“父亲”，在当地建立政权。他们根本不把中央政权放在眼里，每一个父亲都认为自己是当地的阿塔曼，认为自己可以解决乌克兰的一切问题，用不着考虑中央采取的措施。现在我们都很清楚，在目前情况下，单凭激情，单凭热忱，是争取不到农民的，——这种方式是靠不住的。我们曾经千百次地提醒过乌克兰的同志，既然事关千百万人民群众的运动，单凭口讲就不够了，需要有他们亲身的生活经验，让他们自己来检验指示，相信自己的亲身经验。乌克兰农民吃了很大的苦头才取得这个经验。在德国人占领期间，他们遭到空前未有的灾难和牺牲，比我们遭到的要大很多倍，可是他们仍然不知道应该怎样做才能组织起来，才能自主行动并争取到国家的独立。在摆脱德帝国主义后的初期，邓尼金匪帮的活动开始猖獗，我军没有经常给他们以应有的还击，春天江河又迅速泛滥，我军受阻，不能继续前进，无法增援，于是大难临头，乌克兰全体农民以及与乌克兰、顿河区毗邻地区的农民受到第一次打击，但好在他们会因此克服游击习气和混乱的缺点。我们清楚地知道，乌克兰农民的力量一定能推翻邓尼金的力量，我们知道他们受到的打击非常沉重，但是这些打击会唤起他们的新的觉悟和新的力量。托洛茨基同志亲自见过那里所蒙受的空前惨重的损失，他肯定地说，这次经验不会不给乌克兰人留下痕迹，不会不使乌克兰农民的整个心理发生变化，我们自己就经历过这样的事。我们知道，去年我们的情况也并不更好些。我们知道，有许多国家以蔑视的眼光看我们，看我们年轻的俄罗斯共和国，而现在很多国家都发生了同样的事情，出现了同样的现象。

乌克兰要把病治好，比我们更困难，但它毕竟会治好的。乌克兰已经意识到分崩离析、游击习气的教训。这将是乌克兰整个革命的转变时期，这将影响乌克兰的全部发展。我们也经历过这一转变,去掉游击习气,不再侈谈"我们一切都能办到!"的革命词句,转变到认清必须坚决顽强、长期艰苦地进行繁重的组织工作。这是一条我们在十月革命以后经过好多个月才走上的道路,是一条取得了显著成就的道路。我们满怀信心地展望将来,相信我们能够克服一切困难。

托洛茨基同志着重谈到几种情况,其中一种情况非常明显地说明了这一转变,那就是他在逃兵方面观察到的情形。在他到过的很多省份里,我们都曾派过一些同志去同逃跑现象作斗争,但是没有取得成绩。托洛茨基同志亲自在群众大会上讲话,看到我们的几万逃兵都是一些张皇失措或者很容易跟资产阶级走的人。我们已准备作出等于绝望的结论。托洛茨基亲自经过库尔斯克和梁赞,看到有些城市的确是这样,他还谈到这方面已经发生的变化,说这种变化是无法形容的。有些政治委员说,现在涌入红军的逃兵已经使我们应接不暇。回红军的人这样多,我们简直可以停止动员,用这些老兵,用这些归队的逃兵就足够补充我们的部队了。

农民已经看出哥萨克和邓尼金的进军意味着什么,农民群众开始更加自觉地看待问题,他们本来希望立刻得到和平,不理解我们是被迫进行内战的。农民千方百计地逃避征兵,躲进森林,沦为绿匪,对其他事情一概不管。这一状况造成乌克兰分崩离析,使逃兵人数成千上万。托洛茨基谈到,由于我们较大胆地处理这件事情,放宽逃兵报到的期限,情况就开始有了转变。有几百个同志去梁赞省工作,那里也已开始有了转变。他们出席群众大会,逃兵大批地回到红军中来。地方的政治委员们说,他们简直来不及把这些人编入红军队伍。正是由于这种情况,使库尔斯克和沃罗涅日阵地在利斯基车站夺回后就开始巩固了。根据这种情况,托洛茨基说，南方情况是艰难的，我们必须尽最大的努力。但是我断定说，**这不是大祸临头的情况**。这是我们昨天得出的结论。（鼓掌）

这个结论丝毫不容怀疑，我们要尽最大的努力，我们相信劳动群众的觉悟一定会胜利，因为乌克兰的经验证明，邓尼金愈逼近，邓尼金、资本家和地主带来什么愈清楚，我们同逃跑现象作斗争就愈容易，我们就愈能大胆地把逃兵报到的期限延长一个星期。前天我们在国防委员会[13]又把报到的期限延长了一个星期，因为我们深信，邓尼金带给他们的觉悟不会不起作用，而且红军将会成长，只要我们记住，在最近几个月内我们要把全部力量放在军事工作上。我们应该说，我们现在也要像过去援助东线那样，尽力援助南线取得胜利。同志们，那些张皇失措的人会在这里提出这样的问题：如果我们尽力援助南线，我们就会失去在东线获得的战果。对于这一点，我们可以说，我们部队在东线所获得的战果，根据全部材料来看，一定会同西伯利亚的革命融合在一起。（鼓掌）

昨天一位孟什维克在莫斯科作了报告。你们在《消息报》上可以看到戈洛索夫公民这个报告[14]的内容，他讲到孟什维克如何跑到西伯利亚去，以为那里有立宪会议和民权制度，通行普选制，尊重民意，而不是什么一个阶级的专政、篡夺和暴力（这些是他们对苏维埃政权的称呼）。这些人同克伦斯基一起混了8个月，把一切献给了科尔尼洛夫，他们没有学到什么东西，又投奔高尔察克，现在他们的经验证明，不是什么布尔什维克，而是布尔什维克的敌人，是那些全力反对布尔什维克的人，步行了几百俄里，得出了我们所听到的和公众从孟什维克的报告中所知道的结论：那里不仅排斥工人，而且排斥农民，不仅排斥农民，而且排斥富农。现在连富农也起来暴动反对高尔察克了！（鼓掌）所有那些对反高尔察克统治的暴动的描述，一点也没有夸大。高尔察克不仅排斥了工人和农民，而且排斥了曾经一致怠工的具有爱国主义思想的知识分子，即排斥了同协约国结成同盟的知识分子。现在我们听说乌拉尔正在举行起义，我们正在迎接真正的工人起义的时代，再说一遍，在最近几个月内我们有十分的把握和充分的根据，指望乌拉尔的胜利将成为西伯利亚全体居民群众彻底战胜高尔察克叛乱的转折点。

同志们！你们昨天在报上看到了乌拉尔工厂区的起点莫托维利哈已被收复的消息。关于收复彼尔姆的详细情形(那里有几个团队转到我们这边来了)也证实了这一点，我们每天接到的一份份的电报都说明，乌拉尔的决定性的转折已经到来了。今天我接到的 7 月 2 日从乌法拍来的电报，也证明了这一点。我们还有更详细的情报，我们可以有充分的根据说，决定性的转折已经到来了，我们在乌拉尔一定会取得胜利。彼尔姆和莫托维利哈的先后收复，使我们得到很多东西，这两个地方都是大工厂中心，工人正在组织起来，成百地转到我们这方面来，他们切断敌人后方的铁路。大概你们中间只有很少的人有机会看到从那里跑出来的高尔察克分子——工人和农民，不过我们希望在莫斯科能够更多地看到从那里来的人。要知道，一年以前，乌拉尔一带和西伯利亚的农民曾经准备离开布尔什维克。他们很不满，很愤慨，因为那时布尔什维克要求他们在艰苦的战争中给予帮助，布尔什维克说："对地主、资本家的胜利是不会凭空得到的，既然资本家、地主在进行战争，你们就应该承受一切牺牲来捍卫革命果实。革命不能不付出代价，如果你们怕牺牲，缺乏承受这些牺牲的坚毅精神，你们就会使革命遭到失败。"他们不愿意听这些话，在他们看来，这不过是革命的口号。因此，当那边答应他们可以获得和平和协约国的援助时，他们就转到那边去了。要知道，西伯利亚的这些农民没有经历过农奴制。这是一些惯于剥削从俄罗斯去的流放者的最富裕的农民，是一些看不到革命好处的农民，他们总是从俄国全体资产阶级，从全体孟什维克和社会革命党人那里寻找领袖，这几种人在那里有成千上万个。譬如现时在鄂木斯克的资产者人数有人计算为 90 万人，有人计算为 50 万人。全体资产者统统汇集到那里去了，一切认为自己有知识、有文化、有管理能力而妄图领导人民的人和一切政党（从孟什维克到社会革命党）都汇集到那里去了。他们有富裕的、不倾向社会主义的农民，他们有掌握世界霸权的协约国的援助，他们有通往海口的铁路。这说明他们占有绝对的优势，因为协约国的舰队是天下无敌、称霸全球的。还缺少什么呢？这些为反对布尔什维克而聚集了所能聚集的一切的人们（他们有殷实的农民居住的边疆区，有协约国的援助），为什么试验两年就垮台，结果只剩下地主和资本家子弟的野蛮统治而不是什么“民权制度”？为什么我们红军一去解放乌拉尔，高尔察克的统治就彻底崩溃？一年以前，农民说“打倒布尔什维克，因为他们把重担加在农民肩上”，农民就转到地主、资本家那边去了。那时他们不相信我们的话；现在他们已亲身经受到了，他们看到布尔什维克牵走了一匹马，而高尔察克分子却拿走了一切，既牵走了马，也拿走了其余一切东西，而且实行沙皇纪律。现在农民有了过去的经验，他们欢迎红军，像欢迎救星一样，并说，和布尔什维克一起，西伯利亚必将确立起持久的充分的自由。（鼓掌）

高尔察克叛乱这个经验对我们说来是一个最宝贵的经验，它在不大的范围内向我们表明了在全世界所发生的事情。它向我们表明了布尔什维克力量的真正的、不可战胜的、不可摧毁的泉源。当西伯利亚在敌人手中的时候，我们好像是软弱的。现在这一巨大力量完全垮台了。为什么呢？因为我们对帝国主义战争及其后果的估计是正确的，我们说得很对：经过这次战争人类决不会再像过去的样子，人们已经受尽痛苦和折磨，憎恨资本主义，因此工人阶级的统治必将到来，社会主义必将确立。这里有人谈到“中间道路”，我很清楚，右派社会革命党人和孟什维克在向往这种中间道路，这些中间党派中的佼佼者在痴情地向往这种中间道路，但是根据许多国家的经验，根据各个民族的经验，我们知道，这是虚无缥缈的幻想，因为在这个由切尔诺夫和马伊斯基之流再次组阁并遭到彻底失败的立宪会议王国中，中间道路是没有的。这是什么，是偶然现象还是布尔什维克的诽谤？这谁也不会相信！他们开始那样相信立宪会议，结果遭到那样的失败，这又一次证明，布尔什维克说得对：或者是工人阶级专政，全体劳动者专政，战胜资本主义；或者是资产阶级的最肮脏的血腥统治，甚至如高尔察克在西伯利亚建立的那种君主制。关于西伯利亚的教训和结论就谈到这里。最后，我想稍微谈谈国际形势。

同志们，在国内状况方面我们现在已经前进了一大步，一年以前，千百万俄国农民还完全不自觉地看待世间的一切，他们听信任何一个把立宪会议说得娓娓动听的人，他们因为承受布尔什维主义的负担而垂头丧气，一听到斗争的号召就跑开。以后，农民在南方受到德国人统治的空前惨痛的血的教训，他们从这一经验中学到了很多东西。我们之所以变得无比强大，就是因为千百万人都已经清楚高尔察克是什么了，西伯利亚千百万的农民都倾向布尔什维主义了。人人都在盼望布尔什维克，这并不是由于我们的宣传和学说，而是由于他们亲身的经验，他们请社会革命党人来执政，而社会革命党人和孟什维克执政的结果却出现了俄国的旧君主制度和旧杰尔席莫尔达[15]，这种制度在“民主”时期给国家造成空前未有的暴力。但人民的毛病治好了，这是很有价值的。（鼓掌）

请你们看看国际形势。与去年相比，一年来我们在这方面难道不是突飞猛进了吗？那时连忠于革命的人也离开了我们，说布尔什维克把俄国出让给德国强盗，说布列斯特和约[16]证明布尔什维克犯了不可挽回的错误，难道不是这样吗？难道他们没有认为只有民主的法国和英国的同盟才能使俄国得救吗？怎么样呢？去年的危机才过去几个月，布列斯特和约就完蛋了。自 1918 年 11 月 9 日德国被打垮以后，经过半年的努力，英法帝国主义者缔结了和约[17]。这个和约带来了什么后果呢？它使以前站在鼓吹作战到底的英法帝国主义者信徒那一边的工人，不是一天一天，而是每时每刻都转到我们这边来，他们对自己说：“我们受了四年欺骗，被拖进了战争。人们向我们保证，为了自由，要打败德国，使自由、平等和民主取得胜利，但是给我们的并不是这些，而是凡尔赛和约，是一个为了掠夺和发财而签订的卑鄙的、强制性的和约。”这一年中，我们的处境是为国际革命的胜利而作艰苦的斗争。如果拿我们的处境和敌人的处境比较一下，我们是每前进一步，都在全世界获得更多的同盟者。我们现在看到，德国人根据帝国主义观点认为是失败的东西，法国人和英国人认为是彻底胜利的东西，其实是英法帝国主义者末日的开始。现在工人运动不是一天一天，而是每时每刻都在发展。工人要求外国军队退出俄国，要求废除凡尔赛和约。我们在缔结布列斯特和约时是孤单的，这个和约垮了，代替它的是扼杀德国的凡尔赛和约。

我们在估计过去这一年并公开承认一切困难时，可以平静地、有信心地、坚定地向你们说，同志们，我们一次又一次地来向你们叙述总的形势，向莫斯科的先进工人描述我们又碰到的困难，请你们考虑我们从这艰苦的一年中得到了什么教训，请你们根据这种考虑和估计，根据这种经验，同我们一起得出一个坚定不移的信念：不仅在俄国，而且在国际范围内，胜利必将属于我们。我们要一次再次地竭尽全力来挽回南线的失败。如果我们利用组织、纪律和忠诚这些行之有效的手段，我们相信，邓尼金也一定会被摧毁，被消灭，被打垮，就像以前高尔察克和现在英法帝国主义者被打垮一样。（热烈鼓掌）

载于1932年《列宁全集》俄文第2、3版第24卷

译自《列宁全集》俄文第5版第39卷第30—43页

大家都去同邓尼金作斗争！

（俄共（布尔什维克）中央给各级党组织的信）[18]

（1919年7月4日和7日之间）

同志们！社会主义革命的一个危急关头、甚至可能是最危急的关头到了。国内和国外（首先是英国和法国）维护剥削者地主资本家的人，拼命想使侵占人民劳动成果的地主和剥削者的政权在俄国复辟，以便巩固他们正在全世界崩溃的政权。英法资本家用自己的军队强占乌克兰的计划破产了；他们在西伯利亚对高尔察克的援助也失败了；红军在乌拉尔得到全体起义的乌拉尔工人的支援，正在英勇前进，逼近西伯利亚，将从当地统治者即资本家的空前的压迫和暴行下解放这一地区。最后，英法帝国主义者用反革命阴谋夺取彼得格勒的计划也已破产，参加这次阴谋的，有俄国的君主派即立宪民主党人，有孟什维克和社会革命党人，也有左派社会革命党人。

现在国外的资本家拼命想借邓尼金的进攻来恢复资本的枷锁，他们也像过去帮助高尔察克那样，以军官、补给、炮弹、坦克等等帮助邓尼金。

工人农民的全部力量、苏维埃共和国的全部力量都应当动员起来，以便击退邓尼金的进犯，战胜邓尼金，同时使红军不停地向乌拉尔和西伯利亚胜利进攻。这就是

当前的主要任务

首先而且主要是全体共产党员，还有全体同情分子，全体正直的工农，全体苏维埃工作人员，**都要按战时要求紧张行动起来，把自己的工作**、精力和注意力**尽量**转到完成**直接的战争任务上**，转到迅速击退邓尼金的进犯上，并减少和改变自己其余的一切活动，使之服从于这个任务。

苏维埃共和国已在敌人包围之中。它应当不是在口头上而是在实际上成为一个**统一的军营**。

所有机关的全部工作都要适应于战争，都要按战时要求加以改造！

为了处理工农国家的事务，必须实行集体管理制。但是任何夸大和歪曲集体管理制因而造成办事拖拉和无人负责的现象，任何把实行集体管理的机关变为清谈馆的现象，都是极大的祸害，应不顾一切尽快根除这一祸害。

实行集体管理，无论在委员会人数方面或处理的工作范围方面，都不应超过绝对必需的最低限度，禁止“长篇大论”，要最迅速地交换意见，通过交换意见互通情况并提出切实可行的建议。

只要有一点可能，集体管理就应限于在最小范围的委员会内仅就最重要的问题进行最简短的讨论，至于对机关、企业、工作和任务的**实际安排**，则应委托**一位**以坚决果断、大胆泼辣、善于处理实际问题著称，又深孚众望的**同志**负责。任何时候，在任何情况下，实行集体管理都必须极严格地一并规定**每个**人对**明确**划定的工作所负的个人责任。借口集体管理而无人负责，是最危险的祸害，这种祸害威胁着一切没有很多集体管理工作经验的人，而在军事上往往导致无法避免的灾难、混乱、惊慌失措、权力分散和失败。

组织上的忙乱或不切实际也是同样危险的祸害。为了战争，必须改造工作，但决不应改造机关，更不应匆忙地建立新的机关。这是绝对不许可的，这只能造成混乱。所谓改造工作，应该是使非绝对必要的机关暂停工作，或加以适当缩减。但是一切支援战争的工作，应当**完完全全通过现有的**军事机关进行，要整顿、巩固、扩大和帮助这些军事机关。只有在特殊情况下才可以建立特别的“防卫委员会”或“革命委员会”（或军事革命委员会）这是第一；第二，要经过有关军事当局或苏维埃最高当局批准；第三，必须遵守上述条件。

向人民说明高尔察克和邓尼金的真相

高尔察克和邓尼金是苏维埃共和国主要的和唯一严重的敌人。如果没有协约国（英、法、美）帮助，他们早就完蛋了。由于协约国帮助，他们才成为一种力量。但是，他们对人民还是非欺骗不可，不时地作出姿态，佯装拥护“民主”、“立宪会议”、“民权制度”等等。孟什维克和社会革命党人则甘愿受他们欺骗。

现在高尔察克（邓尼金和他是一对双生子）的真相已被完全揭穿了。枪杀**几万**工人；甚至枪杀孟什维克和社会革命党人；鞭挞成县成县的农民；公开毒打妇女；地主家庭出身的军官横行无忌；大肆掠夺。高尔察克和邓尼金的真相就是如此。即使在背叛过工人而站到高尔察克和邓尼金一边的孟什维克和社会革命党人中间，也有愈来愈多的人不得不承认这一真相了。

整个宣传鼓动工作的重点，就是要使人民了解这些情况。要向他们说清楚，要么是高尔察克和邓尼金，要么是苏维埃政权即工人的政权（专政），中间道路是没有的，而且也不可能有。有些非布尔什维克即孟什维克、社会革命党人和非党人士**曾经在**高尔察克或邓尼金那里**待过**，特别应利用他们所提供的证词。应使每个工人和农民知道，究竟为什么进行斗争，假如高尔察克或邓尼金胜利，他们会遭遇到什么。

做好应征者的工作

为了帮助动员，做好应征者的工作，做好已应征者的工作，这是目前应当关心的大事之一。凡是已应征者集结的地方或驻有卫戍部队尤其是后备营等等的地方，共产党员和同情分子都应当行动起来。他们应该毫无例外地组织起来，帮助动员，并在已应征者和当地驻军的士兵中进行工作，有的可以天天工作，有的可以每星期工作 4 小时或 8 小时，当然，要有严密的组织，每个人要由地方党组织和军事当局指定担负一定的工作。

居民中的非党员或其他党的党员，当然不能做反邓尼金或高尔察克的思想工作。但根据这一理由而不让他们做任何工作是不能容许的。应该想出各种办法，责成全体居民（首先是城乡**较富裕的**居民）以这种或那种形式贡献出自己的力量，来帮助动员工作，或帮助已应征人员。

应采用一种特殊的办法,以便协助最迅速最好地训练已应征人员。目前,苏维埃政权正在征集所有的旧军官和士官等人。共产党以及全体同情分子和全体工人都应当来帮助工农国家:第一,尽力协助捕获一切逃避报到的旧军官和士官等;第二,在党组织的监督或领导下,把那些在理论上或实际上(例如参加过帝国主义战争)受过军事训练而能出一分力的人组织起来。

做好逃兵的工作

近来反逃跑的斗争显然出现了转折。在许多省份里,逃兵已开始大批返回军队,可以毫不夸大地说,逃兵已涌到红军中来了。原因是:第一,党内同志的工作做得更好更经常了;第二,农民日益意识到,高尔察克和邓尼金要恢复比沙皇制度更坏的制度,要使工农再度成为**奴隶**,遭鞭笞,受掠夺,受军官和贵族侮辱。

因此,各地都要**用全力**加紧对逃兵进行工作,使他们回到军队里去。这也是一件最重要最迫切的事情。

顺便指出,能够用说服办法影响逃兵,取得**成效**,这表明工人国家同农民有一种**特殊的**关系,与地主国家和资本家国家完全不同。用棍棒或饥饿来进行压迫,这是后两种国家的纪律赖以维持的唯一手段。工人国家或无产阶级专政国家则用**另外的**手段来维持纪律,这就是工人说服农民,工农结成同志联盟。如果目睹者告诉你,某某省(例如梁赞省)有成千上万的逃兵自愿回来,群众大会上向“逃兵同志”发出号召,收到的效果有时简直难以形容,你才会了解，工农的这种同志联盟蕴藏着多少未被我们利用的**力量**。农民有一种**偏见**，使他们赞成资本家，赞成社会革命党人，赞成“贸易自由”；但农民也有一种**明智**，使他们日益同工人结成联盟。

直接帮助军队

我们军队最需要的**供应品**是：衣服，鞋靴，武器和炮弹。在经济遭到破坏的国家里，必须作巨大的努力才能满足军队的这种需求。英、法、美资本家掠夺者给了高尔察克和邓尼金慷慨援助，才使他们没有因缺乏供应而遭到必然崩溃。

不管俄国受到怎样的破坏，但是国内还有不少的资源，这些资源我们还没有利用，而且往往**不善于**利用。还有很多军用物资仓库尚未发现或未经查清，还有大量生产潜力尚未挖掘，之所以如此，部分是由于官吏们故意怠工，部分是由于办事拖拉，文牍主义，漫无条理，笨拙无能，——所有这些“往日的罪过”不可避免地、严重地威胁着任何一个向新社会制度“跳跃”的革命。

在这方面直接帮助军队是特别重要的。主管这件事情的机关特别需要“革新”，需要从旁协助，需要**当地**工人农民自愿的、有力的、英勇的**创举**。

要号召全体觉悟的工人农民、全体苏维埃活动家尽量广泛地参加这种创举，要在各个地方和各个领域试行**各种**办法在这方面帮助军队。在这里，“用革命精神从事工作”比在别的部门差得多，而“用革命精神从事工作”的需要却**迫切得多**。

收集居民中间的武器也是这种工作的一部分。在经过了四年帝国主义战争和两次人民革命的国家内，农民和资产阶级藏有很多武器，这是自然的不可免的现象。但是，在目前邓尼金大举进攻的情况下，必须**用全力**清除这种现象。如果有人隐藏或帮助隐藏武器，那就是对工人农民犯下滔天大罪，就应该被枪决，因为他是使成千上万的优秀红军战士往往只因缺乏武器而阵亡的罪人。

彼得格勒的同志们进行了组织严密的大搜查，找到了成千上万的枪支。俄罗斯的其余地方不应落在彼得格勒之后，无论如何要赶上并超过它。

另一方面，枪支藏得最多的无疑是农民，他们往往没有任何恶意，不过是出于对任何“国家”根深蒂固的不信任，等等。我们已用**说服**、巧妙的鼓动和恰当的办法做了很多很多的（在最好的省份里）工作，使逃兵自愿回到红军中去，毫无疑问，我们也能够而且应当做同样多的或者更多的工作，使人们自愿交回武器。

工人和农民们！把暗藏的枪支找出来交给军队！这样你们才能使自己不受高尔察克和邓尼金的毒打、枪杀、大规模的鞭挞和劫掠！

缩减非军事工作

上面简略提到的工作，即使是执行其中的一部分，也需要成批的新工作人员，而且是要最可靠、最忠实、最有毅力的共产党员。可是到处都在抱怨，说缺少这样的工作人员，说他们过度疲劳，那么，到哪里去找这样的工作人员呢？

毫无疑问，这种抱怨是颇有道理的。如果有谁精确地计算一下，近20个月来，在工农群众的支持和同情下管理俄国的先进工人和共产党员为数之少，简直令人难以相信。但是我们管理得很有成绩，我们在建设社会主义，克服空前的困难，战胜直接或间接与资产阶级有联系的到处蠢动的敌人。除了一个敌人，即除了协约国，除了世界上最强大的英法美帝国主义资产阶级，我们已经战胜了一切敌人，而且我们已经打断了这个敌人的一只手——高尔察克；现在威胁我们的只是它的另一只手——邓尼金。

管理国家和实现无产阶级专政任务的新生力量在迅速地成长，这就是青年工人和农民。他们都在一心一意地、紧张地努力学习，体会由新制度得来的新印象，抛掉原先的资本主义和资产阶级民主的成见，把自己锻炼成比他们的前辈更坚定的共产主义者。

可是，不管这支新生力量成长得如何迅速，不管它在国内战争和资产阶级疯狂反抗的烈火中如何迅速地学习和成熟起来，在最近几个月内，我们还是得不到**现成的**国家管理人员。而问题正在于最近这几个月，即1919年的夏秋两季，因为我们与邓尼金的斗争需要而且必须**立刻解决**。

要得到大量现成的工作人员来加强军事工作，就要**缩减**许多非军事的，确切些说，与军事没有直接关系的苏维埃工作的部门和机关，就要按这个方针（即缩减的方针）来**改组**一切**非绝对必要的**机关和企业。

就拿最高国民经济委员会科学技术局作例子。为了充分展开社会主义建设，为了正确计算和分配一切科学技术力量，这是一个极有用的必要的机关。但这样的机关是否绝对必要呢？当然不是。有些人可以而且应当立即用来**在军队中**和**直接**为军队服务的部门中做迫切而绝对必需的共产主义工作，目前把这种人交给这种机关,那简直是犯罪。

这样的机关和部门在我们中央和地方都很不少。我们要完全实现社会主义,我们不能不立即着手建立这类机关。但如果我们在面临邓尼金的大举进攻时竟不能很好地**改编队伍**,**暂时停止**和**缩减一切**非绝对必要的东西,那我们就会是傻瓜或罪人。

我们不应当陷于张皇失措、一片慌乱的境地,不应当把什么机关都改组和完全关闭,不应当开始建立新机关(匆匆忙忙地去做,特别有害)。我们应当在中央和在各地把**一切**非绝对必要的机关和部门,**暂时停闭**三五个月,如不能完全停闭,则在这段时间内(大致的时间)尽量加以**缩小**,只留下绝对必要的工作。

既然我们的主要目的是要立刻得到大批现成的、有经验的、忠诚的、受过考验的共产党员或同情社会主义的人来做军事工作,那我们就可以冒一下险,使很多大大缩减的机关(或机关的某些部门)暂时**没有一个共产党员**,把这些机关完全交给资产阶级工作人员去料理。这个风险并不大,因为所指的只是非绝对必要的机关,自然,削弱这些机关(处于半停顿状态)的活动,会受到损失,但这种损失不会大,无论如何不会使我们灭亡。而没有充分的力量去加强(而且是立即大大地加强)军事工作,那我们就会灭亡。必须认清这一点并由此得出一切结论。

如果各省县等等的主管部门或所属部门的每个领导者,每个共产党支部,都立即向自己提出一个问题:某机关或某部门是否绝对需要?它的工作暂时停止或缩减 9/10,不留一个共产党员,我们是否就会灭亡?如果在提出这样的问题以后,随即迅速而坚决地缩减工作,把共产党员(以及同情分子和非党人士中绝对可靠的助手)调出,那么,我们就能够在最短时间内派出成百上千的人到军队政治部去工作，去担任政治委员等等职务。这样一来我们也就有了切实的把握像战胜更强大的高尔察克那样战胜邓尼金。

前线地区的工作

最近几星期来，在俄罗斯社会主义联邦苏维埃共和国内，前线地区已经惊人地扩大，并且非常迅速地发生了变化。这是战争快到决定关头和接近总解决的征兆。

一方面，由于红军的胜利和高尔察克的瓦解，由于高尔察克占领区中革命的发展，乌拉尔和乌拉尔地区这一辽阔地带已经成为我们的前线地区了。另一方面，由于我方的损失，由于敌人大量逼近彼得格勒，并从南方向乌克兰和俄罗斯中部进犯，在彼得格勒近郊和南方，前线地区**更扩大了**。

于是前线地区的工作就具有特别重要的意义。

在红军迅速前进的乌拉尔地区，我们军队的工作人员、政治委员、政治部人员等等，以及当地的工人和农民，自然地产生了一种愿望，想在新收复地区安居下来，进行创造性的苏维埃工作；人们愈疲于战争，高尔察克的破坏愈严重，这种愿望就愈自然。但是，如果照这个愿望去做，那就最危险了。这会减弱我们的进攻，使进攻停顿下来，使高尔察克有恢复元气的机会。从我们方面来看，这简直是对革命的犯罪。

决不从东线部队中多抽调一个工作人员来做地方工作！① 决

① 没有绝对必要，就不抽调他们，可从中部省份调遣！

不减弱我们的进攻！要取得完全胜利，只有乌拉尔和乌拉尔地区尝过高尔察克“民主”的可怕滋味的居民人人参加作战，并且继续向西伯利亚进攻，直到革命在西伯利亚取得**完全的胜利**。

让乌拉尔和乌拉尔地区的建设工作推迟一下，让这种建设完全由当地年轻的、没有经验的、较弱的人去慢慢地进行吧。我们并不会因此灭亡。如果**减弱**向乌拉尔和西伯利亚的进攻，那**我们就会灭亡**，我们应当用乌拉尔起义工人的力量，用乌拉尔地区农民的力量来**加强**这个进攻；他们现在已经亲身认识到孟什维克马伊斯基和社会革命党人切尔诺夫的“立宪”诺言是什么货色，认识到这些诺言的真正内容**即高尔察克**是什么货色。

减弱向乌拉尔和西伯利亚的进攻，就是背叛革命，就是背叛把工农从高尔察克的压迫下解放出来的事业。

在刚解放的前线地区进行工作时，要记住那里的主要任务是不仅赢得工人而且赢得农民对苏维埃政权的信任，用事实向他们解释苏维埃政权这一工农政权的实质，一开始就采取党根据 20 个月工作的估计所定下的正确方针。我们在乌拉尔不应该重复我们曾在大俄罗斯犯过而正在迅速纠正的那些错误。

在彼得格勒近郊的前线地区，在急速扩大的乌克兰和南方的广大前线地区，要把一切转入战时状态，使一切工作、一切努力、一切考虑完全服从于战争，而且只服从于战争。否则就不能击退邓尼金的进犯。这是很明显的。要清楚地了解和完全实现这一点。

顺便说说，邓尼金军队的特点是军官多，哥萨克多。他们没有巨大力量作后盾，却非常善于奔袭、冒险和死拼，以此散布惊慌情绪，为破坏而进行破坏。

在同这样的敌人作斗争时，必须有最高度的军事纪律和军事警惕性。贻误时机或张皇失措就等于丧失一切。党或苏维埃的每个负责的工作人员都应当考虑到这一点。

在军事上，在一切事情上，都要有军事纪律！

要有军事警惕性和严格性，要不屈不挠地采取各种预防措施！

对军事专家的态度

以出卖彼得格勒为目的的红丘炮台大阴谋又一次特别紧迫地提出了关于军事专家和肃清后方反革命的问题。毫无疑问，由于粮食状况和军事状况的尖锐化，必然使而且在最近的将来还会使反革命分子的活动猖獗起来（参加彼得格勒阴谋的有“复兴会”[19]，有立宪民主党人，也有孟什维克和右派社会革命党人；左派社会革命党人虽然只是个别人参加，但终究是参加了）。毫无疑问，最近期间，在军事专家中像在富农、资产阶级知识分子、孟什维克和社会革命党人中一样，一定也会出现更多的叛变者。

但因此就主张改变我们的军事政策的原则，那就是不可挽回的错误和不能饶恕的怯懦。成百上千的军事专家现在背叛我们，而且将来还会背叛我们。我们会把他们抓起来，枪毙掉，但我们这里也还有成千上万的军事专家在长期正常地工作着，没有他们参加，就无法建立起目前这样一支红军，这支军队克服了叫人想起来就憎恨的游击习气，并在东部获得了辉煌的胜利。我们军事部门中富有经验的领导人说得对，只要严格执行党的军事专家政策和根除游击习气的政策，严守纪律，注意军队政治工作和政治委员工作，一般说来，蓄意叛变的军事专家就最少见，他们的阴谋也难以实现，军队中就没有松懈现象，军队的秩序和士气就好些，胜仗也就多些。游击习气及其残存的痕迹和流毒给我军和乌克兰军队所造成的祸害、瓦解、失败、灾难以及人员和军用物资的损失，比军事专家的一切叛变所造成的要大得无法计算。

在我们的党纲中，无论对于一般资产阶级专家问题，还是对于其中的一种专家即军事专家的问题，都十分明确地规定了共产党的政策。我们党现在反对，将来也要“无情地反对那种貌似激进实则是不学无术的自负，好像劳动者不向资产阶级专家学习，不利用他们，不经过同他们共事的**长期锻炼**，也能战胜资本主义和资产阶级制度”①。

不用说，党同时对“这个资产阶级阶层不作丝毫的政治让步”，党现在镇压而且将来还要“无情地镇压他们的各种反革命阴谋”。自然，当这类“阴谋”出现或刚露苗头的时候，“无情镇压”所要求的气质，就不同于“长期锻炼”要求学生养成的那种从容不迫和小心慎重的气质。有人在经受同军事专家“共事的长期锻炼”，也有人专事直接“无情地镇压军事专家反革命阴谋”，他们心理上的矛盾，很容易引起而且正在引起摩擦和冲突。必要的人事变动，有时由某种反革命“阴谋”事件引起的、尤其是由大阴谋案引起的大批军事专家的调动，都会出现同样的情况。

这些摩擦和冲突无论现在或将来我们都要通过党的途径来解决，并要求党的各级组织也都这样做，务必使实际工作不受任何损失，在采取必要办法时毫不迟延，在实行我们所规定的军事政策的原则时毫不动摇。

---

① 见本版全集第36卷第89、110页。——编者注

如果党的某些刊物对军事专家发出不正确的论调(像不久前在彼得格勒有过的那样),或在个别情形下对军事专家的"批评"变成了直接干扰,妨碍我们坚持不懈地利用这些专家,党应当立即纠正这种错误,今后也要不断纠正这种错误。

纠正这种错误的主要的和基本的手段是加强军队和待应征者的政治工作,抓紧军队政治委员的工作,改善他们的成分,提高他们的水平,要他们**实际**执行党纲所要求的而往往执行得非常不够的东西,即"把对指挥人员〈军队〉的**全面**监督集中于工人阶级手中"。站在一旁批评军事专家,企图"一举"纠正,这是再容易不过的事情,因而也是毫无希望的和有害的。让所有意识到自己的政治责任和关心我军缺点的人都加入队伍,当红军战士或指挥员,当政治工作人员或政治委员,让每一个人(每个党员都会找到适合他的才能的工作)都到军事组织内部去为改善这种组织而工作吧。

苏维埃政权早就非常注意使工人以及农民,尤其是共产党员能够认真地学习军事。许多学校、机关和训练班都在这样做,但做得还远远不够。在这里,个人的创造性、个人的毅力还应当发挥更大的作用。特别是共产党员更应当努力学习操作机枪、大炮、装甲车等等的技能,因为这方面我们落后得更明显,这方面拥有大量军官的敌人占有更大优势,这方面不可靠的军事专家可能造成很大的危害,这方面共产党员能起极其巨大的作用。

肃清后方的反革命

像去年 7 月一样,反革命在我们后方,在我们中间又抬头了。

反革命已被击败,但远未被消灭,它当然要利用邓尼金的胜利和粮食困难的严重情况。那些动摇的、无气节的、靠言语来粉饰自己行动的孟什维克、右派社会革命党人和左派社会革命党人,总是跟着直接的和公开的反革命走,跟着黑帮和立宪民主党人走,这些反革命所以有力量,是因为它们拥有资本,同协约国帝国主义有直接联系,知道专政不可避免,而且有实现这种专政的能力(按高尔察克的方式)。

在这方面不要有丝毫的幻想!我们知道产生反革命事件、反革命叛乱和反革命阴谋等等的"温床",我们知道得很清楚,这就是资产阶级,资产阶级知识分子,在农村中则是富农,还有各地的"非党"人士,以及社会革命党人和孟什维克。对这个温床要加倍、十倍地严密监视。要十倍地提高警惕性,因为从这方面来的反革命阴谋,在目前和最近的将来都是绝对不可避免的。因此,不断发生炸毁桥梁、组织罢工、进行种种间谍活动等事件,也是很自然的。在反革命"温床"稍有可能"存身"的一切中心,都必须采取各种最有力的、系统的、反复的、大规模的和出其不意的预防措施。

在对待孟什维克、右派社会革命党人和左派社会革命党人方面,要考虑到最近的经验。在他们的"外围"中,在倾向于他们的人们中,毫无疑问,有一种动向:脱离高尔察克和邓尼金而靠拢苏维埃政权。我们注意到了这种动向,每当这种动向有某种实际表现的时候,我们就采取某种相应的步骤。我们决不改变自己的这种政策,一般讲来,脱离倾向于高尔察克和邓尼金的孟什维主义和社会革命党的思想,"投奔"倾向于苏维埃政权的孟什维主义和社会革命党的思想,这样的人数无疑是会增加的。

但在目前,以社会革命党人和孟什维克为首的无气节的、动摇的小资产阶级民主派，仍然在看风使舵，倒向胜利者邓尼金。左派社会革命党人、孟什维克、右派社会革命党人以及他们的"文人集团"的"政治领袖们"（如孟什维克中的马尔托夫之流，右派社会革命党人中的切尔诺夫之流）更是如此。这些"文人集团"的成员，除了别的原因，还因他们在政治上的完全破产而大为恼怒，所以，他们**反对**苏维埃政权的冒险的"嗜好"未必是能够根除的。

决不要被他们领袖的言论和思想以及他们个人的诚恳或伪善所欺骗。这些东西对他们每个人的履历是重要的。但从政治上看，也就是从阶级关系、从千百万人之间的关系上看，这些东西并不重要。马尔托夫之流"代表中央"郑重地斥责自己的"积极派"[20]，并以开除他们的党籍相威胁（永远不过是威胁！）。但这丝毫没有消除下述事实：这个"积极派"是孟什维克中最有力量的人，他们藏在孟什维克后面，干着他们的高尔察克和邓尼金式的勾当。沃尔斯基之流斥责阿夫克森齐耶夫和切尔诺夫之流，但这毫不妨害阿夫克森齐耶夫和切尔诺夫比沃尔斯基更有力量，毫不妨害切尔诺夫说："我们现在不推翻布尔什维克，何人何时来推翻布尔什维克呢？"左派社会革命党人可能不与反动派即切尔诺夫之流进行任何勾结而"独立地""进行工作"，但他们实际上也是邓尼金的同盟者和**他**任意摆布的小卒，正像死了的左派社会革命党人穆拉维约夫一样，这位前任司令由于"思想"原因曾向捷克斯洛伐克军[21]和高尔察克开放战线。

马尔托夫和沃尔斯基之流自以为"高于"交战双方，自以为能够建立"第三种势力"。

这个愿望即使是真诚的，也不过是小资产阶级民主派的幻想，从 1848 年到现在，70 年过去了，他们还没有学会这一基本常识：

在资本主义环境中，不是资产阶级专政，就是无产阶级专政，决不能存在任何第三种专政。马尔托夫之流大概至死也不会放弃这种幻想。这是他们的事情。但我们要记住，在实践中，这班人总不免今天倒向邓尼金，明天倒向布尔什维克。而我们今天就该按**今**天的情况办事。

我们的任务是直接提出问题。怎样做才更好呢？是把立宪民主党人、非党人士、孟什维克、社会革命党人中“起来”（有的用武器，有的搞阴谋，有的鼓动反对动员，如参加孟什维克组织的印刷工人或铁路员工那样，等等）**反对**苏维埃政权**即拥护邓尼金**的几百个叛乱分子一律逮捕，关进牢狱甚至枪毙呢，还是让高尔察克和邓尼金把几万工人和农民斩尽杀绝，一律枪毙，一律打死？作出抉择并不困难。

问题就是这样，而且只能是这样。

谁要是至今还不了解这一点，谁要是只会哭诉这样的决定“不公正”，那就不要理睬他，让他去受公众的嘲笑和羞辱好啦。

动员全民参战

苏维埃共和国是被世界资本包围的要塞。只有那些积极参加战争并尽力帮助我们的人，才有权把这个要塞作为躲避高尔察克的避难所，才有权在其中居住。因此，我们的权利和义务就是：动员全民参战，有的去直接作战，有的去参加配合作战的各种辅助工作。

要完全实现这个目标，就需要理想的组织。既然我们的国家组织还很不完善(如果考虑到它还年轻,还是新事物,它的发展遇到特殊的困难,那就不足为奇了),要想大张旗鼓地立即着手彻底实现或者哪怕很广泛地实现这个目标,那是极有害的不切实际的组织计划。

不过,为了接近这个理想,各个方面都有许多事情可以做,我们党的工作者和我们苏维埃工作人员在这方面的“创举”是远远不够的。

这里,只要提出这个问题引起同志们注意就够了。没有必要作出某些具体的指示或规定。

我们只是指出,那些最接近苏维埃政权而通常以社会主义者自居的小资产阶级民主派,例如“左派”孟什维克之类的某些人,最爱对扣押人质这种在他们看来是“野蛮的”手段表示愤慨。

让他们去愤慨吧,但不这样就不能进行战争,而且在危险激增的情况下,从各方面来说都必须经常大量地使用这种手段。例如,孟什维克的或卖身投靠的印刷工人,铁路“管理人员”和暗中搞投机活动的铁路员工,富农,城市(和乡村)的有产者,以及诸如此类的分子,对抗击高尔察克和邓尼金的工作往往采取极端罪恶、极端无耻的冷漠态度,并进而实行怠工。应该开列这类人的名单(或强迫他们自己编成连环保小组),不仅要他们去挖战壕,像有时做的那样,而且要他们从各方面给红军以各种物质帮助。

如果我们更广泛、更多方面、更巧妙地运用这种办法,红军战士的田地就会耕种得好些,红军战士的食品、烟草以及其他必需品就会供给得好些,成千上万的工农因某些阴谋事件等等遭到死亡的危险就会大大减少。

"用革命精神从事工作"

综上所述,我们得出一个简单的结论:所有共产党员,所有觉悟的工人、农民,每个不愿意让高尔察克和邓尼金胜利的人,都应当立即在最近几个月内空前地紧张地行动起来,"用革命精神从事工作"。

既然饥饿和疲惫的莫斯科铁路员工,不分技工和粗工,能够为了战胜高尔察克,在彻底战胜高尔察克以前一直坚持"共产主义星期六义务劳动",每个星期无报酬地做几小时的工作,而且创造了前所未有的比平时高许多倍的劳动生产率,那也就证明,我们还可以做出很多很多的事情。

我们应当做出很多的事情。

那时我们一定会胜利。

俄共(布尔什维克)中央

载于1919年7月9日《俄共(布)中央通报》第4期

译自《列宁全集》俄文第5版第39卷第44—63页

俄共(布)中央组织局和政治局决定草案

(1919 年 7 月 5 日)

中央组织局和政治局审议并全面讨论了托洛茨基同志的申请书[22],现得出一致结论:中央组织局和政治局绝对不能接受托洛茨基同志的辞呈,绝对不能满足他的请求。

中央组织局和政治局将竭尽全力,使托洛茨基同志自己挑选的目前最困难、最危险和最重要的南方面军的工作做起来最得心应手,对共和国最有成效。托洛茨基同志作为陆军人民委员和革命军事委员会主席,也完全能够以南方面军革命军事委员会委员的名义,与由他提名并经中央任命的方面军司令(叶戈里耶夫)一起采取行动。

中央组织局和政治局将千方百计为托洛茨基同志提供充分的机会,以便实现他所认为的对军事问题上路线的纠正,而且如果他愿意的话,将力争早日召开党的代表大会。

中央组织局和政治局坚信,在目前情况下托洛茨基同志辞职绝对不行,那将对共和国贻害无穷。中央组织局和政治局坚决建议托洛茨基同志不要再提出这个问题,建议他继续履行自己的职责。如果他愿意的话,可以尽量减少他的职责,以便他集中精力搞好南方面军的工作。①

有鉴于此,组织局和政治局既不接受托洛茨基同志退出政治局的要求,也不接受他辞去共和国革命军事委员会主席(陆军人民委员)职务的要求。

列　宁②

载于1930年在巴黎出版的《反对派公报》第12—13期合刊

① 以下直至列宁的签名之前的一段话,是尼·尼·克列斯廷斯基代写的。——俄文版编者注

② 签署本文件的还有列·波·加米涅夫、尼·尼·克列斯廷斯基、米·伊·加里宁、列·彼·谢列布里亚科夫、约·维·斯大林、叶·德·斯塔索娃。——俄文版编者注

论 国 家

在斯维尔德洛夫大学的讲演[23]

（1919 年 7 月 11 日）

同志们！根据你们拟定并通知我的计划，今天要讲的题目是国家问题。我不知道你们对这个问题已经熟悉到什么程度。如果我没有弄错，你们的训练班刚开课，你们是第一次有系统地研究这个问题。既然如此，这个困难的问题的第一讲，就很可能做不到使你们中间很多人都充分明白，充分了解。要真的是这样，我请你们不要懊丧，因为国家问题是一个最复杂最难弄清的问题，也可说是一个被资产阶级的学者、作家和哲学家弄得最混乱的问题。因此，绝对不要指望在一次短短的讲课中就能把这个问题完全弄清楚。听了这个问题的第一次讲课以后，你们应该把不理解或不明白的地方记下来，三番五次地加以研究，将来在看书、听讲中进一步把不明白的地方弄清楚。我希望我们还能再谈一次，那时可以就所有提出的问题交换意见，检查一下究竟哪些地方最不明白。我也希望除听讲以外，你们还花些时间，把马克思和恩格斯的主要著作至少读几本。毫无疑问，你们在参考书目中，在你们图书馆里供苏维埃工作和党务工作学校学员用的参考书中，一定能找到这些主要著作。不过起初也许有人又会因为难懂而被吓住，所以要再次提醒你们不要因此懊丧，第一次阅读时不明白的地方，下次再读的时候，或者以后从另一方面来研究这个问题的时候，就会明白的，因为，我再说一遍，这个问题极其复杂，又被资产阶级的学者和作家弄得极为混乱，想认真考察和独立领会它的人，都必须再三研究，反复探讨，从各方面思考，才能获得明白透彻的了解。你们反复探讨这个问题的机会很多，因为这是全部政治的基本问题，根本问题，别说在我们现时所处的这样一个革命风暴时期，就是在最平静的时期，在不论哪天哪份报纸上，只要涉及经济或政治，你们都会碰到这样的问题：国家是什么，国家的实质是什么，国家的意义是什么，我们这个为推翻资本主义而斗争的党即共产党对国家的态度又是什么。你们每天都会因为这种或那种原因遇到这个问题。最主要的，是你们要从阅读中，从听国家问题的讲课中，学会独立地观察这个问题，因为你们在各种各样的场合，在每个细小问题上，在非常意外的情况下，在谈话中，在同论敌争论时，都会遇到这个问题。只有学会独立地把这个问题弄清楚，你们才能认为自己的信念已经十分坚定，才能在任何人面前，在任何时候，很好地坚持这种信念。

作了这几点小小的说明之后，现在我来谈本题，谈谈什么是国家，它是怎样产生的，为彻底推翻资本主义而奋斗的工人阶级政党——共产党对国家的态度基本上应当是怎样的。

我已经说过，未必还能找到别的问题，会像国家问题那样，被资产阶级的科学家、哲学家、法学家、政治经济学家和政论家有意无意地弄得这样混乱不堪。直到现在，往往还有人把这个问题同宗教问题混为一谈，不仅宗教学说的代表人物（他们这样做是十分自然的），而且自以为没有宗教偏见的人，也往往把专门的国家问题同宗教问题混为一谈，并且企图建立某种具有一套哲学见解和论据的往往异常复杂的学说，说国家是一种神奇的东西，是一种超自然的东西，是一种人类赖以生存的力量，是赋予或可能赋予人们某种并非来自人本身而来自外界的东西的力量，说国家是上天赋予的力量。必须指出，这个学说同剥削阶级——地主资本家的利益有极密切的联系，处处为他们的利益服务，深深浸透了资产阶级代表先生们的一切习惯、一切观点和全部科学，因此，你们随时随地都会遇见这一学说的残余，甚至那些愤慨地否认自己受宗教偏见支配并且深信自己能够清醒地看待国家的孟什维克和社会革命党人的观点也不例外。这个问题所以被人弄得这样混乱，这样复杂，是因为它比其他任何问题更加牵涉到统治阶级的利益（在这一点上它仅次于经济学中的基本问题）。国家学说被用来为社会特权辩护，为剥削的存在辩护，为资本主义的存在辩护，因此，在这个问题上指望人们公正无私，以为那些自称具有科学性的人会给你们拿出纯粹科学的见解，那是极端错误的。当你们熟悉了和充分钻研了国家问题的时候，你们在国家问题、国家学说、国家理论上，会随时看到各个不同阶级之间的斗争，看到这个斗争在各种国家观点的争论中、在对国家的作用和意义的估计上都有反映或表现。

要非常科学地分析这个问题，至少应该对国家的产生和发展作一个概括的历史的考察。在社会科学问题上有一种最可靠的方法，它是真正养成正确分析这个问题的本领而不致淹没在一大堆细节或大量争执意见之中所必需的，对于用科学眼光分析这个问题来说是最重要的，那就是不要忘记基本的历史联系，考察每个问题都要看某种现象在历史上怎样产生、在发展中经过了哪些主要阶段，并根据它的这种发展去考察这一事物现在是怎样的。

我希望你们在研究国家问题的时候看看恩格斯的著作《家庭、

私有制和国家的起源》①。这是现代社会主义的基本著作之一，其中每一句话都是可以相信的，每一句话都不是凭空说的，而是根据大量的史料和政治材料写成的。当然，这部著作并不是全都浅显易懂，其中某些部分是要读者具有相当的历史知识和经济知识才能看懂的。我还要重复说，如果这部著作你们不能一下子读懂，那也不必懊丧。几乎从来没有哪一个人能做到这一点。可是，当你们以后一旦发生兴趣而再来研究时，即使不能全部读懂，也一定能读懂绝大部分。我所以提到这部著作，是因为它在这方面提供了正确观察问题的方法。它从叙述历史开始，讲国家是怎样产生的。

这个问题也和所有的问题（如资本主义、人对人的剥削怎样产生，社会主义怎样出现，它产生的条件是什么）一样，要正确地分析它，要有把握地切实地解决它，就必须对它的整个发展过程作历史的考察。研究国家问题的时候，首先就要注意，国家不是从来就有的。曾经有过一个时候是没有国家的。国家是在社会划分为阶级的地方和时候、在剥削者和被剥削者出现的时候才出现的。

在第一种人剥削人的形式、第一种阶级划分（奴隶主和奴隶）的形式尚未出现以前，还存在着父权制的或有时称为**克兰制的**（克兰就是家族，氏族。当时人们生活在氏族中，生活在家族中）家庭，这种原始时代的遗迹在很多原始民族的风俗中还表现得十分明显，不管你拿哪一部论述原始文化的著作来看，都可以遇到比较明确的描写、记载和回忆，说有过一个多少与原始共产主义相似的时代，那时社会并没有分为奴隶主和奴隶。那时还没有国家，没有系统地使用暴力和强迫人们服从暴力的特殊机构。这样的机构就叫

① 见《马克思恩格斯文集》第4卷第13—198页。——编者注

做国家。

在人们还在不大的氏族中生活的原始社会里，还处于最低发展阶段即处于近乎蒙昧的状态，在与现代文明人类相距几千年的时代，还看不到国家存在的标志。我们看到的是风俗的统治，是族长所享有的威信、尊敬和权力，我们看到这种权力有时是属于妇女的——妇女在当时不像现在这样处在无权的被压迫的地位——但是在任何地方我们都看不到一种特殊**等级**的人分化出来管理他人并为了管理而系统地一贯地掌握着某种强制机构即暴力机构，这种暴力机构，大家知道，现在就是武装队伍、监狱及其他强迫他人意志服从暴力的手段，即构成国家实质的东西。

如果把资产阶级学者编造出来的所谓宗教学说、诡辩、哲学体系以及各种各样的见解抛开，而去探求问题的实质，那我们就会看到，国家正是这种从人类社会中分化出来的管理机构。当专门从事管理并因此而需要一个强迫他人意志服从暴力的特殊强制机构（监狱、特殊队伍即军队，等等）的特殊集团出现时，国家也就出现了。

但是曾经有过一个时候，国家并不存在，公共联系、社会本身、纪律以及劳动规则全靠习惯和传统的力量来维持，全靠族长或妇女享有的威信或尊敬（当时妇女往往不仅同男子处于平等地位，而且有时还占有更高的地位）来维持，没有专门从事管理的人构成的特殊等级。历史告诉我们，国家这种强制人的特殊机构，只是在社会划分为阶级，即划分为这样一些集团，其中一些集团能够经常占有另一些集团的劳动的地方和时候，只是在人剥削人的地方，才产生出来的。

我们始终都要记住历史上社会划分为阶级这一基本事实。世界各国所有人类社会数千年来的发展，都向我们表明了它如下的一般规律、常规和次序：起初是无阶级的社会——父权制原始社会，即没有贵族的原始社会；然后是以奴隶制为基础的社会，即奴隶占有制社会。整个现代的文明的欧洲都经过了这个阶段，奴隶制在两千年前占有完全统治的地位。世界上其余各洲的绝大多数民族也都经过这个阶段。在最不发达的民族中，现在也还有奴隶制的遗迹，例如在非洲现时还可以找到奴隶制的设施。奴隶主和奴隶是第一次大规模的阶级划分。前一集团不仅占有一切生产资料（即土地和工具，尽管当时工具还十分简陋），并且还占有人。这个集团就叫做奴隶主，而从事劳动并把劳动果实交给别人的人则叫做奴隶。

在历史上继这种形式之后的是另一种形式，即农奴制。在绝大多数国家里，奴隶制发展成了农奴制。这时社会基本上分为农奴主-地主和农奴制农民。人与人的关系的形式改变了。奴隶主把奴隶当做自己的财产，法律把这种观点固定下来，认为奴隶是一种完全被奴隶主占有的物品。农奴制农民仍然遭受阶级压迫，处于依附地位，但农奴主-地主不能把农民当做物品来占有了，而只有权占有农民的劳动，有权强迫农民尽某种义务。其实，大家知道，农奴制，特别是在俄国维持得最久、表现得最粗暴的农奴制，同奴隶制并没有什么区别。

后来，在农奴制社会内，随着商业的发展和世界市场的出现，随着货币流通的发展，产生了一个新的阶级，即资本家阶级。从商品中，从商品交换中，从货币权力的出现中，产生了资本权力。在18世纪（更正确些说，从18世纪末起）和19世纪，世界各地发生了革命。农奴制在西欧各国被取代了。这一点在俄国发生得最晚。俄国在1861年也发生了变革,结果一种社会形式被另一种社会形式所代替——农奴制被资本主义所代替。在资本主义制度下,阶级划分仍然存在,还保留着农奴制的各种遗迹和残余,但是阶级划分基本上具有另一种形式。

资本占有者、土地占有者、工厂占有者在一切资本主义国家中始终只占人口的极少数,他们支配着全部国民劳动,就是说,使全体劳动群众受其支配、压迫和剥削;这些劳动群众大多数是无产者,是雇佣工人,他们在生产过程中全靠出卖双手、出卖劳动力来获得生活资料。在农奴制时代分散的和受压迫的农民,在过渡到资本主义的时候,一部分(大多数)变成无产者,一部分(少数)变成富裕农民,后者自己雇用工人,成为农村资产阶级。

你们应当时刻注意到社会从奴隶制的原始形式过渡到农奴制、最后又过渡到资本主义这一基本事实,因为只有记住这一基本事实,只有把一切政治学说纳入这个基本范围,才能正确评价这些学说,认清它们的实质,因为人类史上的每一个大的时期(奴隶占有制时期、农奴制时期和资本主义时期)都长达许多世纪,出现过各种各样政治形式,各种各样的政治学说、政治见解和政治革命,要弄清这一切光怪陆离、异常繁杂的情况,特别是与资产阶级的学者和政治家的政治、哲学等等学说有关的情况,就必须牢牢把握住社会划分为阶级的事实,阶级统治形式改变的事实,把它作为基本的指导线索,并用这个观点去分析一切社会问题,即经济、政治、精神和宗教等等问题。

你们根据这种基本划分来观察国家,就会看出,如我在上面所说的那样,在社会划分为阶级以前国家是不存在的。但是随着社会阶级划分的发生和巩固,随着阶级社会的产生,国家也产生和巩固起来。在人类史上有几十个几百个国家经历过和经历着奴隶制、农奴制和资本主义。在每一个国家内,虽然有过巨大的历史变化,虽然发生过各种与人类从奴隶制经农奴制到资本主义、到现在全世界的反资本主义斗争这一发展过程相联系的政治变迁和革命,但你们总可以看到国家的出现。国家一直是从社会中分化出来的一种机构,是由一批专门从事管理、几乎专门从事管理或主要从事管理的人组成的一种机构。人分为被管理者和专门的管理者,后者高居于社会之上,称为统治者,称为国家代表。这个机构,这个管理别人的集团,总是把持着一定的强制机构,实力机构,不管这种加之于人的暴力表现为原始时代的棍棒,或是奴隶制时代较为完善的武器,或是中世纪出现的火器,或是完全利用现代技术最新成果造成的、堪称 20 世纪技术奇迹的现代化武器,反正都是一样。使用暴力的手段虽然改变,但是只要国家存在,每个社会就总有一个集团进行管理,发号施令,实行统治,并且为了维持政权而把实力强制机构、其装备同每个时代的技术水平相适应的暴力机构把持在自己手中。我们仔细地观察了这种共同现象就要问,为什么在没有阶级、没有剥削者和被剥削者的时候就没有国家,为什么国家产生于阶级出现的时候,——只有这样,我们才能给国家的实质和意义的问题找到一个确切的回答。

国家是维护一个阶级对另一个阶级的统治的机器。当社会上还没有阶级的时候,当人们还在奴隶制时代以前,在较为平等的原始条件下,在劳动生产率还非常低的条件下从事劳动的时候,当原始人很费力地获得必需的生活资料来维持最简陋的原始生活的时候,没有产生而且不可能产生专门分化出来实行管理并统治社会上其余一切人的特殊集团。只有当社会划分为阶级的第一种形式出现时，当奴隶制出现时，当某一阶级有可能专门从事最简单的农业劳动而生产出一些剩余物时，当这种剩余物对于奴隶维持最贫苦的生活并非绝对必需而由奴隶主攫为己有时，当奴隶主阶级的地位已经因此巩固起来时，为了使这种地位更加巩固，就必须有国家了。

于是出现了奴隶占有制国家，出现了一个使奴隶主握有权力、能够管理所有奴隶的机构。当时无论是社会或国家都比现在小得多，交通极不发达，没有现代的交通工具。当时山河海洋所造成的障碍比现在大得多，所以国家是在比现在狭小得多的疆域内形成起来的。技术薄弱的国家机构只能为一个版图较小、活动范围较小的国家服务。但是终究有一个机构来强迫奴隶始终处于奴隶地位，使社会上一部分人受另一部分人的强制、压迫。要强迫社会上的绝大多数人经常替另一部分人做工，就非有一种经常性的强制机构不可。当没有阶级的时候，也就没有这种机构。在阶级出现以后，随着阶级划分的加强和巩固，随时随地就有一种特殊的机关即国家产生出来。国家形式是多种多样的。在奴隶占有制时期，在当时最先进、最文明、最开化的国家内，例如在完全建立于奴隶制之上的古希腊和古罗马，已经有各种不同的国家形式。那时已经有君主制和共和制、贵族制和民主制的区别。君主制是一人掌握权力，共和制是不存在任何非选举产生的权力机关；贵族制是很少一部分人掌握权力，民主制是人民掌握权力（民主制一词按希腊文直译过来，意思是人民掌握权力）。所有这些区别在奴隶制时代就产生了。虽然有这些区别，但奴隶占有制时代的国家，不论是君主制，还是贵族的或民主的共和制，都是奴隶占有制国家。

不管是谁讲古代史课,你们都会听到君主制国家和共和制国家斗争的情况,但基本的事实是奴隶不算是人;奴隶不仅不算是公民,而且不算是人。罗马的法律把奴隶看成一种物品。关于杀人的法律不适用于奴隶,更不用说其他保护人身的法律了。法律只保护奴隶主,只把他们看做是有充分权利的公民。不论当时所建立的是君主国还是共和国,都不过是奴隶占有制君主国或奴隶占有制共和国。在这些国家中,奴隶主享有一切权利,而奴隶按法律规定却是一种物品,对他们不仅可以随便使用暴力,就是杀死奴隶也不算犯罪。奴隶占有制共和国按其内部结构来说分为两种:贵族共和国和民主共和国。在贵族共和国中参加选举的是少数享有特权的人,在民主共和国中参加选举的是全体,但仍然是奴隶主的全体,奴隶是除外的。我们必须注意到这种基本情况,因为它最能说明国家问题,最能清楚地表明国家的实质。

国家是一个阶级压迫另一个阶级的机器,是迫使一切从属的阶级服从于一个阶级的机器。这个机器有各种不同的形式。奴隶占有制国家可以是君主国,贵族共和国,甚至可以是民主共和国。管理形式确实是多种多样,但本质只是一个:奴隶没有任何权利,始终是被压迫阶级,不算是人。农奴制国家也有同样的情况。

由于剥削形式的改变,奴隶占有制国家变成了农奴制国家。这件事有很大的意义。在奴隶占有制社会中,奴隶完全没有权利,根本不算是人;在农奴制社会中,农民被束缚在土地上。农奴制的基本特征,就是农民(当时农民占大多数,城市人口极少)被禁锢在土地上,这就是农奴制这一概念的由来。农民可以在地主给他的那一块土地上为自己劳动一定的天数,其余的日子则替老爷干活。阶级社会的实质仍然存在:社会是靠阶级剥削来维持的。只有地主才能有充分的权利，农民是没有权利的。实际上，农民的地位与奴隶占有制国家内奴隶的地位没有多大区别。但是通向农民解放的道路毕竟是比较宽广了，因为农奴制农民已不算是地主的直接私有物。农奴制农民可以把一部分时间用在自己那块土地上，可以说，他在某种程度上是属于他自己了。由于交换和贸易关系有了更广泛的发展，农奴制日益解体，农民解放的机会也日益增多。农奴制社会总是比奴隶占有制社会更复杂。农奴制社会有发展商业和工业的巨大因素，这在当时就导致了资本主义。在中世纪，农奴制占优势。当时的国家形式也是多样的，既有君主制也有共和制（虽然远不如前者明显），但始终只有地主-农奴主才被认为是统治者。农奴制农民根本没有任何政治权利。

无论在奴隶制下或农奴制下，少数人对绝大多数人进行统治，非采取强制手段不可。全部历史充满了被压迫阶级要推翻压迫的接连不断的尝试。在奴隶制历史上有过多次长达几十年的奴隶解放战争。顺便说说，现在德国共产党人，即德国唯一真正反对资本主义桎梏的政党，取名为“斯巴达克派”[24]，就因为斯巴达克是大约两千年前最大一次奴隶起义中的一位最杰出的英雄。完全建立于奴隶制上的仿佛万能的罗马帝国，许多年中一直受到在斯巴达克领导下武装起来、集合起来并组成一支大军的奴隶的大规模起义的震撼和打击。最后，这些奴隶有的被打死，有的被俘虏，遭受奴隶主的酷刑。这种国内战争贯穿着阶级社会的全部历史。我刚才举的例子就是奴隶占有制时代这种国内战争中最大的一次。整个农奴制时代也同样充满着不断的农民起义。例如在中世纪的德国，地主和农奴这两个阶级之间的斗争达到了很大的规模，变成了农民反对地主的国内战争。你们大家都知道，在俄国也多次发生过这种农民反对地主-农奴主的起义。

地主为了维持自己的统治，为了保持自己的权力，必须有一种机构能使大多数人统统服从他们，服从他们的一定的法律、规则，这些法律基本上是为了一个目的——维持地主统治农奴制农民的权力。这就是农奴制国家，这种国家，例如在俄国或者在至今还是农奴制占统治的十分落后的亚洲各国，具有不同的形式，有的是共和制，有的是君主制。国家实行君主制时，权力归一人掌握，实行共和制时，从地主当中选举出来的人多少可以参政，——这就是农奴制社会的情形。农奴制社会中的阶级划分，是绝大多数人——农奴制农民完全依附于极少数人——占有土地的地主。

由于商业的发展，由于商品交换的发展，分化出了一个新的阶级——资本家阶级。资本产生于中世纪末期，当时世界贸易因发现美洲而得到巨大的发展，贵金属的数量激增，金银成了交换手段，货币周转使得一些人能够掌握巨量财富。全世界都认为金银是财富。地主阶级的经济力量衰落下去，新阶级即资本代表者的力量发展起来。结果社会被改造成这样：全体公民似乎一律平等了；以前那种奴隶主和奴隶的划分已经消灭了；所有的人，不管他占有的是何种资本，是不是作为私有财产的土地，也不管他是不是只有一双做工的手的穷光蛋，都被认为在法律面前一律平等了。法律对大家都同样保护，对任何人所拥有的财产都加以保护，使其不受那些没有财产的、除了双手以外一无所有的、日益贫穷破产而变成无产者的群众的侵犯。资本主义社会的情形就是这样。

我不能详细分析这个社会。你们将来学党纲的时候还会遇到这个问题，会听到关于资本主义社会的说明。这个社会在自由的口号下反对农奴制，反对旧时的农奴制度。但这只是拥有财产的人的自由。当农奴制被摧毁时(这是 18 世纪末 19 世纪初以前的事;俄国晚于其他国家,到 1861 年才废除),资本主义国家代替了农奴制国家,宣布它的口号是全民的自由,说它代表全体人民的意志,否认它是阶级的国家,于是为全体人民的自由而奋斗的社会主义者和资本主义国家之间的斗争从此就展开了,现在这个斗争已经导致了苏维埃社会主义共和国的建立,这个斗争正遍及全世界。

要了解已经开始的反对世界资本的斗争,要了解资本主义国家的实质,必须记住,资本主义国家起来反对农奴制国家,是在自由的口号下投入战斗的。农奴制的废除意味着资本主义国家的代表获得自由,使他们得到好处,因为农奴制已经摧毁,农民已有可能把土地作为名副其实的财产来占有了。至于这是农民赎买来的土地,还是靠支付代役租得来的小块土地,国家是不管的——国家保护一切私有财产,不问其来历怎样,因为国家是以私有制为基础的。农民在所有现代文明国家内都变成了私有者。在地主把一部分土地出让给农民的时候,国家也保护私有财产,用赎买即出钱购买的办法,使地主得到补偿。国家似乎在宣称它保护真正的私有权,并对私有权给予各种各样的支持和庇护。国家承认每个商人、工业家和工厂主都有这种私有权。而这个以私有制为基础的社会,以资本权力为基础的社会,以完全控制一切无产工人和劳动农民群众为基础的社会,却宣布自己是以自由为基础来实行统治的。它反对农奴制时,宣布私有财产自由,深以国家似乎不再是阶级的国家而自豪。

其实,国家仍然是帮助资本家控制贫苦农民和工人阶级的机器,但它在表面上是自由的。它宣布普选权,并且通过自己的拥护者、鼓吹者、学者和哲学家宣称它不是阶级的国家。甚至在目前苏维埃社会主义共和国开始反对它的时候，这班人还责备我们破坏自由，说我们建立的国家是以一部分人强制和镇压另一部分人为基础的，而他们所代表的国家却是全民的，民主的。所以在目前这个时候，在社会主义革命在全世界已经开始并且恰好在几个国家内获得胜利的时候，在反对全世界资本的斗争特别尖锐的时候，这个问题即国家问题就具有最大的意义，可以说，已经成为最迫切的问题，成为当代一切政治问题和一切政治争论的焦点了。

我们观察一下俄国的或无论哪个更文明国家的任何一个政党，都可以看到，目前几乎所有的政治争论、分歧和意见，都是围绕着国家这一概念的。在资本主义国家里，在民主共和国特别是像瑞士或美国那样一些最自由最民主的共和国里，国家究竟是人民意志的表现、全民决定的总汇、民族意志的表现等等，还是使本国资本家能够维持其对工人阶级和农民的统治的机器？这就是目前世界各国政治争论所围绕着的基本问题。人们是怎样议论布尔什维主义的呢？资产阶级的报刊谩骂布尔什维克。没有一家报纸不在重复着目前流行的对布尔什维克的责难，说布尔什维克破坏民权制度。如果我国的孟什维克和社会革命党人由于心地纯朴（也许不是由于纯朴，也许这种纯朴，如俗语所说的，比盗窃还坏），认为责难布尔什维克破坏自由和民权制度是他们的发明和创造，那他们就大错特错了。现在，在最富有的国家内，花数千万金钱推销数千万份来散布资产阶级谎言和帝国主义政策的最富有的报纸，没有一个不在重复这种反对布尔什维主义的基本论据和责难，说美国、英国和瑞士是以民权制度为基础的先进国家，布尔什维克的共和国却是强盗国家，没有自由，布尔什维克破坏民权思想，甚至解散了立宪会议。这种对布尔什维克的吓人的责难，在全世界重复着。这种责难促使我们不得不解决什么是国家的问题。要了解这种责难，要弄清这种责难并完全自觉地来看待这种责难，要有坚定的见解而不是人云亦云，那就必须彻底弄清楚什么是国家。我们看到，有各种各样的资本主义国家，有在战前创立的替这些国家辩护的各种学说。要正确处理问题，就必须批判地对待这一切学说和观点。

我已经介绍你们阅读恩格斯的著作《家庭、私有制和国家的起源》。在这部著作里就讲到，凡是存在着土地和生产资料的私有制、资本占统治地位的国家，不管怎样民主，都是资本主义国家，都是资本家用来控制工人阶级和贫苦农民的机器。至于普选权、立宪会议和议会，那不过是形式，不过是一种空头支票，丝毫也不能改变事情的实质。

国家的统治形式可以各不相同：在有这种形式的地方，资本就用这种方式表现它的力量，在有另一种形式的地方，资本又用另一种方式表现它的力量，但实质上政权总是操在资本手里，不管权利有没有资格限制或其他限制，不管是不是民主共和国，反正都是一样，而且共和国愈民主，资本主义的这种统治就愈厉害，愈无耻。北美合众国是世界上最民主的共和国之一，可是，世界上没有一个国家像美国那样（凡是在1905年以后到过那里的人大概都知道），资本权力即一小撮亿万富翁统治整个社会的权力表现得如此横蛮，采用贿赂手段如此明目张胆。资本既然存在，也就统治着整个社会，所以任何民主共和制、任何选举制度都不会改变事情的实质。

民主共和制和普选制同农奴制比较起来是一大进步，因为它们使无产阶级有可能达到现在这样的统一和团结，有可能组成整齐的、有纪律的队伍去同资本有步骤地进行斗争。农奴制农民连稍微近似这点的东西也没有，奴隶就更不用说了。我们知道，奴隶举行过起义，进行过暴动，掀起过国内战争，但是他们始终未能造成自觉的多数，未能建立起领导斗争的政党，未能清楚地了解他们所要达到的目的，甚至在历史上最革命的时机，还是往往成为统治阶级手下的小卒。资产阶级的共和制、议会和普选制，所有这一切，从全世界社会发展来看，是一大进步。人类走到了资本主义，而只有资本主义，凭借城市的文化，才使被压迫的无产者阶级有可能认清自己的地位，创立世界工人运动，造就出在全世界组织成政党的千百万工人，建立起自觉地领导群众斗争的社会主义政党。没有议会制度，没有选举制度，工人阶级就不会有这样的发展。因此，这一切东西在广大群众的眼中具有很大的意义。因此，要来一个转变是件很困难的事情。不仅那些别有用心的伪君子、学者和神父支持和维护资产阶级的谎言，说国家是自由的，说国家负有使命保护所有的人的利益，就是许多诚心诚意重复陈腐偏见而不能了解从资本主义旧社会向社会主义过渡的人，也是如此。不仅直接依赖于资产阶级的人，不仅受资本压迫或被资本收买的人（替资本服务的有大量的、各种各样的学者、艺术家和神父等等），就是那些只是受资产阶级自由这种偏见影响的人，也都在全世界攻击布尔什维主义，因为苏维埃共和国刚一成立就抛弃了这种资产阶级谎言，公开声明说：你们把你们的国家叫做自由国家，其实只要私有制存在，你们的国家即使是民主共和制的国家，也无非是资本家镇压工人的机器，而且国家愈自由，这种情形就愈明显。欧洲的瑞士和美洲的北美合众国就是这样的例子。这两个都是民主共和国，粉饰得很漂亮，侈谈劳动民主和全体公民一律平等，尽管如此，任何地方的资本统治都没有像这两个国家那样无耻，那样残酷，那样露骨。其实,瑞士和美国都是资本在实行统治,只要工人试图真的稍稍改善一下自己的处境,就立刻会引起一场国内战争。在这两个国家内,士兵较少,即常备军较少(瑞士实行民兵制,每个瑞士人的家里都有枪;美国直到最近还没有常备军),因此,罢工发生时,资产阶级就武装起来,雇用士兵去镇压罢工,而且在任何地方,对工人运动的镇压,都不如瑞士和美国那样凶暴残忍;在任何一国的议会里,资本的势力都不如这两个国家那样强大。资本的势力就是一切,交易所就是一切,而议会、选举则不过是傀儡、木偶……但是愈往后,工人的眼睛就愈亮,苏维埃政权的思想就传布得愈广泛,尤其是在我们刚刚经历过的这场血腥的大断杀以后。工人阶级日益清楚地认识到必须同资本家作无情的斗争。

不管一个共和国用什么形式掩饰起来,就算它是最民主的共和国吧,如果它是资产阶级共和国,如果它那里保存着土地和工厂的私有制,私人资本把全社会置于雇佣奴隶的地位,换句话说,如果它不实现我们党纲和苏维埃宪法所宣布的那些东西,那么这个国家还是一部分人压迫另一部分人的机器。因此要把这个机器夺过来,由必将推翻资本权力的那个阶级来掌握。我们要抛弃一切关于国家就是普遍平等的陈腐偏见,那是骗人的,因为只要剥削存在,就不会有平等。地主不可能同工人平等,挨饿者也不可能同饱食者平等。人们崇拜国家达到了迷信的地步,相信国家是全民政权的陈词滥调;无产阶级就是要扔掉这个叫做国家的机器,并且指出这是资产阶级的谎言。我们已经从资本家那里把这个机器夺了过来,由自己掌握。我们要用这个机器或者说这根棍棒去消灭一切剥削。到世界上再没有进行剥削的可能,再没有土地占有者和工厂占有者,再没有一部分人吃得很饱而一部分人却在挨饿的现象的时候，就是说，只有到再没有发生这种情形的可能的时候，我们才会把这个机器毁掉。那时就不会有国家了，就不会有剥削了。这就是我们共产党的观点。我希望我们在以后的讲课中还会谈到这个问题，还会多次地谈到这个问题。

载于 1929 年 1 月 18 日《真理报》
第 15 号

译自《列宁全集》俄文第 5 版
第 39 卷第 64—84 页

在俄共(布)莫斯科代表会议上关于国内外形势的报告[25]

(1919年7月12日)

报　道

前面的报告人已经指出,我们违背自己的粮食政策时心情是十分沉重的[26]。当然,这不过是缀补破衣,而不是购买新衣。但是我们这样做是对的。我们回想一下去年的情形,那时粮食情况要糟得多,我们简直没有任何粮食资源。那时,我们不得不放弃我们的粮食政策原则,这在我们的队伍内引起了极大的恐慌。大家认为,小的让步会招致大的让步,要恢复社会主义政策再也不可能了。但这是不正确的。不管情况多么严重,我们已经熬过来了。我们敌人的希望落空了。

现在的情况比去年好得多,现在我们已有了去年连想都不敢想的粮食资源。去年敌人占领的地区要大得多。现在我们在可望获得丰收的东部取得了巨大的胜利。此外,我们现在已经有了经验。这是最主要的。根据这一经验我们可以更有信心地说,我们一定会克服我们前进道路上的困难。不仅从粮食方面看,而且从反革命更加嚣张这一点看,7月都是最坏的一个月。

去年国内的反革命浪潮也比现在大。左派社会革命党人的活动当时达到了顶点。他们从口头上支持我们突然转变到实行武装斗争，这是我们意料不到的。当时困难非常大。时机选择得不错。社会革命党人想利用居民因饥饿而产生的绝望情绪。与此同时，穆拉维约夫则在前线出卖了我们。左派社会革命党人的暴动很快被粉碎了，但是外省在一些天内仍然严重地动荡不安。

由于有了一年的经验，我们现在已经确立了更正确的对待小资产阶级政党的态度。马赫诺叛乱和格里戈里耶夫叛乱的尝试、孟什维克和社会革命党人的动摇告诉我们，他们对工农群众的影响只不过是表面的。事实上他们的力量是虚幻的。因此，当我们知道右派社会革命党人不久以前召开党务会议[27]，切尔诺夫声称“如果不是现在，不是我们打倒布尔什维克，还有谁来打倒布尔什维克”时，我们说：“梦是可怕的，但上帝是仁慈的。”现在我们只感到奇怪，他们为什么老犯错误而不感到厌倦。在两年当中，我们看到了他们的“一般民主”的幻想完全破灭了，但他们的各个派还认为依据自己的方式进行这种尝试是他们的职责。革命的发展表明，他们一再犯错误，给我们带来了无数灾难。在东部，农民支持过社会革命党人和孟什维克，因为农民不要战争，同时觉得布尔什维克是一个要他们参加战争的强硬的政权。结果就出现了给他们带来无数灾难的高尔察克。现在他正在撤退，一路进行破坏。国家完全被毁坏了，苦难重重，比我们所承受的要深重得多。只有像资产阶级文人那样虚伪，才会面对这些事实而谈论布尔什维克的暴行。

社会革命党人和孟什维克在高尔察克事件中，也和在克伦斯基事件中一样，走过了同一条血腥的政治道路，这条道路把他们引回到原地，表明了联合主张的完全破产。

现在群众已经离开了他们，我们看到了西伯利亚的起义，参加起义的不仅有工人和农民，甚至有富农和知识分子。我们看到了高尔察克叛乱的彻底失败。显然,他们的每个错误都得一犯再犯,才能擦亮未觉悟的群众的眼睛。群众体验到联合会导致反动,因此正在向我们靠拢,虽然他们受过创伤和折磨,但是得到了锻炼,取得了经验。对于一切帝国主义者也可以这样说。他们拖延战争,增加消耗,但这只能使群众更加认识到必须革命。不管这一年多么艰苦,但有一个好处,就是不仅上层分子,而且广大群众,直至最偏僻的县份和边疆的农民,都取得了经验,这种经验使他们得出了我们所得出的结论。这就使我们有了胜利的决心和信心。没有高尔察克,西伯利亚的农民不会在一年内就相信他们需要我们的工人政权。只有这一年的痛苦经验才使他们相信了这一点。

很可能,孟什维克和社会革命党人的文人集团直到灭亡还是对我们的革命毫无认识,在长时间内都像鹦鹉那样反复不停地说,没有高尔察克和布尔什维克,他们就会有一个世界上最完美的政权——没有内战的、真正社会主义的、真正民主主义的政权。但这不算什么,在一切革命中都有这种顽固的家伙。重要的是,跟他们走的群众已经离开他们。农民群众转向了布尔什维克,这是事实。西伯利亚再好不过地证明了这一点。农民们不会忘记在高尔察克统治下的遭遇。考验愈严重,人们就愈能领会布尔什维克的教导。

在东线,我们正取得巨大的胜利,这些胜利使我们相信,在几个星期内我们就能在东线把高尔察克消灭。在南部,前线情况已经有了根本转变,更重要的是前线地区的农民的情绪有了根本转变。而且这是一些富裕的农民;那里的中农同富农差不多。但是,他们的情绪发生了有利于我们的根本转变,这是事实,逃兵的归队和我们的军事抵抗就证实了这一点。城市里的工人即处在生活中心的工人,参加会议,听讲演,看报纸,更能领会我们的思想。农民就不能这样,只有生活阅历才能说服他们。南方的农民想咒骂布尔什维克,但当高喊民主的邓尼金(不仅是孟什维克和社会革命党人高喊民主,邓尼金的报纸的每一行里也都有这个字眼)来到的时候,他们却同邓尼金作斗争了,因为他们很快就体验到,在漂亮的字眼下面掩藏着鞭笞和掠夺。南方临近前线地区的苦难和破坏造成了和东部同样的结果——给我们带来了更稳固的胜利。我们一分钟也没有忘记我们面前的困难,没有忘记必须拼命努力和动员我们的力量,但是我们说,结果将会有一个更加稳固的胜利。这一年的经验向群众表明,现在只有一个政权是可能的和需要的,这就是布尔什维克的工农政权。因此,我们可以很有信心地说,这个艰苦的 7 月是最后一个艰苦的 7 月。

如果我们看一下国际形势,那更会增强我们的胜利信心。

在一切敌视我们的国家中,与我们友好的力量在不断增长。芬兰、拉脱维亚、波兰、罗马尼亚这些小国就是例子。在那里,建立大资产阶级和小资产阶级的联合来反对我们的一切企图都失败了,除了我们的政权,任何政权在那里都站不住。

在大国中也是这样。拿德国来说,凡尔赛和约刚一签订,那里就展开了大规模的革命运动。协约国的吓人把戏不灵了,尽管无产阶级遭到各种牺牲,工人还是站立起来了。在这一年内,德国以稍微不同的方式经历了我们经历过的、西伯利亚经历过的事件,即导向共产主义革命的事件。而协约国这些胜利者又怎么样呢?他们说,他们以胜利保障了自己的安全,但是和约还没有签订,情况就已表明签订和约就是签署自己的判决书。群众反抗他们的运动正在加强。因此,我们在考虑了经历过的一切、考虑了这一年的全部经验以后,满怀信心地说,我们一定能克服困难,这个 7 月是最后一个艰苦的7月,我们将以国际苏维埃共和国的胜利来迎接明年的7月,而这个胜利将是完全的和稳固的胜利。

载于1919年7月16日《真理报》第154号

译自《列宁全集》俄文第5版第39卷第85—89页

论第三国际的任务

（拉姆赛·麦克唐纳论第三国际）

（1919 年 7 月 14 日）

1919 年 4 月 14 日，法国社会沙文主义报纸《人道报》（«L'Humanité»）[28]第 5475 号登载了英国所谓“独立工党”[29]（其实是一个始终依附资产阶级的机会主义政党）的著名领袖拉姆赛·麦克唐纳所写的一篇社论。这篇文章很能代表通常称为“中派”的那个**派别**（在莫斯科举行的共产国际第一次代表大会[30]也这样称呼这一派）的立场，因此，我们把它的**全文**连同《人道报》编辑部的前言一并引来：

第 三 国 际

我们的朋友拉姆赛·麦克唐纳战前是下院中一位有声望的工党领袖。作为一个坚定不移的社会主义者，作为一个有坚强信念的人，他同那些把这次战争当做维护权利的战争来拥护的人相反，认为谴责这次战争是帝国主义战争，乃是自己的职责。因此，8 月 4 日以后他就辞去了“工党”（Labour Party）的领导职位，并同他的“独立工党”（“Independent”）的同志们，同我们大家所称颂的基尔-哈第一起，毫无畏惧地宣布以战争反对战争。

这样做需要有充分的始终如一的英勇气概。

麦克唐纳以他本人的行为表明：勇敢，像饶勒斯所说的，“就是不服从冠冕堂皇的骗人的法律，不随声附和，不跟着愚人鼓掌，不跟着狂热者嘘叫”。

在 11 月底的“奉命”选举①中，麦克唐纳被劳合-乔治击败了。我们可以

① 直译“卡叽选举”，这是奉命投政府候选人票的士兵们对这次选举的叫法。（《共产国际》杂志编辑部原注。——编者注）

放心，麦克唐纳一定会东山再起，而且就在不久的将来。

———

社会主义的民族政策和国际政策中分立趋势的产生，是整个社会主义运动的不幸。

当然，社会主义内部存在着意见的差异和方法的不同并没有任何害处。要知道，我们的社会主义还处在实验的阶段。

社会主义的基本原则业已确立，但是，最有成效地运用这些原则的方法，促使革命胜利的策略，以及社会主义国家的组织，——所有这些问题，都还没有得出结论，还必须加以讨论。只有深入地研究这一切问题，我们才能达到更高的真理。

各执一端就会互相冲突，这种斗争能促进社会主义观点的巩固，但是，如果每个人都把对方看做叛徒，看做不受天佑、应被关在党的天国大门之外的信徒，那就会造成恶果。

从前，独断主义精神曾在基督教中燃起消灭魔鬼维护主的荣誉的内战，如果社会主义者受这种精神支配，资产阶级就会高枕无忧了，因为不管社会主义所取得的地方性的和国际性的胜利如何伟大，资产阶级的统治时期现在尚未结束。

不幸得很，目前我们的运动遇到了新的障碍。莫斯科成立了新的国际。

这件事使我本人深为痛心。——要知道，目前社会主义国际的大门对各种社会主义思想都是敞开的，因此，尽管布尔什维主义在其中引起了种种理论上和实践上的分歧，我仍然不了解为什么它的左翼一定要脱离这个中心而组成独立的集团。

首先应当记住，我们还处在革命的诞生时期。从战争所造成的政治和社会的废墟上成长起来的管理形式，还没有经受过考验，因而还不能认为是最终确定的形式。

一把新扫帚最初怪好使，但是使到后来会怎样，就不能过早地下断语了。

俄国不是匈牙利，匈牙利不是法国，而法国又不是英国，因此，谁如果根据某一国家的经验在国际中制造分裂，谁就暴露出他的罪恶的愚蠢。

俄国的经验究竟有什么价值呢？谁来回答这一问题？协约国政府唯恐我们了解全部底细。但有两件事情我们是知道的。

首先我们知道，革命并不是由现在的俄国政府按照预定计划完成的。它是随着事变的进程而展开的。列宁在开始同克伦斯基斗争时，曾要求召开立宪会议。后来事变促使他解散了这一会议。当俄国爆发社会主义革命的时候,谁也没有料到苏维埃会在政府中占有现在这样的地位。

其次,列宁曾完全正确地劝告过匈牙利人,叫他们不要盲目地仿效俄国,要让匈牙利的革命自由地、按照它自己的方式来发展。

我们所看到的那些经验的发展和变动,无论如何不应引起国际内部的分裂。

所有社会主义政府都需要国际的帮助和指导。国际应当以谨慎的和批判的眼光来注视它们的经验。

我刚从一位最近见过列宁的朋友那里听说,任何人批评苏维埃政府,都不如列宁本人那样无所顾忌。

* * *

既然战后的混乱状态和革命不能成为分裂的理由,那么,从某些社会主义派别在战时所持的立场是否能找到分裂的根据呢?我坦白地承认,在这里是可以找到较为正当的理由的。但是,即使真的存在着在国际中实行分裂的某种借口,莫斯科代表会议对这一问题的提法也无论如何是极不能令人满意的。

有人认为,伯尔尼代表会议就战争责任问题展开的讨论,**不过是对非社会主义集团舆论的让步**。我是拥护这种观点的。

伯尔尼代表会议不仅没有可能就这一问题作出多少有点历史价值的决定(虽然这种决定可能有一些政治价值),而且问题本身也提得不恰当。

对德国多数派的谴责(德国多数派受到这种谴责是完全应该的,因而我曾十分赞同这种谴责)并不能说明战争的起因。

伯尔尼的讨论并没有公开涉及其他社会主义者对战争所持的立场。

伯尔尼的讨论并没有提出社会党人在战时所必须遵循的任何行动公式。国际在战前谈到的只是:如果战争具有民族防御性质,社会党人就应当和其他政党联合起来。

在这种情况下,我们能谴责谁呢?

我们中间有些人知道,国际的这些决定是没有意义的,不能作为实际行动的指南。

我们知道,这次战争必定会以帝国主义的胜利而告终;我们既不是通常所说的和平主义者,也不是通常所说的反和平主义者,我们只是赞同在我们看来是唯一符合国际主义的政策。**但国际**从未向我们指示过这类的行动路线。

正因为这样，战争刚一爆发，国际就遭到了破产。它丧失了自己的威信，也没有颁布过一项决议，使我们今天可以根据这项决议指责那些忠实地执行了历次国际代表大会决议的人们。

因此，目前必须坚持这样的观点：我们不应由于对以往事件持有不同意见而分裂，而应在我们当前所处的革命和建设时期中，建立一个真正积极的并有助于社会主义运动的国际。

必须恢复我们的社会主义原则。必须为国际的社会主义行动奠定牢固的基础。

如果发觉我们在这些原则上有着重大的分歧，如果我们不能就自由和民主问题达成协议，如果我们对无产阶级夺取政权的条件的看法完全不一致，最后，如果证明战争确已使国际的某些支部受到帝国主义的毒害，——那时，分裂才是可以容许的。

但是，我不认为会发生这样的不幸。

所以，莫斯科的宣言使我感到痛心，至少这一宣言是过早的，当然也是无益的；我希望在最近不幸的四年当中蒙受了这样多的诽谤和灾难的法国同志们，不要失去耐心，不要从自己方面来促成国际团结的破裂。

否则，他们的子孙就得重新恢复这种团结，如果无产阶级注定有一天要管理世界的话。

詹·拉姆赛·麦克唐纳

读者们可以看出，该文作者力图证明分裂是不必要的。恰恰相反，正是拉姆赛·麦克唐纳这个第二国际的典型代表，这个谢德曼和考茨基、王德威尔得和布兰亭等人的可敬的战友的**议论，证明了**分裂的不可避免性。

拉姆赛·麦克唐纳的文章是貌似社会主义的千篇一律的花言巧语的最好样本，这些东西在一切先进资本主义国家被用来掩盖工人运动内部的资产阶级政策是由来已久的。

一

让我们先从极不重要但很能说明问题的一点谈起。作者和考茨基(在他的小册子《无产阶级专政》里)一样,重复着资产阶级的谎言,似乎在俄国谁也没有预见到苏维埃的作用,似乎我和布尔什维克同克伦斯基展开斗争只是为了召开立宪会议。

这是资产阶级的谎言。其实早在1917年4月4日,即我回到彼得格勒的第一天,我就提出了要**苏维埃**共和国而不要**资产阶级议会制**共和国的"提纲"①。在克伦斯基时代,我曾在报刊和会议上多次重申了这一要求。布尔什维克党在1917年4月29日的代表会议的决议②中曾庄严地正式宣布了这一要求。不愿了解这一点,就是**不愿**知道俄国社会主义革命的真相。不愿了解设有立宪会议的资产阶级议会制共和国比**没有**立宪会议的资产阶级议会制共和国前进了一步,而**苏维埃**共和国则比后者前进了两步,那就是漠视资产阶级和无产阶级间的区别。

以社会主义者自居,但当问题在俄国提出了两年之后,苏维埃革命在俄国胜利了一年半之后,还看不见这种区别,这就是执迷不悟地甘愿做"非社会主义集团舆论"的俘虏,**也就是**甘愿做资产阶级思想和政策的俘虏。

同这种人分裂是必要的,不可避免的,因为决不能同倾向资产

① 见本版全集第29卷第107、115页。——编者注

② 参看《苏联共产党代表大会、代表会议、中央全会决议汇编》1964年人民出版社版第1卷第430—456页。——编者注

阶级的人手携手地进行社会主义革命。

对于像拉姆赛·麦克唐纳或考茨基这样一些人来说，把那些说明布尔什维克对苏维埃政权的态度以及1917年10月25日(11月7日)以前和以后对这一问题的提法的**文件**熟悉一下，也许是一种困难，但如果这些“领袖们”连这点小小的“困难”都不想克服，那么，指望他们有决心有能力来克服当前社会主义革命斗争中大得无比的困难，岂不是笑话吗?

充耳不闻比聋子还糟。

二

现在我们来谈谈第二个谎言(即充满在拉姆赛·麦克唐纳整篇文章中的无数谎言中的另一谎言，在这篇文章里，谎言大概比字数还要多)。这可以说是最重要的一个谎言。

詹·拉·麦克唐纳断言，似乎在1914—1918年的战争以前，国际只说过:“如果战争具有民族防御性质，社会党人就应当和其他政党联合起来。”

这是一种令人震惊、令人愤怒的对事实的回避。

大家知道，1912年的巴塞尔宣言[31]是各国社会党人所一致通过的，在国际的全部文件中，只有它恰好谈到了1912年就在公开准备的、1914年爆发的英德帝国主义强盗集团间的战争。就是针对这次战争，巴塞尔宣言指出了三点，现在麦克唐纳对此避而不谈，这就是对社会主义犯下最大的罪行，同时也证明同麦克唐纳这一类人分裂是必要的，因为事实上他们是为资产阶级服务，而不是为无产阶级服务。

这三点就是：

决不能以民族自由的利益来为日益逼近的战争辩护；

从工人方面来说，在这次战争中互相射击就是犯罪；

战争将导致无产阶级革命。

这就是麦克唐纳“忘掉”的三个主要的根本的真理（虽然他在战前曾签名表示拥护），麦克唐纳“忘掉”它们，**实际上**就是转到资产阶级那边来反对无产阶级，从而证明分裂是必要的。

有的政党不愿承认这个事实，不能以自身**行动**证明自己有决心有诚意有本领使这些真理深入群众意识，共产国际决不能和它们团结一致。

凡尔赛和约甚至向傻子和瞎子、向许许多多近视的人证明，协约国过去是、现在仍然是和德国一样沾满鲜血的龌龊的帝国主义强盗。看不到这一点的，只能是在工人运动中有意执行资产阶级政策的伪君子和造谣家，资产阶级的直接代理人和帮办（美国社会党人所说的 labour lieutenants of the capitalist class，即为资本家阶级效劳的工人长官），只能是那些屈从于资产阶级思想和资产阶级影响的人，他们口头上是社会主义者而实际上是小资产者、庸人、资本家的应声虫。这两类人的差别，从个人来看，即从评价各国社会沙文主义者中的某一个人来看，是重要的。但对于一个政治家来说，即从千百万人之间的关系，从阶级之间的关系来看，这种差别就不重要了。

1914—1918 年的战争，就双方来说，都是罪恶的、反动的、掠夺性的帝国主义战争，在这场战争期间不懂得这点的社会主义者，就是社会沙文主义者，即口头上的社会主义者、实际上的沙文主义者；他们口头上是工人阶级的朋友，实际上却是“本国”资产阶级的奴仆，帮助“本国”资产阶级欺骗人民，把英德两个帝国主义强盗集团进行的**同样**肮脏、贪婪、血腥、罪恶、反动的战争说成是“民族的”、“解放的”、“防御的”、“正义的”……战争。

同社会沙文主义者团结一致，就是背叛革命，背叛无产阶级，背叛社会主义，就是转到资产阶级方面去，因为这就是同“本国”**国内的资产阶级**“团结一致”而**反对**国际革命无产阶级的团结一致，就是同资产阶级团结一致而**反对**无产阶级。

1914—1918年的战争完全证实了这一点。谁不了解这一点，就让他留在社会主义叛徒们的伯尔尼黄色国际里好了。

三

拉姆赛·麦克唐纳和“沙龙”社会主义者一样，只知信口开河，丝毫不懂得自己所说的话的严重意义，丝毫不考虑到**说了就要做**，竟幼稚可笑地宣称：在伯尔尼曾作了“对非社会主义集团舆论的让步”。

一点不错！我们认为整个伯尔尼国际是黄色的、背叛的、变节的国际，因为它的**全部**政策都是对资产阶级“**让步**”。

拉姆赛·麦克唐纳很清楚，我们成立了第三国际，并已斩钉截铁地与第二国际决裂，因为我们确信它已毫无希望，不可救药，它在充当帝国主义的奴仆，充当资产阶级影响、资产阶级谎言和资产阶级腐化堕落行为在工人运动中的传播者。拉姆赛·麦克唐纳想议论第三国际，却又避开问题的实质，兜圈子，说空话，不谈该谈的事情，这是他的过错，他的罪恶。因为无产阶级需要的是真实，对它的事业来说，没有比冠冕堂皇的、庸俗的谎言更有害的了。

关于帝国主义以及**它**与工人运动中的机会主义、与工人领袖背叛工人事业的行为有**联系**的问题，很早很早就提出来了。

马克思和恩格斯在1852—1892年这**40**年中，经常指出英国工人阶级上层分子由于英国经济的特点（拥有很多殖民地，垄断世界市场等等）而**资产阶级化**的事实①。马克思在19世纪70年代曾光荣地招致当时"伯尔尼"国际派的卑鄙英雄们、机会主义者和改良主义者的痛恨，原因是他痛斥了英国工联的许多领袖，说他们是卖身投靠资产阶级或在工人运动**内部**替**资产阶级**效劳而领取津贴的人物。

在英布战争[32]期间，盎格鲁撒克逊的刊物就已十分清楚地提出了帝国主义是资本主义的最新（**和最后**）阶段的问题。如果我没有记错，那不是别人，正是拉姆赛·麦克唐纳在那时退出了"费边社"[33]这个"伯尔尼"国际的原型，这个曾被恩格斯在他和左尔格的通信②里天才地、鲜明地、正确地描述过的机会主义的温床和模型。"费边帝国主义"——这就是当时在英国社会主义书报中流行的一个用语。

如果拉姆赛·麦克唐纳忘记了这件事情，那对他就更糟糕了。

"费边帝国主义"和"社会帝国主义"是一个东西：口头上的社

---

① 参看《马克思恩格斯全集》第1版第18卷第724页，第22卷第320—325页；《马克思恩格斯文集》第1卷第374—380页；《马克思恩格斯全集》第1版第28卷第146页；《马克思恩格斯文集》第10卷第164—165页；《马克思恩格斯全集》第1版第33卷第521、526、637页，第35卷第18页；《马克思恩格斯文集》第10卷第480—481、575—577页。——编者注

② 参看《马克思恩格斯文集》第10卷第643—644页。——编者注

会主义实际上的帝国主义，即**机会主义转变为帝国主义**。这种现象在现在，在1914—1918年的战争期间和战后，已成为**世界的**事实了，不了解这一事实，是“伯尔尼”国际即黄色国际最严重的盲目无知，是它的最大的罪行。机会主义或改良主义必然转变为具有世界历史意义的**社会主义帝国主义**或社会沙文主义，因为帝国主义造成极少数最富有的先进国家去掠夺全世界，从而使这些国家的资产阶级能够用自己的垄断超额利润（帝国主义就是垄断资本主义）来**收买**这些国家的**工人阶级上层分子**。

只有十足愚昧无知的人或伪君子才看不见帝国主义时代这一事实的经济必然性，这些伪君子欺骗工人，重复着关于资本主义的**老生常谈**，以此来掩盖**社会主义内部整整一个派别**转到帝国主义资产阶级方面去的沉痛事实。

从这个事实中可以得出两个无可争辩的结论：

第一个结论：尽管“伯尔尼”国际的某些成员具有善良的意志和天真的愿望，但按它真正所起的历史作用和政治作用来说，实际上是一个**国际帝国主义代理人的组织**，他们**在**工人运动**内部**活动，**在这个运动中**传播资产阶级影响、资产阶级思想、资产阶级谎言和资产阶级腐化堕落。

在具有悠久的民主议会制文化的国家里，资产阶级学得很到家的不仅是使用暴力，而且还有欺骗、收买、阿谀以至这些手法的最巧妙的形式。英国“工人领袖”（即资产阶级哄骗工人的帮办）的赴“宴会”所以人所共知，不是没有原因的，恩格斯早就谈到过他们。① 克列孟梭先生对社会主义的叛徒梅尔黑姆的“迷人的”接

① 参看《马克思恩格斯文集》第10卷第575—577页。——编者注

待，协约国的部长们对伯尔尼国际的领袖的殷勤的招待，以及诸如此类的事情都无不如此。一位聪明的英国女资本家[34]对社会帝国主义者海德门先生说："你们训练他们，我们收买他们。"后者在自己的回忆录里谈到过这位太太——她比所有"伯尔尼"国际的领袖加在一起还要高明——如何估价社会主义知识分子把一些工人训练成社会主义领袖的"功劳"。

战争期间，当王德威尔得、布兰亭这一帮叛徒们举行"国际"会议时，法国资产阶级报纸曾极刻毒而又极正确地嘲笑说："王德威尔得这伙人好像得了一种类似颜面痉挛症的病。患这种病的人说不上一两句话，面部肌肉就痉挛起来，露出一副怪相，王德威尔得之流与此相仿，一发表政治言论，就免不了鹦鹉学舌似地重复国际主义、社会主义、工人国际团结、无产阶级革命，等等。让他们去重复那些神圣的公式吧，只要他们在我们进行帝国主义战争和奴役工人时能帮助我们愚弄工人并为我们资本家服务就行。"

英法资产者有时是很聪明的，他们对"伯尔尼"国际的奴才作用作了绝妙的估价。

马尔托夫曾在什么地方写道：你们布尔什维克辱骂伯尔尼国际，但"你们的"朋友洛里欧就是其中的一员。

这是骗子的论据。因为谁都知道，洛里欧是公开地、真诚地、英勇地为第三国际斗争的。1902 年祖巴托夫在莫斯科召开工人会议，企图用"警察社会主义"愚弄工人时，工人巴布什金（我从 1894 年起就认识他，那时他在我的彼得堡工人小组里，他是最优秀最忠实的工人"火星派分子"之一，是革命无产阶级的领袖之一，1906 年在西伯利亚被连年坎普夫枪杀）就**出席祖巴托夫的会议**，那是去同祖巴托夫主义进行斗争，把工人从它的魔爪下拯救出来。

巴布什金丝毫不是"祖巴托夫分子"，正如洛里欧丝毫不是"伯尔尼分子"一样。

四

第二个结论：第三国际即共产国际成立的目的，就是要使"社会主义者"不能像拉姆赛·麦克唐纳在他的文章里所做的那样，以**口头上**承认革命来支吾搪塞。口头上承认革命，实际上掩盖彻头彻尾机会主义的、改良主义的、民族主义的和小资产阶级的政策，这就是第二国际的基本罪恶，我们正在同这种罪恶作殊死的斗争。

当人们说第二国际已经死亡，已经遭到可耻的破产时，应该善于了解这句话的意思。这是说，破产和死亡的是机会主义、改良主义和小资产阶级的社会主义。因为第二国际具有历史功绩，具有觉悟的工人永远不会抛弃的εἰς ἀεί（不朽）成果：它创立了群众性的工人组织——合作社的、工会的和政治的组织，利用了资产阶级议会制以及所有一切资产阶级民主机构等等。

为了实际战胜使第二国际遭到可耻死亡的机会主义，为了实际帮助**甚至**拉姆赛·麦克唐纳也不得不承认是行将到来的革命，应当：

第一，要以同改良相对立的革命的观点进行一切宣传鼓动工作，要在理论上和实践上，在议会、工会、合作社等等的每一步工作中，不断地向群众讲清革命和改良的对立。在任何情况下（特殊情况例外）都不要放弃利用议会制和资产阶级民主的一切"自由"，都不要拒绝改良，但是**只**把它看成无产阶级的革命阶级斗争的**副产**

品。“伯尔尼”国际的所有政党没有一个能符合这种要求。甚至没有一个政党显示出它已懂得应该怎样进行**一切**宣传鼓动，怎样阐明改良和革命的**区别**，怎样**坚定不移地**教育党和群众**去进行革命**。

第二，要把合法的工作和**不合法的**工作结合起来。布尔什维克经常教导这一点，特别是在1914—1918年战争期间。卑鄙的机会主义的英雄们讥笑这一点，沾沾自喜地赞扬西欧各国、各共和国等等的“法制”、“民主”、“自由”。现在已经只有那些完全用空话欺骗工人的真正骗子才会否认布尔什维克的正确。世界上没有一个最先进最“自由的”资产阶级共和国不笼罩着资产阶级的恐怖，不禁止鼓吹社会主义革命的自由，不禁止在这方面进行宣传和开展组织工作的自由。有的党直到今天还不承认资产阶级统治下的这种情况，还不违背资产阶级和资产阶级议会的法律去进行系统的全面的**不合法**工作，这样的党就是以口头承认革命来欺骗人民的叛徒和恶棍的党。这样的党只有在黄色国际即“伯尔尼”国际中才有地位。共产国际是不要它们的。

第三，必须不断地进行无情的斗争，把那些战前，特别是战争期间，在政治领域里，尤其是在工会和合作社里已经暴露出真面目的机会主义领袖，全部从工人运动中赶出去。“中立”论是一种虚伪和卑鄙的遁词，它在1914—1918年间帮助资产阶级掌握了群众。口头上拥护革命，实际上不进行坚定不移的工作，不在所有一切群众性的工人组织中散播革命政党的(只能是革命政党的)影响，这样的党是叛徒的党。

第四，决不容许口头上谴责帝国主义，实际上却不进行革命斗争使殖民地(和附属民族)从**本国**帝国主义资产阶级手中解放出来。这是假仁假义。这是资产阶级在工人运动中的代理人(资本家阶级的工人帮办）的政策。英、法、荷、比等国的党，都是在口头上仇视帝国主义，实际上却不在“本国”殖民地内进行革命斗争来**推翻**“本国”资产阶级，不经常援助殖民地内已经普遍开始的**革命**工作，不把殖民地革命政党所需要的武器和书报送到殖民地去。这些党是恶棍和叛徒的党。

第五，极端虚伪是“伯尔尼”国际的党的典型的特征，它们口头上承认革命并以漂亮的革命词句来向工人夸耀，实际上却以纯粹改良主义的态度对待革命增长的征候、萌芽和表现，对待群众破坏资产阶级法律和越出一切合法范围所进行的各种行动，如群众性罢工、街头示威、士兵抗议、军队中的群众大会、在兵营内散发传单等等。

随便问一位“伯尔尼”国际的英雄，问他的党是否在进行这种经常性的工作，他就会支吾搪塞地回答说，没有进行这种工作的组织和机构，他的党没有进行这种工作的能力，以此来掩盖他的党没有进行这种工作的事实，也可能装腔作势地说，他的党反对“盲动主义”、“无政府主义”等等。这也正是伯尔尼国际背叛工人阶级、实际上转到资产阶级阵营的表现。

所有这些无赖——伯尔尼国际的领袖们，拼命吹嘘他们“同情”所有革命，特别是同情俄国革命。但只有伪君子或傻瓜才会不了解，俄国革命特别迅速地取得成功是和革命政党按上述方针所进行的长期工作**分不开的**，这些工作就是：用多年的时间建立了领导示威和罢工并在军队中进行工作的经常性秘密机构，仔细地研究了各种方法，创办了总结经验并以必须革命的思想教育全党的秘密刊物，培养了进行上述各种工作的群众领袖，如此等等。

五

最深刻最根本的意见分歧是关于变帝国主义战争为国内战争的问题，关于无产阶级专政的问题，这种分歧概括了上述一切，说明革命无产阶级必然要同“伯尔尼”国际在理论上和政治实践上进行不调和的斗争。

伯尔尼国际为资产阶级思想所俘虏，最明显地表现在它不了解（或者不愿了解，或者装做不了解）1914—1918年战争的帝国主义性质，因而也不了解这一战争在一切先进国家内变为无产阶级和资产阶级之间的内战的不可避免性。

布尔什维克早在1914年11月就已指出这种不可避免性，当时各国的庸人，其中包括伯尔尼国际的所有领袖，都报以愚蠢的嘲笑。现在，帝国主义战争变为国内战争，在许多国家里，不仅在俄国，而且在芬兰、匈牙利、德国以至在中立的瑞士，都已经成为事实，而国内战争正在酝酿的情形也可以毫无例外地在一切先进国家中观察到，感觉到，注意到了。

现在，闭口不谈这个问题（如拉姆赛·麦克唐纳），或者说些甜蜜的调和的话来**回避**不可避免的国内战争（如考茨基之流先生们），就等于直接背叛无产阶级，就等于在实际上转到资产阶级方面去。因为真正的资产阶级政治领袖们早已懂得国内战争是不可避免的，并在出色地、周到地、有条不紊地准备这场战争，加强自己进行战争的阵地。

全世界的资产阶级都准备在行将到来的内战中镇压无产阶

级，为此，他们竭尽全力，费尽心机，下定决心，不惜犯下任何罪行，使许多国家遭到饥饿和屠杀。可是，伯尔尼国际的英雄们却像傻瓜、虚伪的神父或学究式的教授一样，重复着改良主义的陈词滥调！没有比这更令人讨厌、令人恶心的场面了！

考茨基之流和麦克唐纳之流继续拿革命来**恐吓**资本家，拿内战来**威胁**资产阶级，就是要他们让步，要他们同意走改良主义的道路。整个伯尔尼国际的全部著作、全部哲学、全部政策归结起来都是这样。这种可怜的奴才手法，1905 年我们在俄国自由派（立宪民主党人）那里看到过，1917—1919 年在孟什维克和“社会革命党人”那里看到过。关于应该**教育**群众，使他们意识到必然而且必须在内战中**战胜**资产阶级，应该从这一目标着眼来执行全部政策，从这一观点而且只从这一观点来阐明、提出和解决一切问题，——关于这些，伯尔尼国际的奴才们连想也没有去想。因此，我们的目标只能是：把这些不可救药的改良主义者，即伯尔尼国际十分之九的领袖，完全推到资产阶级仆从们的污水坑里去。

资产阶级**需要**的是这样的仆从，他们能得到工人阶级中一部分人的信任，用可以走改良主义道路的言论给资产阶级脸上贴金，用这种言论来蒙蔽人民，胡吹改良主义道路的美妙和可能，使人民**脱离**革命。

考茨基之流以及我们的孟什维克和社会革命党人的全部著作，归结起来都是这种胡说，都是害怕革命的胆小市侩的抱怨。

这里我们不可能详细重述，到底哪些根本的经济原因使得必须走革命道路和只有走革命道路，使得除内战以外别无其他办法来解决被历史提到日程上来的问题。关于这些，应当写好几卷书，而且将来是会写的。如果考茨基先生们和伯尔尼国际的其他领袖们不懂得这些，那只好说，无知比偏见离真理还近一些。

因为现在，在大战以后，那些无知而真诚的劳动人民和劳动人民的拥护者，已比那些满脑袋学究式改良主义偏见的考茨基之流、麦克唐纳之流、王德威尔得之流、布兰亭之流、屠拉梯之流等等先生们，更易于了解革命、内战和无产阶级专政的不可避免性了。

群众的革命意识正日益增长，这已成为到处都可看到的普遍现象，昂利·巴比塞的小说《火线》(«Le feu»)和《光明》(«Clarté»)，可以说是这种现象的一个极其明显的证据。前一部小说已经译成各种文字，并在法国销售了23万册。这本书非常有力地、天才地、真实地描写了一个完全无知的、完全受各种观念和偏见支配的普通居民，普通群众，正是因受战争的影响而转变为一个革命者。

无产者和半无产者群众是拥护我们的，他们不是一天一天地，而是每时每刻地转到我们这边来。伯尔尼国际是一个没有军队的司令部，只要在群众面前把它彻底揭穿，它就会像纸牌搭成的房子一样倒塌下来。

战争期间，卡尔·李卜克内西的名字曾被协约国的所有资产阶级报纸用来欺骗群众，好像法英帝国主义强盗和掠夺者是同情这位英雄，同情这位他们所说的“唯一正直的德国人”的。

现在，伯尔尼国际的英雄们同谋杀卡尔·李卜克内西和罗莎·卢森堡的谢德曼之流，同扮演着工人出身的刽子手角色而为资产阶级执行刽子手职务的谢德曼之流待在一个组织里。口头上虚伪地“谴责”谢德曼之流(好像一“谴责”，事情就会改变似的！)，实际上却和凶手们同在一个组织里。

1907年已故的哈里·奎尔奇被德国政府驱逐出斯图加特，原因是他把欧洲外交家会议称为“强盗会议”[35]。伯尔尼国际的领袖们不仅是一群强盗，而且是一群卑鄙的杀人犯。

他们是逃不脱革命工人的审判的。

六

关于无产阶级专政的问题，拉姆赛·麦克唐纳只敷衍了事地说了几句，认为这是一个需要加以讨论的关于自由和民主的论题。

不，是行动的时候了。讨论已经晚了。

伯尔尼国际最危险的地方，就是口头上承认无产阶级专政。这些人能够承认一切，能够在一切文件上签字，只要保持他们在工人运动中的领袖地位就行。现在，考茨基已经说他不反对无产阶级专政了！法国社会沙文主义者和“中派”已经在拥护无产阶级专政的决议上签字了！

他们是丝毫不值得信任的。

需要的不是在口头上承认，而是在**实际上**与改良主义政策、与资产阶级自由和资产阶级民主的偏见一刀两断，在实际上执行革命阶级斗争的政策。

这些人在口头上承认无产阶级专政，目的是想借此偷运他们那些货色，如“多数人的意志”、“全民投票”（考茨基就是这样做的）、资产阶级议会制，拒绝彻底消灭、炸毁、摧毁全部资产阶级国家机构。对于这种改良主义的新手法和新计谋，应该引起高度的警觉。

如果大多数人口不是无产者和半无产者，无产阶级专政是不可能的。考茨基之流把这个真理歪曲成好像必须“大多数人投票”,才能认为无产阶级专政是“正确的”。

多么可笑的学究啊!他们不了解,局限于资产阶级议会制范围、机构和惯例的投票,是资产阶级国家机构的**一部分**,而**为了**实现无产阶级专政,为了从资产阶级民主过渡到无产阶级民主,必须彻底打碎和摧毁这种国家机构。

他们不了解,当无产阶级专政被历史提到日程上来的时候,**一切**重大的政治问题根本不是用投票来解决而是用内战来解决的。

他们不了解,无产阶级专政是**一个**阶级的政权,这个阶级要掌握**全部**新的国家机构,要**战胜**资产阶级,要**中立**整个小资产阶级,即农民、小市民阶层和知识分子。

考茨基之流和麦克唐纳之流在口头上承认阶级斗争,为的是在无产阶级解放斗争历史的最紧要关头,即在无产阶级已经夺得国家政权并在半无产阶级的支持下借助这个政权**继续**进行阶级斗争去最后**消灭阶级**的时候,实际上忘记阶级斗争。

伯尔尼国际的领袖们是一些十足的庸人,他们重复着资产阶级民主主义关于自由、平等和民主的滥调,而没有看到,他们是在重复早已被粉碎了的关于**商品所有者**的自由和平等的思想,没有了解到,无产阶级需要国家并不是为了“自由”,而是**为了镇压**自己的敌人,剥削者、资本家。

商品所有者的自由和平等已经死去,就像资本主义已经死去一样。考茨基之流和麦克唐纳之流是不能使它复活的。

无产阶级必须消灭阶级,——这就是无产阶级的民主、无产阶级的自由(**摆脱**资本家的自由,摆脱商品交换的自由)和无产阶级的平等(不是**阶级的**平等——考茨基之流、王德威尔得之流和麦克唐纳之流就滑入了这种庸俗见解的泥坑——而是**推翻**资本和资本主义的劳动者的平等)的**真实**内容。

只要阶级存在，自由和阶级平等就是资产阶级的欺人之谈。无产阶级要夺取政权，成为**统治**阶级，粉碎资产阶级的议会制和资产阶级的民主，镇压资产阶级，制止其他**一切**阶级想恢复资本主义的**一切**尝试，给予劳动者以**真正的**自由和平等(这只有在**废除了**生产资料私有制的条件下才能实现)，不仅给他们"权利"，而且使他们能**实际**享有从资产阶级那里**夺来的一切**。

谁不了解无产阶级专政(也就是苏维埃政权，或无产阶级民主)的**这个**内容，谁就是白使用了这个字眼。

在这里，我不能更详细地来发挥这些我已在《国家与革命》、《无产阶级革命和叛徒考茨基》小册子中阐明了的思想。① 到这里可以结束了，我愿意把这些意见献给即将出席 1919 年 8 月 10 日伯尔尼国际卢塞恩代表大会[36]的代表们。

1919 年 7 月 14 日

载于 1919 年 8 月《共产国际》杂志
第 4 期

译自《列宁全集》俄文第 5 版
第 39 卷第 90—109 页

① 见本版全集第 31 卷第 1—116 页，第 35 卷第 229—327 页。——编者注

在霍登卡卫戍部队非党红军战士代表会议上关于国内外形势的讲话

(1919 年 7 月 15 日)

简 要 报 道

(列宁同志在讲台上出现时,全场热烈鼓掌欢迎)同志们,我们现在正处在帝国主义战争结束这一非常重要的时期。自从 1918 年 11 月战胜德国以后,协约国就在拟定和平条件,而且说德帝国主义已经灭亡,各族人民已经获得解放。现在国民会议已经批准和约,——这次为了掠夺、为了分赃而使 1 000 万人丧生和 2 000 万人残废的战争结束以后,和平确立起来了。

在凡尔赛和约签字后的今天看来,布尔什维克说得很对,这个和约比我们当年同奄奄一息的德帝国主义所签订的布列斯特和约更坏。现在愈来愈明显,凡尔赛和约签字的日子就是英、美等帝国主义失败的日子。帝国主义者刚一签订和约,便瓜分起殖民地来:波斯被英国拿去,叙利亚和土耳其被分割。现在资本主义各国的工人都认清了这是一场强盗的战争。有消息说,现时在巴黎的、至今仍想当"全俄政府"首脑的李沃夫公爵,要求协约国将君士坦丁堡和海峡割给俄国,理由是俄国就是为了这些地方才作战的,但人家对于他的天真要求自然回答说,要给也只能给旧的强大的俄国,——这简直太可笑了。

法帝国主义者为了欺骗人民，规定 7 月 14 日（即攻下巴士底狱[37]的日子）为对德胜利纪念日。但是法国工人没有上钩，7 月 14 日，咖啡馆和餐馆的职工宣布罢工，这一天人们通常在街头狂欢，跳舞，但咖啡馆和餐馆却关了门，这个纪念日也就算完了。英、法、意三国的工人宣布在 7 月 21 日举行总罢工[38]。可以说，凡尔赛和约对于英法来说，就和布列斯特和约对于德国来说一样，其结局也将是资本家失败，无产阶级胜利。协约国第一次侵犯俄国南部的失败和第二次侵犯西伯利亚的失败同样表明了西欧无产阶级的这一运动。这些失败表明西欧的无产阶级是拥护我们的。

西伯利亚和乌克兰的农民以前拥护高尔察克和邓尼金，现在受到勒索、抢劫和毒打之后，也转而反对他们了。现在很清楚，高尔察克已经灭亡，对邓尼金的胜利即将来临；这次胜利将以西欧无产阶级的胜利而告完成，因为西欧各地的工人运动都带有布尔什维主义性质。建立了苏维埃政权的俄国起初是孤独的，随后出现了苏维埃匈牙利[39]，德国的政权正在转归苏维埃，全欧洲联合成为一个统一的苏维埃共和国去消灭全世界资本家统治的日子已经不远了。（长时间鼓掌）

载于 1919 年 7 月 17 日《莫斯科苏维埃消息晚报》第 293 号

译自《列宁全集》俄文第 5 版第 39 卷第 110—111 页

人民委员会关于拨给火灾保险局经费的决定

（1919 年 7 月 18 日）

致国库管理司

决　　定

人民委员会 1919 年 7 月 17 日会议决定：

从国库资金中以超预算贷款方式拨给最高国民经济委员会火灾保险局 18 521 000（一千八百五十二万一千）卢布作为中央和地方机关的火灾保险局的经费。

人民委员会主席

弗·乌里扬诺夫（列宁）

译自《列宁文集》俄文版第 39 卷第 208—209 页

给人民委员会秘书处的指示

1919年7月19日

迟迟不批准关于从军队邮寄粮食的实施细则[40]，是一种极其令人愤慨和不能容忍的拖拉现象。

必须查出责任者并对这一事件进行确切的调查，以便：第一，明确责任，第二，制定**实际**措施，使类似事件不再发生——这一点是主要的。

因此，我建议下列机关（这些机关本应关心尽快地执行关于邮寄粮食的法令，即尽快地付诸实施），

立即收集**全部**文件，查问与此事有关的所有人员，十分严格而准确地查清拖拉的原因；

并将报告，连同为杜绝拖拉作风而提出的**实际**措施，于星期二一并**报送人民委员会**。

这些机关是：

人民委员会和国防委员会秘书处

中央整顿和安排部队给养委员会

粮食人民委员部

陆军人民委员部

邮电人民委员部。

人民委员会主席

弗·乌里扬诺夫(列宁)

载于1942年《列宁文集》俄文版第34卷

译自《列宁全集》俄文第5版第39卷第112页

答美国记者问[41]

（1919年7月20日）

现在我来答复向我提出的五个问题，答复的条件是你们要履行已用书面对我所作的诺言，即我的答复将全文刊载在北美合众国的一百多家报纸上。

1.苏维埃政府的纲领不是改良主义的纲领，而是革命的纲领。改良就是在保持统治阶级统治的条件下从这个阶级那里取得让步。革命就是推翻统治阶级。因此，改良主义的纲领总是罗列许多局部性的条文。我们的革命的纲领其实只有总括性的一条，那就是推翻地主资本家的压迫，推翻他们的政权，使劳动群众从这些剥削者手中解放出来。我们从来没有改变过这一纲领。实现这一纲领的局部措施有时应部分地加以改变，要把这些改变一一举出，就得写一整本书。我只想指出，我们的政府纲领中还有总括性的一条，由此产生的个别措施的改变也许是最多的。这一条就是镇压剥削者的反抗。1917年10月25日(11月7日)革命以后，我们连资产阶级的报纸也没有查封，更谈不到采用恐怖手段了。我们不仅释放了克伦斯基的许多部长，而且释放了同我们作过战的克拉斯诺夫。直到剥削者即资本家展开反抗以后，我们才开始有系统地加以镇压，甚至采取恐怖手段。无产阶级就是这样回答资产阶级的，因为他们同德、英、日、美、法各国资本家勾结在一起，阴谋在俄国恢复剥削者的政权，用英、法的金钱收买捷克斯洛伐克军，用德、法的金钱收买曼纳海姆和邓尼金，等等，等等。引起“改变”（即在彼得格勒对资产阶级采取更严厉的恐怖手段）的最近一次阴谋，就是资产阶级同社会革命党人和孟什维克勾结起来出卖彼得格勒，军官阴谋分子占据红丘炮台，英、法资本家收买瑞士大使馆的职员和许多俄国职员等等。

2. 我们苏维埃共和国对阿富汗、印度等等穆斯林国家所做的工作，也同我们在国内对人数众多的穆斯林和其他非俄罗斯民族所做的工作一样。譬如我们让巴什基尔人在俄国内部建立自治共和国，我们尽力帮助每个民族得到独立自由的发展，帮助它们多出版、多发行本民族语言的书报，我们还翻译和宣传我们的苏维埃宪法；同“西欧”和美洲资产阶级“民主”国家的宪法比起来，这个宪法不幸更为殖民地、附属国的受压迫的和没有充分权利的10亿以上的人民所喜爱，因为“西欧”和美洲资产阶级“民主”国家的宪法巩固土地和资本的私有制，即巩固少数“文明的”资本家对本国劳动者和亚洲非洲等地殖民地几亿人民的压迫。

3. 对于美国和日本，我们首要的政治目的，就是击退它们对俄国的侵犯，它们这种侵犯是无耻的，罪恶的，掠夺性的，只会使本国资本家发财。我们曾多次郑重地向这两个国家建议媾和，但它们甚至没有回答我们，并且继续同我们作战，帮助邓尼金和高尔察克，掠夺摩尔曼和阿尔汉格尔斯克，特别是在西伯利亚东部大肆洗劫和破坏，那里的俄国农民对日本和北美合众国的资本家强盗进行了英勇的抵抗。

对于一切民族，包括美国和日本在内，我们今后的政治目的和经济目的只有一个，就是毫无例外地同一切国家的工人和劳动者结成兄弟联盟。

4. 我们同意同高尔察克、邓尼金、曼纳海姆媾和的那些条件，已多次用书面形式十分明确地提出过，例如，我们向代表美国政府同我们（以及在莫斯科同我本人）进行谈判[42]的布利特提出过，在给南森的信[43]及其他场合也都提出过。如果美国和其他国家的政府不敢把这些文件全部发表，向人民隐瞒真情，那么这不是我们的过错。我只提一下我们的基本条件：我们准备偿还法国和其他国家的一切债务，只要和约是真正的而不是口头上的，就是说，这一和约要得到英、法、美、日、意等国政府的正式签署和批准，因为邓尼金、高尔察克、曼纳海姆等等不过是这些政府的走卒。

5. 我很想把以下情况告诉美国舆论界：

资本主义和封建主义相比，是在"自由"、"平等"、"民主"、"文明"的道路上向前迈进了具有世界历史意义的一步。虽然如此，资本主义始终是**雇佣奴隶**制度，始终是极少数现代（"moderne"）奴隶主即地主和资本家奴役千百万工农劳动者的制度。资产阶级民主制和封建制度相比，改变了经济奴役形式，为这种奴役作了特别漂亮的装饰，但并没有改变也不能改变这种奴役的实质。资本主义和资产阶级民主制就是雇佣奴隶制。

技术特别是交通的惊人进步，资本和银行的巨大发展，使资本主义达到成熟，而且成熟过度了。资本主义已经衰朽。它已成为人类发展的最反动的障碍。它就是一小撮百万富翁和亿万富翁统治一切，这些富翁推动各国人民进行厮杀，来解决帝国主义赃物、殖民地统治权、金融"势力范围"或"托管权"等等应当归德国强盗集团所有还是归英法强盗集团所有的问题。

在 1914—1918 年大战期间，正是由于这个原因而且只是由于这个原因，千百万人死亡了，残废了。对这一真理的认识，现在正迅速地不可抑止地在各国劳动群众中扩大着，尤其是因为战争在各处都引起了空前的破坏，**各国**(包括“战胜国”的人民)都必须为战时的债务支付利息。这些利息是什么呢？是献给百万富翁老爷们的几十亿贡款，以感谢他们仁慈地使千百万工农为解决资本家瓜分利润问题而互相残杀。

资本主义的崩溃是不可避免的。群众的革命意识到处在增长着。成千上万种迹象都说明了这一点。有些迹象并不重要，但庸人看了也都一目了然，其中之一就是昂利·巴比塞的两本小说(《火线》和《光明》)。作者打过仗，而且是一个最和气、最安分、最守法的小资产者，一个庸夫俗子。

资本家、资产阶级能办到的，“至多”是延缓社会主义在这个或那个国家取得胜利，为此再屠杀几十万工人和农民。但他们决不能挽救资本主义。代替资本主义的是**苏维埃共和国**。苏维埃共和国把政权交给劳动人民，并且只交给劳动人民，它委托无产阶级领导劳动人民的解放事业，废除土地、工厂和其他生产资料的私有制，因为这种私有制是少数人剥削多数人的根源，是群众贫困的根源，是只能使资本家发财的、各民族间的掠夺性战争的根源。

国际苏维埃共和国的胜利是有保障的。

最后举一个小例子。美国的资产阶级吹嘘他们国内的自由、平等和民主，以此欺骗人民。但是，不论是这个资产阶级还是世界上其他任何资产阶级或政府，都不能也不敢根据真正自由、平等和民主的原则同我们的政府进行竞赛，比如说，订立一种条约，保证我国政府和其他任何政府自由交换……以政府名义用任何一种文字出版的刊有本国法律条文和宪法条文并说明该宪法比起其他宪法有哪些优点的小册子。

世界上任何一个资产阶级政府都不敢同我们订立这样一个和平、文明、自由、平等、民主的条约。

为什么呢？因为除了苏维埃政府以外，一切政府都是靠压迫和欺骗群众来维持的。但是，1914—1918 年的大战已经把大骗局戳穿了。

列 宁

1919 年 7 月 20 日

载于 1919 年 7 月 25 日《真理报》
第 162 号

译自《列宁全集》俄文第 5 版
第 39 卷第 113—117 页

关于粮食状况和军事形势

在工厂委员会、工会理事会代表、莫斯科中央工人合作社和“合作社”协会理事会代表的莫斯科代表会议上的讲话[44]

（1919年7月30日）

（鼓掌）同志们，我来简短地谈一谈我国的粮食状况和军事形势。我想，与这些问题有关的基本事实，你们都已经知道，因此，我的任务或许只是来说明一下这些事实的意义。

正当你们需要解决合作社问题的时候，我们又像去年夏天那样，处在一个紧张的关头，特别是在粮食方面。你们知道，近一年来我们的粮食工作，与上一年相比，成绩是很大的。在其他的苏维埃工作部门中，未必能像粮食工作那样精确地衡量出这种成绩。在苏维埃政权的头一年，包括克伦斯基统治的最后一段时间在内，国家收购的粮食总共只有3 000万普特。第二年，我们收购了10 700万普特以上的粮食，虽然第二年我们在军事方面、在控制盛产粮食的地区方面更加困难，因为我们不但根本不能控制西伯利亚，而且根本不能控制乌克兰和遥远的南方的大部分地区。尽管如此，我们的粮食收购量，正如你们看到的，还是增加了两倍。就粮食机构的工作来说，这是一个很大的成绩，但是，就保证非农业区的粮食供应来说，这是很少的，因为对非农业区居民特别是城市工人供应粮食的状况进行的精确调查表明，今年春夏，城市工人的粮食大约只有一半是从粮食人民委员部得到的，而其余部分则不得不从自由市场，从苏哈列夫卡[45]和投机者那里购买，工人购买前一半粮食的支出只占购粮支出总数的十分之一，购买后一半粮食的支出则占十分之九。果然不出所料，投机者先生们从工人身上刮去的钱，等于国家收购的粮食售价的9倍。看了这些关于我国粮食状况的精确材料后，我们应当说，我们有一只脚还站在旧时的资本主义上面，只有一只脚从这个泥潭、从这个投机的泥坑中拔出来，踏上了真正社会主义的收购粮食的道路，使粮食不再是商品，不再是投机的对象，不再是争吵、斗争和许多人贫困的祸根。可见，从满足非农业区居民和工人的需要来看，我们是做得很少的，但如果想一想我们是在内战环境中，是在很大一部分盛产粮食的地区不由我们控制的困难条件下进行工作的，那么，粮食机构的工作是进展得异常之快的。我想，大家都会同意我的看法，这方面的任务是组织的任务，是用非资本主义的方式向农民大众收集粮食的任务，是难以想象的困难任务，这项任务不是用任何更换机构的办法（更不用说更换政府了）所能解决的，因为这项任务要求进行组织上的改造，要求改造几百年甚至几千年来形成的农业生活的基础。假定说，在完全和平的条件下，给我们五年的时间来建立一个组织机构，把粮食从投机者手中夺过来，完全集中到国家手中，那我们可以说，这种社会经济改造的速度，是见所未见闻所未闻的。而我们不到两年时间就完成了这项任务的一半，这就非常可观了，这是一个无可争辩的证据，证明苏维埃政权在最困难最严重的粮食问题上，采取了正确的方针，走上了正确的道路。总之，可以说，苏维埃政权已抱着最坚定的决心，就是沿着这条道路前进，决不因我们周围存在着动摇、怀疑、批评、有时甚至是绝望情绪而感到惶惶不安。从饥荒地区来的某些代表有时表现出一种极沉重极痛苦的绝望情绪，这是不足为奇的，因为我所引用的有关非农业地区工人和城市工人的粮食供应状况的总的统计数字证明，他们还有一半要依靠投机者，依靠偶然机会等等。

你们知道，我们这里的投机是一场极为剧烈的斗争，那些能够把农产品运到市场上去的人在拼命地进行敲诈。在投机者和挨饿者的这场剧烈斗争中遭到破产的人们表现出绝望情绪，这是不足为奇的。铁路运输能力减弱，在盛产粮食的乌克兰无法建立任何机构，游击习气的旧残余至今还使组织工作无法进行，居民至今还不能克服游击习气——显然，这完全有利于邓尼金，使他在那里能轻而易举地取得胜利，同时也使我们难于利用那些拥有存粮、能使我们很容易摆脱困难的最大的粮食市场。在这种情况下，在这场争夺粮食的斗争中遭到特别严重破产的人露出绝望情绪，是不足为奇的。如果我们从总的方面来看苏维埃工作的发展，即不从个别情况而从工作的结果来看，如果我们比较一下苏维埃政权给了什么和自由市场给了什么，那我们应该说，投机者手中的那一半粮食业，至今还是投机者横行无忌、拼命压榨、大发横财的根源，而且在一面有人挨饿、一面有人发财的条件下，这又是极端腐化堕落的根源。

很明显，那些不能把握和说明这一过程的人们，往往不是去考虑如何在反对资本主义的斗争中解决这一新任务，即依靠农民对工人国家的信任来按固定价格收集粮食，而是对我们说：“看，既然工人支出的十分之九都花在苏哈列夫卡，那就证明你们只有依靠粮贩和投机者才能生存。因此，你们就需要去适应这种情况。”那些自以为聪明机智和深刻了解事变的人有时就是这样说的。其实,他们是些诡辩家。革命的经验证明,改换管理形式是一件并不困难的事情,消灭地主和资本家统治阶级在短时期内就能办到,如果革命发展顺利,甚至有几个星期就行了,但是,要改变根本的经济生活条件,要同几百年几千年来养成的每一个小业主的习惯作斗争,这却需要在完全推翻剥削阶级之后,进行多年的孜孜不倦的组织工作。有人对我们说,看,你们身旁的苏哈列夫卡多么繁荣兴旺,苏维埃政权简直非靠它不可!我们要问,你奇怪什么呢?难道在富饶的农业区与俄国隔绝的条件下,这个任务能在两年之内解决吗?那些从原则上反对我们最厉害的、有时甚至硬说他们是从社会主义观点(但愿上帝保佑,不要有这种社会主义!)出发的人们,责备布尔什维克是空想主义者和冒险主义者,因为布尔什维克曾经说过:可以而且应该用革命的方法不仅粉碎君主制和地主土地占有制,而且粉碎资本家阶级和消除帝国主义战争遗迹,为组织建设扫清基地,这项建设使我们必然考虑到工人政权应实行长时期的统治,只有这个政权才能引导广大农民群众前进。我们认为能够用革命办法打倒地主资本家阶级,因此他们责备我们是空想主义者,但他们自己却向我们提出了空想的任务,要求在我们双手被内战束缚住的情况下,在人间任何力量都办不到的短期间内,解决社会主义新制度的组织问题,解决同靠撤销机构都无法消灭的旧习惯作斗争的问题。

是的,正是粮食政策特别鲜明地表明,社会主义和资本主义的最后一种形式的斗争就在这方面进行,即不但要打倒旧的机构,不但要打倒地主和资本家,而且还要根除千百万小业主在资本主义制度下养成的习惯和具有的经济条件。必须力求使他们的理智战胜他们的偏见。任何一个稍有觉悟的农民都会同意这一点，在人民挨饿的时候，进行粮食自由贸易，在自由市场出卖粮食，就是让人和人互相斗争，让投机者发财，让人民大众挨饿。但是单有这种认识是不够的，因为农民的种种偏见和习惯告诉他，把粮食卖给投机者得到几百个卢布，比把粮食交给国家得到现在不能用来购买商品的几十卢布纸币更为有利。我们说：既然国家民穷财尽，既然燃料没有，工厂停工，你们农民就应当帮助工人国家，应当把粮食借出来。那些换你们粮食的纸币，就是你们借粮食给国家的凭据。如果你们农民能借粮给国家，能交出粮食，那么工人就能够恢复工业。在一个遭到四年帝国主义战争和两年内战破坏的国家里，没有其他办法能够恢复工业！任何一个农民，只要摆脱了庄稼汉原来的愚昧状态，稍为开展一点，就都会同意说，没有别的出路。但是，你们用尊重人的态度说话就能说服的那些有觉悟的农民是一回事，千百万怀有偏见的农民却又是一回事。他们只看事实，认为自己在资本主义制度下活了一辈子，粮食私有是天经地义的事情，他们没有经历过新制度，也不能相信它。所以我们说，正是在这方面，在粮食方面，而不是在国家建设的上层机构方面，资本主义同社会主义进行着最深刻的斗争，这种斗争已在实际上而不只是在口头上进行着。国家建设的上层机构容易改造，因此，这种改造的意义并不大。而在粮食方面，劳动人民及其先锋队工人阶级的觉悟正同农民群众的偏见、分散性和涣散性进行最后的斗争。资本主义的拥护者（他们自称资产阶级政党的代表也好，孟什维克或社会革命党人也好，反正都一样）说："你们不要实行国家垄断，不要按固定价格强迫征购粮食！"我们回答说："亲爱的孟什维克和社会革命党人，你们也许是真诚的人，但是你们是在维护资本主义，你们嘴里讲的不是别的，正是过去小资产阶级民主派的偏见，他们除了自由贸易以外什么也看不到，他们站在反对资本主义的激烈斗争之外，认为这是可以调和，可以协商的。”我们已经有了相当多的经验，我们知道，真正劳动群众的代表，即那些并未成为上层分子而终生遭受地主资本家剥削的人懂得，这里是在同资本主义进行毫不调和的最后的决战。他们懂得，正是在这方面不能作任何让步。去年夏天，苏维埃政权曾说让一普特半制度存在若干星期，在这以后它就使用了自己的机构，而且这种机构所供应的粮食比从前多了，现在苏维埃政权暂时又要这样说。你们知道，现时我们也必须作这样的让步，必须暂停一下，让工人在假期各自去找供自己需要的粮食[46]。这样，我们就更有保证能够重新开展工作，保证我们的社会主义工作。我们正在同资本主义进行真正的战斗，我们说，不管资本主义迫使我们作怎样的让步，我们还是要反对资本主义，反对剥削。我们在这方面将要像对付高尔察克、邓尼金那样作无情的斗争，因为援助他们的是资本主义的力量，资本主义的力量当然不是从天上掉下来的，而是以粮食和商品的自由贸易为基础的。我们知道，在国内自由出售粮食，是资本主义的主要泉源，是以往一切共和国灭亡的原因。现在正在进行一场反对资本主义、反对自由贸易的最后的决定性的斗争，对我们来说，现在进行的是一场资本主义和社会主义之间的最主要的战斗。如果我们在这场斗争中取得胜利，资本主义、旧政权和过去的一切就不会复辟。必须进行斗争反对资产阶级，反对投机，反对小经济，必须抛弃以前存在过的“人人为自己，上帝为大家”的原则，只有这样，这一复辟才不可能。必须忘记每个农民为自己、高尔察克为大家的原则。现在我们的相互关系和我们的建设已经有了新的形式。应当知道，社会主义在前进中，应当记住，无论我们身上有多少旧东西，它们不过是旧思想的残余，因为农民必然会用截然不同的新态度来处置他所生产的消费品的；他要是按“自由”价格把粮食卖给工人，就一定会成为资产者和私有者。我们说，只有按国家规定的固定价格出售粮食，我们才有可能离开资本主义。现在我们不得不忍受严重的饥饿，拿目前的处境同去年比较一下，我们应当说，我们目前的处境比去年好得简直不能相比。固然，我们不得不作某些让步，但我们对这些让步总是能够作出答复和解释的。我们在苏维埃政权的 20 个月当中虽然做了很多事情，但我们还没有解决目前困难处境中的一切困难。

只有使农民与私有制脱离，使他们为我们的国家工作，我们才可以说，我们走过了我们路程中艰苦的一段。但我们不会离开这条道路，正如我们不会离开同邓尼金和高尔察克作斗争的道路一样。在那些自称为社会革命党人和孟什维克的人们的阵营里有人说，战争是打不完的，从战争中是找不到出路的，必须采取一切措施结束战争。这些话你们经常可以听到。说这种话的都是一些不了解事情真相的人。他们认为内战是没有出路的，因为它太艰苦了，但是，这场战争是欧洲帝国主义者由于害怕苏维埃俄国而强加给我们的，这难道他们不了解吗？同时西欧帝国主义者在自己的宫廷中，今天豢养萨文柯夫，明天豢养马克拉柯夫，后天豢养布列什柯夫斯卡娅，他们在一块可不是谈什么好听的话，而是算计着怎样更合理地把装备着大炮和其他杀人武器的步兵和炮兵调到我们这里来，怎样援助阿尔汉格尔斯克战线，怎样在这条战线以外再增辟南线、东线和彼得格勒战线。整个欧洲和全欧洲的资产阶级都起来攻击苏维埃俄国。他们甚至厚颜无耻地向匈牙利政府提出这样的建议:“我们给你们粮食,你们抛弃苏维埃政权。”我想,这样的建议要是登在布达佩斯的报纸上,那对匈牙利说来将是多么有力的鼓动!但这毕竟好些,这比起争取自由贸易等胡说八道更诚实更坦率。这里讲得很明白:你们需要粮食,就得抛弃对我们不利的一切,这样我们才给你们粮食。

因此,要是殷勤的资本家向俄国农民提出这样的建议,那我们是会十分感激的。我们会说:我们的鼓动员不够,现在克列孟梭、劳合-乔治、威尔逊来帮助我们了,他们成为最出色的鼓动员了。现在再也听不到关于立宪会议、集会自由等等的言论了,一切都不加隐讳了。但是,我们要问问资本家先生们,你们有那么多军事债务,你们所有的箱子都装满了借据,你们有几十亿几十亿的军事债务,你们以为人民会偿付这些债务吗?你们的炮弹、枪弹和大炮多得没有地方放,你们认为最好是用它们来轰击俄国工人吗?你们收买了高尔察克,为什么你们又挽救不了他呢?你们不久以前作出决议说,协约国的国际联盟承认高尔察克是俄国唯一的全权政府[47]。可是后来高尔察克却一溜烟逃跑了。为什么会有这样的下场呢?(鼓掌)从高尔察克叛乱这件事我们可以看出社会革命党和孟什维克的领袖们的诺言究竟有什么价值。要知道,他们掀起了高尔察克叛乱,他们有过萨马拉政权。这些诺言有什么价值呢?要是那些在军事方面无疑大大超过我们(我们根本不能与之相比)的力量聚集起来攻打我们,那会怎样呢?当然,大资产阶级和小资产阶级都会由此得出相应的结论并对疲惫挨饿的群众说:“你们已被拖入一场永无休止的内战。你们这个疲惫的落后的国家怎能同英、法、美斗争呢?”在我们周围经常有人发出这种论调,资产阶级知识分子更是时时刻刻散布这种言论。他们力图证明内战是一件没有希望的事。但是历史给了我们答复。这就是西伯利亚政权的历史。我们知道，那里的农民是富裕的农民，他们没有经历过农奴制，因此不会由于摆脱了地主而感激布尔什维克。我们知道，那里组织了政府，有人送去了几面不是社会革命党人切尔诺夫就是孟什维克马伊斯基做的漂亮的旗帜，上面写着立宪会议、贸易自由等口号，——愚昧的农民，你要什么，我们都给你写上，只要你帮助我们打倒布尔什维克！这个政权结果怎样呢？结果不是立宪会议，而是比任何沙皇专政还坏的、最疯狂的高尔察克专政。这是偶然的吗？有人回答我们说，这是一个错误。可是，先生们，一个人在一生的行为中是可能犯错误的，但要知道这里来帮助你们的是你们的所有优秀人物，是你们党内的一切优秀人物。难道知识分子没有来帮助你们吗？即使没有你们自己的知识分子(虽然我们知道是有的)，那你们还有法、英、美、日等先进国家的知识分子。你们有土地，你们有舰队，你们有军队，你们有金钱，然而为什么一切都完了呢？是因为某位切尔诺夫或马伊斯基犯了错误吗？不是的！而是因为在这场殊死的战争中，不可能有任何中间道路，资产阶级要维持下去，就得成百成千地枪杀工人阶级中间一切有创造性的人物。这一点从芬兰的例子可以看得很清楚，现在西伯利亚的例子也证明了这一点。为了证明布尔什维克站不住脚，社会革命党人和孟什维克开始建立新政权，并且带着它庄重地直接滚到高尔察克政权那里去了。不，这不是偶然的，这种事情在全世界都有，即使布尔什维克的一切言论、一切出版物(这些出版物目前在每个国家都遭到攻击，他们把布尔什维克的小册子看做是使可怜的威尔逊、克列孟梭和劳合-乔治之流感到恐怖的传染病，竭力加以取缔)完全绝迹，我们还可以举出他们的走卒方才活动过的西伯利亚,指出这比任何鼓动起了更好的作用。这证明,在资产阶级专政和工人阶级专政之间,不可能有中间道路。这个道理不但渗入了工人群众的头脑,甚至渗入了觉悟最低的农民的头脑。你们知道,农民说过:“我们不要布尔什维克政府,我们要粮食自由贸易。”你们知道,萨马拉的农民,中农,曾经站在资产阶级一边。而现在谁使他们离开了高尔察克呢? 原来农民要独自创造自己的……①是不可能的。这一点已为全部革命史所证实,每一个熟悉革命史和社会主义运动史的人都知道,19 世纪各政党的整个发展都可以归结为这一点。

农民当然不知道这一点。他既没有研究过社会主义史,也没有研究过革命史,但是他相信和承认从自己亲身的经历中得出的结论。他看到布尔什维克要他们挑重担是为了战胜剥削者,看到高尔察克政权使得杰尔席莫尔达式的资本主义恢复,他觉悟了,说:“我选择工人群众的专政,我要彻底打垮官僚资产阶级专政(他是这样称呼高尔察克专政的),建立无产阶级专政,人民专政。”高尔察克的这段历史表明,不管内战多么漫长,多么艰苦,不管它看来多么没有出路,但是它不会把我们引入绝境。它使那些与布尔什维克最疏远的人民群众,通过亲身的经验,深信必须转到这个政权方面来。

同志们,我们的军事形势就是这样。现在让我谈谈我们要去完成的合作社工作,以此来结束我的报告。许多同志已经给你们讲过话了,他们在估计你们所面临的实际任务方面比我内行得多,我希望你们胜利地完成你们所肩负的任务,完成一个非常重要的

---

① 此处速记记录中有一个字字迹不清,从略。——俄文版编者注

事业，把包括全体劳动群众的消费合作社建立起来。在资本主义社会的环境中必然产生出领导合作社的上层分子，这些上层分子都是白卫分子。这一点不仅在我国是这样，这已由那些同高尔察克签订条约的上层分子所证实。在英、德等等资本主义国家也是这样。战争一开始，习惯于靠资本为生的合作社上层分子，一个个都跑到帝国主义者方面去了。

在帝国主义战争时期，全世界的社会党议员的上层分子和社会主义运动中的上层分子完全投奔帝国主义者，这不是偶然的。他们煽起了战争，他们甚至让他们的朋友领导那个杀死李卜克内西和卢森堡的政府，帮助枪杀工人阶级的领袖。这不是个别人的过失。这不是某一个不幸的罪人的罪行。这是资本主义的后果，资本主义腐蚀了他们。全世界都是如此，俄国不是圣地，我们要摆脱资本主义社会不能用别的办法，也只有同这些上层分子进行艰苦的战争。现在这场战争还没有结束，人民群众都起来作战，都起来反对任何投机。那些亲身遭受过剥削的人，在亲手掌握分配事业以后，不会忘记受过的剥削。可能在这一事业上，我们还会遭到不少的失败。我们知道，我们在这方面还很愚昧无知，到处都会出现漏洞。我们知道，这方面不可能一蹴而就。但是我们这些自觉地进行苏维埃工作的人，缔造社会主义俄国的觉悟的农民和工人，能够进行这场战争。同志们，你们将同我们一起进行这场战争，不管这场战争多么困难，多么艰苦，我们一定会取得全胜。（鼓掌）

载于 1932 年《列宁全集》俄文第 2、3 版第 24 卷

译自《列宁全集》俄文第 5 版第 39 卷第 118—130 页

在全俄教育工作者和社会主义文化工作者第一次代表大会上的讲话[48]

（1919 年 7 月 31 日）

同志们，我非常高兴能代表人民委员会向你们的代表大会表示祝贺。

在国民教育方面，我们在长时期内不得不同苏维埃政权各个工作部门和组织部门都经常遇到的那些困难作斗争。我们看到，那些曾被认为是唯一的群众性的组织，一开始就是由长期为资产阶级偏见所俘虏的人领导的。甚至在苏维埃政权的初期我们就看到，1917 年 10 月间军队怎样向我们彼得格勒接二连三提出不承认苏维埃政权的声明，扬言要进攻彼得格勒，并表示同各国资产阶级政府团结一致。那时我们就确信，这些声明是军队组织的上层分子写的，是当时的集团军委员会写的，他们代表的完全是我国军队过去的情绪、信念和观点。从那时起，这类现象在一切群众组织中都发生过，既在铁路部门的无产阶级中间发生过，也在邮电部门的职员中间发生过。我们一直看到，起初旧事物总还保持着自己的力量和对群众组织的影响。因此，我们对于教师持久的顽抗也一点不感到奇怪，因为教师向来就是一支大多数成员（如果不是全部的话）都敌视苏维埃政权的队伍。我们看到，旧的资产阶级偏见怎样逐渐被克服，同工人和劳动农民有着密切联系的教师怎样在反对资产阶级旧制度的斗争中为自己争取权利，并为自己开辟道路，去真正接近劳动群众，真正了解正在进行的社会主义革命的性质。到目前为止，你们比任何人都更多地领教过资产阶级知识分子的旧偏见、他们常用的手段和论据、他们替资产阶级社会即资本主义社会所作的辩护以及他们所进行的斗争——这种斗争通常不是直截了当地进行的，而是在种种表面上听来悦耳但实际上是在这样或那样替资本主义辩护的口号掩盖下进行的。

同志们，你们也许记得马克思是怎样描写工人进入现代资本主义工厂的，马克思在分析有纪律的、文明的和“自由的”资本主义社会的工人奴隶地位时是怎样探究劳动者遭受资本压迫的原因的，他是怎样说明生产过程的原理的，他是怎样描述工人进入资本主义工厂，使得资本主义工厂能掠夺剩余价值、奠定整个资本主义剥削制度的基础、造成少数人致富而群众受压迫的资本主义社会的。当马克思在他那部著作中谈到这个最重要最根本的地方即着手分析资本主义剥削时，他说了这样一句讽刺话：“我要引你们去的地方，乃是资本家榨取利润的场所，那里占统治地位的是自由、平等和边沁。”①马克思说这句话是要强调资产阶级在资本主义社会里所宣扬所辩护的思想，因为在战胜了封建主的资产阶级看来，在以资本的统治、金钱的统治、对劳动者的剥削为基础的资本主义社会里，占统治地位的正是“自由、平等和边沁”。他们所说的自由就是少数人牟取暴利的自由、发财的自由、商业周转的自由；他们所说的平等就是资本家和工人的平等；边沁的统治就是小资产阶级关于自由平等的偏见的统治。

---

① 参看《马克思恩格斯文集》第5卷第204页。——编者注

如果我们看一看周围，看一看旧教师联合会的代表昨天和今天用来反对我们的那些论据，看一看我们那些以社会主义者自居的思想敌人即社会革命党人和孟什维克至今还在引用的那些论据，看一看还不了解社会主义意义的农民群众每天同我们交谈时无意中引用的那些论据，——如果对这点细加观察并仔细想想这些论据的含义，就一定会发现马克思在《资本论》中所着重分析的那种资产阶级论调。所有这些人都想证实这个说法：在资本主义社会里占统治地位的是自由、平等和边沁。谁从这一观点出发来反对我们，说我们布尔什维克和苏维埃政权是自由平等的破坏者，我们就要介绍他去看看政治经济学入门，去研究研究马克思学说的原理。我们说，你们责备布尔什维克破坏自由，其实这种自由是资本的自由，是粮食占有者在自由市场上出卖粮食的自由，也就是少数握有余粮的人牟取暴利的自由。人们经常责难布尔什维克破坏出版自由，可是在资本主义社会里什么是出版自由呢？谁都看到过我们“自由”俄国的出版事业是什么样的。那些直接观察过或接触过各先进资本主义国家的出版事业因而对它很熟悉的人，在这方面看得更多，资本主义社会的出版自由就是拿报刊和对人民群众的影响来做交易的自由，出版自由就是靠资本来维持报刊这一影响人民群众的最强大的工具。这就是布尔什维克所破坏的出版自由，布尔什维克引以自豪的是，他们第一次使出版事业摆脱资本家而获得了自由，第一次在一个大国里创办了不依赖于一小撮富人和百万富翁，全力从事反资本的斗争（我们应当使一切服从于这个斗争）的出版事业。在这个斗争中，劳动者的先进部队，他们的先锋队，只能是能够领导尚未觉悟的农民群众的工人无产阶级。

当有人责备我们是一党专政、提出——像你们所听到的那样——建立社会主义统一战线时，我们就说："是的，是一党专政！我们就是坚持一党专政，而且我们决不能离开这个基地，因为这是一个在几十年内争得了整个工厂无产阶级即工业无产阶级的先锋队地位的党。这个党还在1905年革命以前就取得了这种地位。这个党在1905年领导了工人群众，从那时起，在1905年以后的反动时期内，即当工人运动在斯托雷平杜马的条件下历尽艰辛恢复起来的时候，它一直和工人阶级打成一片，因而只有这个党才能领导工人阶级去深刻地根本地改变旧社会。"有人向我们提议建立社会主义统一战线，我们说，这是孟什维克党和社会革命党提出的，他们在革命过程中表现动摇，倒向资产阶级。我们已经有过两次经验，一次是在克伦斯基执政时期，社会革命党人组成了联合政府，这个政府得到了协约国的帮助，就是说，得到了全世界资产阶级的帮助，得到了法、美、英帝国主义者的帮助。结果怎样呢？我们有没有看到他们所许诺的那种向社会主义的逐步过渡呢？没有，我们看到的是破产，是帝国主义者的完全统治，是资产阶级的统治，是一切妥协主义幻想的彻底破灭。

如果这次经验还不够，那我们来看看西伯利亚。我们在那里也有过这样的经验。西伯利亚的政权曾经是反对布尔什维克的。起初，所有从苏维埃政权下逃亡出来的资产者都去帮助捷克斯洛伐克军以及孟什维克和社会革命党人的反对苏维埃政权的暴动。欧美最强大的国家的资产阶级和资本家都来帮助他们，不仅从思想上而且从财政上军事上帮助他们。结果怎样呢？这种所谓的立宪会议的统治，这种由社会革命党人和孟什维克组成的所谓的民主政府造成了什么结果呢？造成了高尔察克的冒险。为什么这种统治遭到了我们所看到的那种破产呢？因为这里反映了我们敌人营垒中的所谓社会党人不愿意了解的一个基本真理：在资本主义社会里，不管它在发展的时候，在很巩固的时候，还是在行将灭亡的时候，反正都一样，都只能有一种政权，或者是资本家的政权，或者是无产阶级的政权。一切中间政权都是幻想，谁想尝试建立第三种政权，即使出于真心诚意，也会不是滚向这边，就是滚向那边。只有无产阶级的政权，只有工人的统治，才能把靠劳动为生的大多数人团结到自己这边来，因为农民群众虽然是劳动群众，但从某个方面来说又是小经济组织的所有者，粮食的所有者。这就是在我们眼前展开的斗争，这个斗争表明：无产阶级怎样在长期的政治考验中，在俄国各个边疆地区政府的更换过程中，逐渐清除一切为剥削制度服务的东西；它怎样给自己开辟道路，并在镇压和消灭资本的反抗中日益成为劳动群众的真正名副其实的领袖。

责备布尔什维克破坏自由的人，提出建立社会主义统一战线的人，即建议同那些动摇不定、在俄国革命史上两度倒向资产阶级的分子实行联合的人，很喜欢责备我们采取恐怖手段。他们说，布尔什维克在管理国家中实行恐怖的办法；他们说，为了拯救俄国，就要使布尔什维克放弃恐怖手段。我想起了一位聪明的法国资产者，他曾站在资产阶级立场上谈到废除死刑的问题，他说："让杀人犯老爷们先来废除死刑吧。"每当人们说"让布尔什维克放弃恐怖手段"的时候，我就想起这句话来。让俄国的资本家老爷们以及他们的盟友美、法、英三国，即那些迫使苏维埃俄国采取恐怖手段的人放弃恐怖手段吧！他们就是那些过去进攻我们、现在还在用比我们强大千倍的军事力量来进攻我们的帝国主义者。所有的协约国，所有英、法、美的帝国主义者在他们的首都都拥有国际资本的奴仆（不管他们叫做萨宗诺夫还是马克拉柯夫都一样），这些奴仆收罗了成千上万心怀不满、愤愤不平的破产的资产阶级分子和资本的代表人物，难道这不是恐怖吗？你们听到了军界的阴谋，从报纸上看到了最近险些把彼得格勒出卖的红丘炮台阴谋事件，试问，这不是全世界资产阶级施行的恐怖手段又是什么呢？全世界资产阶级为了使剥削者在俄国复辟和扑灭现在甚至已经威胁到他们本国的社会主义革命的火焰，正在干种种野蛮的、罪恶的、横暴的勾当。这就是恐怖的根源，这就是应对恐怖负责的人！这就是为什么我们确信，那些在俄国鼓吹放弃恐怖手段的人，无非就是施行恐怖手段的帝国主义者手中的自觉的或不自觉的工具或代理人，这些帝国主义者正在用封锁、用他们对高尔察克和邓尼金的帮助来扼杀俄国。但他们是不会成功的。

俄国是第一个执行社会主义革命这个历史使命的国家，正因为如此，我们才承担了这样多的斗争和苦难。其他国家的帝国主义者和资本家知道，俄国已全副武装起来，在俄国不仅决定着俄国资本的命运，而且决定着国际资本的命运。这就是他们在所有的报刊上，在被亿万金钱收买的全世界资产阶级报刊上骇人听闻地大肆散布诽谤布尔什维克的谎言的原因。

他们也是为了“自由、平等和边沁”的原则而起来反对俄国的。我们这里有人认为，谈论自由平等，谈论布尔什维克破坏自由平等，就是在维护某种独立的东西，维护一般民主原则。你们遇到这种人的时候，就请他们去看看欧洲资本主义的报刊吧。高尔察克和邓尼金是在什么掩盖下行动的呢，欧洲的资本和资产阶级是在什么掩盖下来扼杀俄国的呢？他们口头上讲的都是自由和平等！当美国人、英国人和法国人侵占阿尔汉格尔斯克的时候，当他们把军队派往南俄的时候，他们也是在保卫自由和平等。这就是他们用来掩饰自己的口号，这就是在这场激烈的斗争中俄国无产阶级起来反对全世界资本的原因。这就是这些自由平等的口号所要达到的目的，这种口号被一切资产阶级代表人物用来欺骗人民，彻底粉碎这种口号乃是真正同工农站在一起的知识分子的责任。

我们看到，协约国帝国主义者愈是顽强凶狠地试图扼杀俄国，就愈激起本国无产阶级的反抗。7 月 21 日，英、法、意三国工人作了举行国际罢工反对三国政府的第一次尝试，他们提出的口号是：停止对俄国内政的一切干涉，同俄国缔结真诚的和约。这次尝试没有成功。在许多国家里，如在英、法、意等国，只是爆发了个别的罢工。在美国和加拿大，只要是能使人想起布尔什维主义的东西，都遭到了疯狂的攻击。我们在最近这些年经历了两次大革命。我们知道，1905 年俄国劳动群众的先锋队起来同沙皇制度作斗争是何等的费力。我们知道，从 1905 年 1 月 9 日即第一次流血的教训到 1905 年 10 月俄国群众性罢工第一次获得胜利，罢工运动是在多么困难的情况下缓慢地发展起来的。我们知道，当时是很困难的。两次革命的经验都证明了这一点，虽然俄国的形势比其他国家更革命一些。我们知道，为了同资本主义作斗争，在一系列的罢工中把力量组织起来是多么困难。因此，我们对 7 月 21 日第一次国际罢工的失败并不感到惊奇。我们知道，欧洲各国革命所遇到的反抗要比我们大得多。我们知道，当英、法、意三国工人决定在 7 月 21 日举行国际罢工时，他们不知克服了多少困难。这是历史上从未有过的实验。遭到失败是不足为奇的。可是我们知道，尽管欧洲资产阶级疯狂地反对我们，最先进最文明的国家的劳动群众是同我们在一起的，他们对我们的事业是了解的；不管在革命中我们会遇到什么样的困难和考验，不管人们为了资本的“自由和平等"、挨饿者和饱食者的平等而制造什么样的谎言骗局，我们知道，我们的事业是全世界工人的事业，因此，这个事业将肯定无疑会战胜国际资本。

载于1919年8月3日《真理报》第170号和《全俄中央执行委员会消息报》第170号

译自《列宁全集》俄文第5版第39卷第131—138页

在 下 房 里[49]

（1919 年 7 月）

同志们从南方带来了一些孟什维克、社会革命党人等的刊物，使我们多少看到了**对方那个**营垒里的“思想生活”。巴扎罗夫和马尔托夫在哈尔科夫出版的《思想》杂志[50]，米雅柯金、彼舍霍诺夫、布纳柯夫、维什尼亚克、波特列索夫和格罗斯曼的《未来的日子》杂志[51]，巴拉巴诺夫、斯捷·伊万诺维奇、米雅柯金和彼舍霍诺夫的《南方事业》文集[52]和《联合》杂志[53]，——这就是这些刊物和某些著名撰稿人的名字。

仅仅零散的几期刊物，就已散发出一股浓烈的气味，使人立刻感觉到像是置身在奴才的下房里。有教养的、以社会主义者自命自居的、浸透资产阶级偏见并充当资产阶级奴才的知识分子，——这就是这一群著作家的真面目。这伙人形形色色，千差万别，但从政治上看，这些差别并没有什么重大的意义，因为归结起来，他们的差别也只在于履行资产阶级奴才的义务时是虚伪还是真诚，是粗鲁还是细致，是笨拙还是巧妙。

一

由于职务关系，奴才都穿着燕尾服，具有文雅的外貌和适当的风度，戴着雪白的手套。奴才可以在某种程度上爱人民，一方面这是必然的，因为出奴才的那个阶层必定是极端贫困的；另一方面，这对老爷们也有利，因为这使他们能够“练习”行善，首先当然是照顾产生仆役、管家和工人的阶层里的“驯服的”人们。拥有奴才的阶级愈聪明、愈有教养，他们执行自己的政策就愈有步骤，愈周密，他们利用奴才在劳动人民中充当奸细，利用对部分劳动人民让步来分裂劳动人民，巩固自己的地位，使希图得到一点小恩小惠的“效劳者”从老爷财富的增加中得到好处，如此等等。

当然，准许奴才爱人民仅仅是在极小的限度内，而且必须有俯首听命的表现和“安慰”被剥削劳动者的决心。顺便提一下，费尔巴哈曾非常准确地回答了那些维护宗教、把宗教当做“安慰”的源泉的人们，他说，安慰奴隶是有利于奴隶主的事情，而真正同情奴隶的人，则是教导他们愤恨、举行暴动和打碎枷锁，而决不是去“安慰”他们。奴才们把一朵朵的假花装饰起来，借以“安慰”被雇佣奴隶制的锁链束缚着的雇佣奴隶。主张解放雇佣奴隶的人，则从锁链上摘下装饰它的假花，使奴隶们更加自觉、更加强烈地憎恨他们身上的锁链，尽快地挣脱锁链并伸手摘取新鲜的花朵。

奴才的地位使奴才必须把一点点爱人民的行为同百般听从主子和维护主子利益的行为结合起来，这就必然造成奴才这类社会典型所特有的虚伪性。这里问题正在于社会典型，而不在于个人的特性。奴才可能是最诚实的人，是家庭里的模范，是优秀的公民，但他必然表现出虚伪，因为他的职业的根本特点就是要把他“必须”“忠心耿耿”为之效劳的主子的利益与提供仆役的那个阶层的利益结合起来。因此，如果用政治家的眼光看问题，即从千百万人及其相互关系看问题，就不能不得出结论说，奴才这类社会典型的主要特性就是虚伪和怯懦。奴仆的职业所培养的正是这些特性。从任何资本主义社会的雇佣奴隶和全体劳动群众的观点来看，这些特性是最本质的特性。

二

自称孟什维克、社会民主党人、社会革命党人等等的有教养的知识分子，都想给人民上政治课。因此，他们不能不涉及我们所经历的整个时期的根本问题，即变帝国主义战争为国内战争的问题，请看一看他们是怎样谈论这个问题的。

帕·尤什凯维奇先生在《联合》杂志上以《革命和内战》这个题目写了一篇大文章。要知道这是一篇怎样的著作（姑且称之为著作），只需看看作者下面的两段议论：

> "……社会主义所抱的目的是进行一种为大多数人谋利益并靠大多数人来实现的革命，它没有理由〈!!〉采用往往是夺取政权的少数人所必然采取的内战方法〈!!!〉…… 现代社会最先进的阶级一旦成熟到足够彻底了解自己所担负的解放的世界性使命及与此相关的任务，就一定会把它〈内战〉和历史上野蛮行为的其他残余一起抛弃……"

这岂不是妙论吗？

俄国资产阶级在布尔什维克革命以后，立刻就谋求与外国资产阶级协商并达成协议来反对本国的工人和劳动人民。孟什维克和社会革命党人支持资产阶级。1918 年初在芬兰是这样。1918 年初在俄国的北部和南部也是这样，当时立宪民主党人、孟什维克和社会革命党人同德国人结成联盟来扼杀布尔什维克。在格鲁吉亚也是这样。德国人以金钱和武器供给克拉斯诺夫。后来协约国的资产阶级收买了捷克斯洛伐克军和邓尼金，把军队派往摩尔曼、阿尔汉格尔斯克、西伯利亚、巴库和阿什哈巴德。

国际资产阶级，首先是德国资产阶级，然后是英法资产阶级（两者不止一次地联合在一起）向胜利了的俄国无产阶级发动战争，现在一个以社会主义者自居、倒向资产阶级的人，却出来劝告工人"抛弃""内战方法"！这难道不是现代资本主义形态的犹杜什卡·戈洛夫廖夫[54]吗？

也许有人会对我说，尤什凯维奇不过是一个普通的资产阶级文丐，根本不能代表任何政党，任何政党也不替他负责。但这是不对的。第一，《联合》杂志的全体工作人员及其整个派别向我们表明的正是所有孟什维克和社会革命党人伙伴们的这种奴才行为的典型。第二，以尔·马尔托夫为例。这是一位最有名的（也几乎是最"左的"）孟什维克，同时是伯尔尼国际的一位最受尊敬的人物，他同伯尔尼国际的思想领袖卡·考茨基是志同道合的。

现在来看看马尔托夫的论断。他在 1919 年 4 月《思想》杂志的一期里谈到了"世界布尔什维主义"。他非常熟悉布尔什维主义的文献和布尔什维主义。关于内战，这位著作家这样写道：

> "……在战争的头几个星期，我说过，由战争引起的工人运动的危机，首先是'道德危机'，是无产阶级各个部分不再互相信任的危机，是无产阶级群众不相信旧道德旧政治的价值的危机。我当时还没有想到，这种互相信任的丧失，这种思想纽带（在近几十年内，这种纽带不仅把改良主义者和革命者连接起来，而且在某些时期内还把社会主义者和无政府主义者联合起来，把这二者同自由主义的和信基督教的工人联合起来）的毁坏，会引起无产者之间的**内战**……"

黑体是马尔托夫先生用的。他自己强调在这里评价的正是内战。也许他甚至是在强调他完全同意考茨基的意见，因为后者在任何场合都是这样论断内战的。

这一论断极巧妙地掩盖着卑鄙的行为，用大量谎言欺骗工人，极无耻地出卖工人利益，假仁假义，背叛社会主义，这不能不令人感到惊奇，考茨基之流和马尔托夫之流“玩弄”机会主义几十年居然积累了这么多的奴性！

第一，考茨基和马尔托夫假惺惺地为“**无产者之间的**内战”流泪，是想以此来掩盖他们倒向资产阶级的行为。因为事实上，内战是在无产阶级和资产阶级之间进行的。在被剥削群众同少数剥削者进行内战时，总有一部分被剥削者同剥削者一道来反对自己的弟兄，在历史上向来就是这样，而且在阶级社会里也不可能不是这样。任何一个有知识的人都承认，如果有一个法国人在旺代[55]农民举行暴动拥护君主制和地主的时候痛哭“**农民之间的**内战”，那他就是一个虚伪得令人厌恶的君主制的奴才。考茨基之流和马尔托夫之流先生们就是这样的资本家的奴才。

全世界强大的国际资产阶级率领着一部分受骗的、缺乏认识的、头脑闭塞的工人来扼杀一个国家中把资本推翻了的工人，而考茨基之流和马尔托夫之流的恶棍却为“无产者之间的内战”痛哭流涕。这些家伙不得不采取那种令人讨厌的虚伪行为，因为他们不能公开承认，他们在无产阶级和资产阶级之间的内战中是站在资产阶级一边的！

第二，马尔托夫、考茨基和整个伯尔尼国际都非常清楚，他们作为社会主义者曾得到工人的同情，因为他们宣传过无产阶级革命的必然性。考茨基在 1902 年曾谈到革命和战争之间的可能联系，说未来的无产阶级革命大概比以往的革命更会与内战同时发生。1912 年整个第二国际在巴塞尔宣言中庄严地宣称:未来的战争是与未来的无产阶级革命分不开的。但是战争一爆发,第二国际的“革命家”就成了资产阶级的奴才!

布尔什维克在 1914 年 11 月宣称,帝国主义战争一定要变为国内战争。这是真理。这是目前世界范围内的事实。马尔托夫在谈到“世界布尔什维主义”时,也不得不承认这一事实。但马尔托夫不是老老实实地承认,他的思想已经彻底破产,那些以市侩的藐视的表情鄙弃变帝国主义战争为国内战争这一思想的人们的观点已经完全破产,却虚伪地“指责”“无产阶级群众”,说群众自己“不相信旧道德旧政治的价值”!!

叛徒们把自己的背叛归咎于群众。群众同情布尔什维克,普遍走上革命的道路。根据某些人的“理论”,这就是群众的过错,这些人一生都在表示效忠革命,为的是革命到来时站在资产阶级阵营中来反对无产阶级。

第三,战前对社会主义的内部斗争有两种不同的理论。考茨基、马尔托夫和大多数机会主义者把改良主义者和革命者看做是一个阶级一个运动中合乎情理的两派,是不可或缺的两翼。他们斥责这两派的决裂。他们认为在无产阶级阶级斗争的每一紧要关头,这两派的接近和打成一片是不可避免的。他们指责主张分裂的人没有远见。

另一种是布尔什维克的看法,他们认为:改良主义者是资产阶级在无产阶级中的影响的传播者;在显然是非革命的形势下,作为权宜之计可以联合改良主义者;一旦斗争十分尖锐,特别是在革命开始的时候,同他们决裂或分裂是不可避免的。

谁是正确的呢?

布尔什维克。

在全世界，战争使工人运动发生了分裂，使社会爱国主义者倒向了资产阶级。继俄国之后，先进的资本主义国家德国再明显不过地证明了这一点。现在，维护改良主义者和革命者之间的"思想纽带"，就意味着支持诺斯克和谢德曼这些工人出身的刽子手，他们帮助资产阶级杀害了罗莎·卢森堡和卡尔·李卜克内西，杀害了同资产阶级展开革命斗争的成千上万的工人。

载于1925年《布尔什维克》杂志
第23—24期合刊

译自《列宁全集》俄文第5版
第39卷第139—145页

对农业人民委员部修改工作细则的指示

（不晚于 1919 年 8 月 5 日）

按下列各条精神修改农业人民委员部①的工作细则，并通过苏维埃政权各机关切实进行监督：

(1)严禁地主或管家在地主当权时所在的县或邻县的国营农场任职。

(2)编制国营农场管理人员和职员的名册，对他们要像对军事专家一样，从其反革命性着眼严格监督。

(3)增加县土地局、省农业局派驻国营农场的代表的名额，并由县土地局、省农业局对他们加强监督。

(4)要求工会理事会对工人委员会及其工作给予更多的注意并投入更大的力量。

(5)禁止在国营农场中实行对分制以及其他类似办法。

(6)如果国营农场全体人员不能用事实证明他们执行了《社会主义土地规划条例》第 59 条(**帮助**当地农民)，应立即向法院起诉他们。

---

① 手稿中在"农业人民委员部"之后，还有人民委员会秘书莉·亚·福季耶娃写的这样的话："关于省和区国营农场管理局的组织和工作"。——俄文版编者注

(7)拟定国营农场和工人委员会向当地农民汇报和介绍情况的制度。

(8)要求农业人民委员部和工人委员会,加上一个或两个最重要省份的农业局,每月如实向人民委员会报告执行本规定的情况。

(9)责成中央统计局在由该局委托编写的国营农场情况专题报告中,增加一些为检查上述各条执行情况所必需说明的问题。

(10)重新审查划分给国营农场土地的情况,要特别注意国营农场占有过多土地,或非无产阶级组织侵占国营农场的情况。

(11)应把向省农业局和县土地局所属国营农场提出候选代表作为一条普遍规定。

(12)本工作细则和各项措施须先经谢列达、萨普龙诺夫、弗拉基米尔斯基、瞿鲁巴、米柳亭和哥卢别夫①委员会通过,然后提交人民委员会。②

载于1933年《列宁文集》俄文版第24卷

译自《列宁全集》俄文第5版第39卷第447—448页

① 此处手稿中还有莉·亚·福季耶娃写的"组成的"几个字。——俄文版编者注

② 此处手稿中还有莉·亚·福季耶娃写的这样的话:"给予委员会一周的限期。委托谢列达召集并作报告"。——俄文版编者注

在非党工人红军战士代表会议上的讲话[56]

（1919年8月6日）

采 访 记 录

第一种记录

（热烈欢呼）同志们，让我从你们昨天和今天在报上看到的事变谈起。这就是匈牙利的事变。

你们知道，在3月底以前，统治匈牙利的是“克伦斯基派”，到3月底，克伦斯基派知道无法支持下去就下台了，社会妥协派派出代表到狱中去见在我们红军中作过战的库恩·贝拉同志。他们同他举行了会谈，于是库恩·贝拉同志直接从监狱到了政府。

但是最近得到的消息说，匈牙利社会党内部出了问题。

列宁同志接着说，罗马尼亚军队开进了布达佩斯。但是这一点不值得特别重视。

他说，我们过去在各条战线上的情形也是这样。然而我们在后方有足够的力量，站稳了脚跟，后来给了高尔察克以应有的回答，或者像我们在彼得格勒战线回答敌人那样。你们知道，我们的军队已经拿下了扬堡。

列宁同志接着谈到我们在这段时期获得的政治经验。这种经验匈牙利人当然没有。

但我们决不灰心丧气，因为我们知道高尔察克匪帮和邓尼金匪帮的暂时胜利结果会是什么。让罗马尼亚的高尔察克匪帮今天在匈牙利工人的尸体上手舞足蹈吧！我们知道，这种胜利是不会长久的。当然，要摆脱这场艰苦的战争，只有靠工人钢铁般的力量，这种力量能帮助一切劳动者和惩罚一切投机者。

然后，列宁同志谈到孟什维克和社会革命党人妥协派在西伯利亚的活动。他们现在责备苏维埃政府的策略不正确，但自己又拿不出好的策略来。其实，西伯利亚所发生的一切和孟什维克、社会革命党人所许下的一切诺言，只是给农民和工人带来苦难。但是自从凡尔赛和约签订以来，英法等国的工人对情况已愈来愈了解了。

因此，不管匈牙利最近的事变多么严重，它与邓尼金、高尔察克营垒中发生的事变是相似的。这些事变又将擦亮千千万万工人的眼睛，向他们指明，资本正在伸手，想按票据收回它所失去的一切。

接着，列宁同志谈到孟什维克、社会革命党人和资本家正在制造阴谋妄图夺回政权。阴谋家一面制造阴谋，一面要苏维埃政府放弃恐怖手段。

不，我们决不放弃恐怖手段，因为我们知道，这样会使高尔察克之流和邓尼金之流获得暂时的胜利！在这场战争中资本是自取灭亡。这只奄奄一息的野兽在断气前还在向工人咆哮。但这救不了它的命，它必然死亡！（热烈鼓掌）

第二种记录

同志们，现在让我向你们谈谈目前在匈牙利发生的事变。

大家知道，今年3月底以前，统治匈牙利的是十足的“克伦斯基派”。到3月21日，在匈牙利突然成立了苏维埃政权，而且那里的孟什维克同意支持这个政权，这时可以认为，社会主义运动进入了一个新的纪元…… 可是最近的事变向我们表明，社会妥协派毫无改变。看来，今天匈牙利发生的事变正是不久前我们看到的巴库事件[57]的大规模的重演。

列宁同志极其生动地追述了巴库无产阶级的这段悲惨历史，指出当时社会主义叛徒向英国指挥部求援，并且瞒着工人同西方帝国主义者订立了秘密协定。列宁把这次巴库惨案同现在匈牙利的政变作了对比，谈到了关于罗马尼亚军队已经开进红色布达佩斯的电讯。

其次，列宁同志比较了匈牙利和苏维埃俄国的处境，简短地提到了我们暂时遭到的失败，他说，过去和现在挽救我们的是广阔的领土，可是匈牙利太小了，不能抗击所有的敌人。他接着谈到妥协派的问题，而且涉及我们俄国的妥协的社会党，他说：

俄国妥协派在克伦斯基执政时期的六个月实际工作中犯了错误，但是为什么这个错误在西伯利亚高尔察克叛乱时还没有纠正呢？

问题在于邓尼金分子也高唱立宪会议，问题在于反革命不论在哪里都不会公开露面。所以我们说，类似匈牙利最近事变的暂时失败，都不会使我们不安。要摆脱一切灾祸，除革命外别无出路，可靠的手段只有一个，就是无产阶级专政。我们说，红军每失败一次，只会受到锻炼，变得更坚强，更觉悟，因为现在工人和农民从血的经验中懂得了资产阶级和妥协派的政权给我们带来的是什么。世界资本这只奄奄一息的野兽，正在作最后的挣扎，但它终究是要死亡的！（热烈鼓掌）

第一种记录载于 1919 年 8 月 7 日《全俄中央执行委员会消息报》第 173 号和《彼得格勒苏维埃消息报》第 177 号

第二种记录载于 1919 年 8 月 8 日《莫斯科苏维埃消息晚报》第 312 号

译自《列宁全集》俄文第 5 版第 39 卷第 146—149 页

致塞拉蒂同志和拉查理同志

（1919 年 8 月 19 日）

亲爱的同志们和朋友们！感谢你们代表你们党给我们的祝贺。我们对你们的运动知道得很少，我们也没有什么文件。但是，我们所知道的一点材料已向我们证明：我们同你们都是反对欺骗工人群众的伯尔尼黄色国际而拥护共产国际的。黄色国际的首脑们同你们党所进行的谈判，证明他们只是一个没有军队的总司令部。无产阶级专政和苏维埃制度已经在全世界取得了道义上的胜利。尽管存在各种困难，尽管血流成河，尽管有资产阶级的白色恐怖等等，事实上的和最终的胜利一定会在世界各国实现。

打倒资本主义！打倒资产阶级假民主！世界苏维埃共和国万岁！

永远是你们的

弗·列宁

1919 年 8 月 19 日于莫斯科

载于 1919 年 9 月 2 日《前进报》（米兰）第 243 号

译自《列宁全集》俄文第 5 版第 39 卷第 150 页

为战胜高尔察克告工农书

（1919 年 8 月 24 日）

同志们！红军从高尔察克手里解放了乌拉尔全境，并已开始解放西伯利亚。乌拉尔和西伯利亚的工人和农民兴高采烈地欢迎苏维埃政权，因为它正在用铁扫帚扫除用苛捐杂税、凌辱、鞭挞和恢复沙皇压迫来折磨人民的所有地主资本家坏蛋。

红军解放乌拉尔和进入西伯利亚，使我们大家都欢欣鼓舞，但我们不应该就此掉以轻心。敌人还远没有被消灭。敌人甚至还没有被彻底打垮。

必须竭尽全力把高尔察克、日本人和其他外国强盗赶出西伯利亚，必须更加努力地消灭敌人，决不允许敌人一次又一次地来为非作歹。

怎样才能达到这一目的呢？

乌拉尔和西伯利亚的痛苦经验，以及被四年帝国主义战争弄得困苦不堪的世界各国的经验，我们是不应当白白放过的。

下面就是全体工农、全体劳动者为了防止高尔察克叛乱的灾难重演，应当从这一经验中汲取的**五大教训**。

第一个教训。为了捍卫工农政权，使它不被地主资本家强盗颠覆，我们必须有强大的红军。我们不是用言论而是用行动证明了：我们能够建立强大的红军，我们已经学会如何指挥红军并战胜资本家，尽管资本家从世界最富有的那些国家得到武器和装备的慷慨援助。布尔什维克已经用行动证明了这一点。所有工人和农民，如果是有觉悟的话，就应当不是根据言论（相信言论是愚蠢的）而是根据乌拉尔和西伯利亚千百万人的经验信赖布尔什维克。既要武装工农，又必须让多半同情地主资本家的旧军官来指挥，这是一项极困难的任务。只有非常善于进行组织工作，只有实行严格的自觉的纪律，只有广大群众信任工人政治委员这些领导人员，才能解决这个任务。布尔什维克已把这个极困难的任务解决了。旧军官叛变的事在我们这里经常发生，但红军不仅仍在我们手中，而且学会了如何战胜沙皇的将军和英法美等国的将军。

因此，凡是真正想摆脱高尔察克叛乱的人，都应当把一切人力物力、一切聪明才智完全贡献给建立和巩固红军的事业。真心诚意地执行一切关于红军的法律和命令，竭力维护红军的纪律，尽自己所能帮助红军，——这就是一切不愿意受高尔察克蹂躏的觉悟的工农所应尽的第一个基本的和最重要的义务。

最令人焦虑的是清除游击习气，是某些队伍的擅自行动和不服从中央政权的指挥，因为那会招致灭亡，乌拉尔、西伯利亚和乌克兰的情况都证明了这一点。

谁不全心全意地帮助红军，不用全力维持红军中的秩序和纪律，谁就是卖国贼和叛徒，就是高尔察克叛乱的支持者，谁就应该被无情地消灭。

我们有了强大的红军就会是不可战胜的。没有强大的红军，我们必然会成为高尔察克、邓尼金、尤登尼奇的牺牲品。

第二个教训。国家没有大量的粮食储备，红军就不能巩固，因为没有这个条件就不能自由调动军队，也不能好好训练军队。没有这个条件就不能维持为军队工作的工人的生活。

一切有觉悟的工农应当知道和记住，现在我们红军的胜利不够迅速和巩固的主要原因正在于国家的粮食储备不足。谁不把余粮交给国家，谁就是帮助高尔察克，背叛和出卖工农，谁就是使红军中几万工人和农民遭受不必要的牺牲和痛苦的罪人。

骗子、投机者和一些十分愚昧无知的农民都这样议论：我宁可按自由价格出卖粮食，这样得到的会比按国家规定的固定价格出卖要多得多。

而问题正在于自由出卖粮食使投机活动猖獗，使少数人发财，使有钱的人才吃得饱，而工人群众仍然挨饿。这是我们在西伯利亚和乌克兰产粮最多的地区所看到的实际情况。

在自由出卖粮食的条件下，资本家扬扬得意，劳动者受穷挨饿。

在自由出卖粮食的条件下，粮价涨到几千卢布一普特，货币贬值，少数投机者获利，人民愈来愈穷。

在自由出卖粮食的条件下，国家储备空虚，军队软弱无力，工业奄奄一息，高尔察克或邓尼金必然取得胜利。

只有富人，只有工农政权的死敌才蓄意主张自由出卖粮食。凡因愚昧无知而主张自由出卖粮食的人，应当从西伯利亚和乌克兰的例子中得到教训，从中懂得为什么自由出卖粮食就意味着高尔察克和邓尼金的胜利。

还有一些愚昧无知的农民这样议论：让国家按战前价格用上等货物来换我的粮食，那我就交出余粮，不然我就不交。骗子和地主的帮凶常常利用这种论调“引诱”无知的农民上钩。

资本家为争夺君士坦丁堡进行了四年强盗战争之后，工人国家已受到严重破坏，后来又被高尔察克、邓尼金在全世界资本家帮助之下为了进行报复而大肆破坏，不难理解，工人国家目前是无法向农民提供商品的，因为工业停顿了。既无粮食，又无燃料，又无工业。

任何一个有理智的农民都会同意以将来得到工业品为条件把余粮借给挨饿的工人。

现在的情形正是如此。除骗子和投机者以外，一切觉悟的有理智的农民都会同意把**所有的余粮全部**借给工人国家，因为这样一来，国家就能恢复工业，向农民提供工业品。

有人会问我们，农民是否会相信工人国家而把余粮借给它呢？

我们回答说：第一，国家给予借券即纸币。第二，所有农民根据经验知道，工人国家即苏维埃政权是帮助劳动者而反对地主资本家的。正因为如此，苏维埃政权才叫做工农政权。第三，农民只能作这样的选择：要么相信工人，要么相信资本家；要么信任工人国家，把粮食借给它，要么信任资本家的国家。无论在俄国还是在世界任何一个国家，农民都没有别的选择。农民愈觉悟，就会愈坚定地拥护工人，愈坚决地尽力帮助工人国家，使地主资本家政权无法复辟。

第三个教训。为了彻底消灭高尔察克和邓尼金，必须遵守极严格的革命秩序，必须恪守苏维埃政权的法律和命令，并监督所有的人来执行。

高尔察克在西伯利亚和乌拉尔取得过胜利，这一例子使我们大家都看得很清楚，稍微出现混乱，稍微违犯苏维埃政权的法律，稍有疏忽或懈怠，都会立即使地主资本家的力量得到加强，造成他们的胜利。因为地主资本家还没有被消灭，还不承认自己遭到失败。凡是有理智的工人和农民都看见、知道和懂得，地主资本家只是被击溃和躲藏起来了，他们暂时潜伏起来了，还往往涂上了“苏维埃的”“保护”色。许多地主钻进了国营农场，许多资本家钻进各种“总管理局”、“中央管理局”，变成苏维埃职员；他们时刻窥伺苏维埃政权的错误和弱点，以便把它推翻，以便今天帮助捷克斯洛伐克军，明天帮助邓尼金。

必须用全力把这些隐蔽起来的地主资本家强盗从他们的**一切藏身之处**查出来，揭露并无情地惩治他们，因为他们是劳动者的死敌，是有本事有经验的奸猾的敌人，他们耐心地等待着施展阴谋的有利时机；他们是怠工者，他们不惜采取一切罪恶手段来危害苏维埃政权。对付地主、资本家、怠工者和白卫分子这些劳动者的敌人必须毫不留情。

为了能够捕获这些人，就必须机敏、审慎、有觉悟，必须极细心地注视每一个极小的混乱现象，注视每一个不老实地执行苏维埃政权的法律的细小行为。地主和资本家是有力量的，这不仅因为他们有知识有经验，不仅因为他们有世界上最富的国家的援助，而且还因为存在着广大群众的习惯和愚昧这样一种势力，这些群众想“照老样子”生活，而不了解必须严格地认真地遵守苏维埃政权的法律。

极小的违法行为，极小的破坏苏维埃秩序的行为，都是劳动者的敌人立刻可以利用的**漏洞**，都是高尔察克和邓尼金可以取得胜利的**机会**。高尔察克叛乱就是起于对捷克斯洛伐克军稍欠审慎，起于个别团队稍微违反命令，忘记这一点就是犯罪行为。

第四个教训。忘了高尔察克叛乱起于小事是一种犯罪行为，同样，忘了孟什维克（“社会民主党人”）和社会革命党人促成高尔察克叛乱并直接支持这次叛乱也是一种犯罪行为。现在是学会不按言论而按行动来评价各个政党的时候了。

孟什维克和社会革命党人自称社会主义者，实际上他们是**白卫分子的帮凶**，是地主资本家的帮凶。实际证明这一点的，不仅有个别的事实，而且有俄国革命历史上的两大时期：(1)克伦斯基执政时期，(2)高尔察克叛乱时期。在这两个时期，孟什维克和社会革命党人口头上都是"社会主义者"和"民主主义者"，实际上则起了**白卫分子的帮凶**的作用。现在，他们提出再允许他们"试验一下"并把这种允许叫做实行"社会主义(或民主主义)统一战线"，难道我们竟愚蠢到相信他们的地步吗？在高尔察克叛乱以后，除个别人以外，难道农民还不懂得同孟什维克和社会革命党人结成"统一战线"就是同高尔察克的帮凶讲统一吗？

有人会反驳说，孟什维克和社会革命党人已经认识了自己的错误，再也不同资产阶级结成联盟了。但这不是事实。第一，右派孟什维克和右派社会革命党人甚至还没有放弃这种联盟，而同这些"右派"又**没有**确定的界限，其所以没有，应归咎于"左派"孟什维克和"左派"社会革命党人；孟什维克和社会革命党人中甚至最好的分子也只是口头上"斥责"他们的"右派"，不管嘴上怎么说，实际上对右派却**软弱无力**。第二，孟什维克和社会革命党人中甚至最好的分子所拥护的恰恰是**高尔察克的**主张，这种主张帮助了资产阶级、高尔察克和邓尼金，掩盖了这些人的肮脏的血腥的资本主义事业。这种主张就是：民权制度，普遍、平等、直接的选举，立宪会议，出版自由等等。我们看到，全世界各资本主义共和国正是用这种"民主"谎言来为资本家的统治辩护，为奴役殖民地的战争辩护。我们看到，在我国，无论高尔察克、邓尼金、尤登尼奇或任何一个将军都乐意许下这种“民主”诺言。能信任这些有了诺言就帮助明显的匪徒的人吗？孟什维克和社会革命党人无一例外地都在帮助明显的匪徒，帮助全世界帝国主义者，用假民主的口号粉饰**他们的**政权，粉饰**他们**对俄国的进攻，粉饰**他们的**统治，粉饰**他们的**政策。所有孟什维克和社会革命党人都向我们提议缔结“联盟”，条件是我们向资本家及其领袖高尔察克和邓尼金让步，例如“放弃恐怖手段”（当我们面对着整个协约国即富国联盟的亿万富翁在俄国策划阴谋，采用恐怖手段的时候），或者我们容许粮食自由贸易等等。孟什维克和社会革命党人的这些“条件”的含义就是：我们这些孟什维克和社会革命党人要倒向资本家方面，还要同资本家利用一切让步来反对的布尔什维克结成“统一战线”！不行，孟什维克和社会革命党人先生们，现时别想在俄国找到能够相信你们的人了。在俄国，有觉悟的工人农民都懂得，孟什维克和社会革命党人是白卫分子的帮凶，其中一些人是自觉地恶意地这样做，另一些人是由于缺乏理智，由于坚持旧错误才这样做，但他们都是白卫分子的帮凶。

第五个教训。为了消灭高尔察克及其叛乱，不让他们卷土重来，所有的农民都必须毫不犹豫地作出选择，拥护工人国家。有人（特别是孟什维克和社会革命党人，他们全体，甚至其中的“左派”）把布尔什维克党即共产党的“一党专政”当做稻草人来吓唬农民。

从高尔察克的实例中，农民学会不怕稻草人了。

要么是地主资本家专政（即铁的政权），要么是工人阶级专政。

中间道路是没有的。只有公子哥儿、蹩脚的知识分子和卑劣的绅士这些连一本糟糕的书都没有学好的人，才会凭空幻想中间道路。世界上任何地方都没有而且不可能有中间道路。要么是资产阶级专政(用社会革命党人和孟什维克的关于民权制度、立宪会议、自由等等的漂亮词句掩盖着的),要么是无产阶级专政。谁没有从整个 19 世纪的历史中学会这一点,谁就是不可救药的白痴。而在俄国,在克伦斯基执政时期和在高尔察克统治下,我们大家都看见孟什维克和社会革命党人是怎样幻想中间道路的。

这些幻想是为谁效劳呢?这些幻想帮助了谁呢?帮助了高尔察克和邓尼金。幻想中间道路的人就是高尔察克的帮凶。

乌拉尔和西伯利亚的工人农民已根据经验把资产阶级专政和工人阶级专政作过比较。工人阶级专政是由布尔什维克党实现的,这个党早在 1905 年,甚至在这以前,就已同整个革命无产阶级融为一体了。

工人阶级专政,这就是说,工人国家要毫不动摇地镇压地主和资本家,镇压帮助这些剥削者的叛徒和卖国贼,并战胜他们。

工人国家是地主和资本家、投机者和骗子的无情的敌人,是土地和资本的私有制的敌人,是货币权力的敌人。

工人国家是劳动者和农民的唯一忠实的朋友和援助者。决不倒向资本方面,劳动者结成反资本的联盟,**工农掌权即苏维埃掌权**——这就是"工人阶级专政"的**真正**含义。

孟什维克和社会革命党人想用这些话来恐吓农民。这是不会成功的。在高尔察克叛乱后,甚至处在穷乡僻壤的工人和农民都懂得,这些话**恰恰**包含着**摆脱高尔察克灾祸所不可缺少的东西**。

一切动摇的人,无气节的人,走上帮助资本的错误道路的人,为资本的口号和诺言所俘虏的人,统统滚开!同资本作无情的斗争,结成劳动者的联盟即结成农民同工人阶级的联盟,这就是高尔

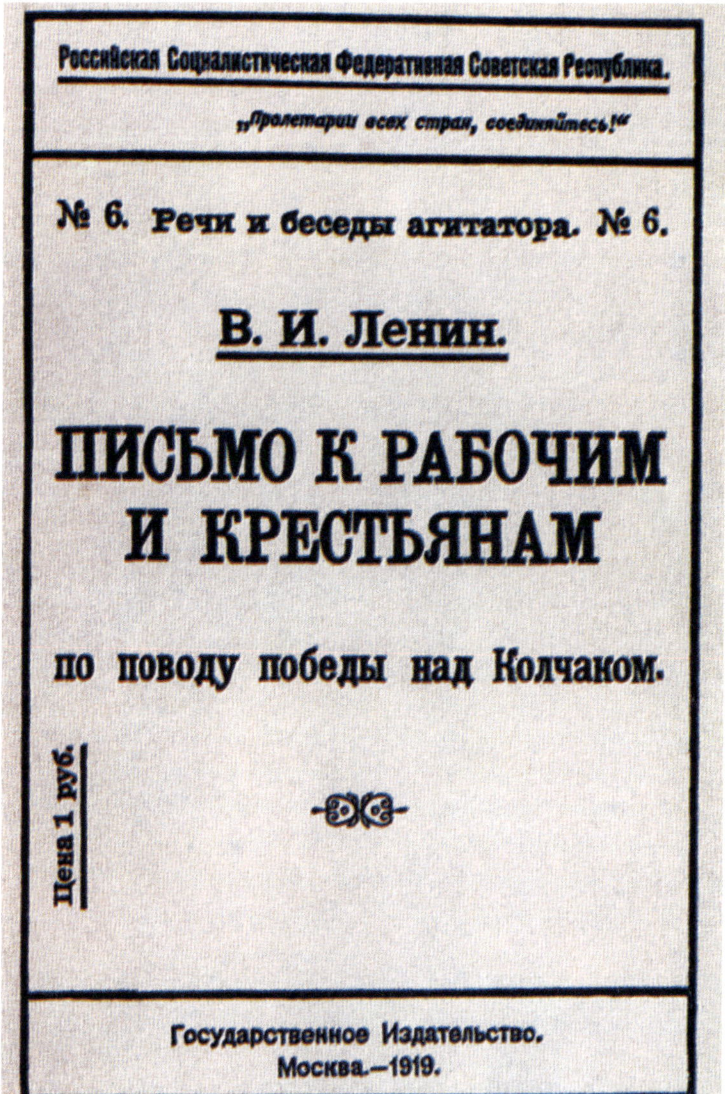

Российская Социалистическая Федеративная Советская Республика.
„Пролетарии всех стран, соединяйтесь!"
№ 6. Речи и беседы агитатора. № 6.
В. И. Ленин.
ПИСЬМО К РАБОЧИМ И КРЕСТЬЯНАМ
по поводу победы над Колчаком.
Цена 1 руб.
Государственное Издательство.
Москва.—1919.

1919 年列宁《为战胜高尔察克告工农书》小册子封面

察克叛乱给予我们的最后一个也是最重要的一个教训。

1919 年 8 月 24 日

载于 1919 年 8 月 28 日《真理报》
第 190 号和《全俄中央执行委员会
消息报》第 190 号

译自《列宁全集》俄文第 5 版
第 39 卷第 151—159 页

给西尔维娅·潘克赫斯特的信[58]

致伦敦西尔维娅·潘克赫斯特同志

1919年8月28日

亲爱的同志:您1919年7月16日的来信,我昨天才收到。非常感激您把英国的情况告诉我,我要尽力满足您的请求,回答您提出的问题。

我丝毫不怀疑,有许多工人称得上是优秀的、真诚的、忠于革命的无产阶级代表,他们反对议会制,根本反对参加议会。一个国家的资本主义文化和资产阶级民主愈悠久,这一点就愈容易理解,因为在老的议会制国家里,资产阶级已经出色地学会了假仁假义,用各种办法欺骗人民,把资产阶级议会制说成是"一般民主"或"纯粹民主"等等,巧妙地掩盖议会同交易所、资本家的千丝万缕的联系,利用被收买了的报刊,并且采取各种办法来运用金钱的力量,资本的权力。

毫无疑问,如果共产国际和各国共产党把拥护苏维埃政权但不赞成参加议会斗争的工人抛弃,那他们就犯了无法挽回的错误。如果一般地从理论上来谈问题,那么,正是为苏维埃政权、为苏维埃共和国而斗争的行动纲领才能够而且对今天来说绝对会把工人中一切忠诚老实的革命者团结起来。现在有很多无政府主义者工人成为苏维埃政权的最忠实的拥护者,既然如此,那就证明他们是我们最好的同志和朋友,是优秀的革命者,他们过去成为马克思主义的敌人，只是由于误会，更正确些说，不是由于误会，而是由于第二国际时期(1889—1914年)占统治地位的正式的社会主义背叛了马克思主义，陷入了机会主义，歪曲了马克思的整个革命学说，特别是关于1871年巴黎公社的教训的学说。我在《国家与革命》①一书中已对这个问题作了详细的说明，在这里就不多谈了。

如果在一个国家中，有信心有决心进行革命工作的共产党人，衷心拥护苏维埃政权(非俄罗斯人有时把它叫做“苏维埃制度”)的人，由于在参加议会问题上有分歧而不能团结起来，该怎么办呢?

我认为这种分歧在目前并不重要，因为争取苏维埃政权的斗争是无产阶级最高的、最自觉的、最革命的政治斗争。同那些在局部的或次要的问题上犯错误的革命工人在一起，比同“正式的”社会党人或社会民主党人在一起要好得多，因为后一种人尽管在局部问题上同意正确的策略，但他们不是忠诚的坚定的革命者，他们不愿意或不善于在工人群众中进行革命工作。而议会制问题现在正是一个局部的、次要的问题。我认为罗莎·卢森堡和卡尔·李卜克内西是对的，他们在柏林斯巴达克派1919年一月代表会议[59]上**反对**了会议的大多数，主张参加德国资产阶级议会即立宪“国民议会”的选举。但是，不言而喻，他们做得更对的是，他们愿意同犯了个别错误的共产党在一起，而不愿意与公然背叛社会主义的叛徒谢德曼及其政党同流合污，不愿意与实际上是走狗、空谈家、胆小鬼、资产阶级的下贱帮凶和改良主义者的考茨基、哈阿兹、多伊米希和整个德国“独立党”[60]同流合污。

---

① 见本版全集第31卷第1—116页。——编者注

我个人深信,拒绝参加议会选举是英国革命工人的错误,但宁肯犯这个错误,也不要拖延时日,不把您列举的那些同情布尔什维主义并衷心拥护苏维埃共和国的一切派别和分子组织起来,成为一个大的英国工人共产党。假如在 B.S.P.[61] 中有一些忠诚的布尔什维克,由于在参加议会问题上的意见分歧,拒绝立刻同第 4、第 6、第 7 三个派别组成共产党,我认为,这些布尔什维克所犯的错误要比拒绝参加英国资产阶级议会选举的错误大一千倍。当然,我这样说,是假定第 4、第 6、第 7 这三个派别都是同工人**群众**有真正联系的派别,而不**只是**英国所常见的那种知识分子小集团。在这方面,工厂委员会和车间代表委员会[62] 大概特别重要,应当说,它们同**群众**的联系是很密切的。

密切联系工人群众,善于经常地在他们中间进行宣传,参加每一次罢工,对群众的每一个要求作出反应,这一切对共产党来说都是主要的事情,尤其是在英国这样的国家里。在英国,像在一切帝国主义国家一样,直到现在,参加社会主义运动和一般工人运动的,主要是工人中的少数上层分子,工人贵族,他们多半已完全为改良主义所腐蚀而不可救药,为资产阶级和帝国主义的偏见所俘虏。如果不同这一阶层作斗争,不使这一阶层在工人中威信扫地,不使群众相信这一阶层已彻底为资产阶级所腐蚀,那就谈不上真正的共产主义工人运动。这既适用于英国和法国,也适用于美国和德国。

工人革命家把议会制作为集中抨击的目标是完全正确的,因为这就表明他们在原则上否定了资产阶级议会制和资产阶级民主。苏维埃政权,苏维埃共和国——这就是工人革命用来代替资产阶级民主的东西,这就是从资本主义向社会主义过渡的形式,无产阶级专政的形式。批评议会制不仅是正当的和必要的，而且是十分正确的，因为这种批评不仅说明为什么必须过渡到苏维埃政权，而且说明意识到了议会制的历史条件和历史局限性，意识到了议会制与资本主义(而且只是与资本主义)的联系，意识到了议会制和中世纪相比是进步的，**和苏维埃政权相比是反动的**。

但是，无政府主义者和无政府工团主义者对欧美议会制的批评往往是不正确的，因为他们**根本**反对**参加**选举和议会活动。这不过说明他们缺乏革命经验。我们俄国人在20世纪经历了两次大革命，我们非常清楚地知道，议会制在革命时期，特别是在**直接举行革命的时期**能具有什么意义和事实上具有什么意义。必须取消资产阶级议会而代之以苏维埃机关。这是毫无疑问的。现在有了俄国、匈牙利、德国和其他国家的经验，就更不容怀疑，这在无产阶级革命时期是**必然会发生**的。因此，经常不断地训练工人群众使他们对这一点作好准备，预先把苏维埃政权的意义解释给他们听，宣传和鼓动他们去争取苏维埃政权，这一切是每一个想成为真正革命家的工人的**绝对的**义务。而我们俄国人也曾经在议会舞台上执行过**这一**任务。在沙皇时代地主的骗人的杜马里，我们的代表知道怎样进行革命的和关于共和国的宣传。在资产阶级议会里，在它们内部，同样能够而且应当**进行苏维埃的宣传**。

这一点，在一些议会制国家里也许还不很容易立刻做到。但这是另一个问题。必须使这一正确的策略为世界各国的革命工人所领会。如果一个工人政党真正是**革命的**，如果它真正是**工人的**政党(即同群众，同大多数劳动者，同无产阶级的**下层**有联系，而不是仅仅同无产阶级的上层有联系)，如果它真正是一个**政党**，是一个善于用一切方法在群众中进行革命工作的紧密团结的**革命先锋队的组织**，那么，这样一个政党一定能掌握**自己的**议员，使他们成为像卡尔·李卜克内西那样真正的革命宣传家，而不是使他们成为机会主义分子，成为用资产阶级手法、资产阶级习惯、资产阶级思想和资产阶级的无原则性来腐蚀无产阶级的分子。

如果在英国还不能立刻做到这一点，如果只是由于在议会制问题上的意见分歧而使英国拥护苏维埃政权的人根本团结不起来，那么，我认为，立即建立**两个**共产党，即建立两个都赞成从资产阶级议会制转到苏维埃政权的共产党，将是一个走向完全统一的有效步骤。就让一个党赞成加入资产阶级议会，另一个党反对加入资产阶级议会吧；这一意见分歧现在并不重要，最好不要因此引起分裂。况且这样两个党的同时存在与目前情况比较起来也是一个巨大的进步，很可能是一个走向完全统一和迅速取得共产主义胜利的过渡。

俄国苏维埃政权的将近两年的经验不仅证明，**甚至**在一个农民国家里，无产阶级专政也能存在，也能靠建立一支强大的军队（这是有组织有秩序的最好证明）而在难以想象的空前困难条件下坚持下来。

苏维埃政权实现了更多的东西：它已经**在全**世界取得道义上的胜利，因为各国工人群众虽然对于苏维埃政权只有一鳞半爪的了解，虽然听到了诬蔑苏维埃政权的无数谎言，但他们**都是拥护苏维埃政权的**。全世界的无产阶级已经懂得，这个政权是劳动者的政权，只有这个政权才能使人类摆脱资本主义，摆脱资本的枷锁，摆脱帝国主义者之间的战争，走向持久的和平。

正因为如此，帝国主义者只可能打败个别的苏维埃共和国，但不可能战胜全世界的无产阶级苏维埃运动。

致共产主义的敬礼！

尼·列宁

附言：下面是俄国报纸的一张剪报，这张剪报向您提供了一个我们报道英国情况的样本：

“**伦敦** 8月25日讯（从别洛奥斯特罗夫转发）。哥本哈根《柏林时报》驻伦敦记者于今年8月3日就英国布尔什维主义运动作了如下报道：‘近来的罢工和不久前揭露的事件，动摇了英国人认为他们的国家不会受布尔什维主义感染的信心。目前各报正在热烈地讨论这一问题，当局正尽一切努力来查明“阴谋”已长期存在，其目的正是要推翻现存制度。英国警察逮捕了革命委员会成员，据报纸断言，该委员会拥有金钱和武器。《泰晤士报》公布了从被捕者身上搜出的某些文件的内容。其中有完整的革命纲领，纲领要求：解除整个资产阶级的武装；为工人和红军代表苏维埃弄到武器和军用物资，建立红军；一切国家职务由工人接管。其次，还计划成立革命法庭来审判政治犯和虐待犯人的人。没收全部粮食。解散议会及其他社会自治机关而代之以革命的苏维埃。工作时间限定为6小时，最低的周薪增加到7英镑。废除国债和其他一切债务。宣布一切银行、工商企业和运输工具为国有。’”

如果真是这样，那我应该向以英帝国主义者和资本家的机关报即世界上最富有的《泰晤士报》[63]为代表的该国的帝国主义者和资本家表示无限的感激和谢意，感谢他们替布尔什维主义作了极好的宣传。《泰晤士报》的先生们，请你们继续这样做吧，你们正在出色地引导英国走向布尔什维主义的胜利！

载于1919年9月《共产国际》杂志第5期

译自《列宁全集》俄文第5版第39卷第160—166页

论粮食自由贸易

（1919 年 8 月）

胜利的基本条件

如何巩固对高尔察克的胜利？如何消灭邓尼金，赢得彻底的胜利？如何使地主、资本家、富农不能复辟，不能夺回土地和资本，不能恢复对工人和农民的统治？

这就是关系到俄国整个社会主义革命命运的问题。每一个觉悟的工人和农民都在考虑这个问题。不难相信，目前粮食问题是整个社会主义建设的基本问题。

把所有余粮收集到中央苏维埃政权手里并正确地加以分配，我们的红军就能成为不可战胜的军队，我们就能彻底打垮高尔察克和邓尼金，就能恢复工业，保证正常的社会主义生产和分配，保证彻底的社会主义制度的确立。

现在，我们在粮食工作和社会主义建设方面已有足够的经验，对于这项任务的规模及其解决办法已心中有数。我们知道这项任务极其困难，但是我们根据经验也知道，我们已经找到了解决这一任务的正确途径，我们只要集中更多力量来解决这项任务，鼓起精神，加紧努力，改善机构，我们就**能够**彻底解决这项任务。

自1917年8月1日至1918年8月1日，国家收购了3 000万普特粮食。自1918年8月1日至1919年8月1日，国家收购了近10 500万普特，即增加了两倍半，虽然在这段时期，一些盛产粮食的地区，如顿河区、北高加索和西伯利亚西部根本不由我们控制，乌克兰差不多不由我们控制。

如果1919年丰收，我们就能收购很多粮食，可能收购到4亿多普特。那时我们一定会大力开采燃料——木柴、煤等等。那时我们一定会恢复工业，稳稳地最终地走上有计划的社会主义建设的康庄大道。那时我们一定会完全战胜投机，消灭这一目前到处摧残社会主义幼芽的可恶的资本主义遗毒。

走向胜利的正确道路

上述数字说明苏维埃政权在粮食工作中取得了重大的成就，这些成就是在空前未有的异常困难的条件下取得的。然而，只要触及资产阶级、资本家、投机者、富农的私利，即使最明显的数字，最确凿的事实，也会被否认或抹杀。

对城市工人的粮食供应状况进行的精确调查证明，他们的粮食只有一半（大约一半）是从国家即从粮食人民委员部那里得到的，另一半则是从“自由”市场即从投机者那里买来的。购买前一半粮食，工人只付出其全部粮食支出的**十分之一**，而购买后一半则付出**十分之九**。

投机者从挨饿的工人身上剥去了九层皮。

投机者空前残酷地掠夺挨饿的工人。我们大家知道，由于臭名远扬的粮食“**自由贸易**”，发横财、盗窃、犯罪、工人群众挨饿、少数奸诈之徒发财的现象是极为严重的。

尽管如此，有人竟然还在为自由贸易辩护！

我们的工农政府、整个苏维埃共和国、我们的正在诞生的整个社会主义社会，正处在反对资本主义、反对投机、反对粮食自由贸易这一最艰难最猛烈最残酷的殊死斗争之中。这是一场资本主义和社会主义之间最深刻、最根本、最经常、最广泛的斗争。这场斗争关系到我国革命的整个命运。而那些自命为“社会主义者”的人，即社会民主党人、孟什维克、“社会革命党人”，却在这场斗争中帮助资本主义，反对社会主义！其中一些最好的即最仇视高尔察克、邓尼金和资本**家**的人，也经常在苏维埃政权的粮食政策问题上倒向资本**主义**一边，要求对“私营商业机构”，对“个人的事业心”等等作些小的让步。

其实，只要仔细地看一看和好好地想一想为什么有这场反对苏维埃政权的斗争，就会得出结论说，苏维埃政权的敌人分为两大类。两类人都维护资本主义，反对社会主义。其中的一类在这方面做法野蛮，私心极重；这就是地主，资本家，富农，邓尼金之流，高尔察克之流，黑帮分子，立宪民主党人。另一类是“在思想上”维护资本主义，就是说他们维护资本主义不是由于私心或直接的个人利益，而是由于偏见，由于对新事物的恐惧；这就是孟什维克和社会革命党人。这些人是资本主义的最后一批“思想上的”维护者。因此，高尔察克之流和邓尼金之流，国内外所有的资本家，都依靠孟什维克和社会革命党人的掩护，打着**他们的**旗帜，挂着**他们的**招牌，重复着**他们的**关于一般“自由”、一般“民主”和“个人的”（商业的、资本主义的）事业心等等的口号和词句，就绝不是偶然的了。

聪明的资本家懂得，孟什维克和社会革命党人的“思想”立场是为他们、为他们的阶级、为**“他们的”**资本主义服务的；而孟什维克和社会革命党人，同任何地方、任何时候的任何小资产阶级社会主义者一样，却不了解这一点。他们害怕这场反对粮食自由贸易的你死我活的战争，他们要求对它让步，要求至少部分地承认它，要求同它“媾和”与妥协。

什么是粮食自由贸易？

粮食自由贸易就是恢复资本主义，恢复地主和资本家的无限权力，恢复人与人之间的争夺钱财的疯狂斗争，使少数人“自由”发财，使多数人穷困和永远受奴役，这在所有资产阶级国家里，连最自由最民主的共和国在内，都是这样。

问任何一个劳动者，问任何一个工人、农民甚至知识分子是否想要这种“制度”，他都会回答说不要。而不幸和危险的地方正在于大量的劳动者，特别是大量的农民，**不了解**粮食自由贸易同地主资本家的无限权力之间的联系。

载于1930年《无产阶级革命》杂志第5期

译自《列宁全集》俄文第5版第39卷第167—170页

中央政治局关于同马蒙托夫作斗争的措施的决议草案

（1919年9月初）

1

中央政治局决议草案

中央政治局认为，马蒙托夫的军事行动[64]关系极为重大，**最迅速地**消灭其部队已成为**刻不容缓**的事情，兹决定：

（1）再次提请邮电人民委员和交通人民委员注意，必须全力**改善马蒙托夫**活动地区**的邮电通讯**，并**加速**这一地区的**军队调动**。

（2）委托托洛茨基同志

(a)草拟告该地区党组织的电文，**再次号召**他们鼓起更大的干劲；

(b)同拉舍维奇同志一起参加（在保持拉舍维奇一人指挥的情况下）消灭马蒙托夫的全部战役，直到把他彻底消灭，以使中央委员会和共和国革命军事委员会的权威能够在所有这些战役中更快地、更有力地显示出来[65]；

(c)号召特维尔省、科斯特罗马省、雅罗斯拉夫尔省、伊万诺沃-沃兹涅先斯克省的志愿兵奋起反击马蒙托夫。

2

应该立即拟出中央政治局的指示**草稿**。

在政治方面必须要做的是：

(1)将别列别伊地区的巴什基尔师尽量设法加速调往彼得格勒，并尽可能坚决地进行这次调动；

(2)在充分保障图拉和北方不受马蒙托夫侵犯的情况下，将第21师的一部分或大部分兵力调往南线，以便同时达到从南方截获马蒙托夫和参加南线战斗这两个目的。

3

我建议对政治局的决议(同马蒙托夫斗争的措施)再作如下补充：

(1)在被包围的**每一地段**上(约为10—30俄里)委派若干**负责人**，其中要有1—2名共产党员；

(2)立即枪毙躲在车厢里拒不出来的人；

(3)再制定一系列加强纪律的严厉措施。

授权**拉舍维奇**+**托洛茨基**作出决定，**贯彻**这些措施。

((**在到达莫斯科之前**改变方向。))

+(3)**加速**调遣第21师的**每个梯队**立即去同马蒙托夫作战并增派(**如果需要的话**)共产党员。

载于1942年《列宁文集》俄文版第34卷

译自《列宁全集》俄文第5版第39卷第171—172页

在巴斯曼、列福尔托沃、阿列克谢耶夫、索科利尼基四个区非党工人红军战士代表会议上的讲话[66]

（1919 年 9 月 3 日）

同志们！让我向你们非党工人红军战士代表会议和炮兵训练班毕业生红军指挥员表示祝贺。召开这次会议是为了讨论巩固我国国家制度和我国国家机构的问题。

世界各国的工人群众都遭受着压迫。他们不能享用资本主义的文化财富，其实正是劳动群众才应该是全部国家生活的基础。同志们，在我们这里，劳动群众是苏维埃共和国的根本和基础。1917 年 2 月劳动者取得胜利之后，全俄各地立即建立了苏维埃。建立苏维埃的思想并不是在 1917 年才第一次出现，早在 1905 年就已经产生了。那时就已经有了工人代表苏维埃。十月革命之后，各国工人都同情苏维埃政权，这是有深刻的内在原因的。

同志们，让我来谈一下苏维埃俄国政治生活的主要基础。我没有精确的材料来说明我们共和国的经济情况。关于这一点，特别是关于工农政府的粮食政策，其他的报告人大概会谈到的。我只来谈谈我们共和国在政治方面的情况。

为了更好地了解苏维埃政权的基本状况，我们应当回顾一下过去，注意一下从 1917 年开始的我国革命的进程。我国革命分两个时期：第一个时期是苏维埃政权成立以前克伦斯基执政和科尔尼洛夫叛乱时期，第二个时期是卡列金、高尔察克和邓尼金组织叛乱破坏苏维埃政权的时期。作为劳动者的非党工人一定会遇到这样的问题：为什么在我国形成了这样两个时期，为什么它们是相互联系着的。

同志们！每一个工人，每一个红军战士，每一个劳动者都应该想一想，为什么有人责骂我们的苏维埃政权实行恐怖，为什么有人说布尔什维克是独裁者，是暴徒。另一方面，每一个劳动者都应该问一问自己，为什么克伦斯基、卡列金和高尔察克的政权这样容易垮台。你们大家都知道，在克伦斯基执政时期，整个俄国到处都是工兵代表苏维埃，同时，全部政权却掌握在资产阶级手里。盟国支持资产阶级，希望俄国把战争继续下去，而俄国资产阶级自己为了获得达达尼尔海峡，也希望把战争继续下去。所以，孟什维克和社会革命党人所支持的克伦斯基资产阶级政府不愿意也不可能公布血腥的尼古拉政府与盟国缔结的条约。资产阶级当时就这样在孟什维克和社会革命党人的帮助下靠欺骗统治劳动群众。

你们大家都记得，1917 年革命刚开始的时候，苏维埃中布尔什维克是很少的。我记得 6 月间举行苏维埃第一次代表大会[67]的时候，布尔什维克甚至还不到代表的七分之一。资产阶级以及孟什维克和社会革命党人的所谓社会主义政党曾经这样说我们：布尔什维克会对劳动者起腐蚀作用。然而在这个期间，克伦斯基资产阶级政府究竟做了些什么呢？它只是用诺言来安抚劳动群众，而这些诺言又不兑现。土地法并没有颁布。当土地委员会试图把地主的土地拿来分给贫苦农民时，这些土地委员会的委员却遭到了逮捕。劳动者逐渐明白，这个政权是什么也不会给他们的。他们开始懂得，能够给他们东西的，只有自己的政权，即工人和贫苦农民的政权。

就在这个时候，科尔尼洛夫向彼得格勒进攻了。科尔尼洛夫的进攻并不是偶然的，这是克伦斯基政府的欺骗政策造成的结果，这个政府时时刻刻都力图使地主同农民、劳动者同剥削者、劳动同资本和解。于是地主、军官、资本家便想把全部政权彻底掌握在他们手中。因此发生了科尔尼洛夫的进攻。苏维埃看清了危险，就团结起来抵抗科尔尼洛夫。在这以后克伦斯基资产阶级政府还继续实行欺骗政策，工人群众的觉悟开始迅速提高，早在十月革命以前，布尔什维克在苏维埃中的人数就已开始迅速增多。我们在十月夺取了政权之后，孟什维克和社会革命党人时常跑到斯莫尔尼宫来威胁我们，说前线的军队要回来把我们消灭掉。我们对他们只是报以冷笑，因为我们知道，劳动群众对我们的解释是会理解的，他们是拥护劳动者的政权的，因此也是拥护苏维埃政权的。果然，当许多代表团从前线来到彼得格勒，我们向他们解释了当前的情况以后，他们都转到我们这边来了。这对你们非党劳动者来说是生动的一课。每一个劳动者，每一个工人，每一个红军战士都应该从克伦斯基政府的历史中学习，我再说一遍，这个政府是想把地主同农民、工人同老板、劳动同资本的利益协调起来的。

人们原以为克伦斯基政府是很强大的，因为盟国资产阶级政府答应支持它，但它还是垮台了。克伦斯基政府所以垮台，是因为它靠的是欺骗，没有实在的根基。克伦斯基政府答应劳动者实行全民选举，不过是想用这种选举蒙蔽劳动群众，使他们不去注意真实情况。所以在十月革命以后，无产阶级自己掌握了政权，它首先就组织了自己的管理机关——工兵代表苏维埃。

工农政府立刻抛弃了克伦斯基资产阶级政府的欺骗政策。人民委员会的第一件事就是公布血腥的尼古拉政府同我们以前的盟国缔结的秘密条约。工农政府公开声明再也不愿为资产阶级的利益打仗,并且不顾资产阶级的奴仆孟什维克和社会革命党人的一切诽谤,向所有交战国提出了开始和谈的建议。这时,各国工人都看到苏维埃政权不愿继续进行战争。德国强盗强迫赤手空拳的俄国签订了掠夺性的布列斯特和约。各国觉悟的工人群众对苏维埃政权的同情日益深厚了。当协约国资产阶级政府强迫德国强盗签订更苛刻更带掠夺性的和约时,各国工人终于明白,他们一直在受人愚弄。于是反对一直欺骗他们的人的呼声高涨起来了。工人们开始要求建立劳动群众——工人和农民——的政权,即苏维埃政权。

这就是孟什维克和社会革命党人所支持的克伦斯基和高尔察克的资产阶级政权很快就垮台的原因。(你们大家都知道,孟什维克马伊斯基参加了西伯利亚政府[68]。)受外国资产阶级支持的孟什维克、社会革命党人和捷克斯洛伐克军先是联合起来反对布尔什维克,后来又联合起来建立全民民主政权。可是情况怎样呢?高尔察克类型的军官解散了西伯利亚的立宪会议,建立了军官、资本家和地主的政权。这样,西伯利亚的劳动群众根据亲身体验知道自己受了欺骗,而正因为这样红军才能够在很短的期间内轻而易举地占领了整个西伯利亚——现在西伯利亚的工人和农民都自动起来帮助红军了。

同志们,现在应该想一想为什么有人说布尔什维克使用暴力,说布尔什维克是独裁者。那些跟着孟什维克、社会革命党人、捷克斯洛伐克军以及高尔察克一起走的人,为什么很快都离开了他们?地主、资本家和军官在西伯利亚取得政权之后,为什么就立即把孟什维克和社会革命党人赶出西伯利亚政府而以高尔察克来代替他们？为什么这个得到各方面支持的政府垮得这样快？这都是因为他们的一切言论和行动都不过是欺骗和虚伪。因为他们不履行自己的诺言，不给人民立宪会议、人民政权或别的什么民主政权，而实行了地主和军官的专政。

同志们，资产阶级由于自己的阶级利益是一定要说谎和欺骗劳动者的。工人和农民懂得这些。他们懂得，只有政权属于劳动者的时候，才不会有说谎和欺骗，才不会有无产阶级和贫苦农民在四年战争（当时执政的是资产阶级）以后一直遭受的那种苦难。无产阶级懂得，出路只有一条，就是推翻资本家的政权，而孟什维克和社会革命党人一直谈论着的劳资间的和解是根本不可能的。的确，西伯利亚的工人和农民由于自己的轻信而付出了几万人被枪杀和被打死的惨重代价。我们取得了西伯利亚工人和农民横遭杀戮的惨痛经验，但是，我们知道，这个经验对于他们将是一堂很好的课。这个经验是工人和农民学习布尔什维主义的最好的老师。在取得这种经验之后，劳动群众会懂得，中间道路是没有的。要么是工人和农民的政权即苏维埃政权，要么是资本家和地主的政权，没有别的选择。资产阶级企图用暴力和欺骗来模糊劳动者的认识，但是，在无产阶级和贫苦农民的觉悟不断提高的情况下，他们的一切努力都会像纸牌搭成的房子那样倒塌下来。

邓尼金正在乌克兰重蹈高尔察克的覆辙，他的冒险行动将使乌克兰的工人和农民懂得，他们不坚决地同他进行斗争，是他们目前所犯的一个错误。我们知道，经过邓尼金在乌克兰的统治，乌克兰的工人和农民会更加坚强，会像现在我们的西伯利亚弟兄那样，不是在口头上而是在行动上保卫工农政权。工农政权对农民和一切劳动者说:“同我们一起走吧,建设你们的无产阶级国家吧。你们看看高尔察克和邓尼金的所作所为就会明白,在没有苏维埃政权的地方,生活是怎样的。”他们的所作所为对我们来说是最好的宣传。

强大的工农政权正在粉碎白卫分子对它策动的一切阴谋。它正在用铁扫帚把叛徒扫出自己的队伍。工农政权建立了红军,派去了专家,在专家的周围配备了许多共产党员政治委员。几十个经查明是叛徒的专家已被我们从红军队伍中清除出去,而成千上万个诚实地履行自己职责的军事专家仍然留在工农红军的队伍里。这是劳动群众在政治上翻身和解放的主要的基本的经验。

同志们,今天我向你们谈到的一切,其他国家的劳动者也逐渐地明白了。工人群众要求建立苏维埃政权的运动到处都在发展和扩大。你们知道,现在领导德国政府的是孟什维克,他们有协约国武装力量的支持,但德国工人还是要求建立苏维埃政权。最近,德国政府不得不在宪法中加上一条,说要在全德国建立工人代表苏维埃。可是,这些苏维埃是无权讨论国家生活中的政治问题的。按照社会主义叛徒的宪法,德国苏维埃只有权讨论国家的经济状况。我们很少得到西欧其他国家的消息,因为我们被敌人团团围住了,但是,我们得到的那些消息都说明,拥护布尔什维克的运动正在扩大和巩固。现在,我告诉你们在法国发生的一件小事,它比什么话都更雄辩地证明我的论据是正确的,能向你们说明很多问题。在法国出版了两种布尔什维克报纸,其中一种想取名为《布尔什维克报》,但是书报检查机关(在民主的法国竟有书报检查机关!)禁止用这个名称,于是报纸取名为《禁名报》[69]。工人在买这种报纸、看见这个名称时就补充说,这是《布尔什维克报》。(热烈

鼓掌）

同志们，最后让我和你们谈谈彼得格勒工人和红军代表苏维埃主席季诺维也夫同志今天送来的一个报告。季诺维也夫同志告诉我，有 100 个被俘的爱斯兰人到了彼得格勒，向他讲了下面的事情。在白卫分子的爱斯兰召开了工会非党工人代表会议。出席会议的有 417 名代表，其中只有 33 名是孟什维克，其余都是布尔什维克！（热烈鼓掌）代表会议要求同俄国缔结和约。英国人知道这件事情后，派了代表去，建议推翻爱斯兰的白卫政府，但工人的回答是把他逐出会场，要求同俄国缔结和约，恢复和平生活。于是，会议被解散了。100 人被打发到俄国来“寻找布尔什维主义”，他们扣押了 26 人，打算枪决。为了回答白卫分子的爱斯兰的这种行动，我们发表了告爱斯兰工人和居民书，我们还对他们的政府声明说：我们要枪决留在我们这里的全部人质[70]。（鼓掌）要知道，那里的政府是得到孟什维克和社会革命党人支持的！

小小的爱斯兰，在工会非党代表会议上，对用十四国联盟[71]来威胁我们的强大的英国作了应有的回答。

在结束我的讲话时，我表示深信，两年来在国内取得胜利的苏维埃俄国不久一定会战胜全世界的资产阶级政权。（热烈鼓掌）

载于 1919 年 9 月 11 日《真理报》
第 201 号

译自《列宁全集》俄文第 5 版
第 39 卷第 173—180 页

人民委员会关于中央纺织工业委员会由集体管理制改行个人管理制的决定草案[72]

（1919年9月4日）

（1）责成最高国民经济委员会逐步缩减各委员会委员的人数，特别要弄清楚试行共产党员个人管理制或在共产党员任政治委员的条件下试行专家个人管理制的情况。

（2）在实行集体讨论和决定的同时，应坚决实行对某种工作或某项业务的个人负责制。

（3）规定最高国民经济委员会和其他拥有企业的人民委员部于两月后提出报告，说明**实际**执行这些任务的情况（特别要报告实际学习管理的工人的人数和他们从事这项工作的工龄）。

载于1945年《列宁文集》俄文版第35卷

译自《列宁全集》俄文第5版第39卷第181页

资产阶级如何利用叛徒

（1919 年 9 月 20 日）

我们的无线电台经常截获从卡那封（英国）、巴黎及欧洲其他中心城市发出的电讯。巴黎现在是世界帝国主义者联盟的中心，因此那里发出的无线电讯常常是特别令人感兴趣的。几天以前，在 9 月 13 日，这个世界帝国主义中心的政府电台向各国报道了著名叛徒、第二国际领袖卡尔·考茨基的反布尔什维主义的新书出版的消息。

百万富翁和亿万富翁们使用自己政府的电台并不是无缘无故的。他们认为必须把考茨基发起新进攻的消息告诉大家。为了同迎面袭来的布尔什维主义作斗争，他们不得不抓住一切，连一根稻草，连考茨基的一本书也不放过。我们衷心感谢法国的百万富翁老爷们这样出色地帮助宣传布尔什维主义！他们这样有力地帮助我们，竟使考茨基反对布尔什维克的市侩庸俗的喧嚣变成了笑柄！

今天，9 月 18 日，我收到了一份德国社会沙文主义者这些杀害卡·李卜克内西和罗·卢森堡的凶手办的报纸——9 月 7 日的《前进报》[73]，上面载有弗里德里希·施坦普费尔写的一篇关于考茨基这本新书（《恐怖主义和共产主义》）的文章，并引了这本书中的许多话[74]。我们把施坦普费尔的文章同巴黎的电讯加以对照，就看出后者显然是以前者为依据的。谢德曼之流和诺斯克之流先生们，这些德国资产阶级的卫士、残杀德国共产党人的刽子手，极力吹捧考茨基的这本书，并在反对国际共产主义的斗争中与协约国帝国主义者联合起来。这是一个多么富有教育意义的场面！而我们的孟什维克，这些伯尔尼国际即黄色国际最典型的代表们，看到我在《无产阶级革命和叛徒考茨基》一书中称考茨基为资产阶级奴仆①，竟气愤得不知说什么好。

先生们，不管你们怎样大动肝火，这是事实！《前进报》的谢德曼分子和协约国的百万富翁们，并不是由于与我合谋而赞扬考茨基并把他捧出来当做同世界布尔什维主义作斗争的工具。就对资产阶级的态度来说，考茨基实际上正是我所说的那种人，虽然他没有意识到自己是那种人，也不愿意做那种人。

为了表明这种在马克思主义名义掩盖下的对社会主义和革命的背弃已经到了何种地步，我们把考茨基对布尔什维克最“严厉的”责难举出几点来看看。

施坦普费尔写道：“……考茨基详尽地指出，布尔什维克最后总是同自己的目标背道而驰：他们过去是反对死刑，现在却大批枪杀人……”

第一，说布尔什维克反对在革命时期采用死刑，这明明是撒谎。1903 年，即布尔什维主义产生的那一年，在我党第二次代表大会上制定党纲时，大会的记录中记载着：把废除死刑列入党纲的主张只是引起了一片嘲笑的喊声：“对尼古拉二世也这样吗？”[75]在 1903 年，甚至孟什维克也不敢把废除对沙皇的死刑的建议提付表决。到了 1917 年克伦斯基执政时期，我在《真理报》上写过：任何一个革命政府不用死刑是不行的，全部问题仅在于该政府用死刑

① 见本版全集第 35 卷第 229—327 页。——编者注

这个武器来**对付哪一个阶级**。考茨基不会革命地考虑问题，陷入庸俗的机会主义，已经到了这种程度，他竟不能想象，革命的无产阶级政党远在取得胜利以前就能公开承认必须对反革命分子使用死刑！“真诚的”考茨基真是一个真诚的人，一个真诚的机会主义者，因此他可以不知羞耻地造谣诬蔑他的对手。

第二，一个人只要对革命稍有一点了解，他就不会忘记，现在说的不是一般的革命，而是从各国的帝国主义大厮杀中成长起来的革命。从这种战争中成长起来的无产阶级革命，居然不遭受隶属于地主资本家阶级的成千上万的军官的暗算和反革命谋杀，是可以想象的吗？在最残酷的国内战争正在进行，资产阶级阴谋引入外国军队来推翻工人政府的时期，工人阶级的革命政党居然不用死刑来惩罚这种行动，是可以想象的吗？除了不可救药的可笑的书呆子以外，任何一个人都会否定地回答这些问题。但是以前曾经善于在具体历史情况下提出问题的考茨基竟然忘记了这一点。

第三，如果考茨基不善于研究自己所要研究的对象而去造布尔什维克的谣言，如果考茨基不善于思考，甚至不能提出从四年战争中成长起来的革命有什么特点的问题，那他至少可以看看自己周围的情况。在民主的德意志共和国，卡尔·李卜克内西和罗莎·卢森堡被军官们杀害，这证明了什么？军官们杀了人，居然逃之夭夭，后来又被故意重罪轻判，这又证明了什么？考茨基先生及其整个“独立”党(对无产阶级独立但完全依赖小资产阶级偏见的党)以抱怨、谴责和庸人的哀叹来回避这些问题。而正因为如此，全世界的革命工人越来越脱离考茨基之流、龙格之流、麦克唐纳之流、屠拉梯之流而转到共产党人方面来，因为革命无产阶级需要的是**战胜**反革命,而不是软弱无力地“谴责”反革命。

第四,“恐怖主义”问题看来是考茨基书中的主要问题。这一点可以从该书的标题看出来,也可以从施坦普费尔下面的话看出来:“……考茨基断言公社的基本原则不是恐怖主义而是普选权,这无疑是正确的。”我曾在我的《无产阶级革命和叛徒考茨基》一书中引用了充分的材料来证明这一类关于“基本原则”的议论对马克思主义是一种多么大的嘲讽。现在我的任务不同了。为了指出考茨基关于“恐怖主义”的议论具有什么价值,这种议论是为谁**服务**,是为**哪一个阶级**服务,我把一篇**自由派的**短文全部引在这里。这篇短文是给美国自由派杂志《新共和》[76](1919 年 6 月 25 日)编辑部的一封信。该杂志一般抱着小资产阶级的观点,它比考茨基之流先生们的大作好的地方,就是它既不把这种观点称为革命的社会主义,也不把这种观点称为马克思主义。

下面就是这封给编辑部的信的全文:

“曼纳海姆和高尔察克

编辑先生:盟国政府拒绝承认俄国苏维埃政府,据这些政府说,有下列几点原因:

1. 苏维埃政府现在(或过去)是亲德的〈pro-german,即站在德国方面的〉。

2. 苏维埃政府是靠恐怖主义维持的。

3. 苏维埃政府是不民主的,不能代表俄国人民。

但是盟国政府很早就承认了目前在曼纳海姆将军独裁统治下的芬兰白卫政府,尽管下列事实是很明显的:

1. 德国军队帮助白卫分子摧毁了芬兰社会主义共和国,曼纳海姆将军曾多次致电德皇表示钦佩和敬意。而苏维埃政府却在俄国前线的军队中间竭力进行宣传来动摇德国政府。芬兰政府是远比俄国政府更为亲德的。

2. 现在的芬兰政府在执掌政权后,几天中就冷酷地处死了前社会主义共和国的 16 700 名人员，另外还把 70 000 人关进集中营，要把他们活活饿死。而根据官方材料，俄国在一年之内，即到 1918 年 11 月 1 日为止，共处死 3 800 人，其中包括许多被收买的苏维埃公职人员以及反革命分子。芬兰政府是远比俄国政府更为恐怖的。

3. 芬兰白卫政府杀了、关了近 90 000 名社会党人，还把近 50 000 人驱逐出境、赶到俄国，——芬兰是个小国，选民人数仅约 400 000 ——认为进行选举已稳有把握。尽管采取了一切防范措施，大多数社会党人候选人还是当选了，但是曼纳海姆将军却像海参崴选举后的盟国一样，不批准他们任何一个人的议员资格。而被苏维埃政府剥夺选举权的，却是那些不做有益的工作来获得生活资料的人。芬兰政府比俄国政府显然更不民主。

在鄂木斯克，民主与新秩序的伟大捍卫者海军上将高尔察克的情形也是这样，可是盟国政府一直支持这位海军上将，供给他武器装备，现在还准备给予正式承认。

因此，盟国提出的反对承认苏维埃的任何论据，如果用来反对曼纳海姆和高尔察克，那是更为有力也更为公正的。但是，他们都得到了承认，而对快要饿死的俄国的封锁却越来越加紧了。

斯图亚特·蔡斯(*Stuart Chase*)

于华盛顿”

这位资产阶级自由派的短文绝妙地揭露了考茨基之流、马尔托夫之流、切尔诺夫之流、布兰亭之流先生们以及黄色伯尔尼国际的其他英雄们的极端卑鄙和背叛社会主义的行为。

第一，考茨基和所有这些英雄在恐怖主义和民主的问题上诬蔑了苏维埃俄国。第二，阶级斗争实际上正在世界范围内以最尖锐的形式进行，他们评价事件却不是从这一角度出发，而是像市侩庸人那样长吁短叹，说什么假如资产阶级民主同资本主义没有联系，假如世界上没有白卫分子，假如全世界的资产阶级不支持这些白卫分子等等，那么情形该会如何如何。第三，把美国人的这篇短文同考茨基一伙人的议论加以比较，我们就清楚地看到，考茨基**在客观上**所扮演的角色就是充当资产阶级的奴仆。

全世界的资产阶级都支持曼纳海姆之流和高尔察克之流，企图扼杀苏维埃政权，诬蔑它实行恐怖主义和不民主。事实就是这样。因此，当考茨基、马尔托夫、切尔诺夫及其同伙唱着他们关于恐怖主义和民主主义的歌曲时，他们只不过在给资产阶级当应声虫。全世界资产阶级正是用这支歌曲来欺骗工人，正是在这种歌声中扼杀工人革命。那些“诚挚地”即极端愚蠢地唱着这支歌曲的“社会主义者”的个人的真诚，丝毫也不能改变这支歌曲的客观作用。“真诚的机会主义者”考茨基之流、马尔托夫之流、龙格之流以及他们的同伙，变成了“真诚的”（由于毫无气节）**反革命分子**。

事实就是这样。

这位美国自由派懂得了——不是由于他的理论修养，而完全是由于他在相当广阔的范围内即在世界的范围内对事件作了细心的观察——**全世界的资产阶级在组织和进行反对革命无产阶级的内战**，为此他们支持俄国的高尔察克和邓尼金、芬兰的曼纳海姆、高加索的资产阶级走狗即格鲁吉亚的孟什维克、波兰的帝国主义者和波兰的克伦斯基之流、德国的谢德曼分子、匈牙利的反革命分子（孟什维克和资本家）等等。

而考茨基这个十足的反动的市侩，则继续为内战的恐怖和惨象哭哭啼啼！这里不仅没有一点革命意识的影子，没有一点历史现实主义的影子（因为了解变帝国主义战争为国内战争的必然性，究竟不是罪过），而且是直接替资产阶级帮腔，**帮助资产阶级**，在这场世界各地已经在进行或者正十分明显地酝酿着的内战中，考茨基**事实上**是站**在资产阶级方面**的。

作为理论家的考茨基用对内战的喧嚷、喊叫、哭嚎和歇斯底里来掩盖他的破产。正确的正是布尔什维克，他们在 1914 年秋天就向全世界宣告**变帝国主义战争为国内战争**。形形色色的反动分子都表示愤怒或加以嘲笑，但布尔什维克是**正确的**。要掩盖自己的彻底失败，自己的轻率言行，自己的鼠目寸光，就必须竭力用内战的惨象来吓唬小资产者。作为政治家的考茨基就是这样做的。

他在谈论这点时达到了多么荒谬可笑的地步，可由下面的事实看出来。考茨基断言，把希望寄托在世界革命上是没有根据的，而且——你们认为他的论据是什么呢？他说，欧洲如果发生俄国式的革命，就会“**在全世界燃起**〈Entfessellung，挑起〉**整整一代的国内战争**”，而且挑起的并不是真正的阶级斗争，而是“**无产者之间的自相残杀的斗争**”。施坦普费尔援引的这些黑体字的话正是考茨基的话，援引者当然是欣赏这些话的。

谢德曼手下的恶棍们和刽子手们怎能不欣赏这些话呢！“社会主义者的领袖”拿革命吓唬人民，要把人民吓得离开革命！但令人感到奇怪的是，考茨基在这里竟没有注意到一件事情：称霸世界的协约国同俄国作战将近两年，它们正在点燃本国的革命。如果革命能在现在开始，哪怕只是刚刚开始，只是在妥协阶段，只是发生在协约国的一两个大国，那它**立刻**就能使俄国的内战停下来，**立刻**就能使殖民地**几亿**人民得到解放，因为那里充满着愤怒和不满，只不过现在被欧洲的暴力抑制着罢了。

考茨基在整个帝国主义战争期间，显露出他的卑鄙的奴才灵魂的魅力，不仅如此，现在显然还有这样一个原因在起作用：他被俄国内战的持久性**吓坏了**。吓得他忘了想一下，同俄国作战的是**全世界的资产阶级**。欧洲如果有一两个大国发生革命，就会**彻底**摧毁资产阶级的全部力量，就会**根本**粉碎它的统治，使它**在地球上任何地方**都没有藏身之处。

实际上,两年来全世界资产阶级反对俄国革命无产阶级的战争,**鼓舞了**全世界的革命者,**证明全世界范围内**的胜利已近在咫尺,伸手可得。

至于谈到"无产者之间"的内战,这种说法我们早已从切尔诺夫之流和马尔托夫之流那里听到过。我们举一个明显的例子来说明这种说法的极端卑鄙。在法国大革命时期,一部分农民即旺代人曾替国王作战来反对共和国。1848 年 6 月和 1871 年 5 月,在扼杀革命的卡芬雅克和加利费的军队中也有一部分工人。如果有人说:我为"1792 年法国**农民之间**的内战"、"1848 年和 1871 年工人之间的内战"而悲痛,你们对这样一个人会说些什么呢?你们会说,这是头号伪君子,是反动派、君主制度和卡芬雅克之流的维护者。

你们这样说是正确的。

只有不折不扣的白痴才会到现在还不明白,俄国正在进行(而全世界正在开始或正在酝酿)无产阶级**同资产阶级**的内战。从来没有而且永远不可能有那样一种阶级斗争,即先进阶级的**一部分**不站在反动派方面。内战也是一样。部分落后工人必然会一时帮助资产阶级。只有无赖才会**用这一点**来替**自己**倒向资产阶级的行为辩护。

从理论上说,这是不愿意了解 1914 年以来全世界整个工人运动全部历史上的一切事实有力地说明了什么。被庸俗习气和机会主义腐蚀了的、被"肥缺"和资产阶级的其他小恩小惠**收买了的**工人阶级**上层分子**之间的分裂,1914 年秋天在世界范围内出现了,而在 1915—1918 年间更得到了充分的发展。考茨基无视这个历史事实,竟责备共产党人闹分裂,这只是第一千遍证明他充当的是资产阶级奴仆的角色。

马克思和恩格斯在1852年到1892年这40年中，经常谈到英国的殖民地优势和垄断**造成了**英国部分工人（即上层分子、领袖、“贵族”）的**资产阶级化**。很明显，帝国主义垄断必定会在20世纪的许多国家中造成英国那样的情况。在一切先进国家里，我们都能看到**工人阶级的领袖**和**上层分子**腐朽堕落，卖身投靠，倒向资产阶级。这是因为资产阶级施用小恩小惠，把“肥缺”赐给这些领袖，把自己的利润的零头赏给这些上层分子，把报酬最少的和最笨重的工作放到由国外招募来的落后工人身上，不断增加“工人阶级贵族”优于群众的特权。

1914—1918年的战争完全证明，无产阶级的**领袖和上层分子**，一切社会沙文主义者如龚帕斯之流、布兰亭之流、列诺得尔之流、麦克唐纳之流、谢德曼之流等等，都已背叛了社会主义，倒向资产阶级方面，同时，一部分工人群众由于守旧心理，自然会在一段时间内跟着这些资产阶级流氓走。

胡斯曼之流、王德威尔得之流、谢德曼之流的伯尔尼国际，现在已完全成为这些社会主义叛徒的黄色国际。不同这些叛徒作斗争，不同这些叛徒决裂，那就根本谈不上什么**真正的**社会主义，谈不上什么为社会革命而**真诚地**工作。

让德国的独立党人脚踏两只船吧，他们的命运就是如此。谢德曼分子已经把考茨基当做“自己”人来亲吻和拥抱了。施坦普费尔正在大肆宣扬这件事。考茨基也的确是谢德曼之流的真正同志。既是独立党人又是考茨基的朋友的希法亭，却在卢塞恩建议把谢德曼之流从国际中开除出去。自然，希法亭只是遭到了黄色国际的真正领袖们的嘲笑。希法亭提出这项建议或者是由于极端的愚蠢，或者是由于极端的虚伪，因为他既想在工人群众中享有“左派”的声誉，又想在资产阶级奴仆的国际中保留一个席位！对于作为领袖之一的希法亭的行为不论作什么解释，有一点是毫无疑义的：“独立党人”的毫无气节，以及谢德曼之流、布兰亭之流、王德威尔得之流的卑鄙龌龊，必然会使无产阶级群众愈来愈**离开堕落为叛徒的领袖**。在某些国家中，帝国主义能够在相当长的时期内分裂工人，英国的例子就证明了这一点，但是在世界范围内，革命者**联合起来**、群众同革命者联合起来以及黄色社会党人被赶走的趋势却是一直在发展。共产国际的巨大成就证明了这一点，例如美国已经成立了共产党[77]，巴黎的重建国际联系委员会和保卫工团委员会[78]已经站到第三国际方面来了。巴黎有两种报纸转到了第三国际方面，这就是雷蒙·佩里卡的《国际报》[79]和乔治·昂克蒂尔的《禁名报》(《布尔什维克报》?)。英国正处在共产党成立的前夕，英国社会党、“车间代表委员会”(Shop Stewards Committees)中的优秀人物，以及革命的工厂工人等等之中的优秀人物现在都拥护共产党。瑞典的左派、挪威的社会民主党人、荷兰的共产党人以及瑞士和意大利的社会党[80]，都已经同德国的斯巴达克派和俄国的布尔什维克站在一个行列里了。

共产国际在1919年的几个月内已成为全世界的国际，它领导着群众，并坚决反对伯尔尼和卢塞恩的伙伴们组成的“黄色”国际中的社会主义叛徒。

最后，我想谈一个特别富有教育意义的消息，它足以说明机会主义领袖们的作用。今年8月，黄色社会党人代表会议在卢塞恩举行会议期间，日内瓦报纸《小报》(«La Feuille»)[81]在那里用各国文字出版了载有报告和报道的特刊。在英文版上(8月6日，星期三，第 4 号），载有记者对荷兰机会主义政党的著名领袖特鲁尔斯特拉的访问记。

下面是特鲁尔斯特拉的谈话：

“11 月 9 日的德国革命，在我国〈荷兰〉政界的领袖和工会领袖中间引起了极大的震动。荷兰统治集团曾有几天陷于惊慌失措之中，尤其是，当时军队中几乎普遍发生哗变。

鹿特丹和海牙的市长力图建立起自己的组织作为反革命的辅助力量。一个由过去的将军们（其中有一个以镇压中国义和团起义来炫耀自己的老军官）组成的委员会，企图把一些同志引入迷途，把他们武装起来反对革命。自然，他们的努力得到了相反的效果，在鹿特丹，有一个时候好像就要建立工人苏维埃。但是政治团体和工会组织的领袖们却认为采取这种办法还不是时候，因而只限于提出实现工人要求的最低纲领和发表激烈的告群众的号召书。”

特鲁尔斯特拉就是这样说的。他还吹了不少牛，说他怎样发表革命言论，甚至主张夺取政权，说他懂得议会和纯粹政治民主是不够的，他承认在过渡时期要采取“秘密的”斗争“方式”和“无产阶级专政”，等等。

特鲁尔斯特拉是一个标准的为资产阶级服务而欺骗工人的卖身求荣的机会主义领袖。在口头上他向你承认**一切**，你看，又是苏维埃，又是无产阶级专政，要什么有什么。实际上，特鲁尔斯特拉是最卑鄙的工人叛徒，是资产阶级的代理人。实际上，他是那些在紧要关头转向资产阶级，从而**拯救了荷兰资产阶级**的荷兰“政治团体和工会组织的领袖们”的**领袖**。

特鲁尔斯特拉所说的那些事实，是十分明显和确凿无疑的。荷兰的军队已被动员起来。无产阶级已经武装起来，并且在军队里面已经同全体人民中最贫苦的阶层联合起来。德国革命激起了工人的热情，引起了“军队中几乎普遍的哗变”。显然，革命领袖的职责是引导群众走向革命，是在工人武装和德国革命的影响能够立刻解决问题的时候**不错过**时机。

以特鲁尔斯特拉为首的叛徒领袖们投到资产阶级方面去了。他们用改良来安抚工人，并且用更多的改良的诺言、“激烈的号召书”和革命的词句来安抚他们，哄骗他们。正是特鲁尔斯特拉和他那一类的伯尔尼卢塞恩第二国际的“领袖”先生们帮助资产阶级遣散了军队，拯救了资本家。

工人运动一定会抛弃叛徒和变节分子特鲁尔斯特拉之流和考茨基之流，摆脱那些欺骗群众、实际上执行资本家政策的资产阶级化的上层分子而向前迈进。

1919 年 9 月 20 日

附言：照施坦普费尔的叙述来看，考茨基没有提起苏维埃国家制度。在这个主要的问题上，他是不是放弃了自己的立场呢？是不是不再为他那本**反对**《无产阶级专政》的小册子里关于这个问题的庸俗见解辩护了呢？是不是宁愿从**主要的**问题转到次要的问题上去呢？将来有机会读到考茨基那本小册子的时候，我们就会找到这些问题的答案。

载于 1919 年 9 月《共产国际》杂志第 5 期

译自《列宁全集》俄文第 5 版第 39 卷第 182—194 页

格·季诺维也夫《论我党党员人数》一文序言

（1919年9月21日）

季诺维也夫同志给我寄来这篇文章，要我把它送给莫斯科的报刊。我很高兴地满足了他的要求。我认为，这篇文章值得所有报纸转载。要让全体党员同志注意这篇文章，各地都应该仿效彼得堡，极其严格地把“混进来的人”清除出我们党，同时尽力把工人和农民群众中的所有优秀分子吸收到党里来。

尼·列宁

载于1919年9月21日《真理报》第210号

译自《列宁全集》俄文第5版第39卷第195页

致美国工人[82]

（1919 年 9 月 23 日）

同志们！大约一年以前我在《给美国工人的信》(1918 年 8 月 20 日)中，向你们说明了苏维埃俄国的情况和它的任务。① 这还是德国革命以前的事。自那以后，世界发生的事变证实了布尔什维克对于 1914—1918 年帝国主义战争的估价，特别是对于协约国帝国主义的估价是正确的。自那以后，苏维埃政权在全世界工人群众的心目中就成为可以理解和亲近的了。各国工人群众摆脱掉浸透着沙文主义和机会主义的旧领袖们的影响，日益相信资产阶级议会腐朽，相信必须有苏维埃政权，劳动者政权，无产阶级专政，才能使人类挣脱资本的枷锁。不管各国的资产阶级多么猖獗，多么疯狂，苏维埃政权一定会在全世界获得胜利。他们同我们作战，唆使主张恢复资本压迫的反革命分子进攻我们，使俄国淹没在血泊里。资产阶级实行封锁，支持反革命，给俄国的劳动群众带来了空前未有的苦难。但是，我们击溃了高尔察克，现在正怀着必胜的信心同邓尼金作战。

尼·列宁

1919 年 9 月 23 日

---

① 见本版全集第 35 卷第 47—63 页。——编者注

*　　*　　*

常常有人问我：有些美国人（不仅是工人，而且主要是资产者）不赞成同俄国打仗，他们希望在缔结和约后不仅同我们恢复贸易关系，而且能够从俄国获得一定的承租权，他们这样想对不对呢？我再说一遍，他们这样想是对的。持久和平会大大改善俄国劳动群众的处境。毫无疑问，俄国劳动群众是会同意给予一定的承租权的。在社会主义国家和资本主义国家共存的时期，我们也愿意在合理的条件下给予承租权，作为俄国从技术比较先进的国家取得技术帮助的一种手段。

尼·列宁

1919 年 9 月 23 日

载于 1919 年 12 月 17 日《基督教科学箴言报》第 20 号

译自《列宁全集》俄文第 5 版第 39 卷第 196—197 页

论苏维埃共和国女工运动的任务

在莫斯科市非党女工第四次代表会议上的讲话

（1919 年 9 月 23 日）

同志们，我能向女工代表会议表示祝贺感到非常高兴。我不准备涉及目前使每个女工和每个觉悟的劳动者理所当然最关心的那些问题。这些最迫切的问题就是粮食问题和我国军事形势问题。我从你们的会议报道中知道，这些问题都已在会上详细谈过了，托洛茨基同志谈了军事问题，雅柯夫列娃和斯维杰尔斯基两位同志谈了粮食问题，因此，我就不再谈这些问题了。

我想略微谈一谈苏维埃共和国女工运动的一般任务，也就是同向社会主义过渡有关的那些任务和目前亟待解决的一些首要任务。同志们，关于妇女的地位问题，苏维埃政权在它诞生的时候就提出来了。我觉得，任何一个向社会主义过渡的工人国家，它的任务都有两部分。第一部分比较简单容易。这一部分只触及把妇女置于同男子不平等的地位的旧法律。

从很久以前起，在几十年以至几百年的过程中，西欧各次解放运动的代表人物都曾提出要废除这些过时的法律，要求男女在法律上平等，可是任何一个欧洲民主国家，任何一个最先进的共和国，都没能实现这个要求，因为，只要还存在资本主义，保留土地私有制和工厂私有制，保留资本的权力，那么，男子就会有特权。俄国所以能实现这一点，完全是因为从 1917 年 10 月 25 日起，这里确立了工人政权。苏维埃政权刚诞生就决心成为反对一切剥削的劳动者的政权。它所提出的任务就是要使地主资本家不能再剥削劳动者，消灭资本的统治。苏维埃政权竭力要使劳动者建立起没有土地私有制和工厂私有制的生活，因为私有制在世界各国，甚至在有充分政治自由的最民主的共和国里，都使劳动者事实上处于贫困的、雇佣奴隶的地位，使妇女处于受双重奴役的地位。

苏维埃政权这个劳动者的政权在诞生后的最初几个月里，就在有关妇女的立法方面实行了最彻底的变革。苏维埃共和国彻底废除了使妇女处于从属地位的法律。我指的就是专门利用妇女较弱的地位把她们置于不平等的甚至往往是受屈辱的地位的法律，即关于离婚、关于非婚生子女、关于女方要求子女的生父负担子女抚养费的权利的法律。

应该指出，正是在这方面，甚至最先进国家的资产阶级立法也利用妇女较弱的地位，使她们处于不平等的和受屈辱的地位。也正是在这方面，苏维埃政权彻底废除了劳动群众所不能容忍的不合理的旧法律。今天我们可以十分自豪而毫不夸大地说，除了苏维埃俄国，世界上没有哪个国家实现了妇女与男子的完全平等，妇女不再处于日常家庭生活中显而易见的那种屈辱地位。这是我们最初的最重要的任务之一。

如果你们有机会同敌视布尔什维克的政党接触，或者得到高尔察克或邓尼金占领区出版的俄文报纸，或者有机会同拥护这些报纸的观点的人们交谈，你们就能时常听到他们责备苏维埃政权破坏民主。

我们这些苏维埃政权的代表者，布尔什维克共产党员和苏维埃政权的拥护者,经常受到某些人的指责。他们说我们破坏民主,并举出苏维埃政权解散立宪会议这件事作为指责的根据。对于这种指责,我们通常这样回答:这种民主和立宪会议是在世界上存在私有制的情况下产生的,在这种情况下,人与人之间不平等,拥有资本的人当老板,其余的人即替他做工的人则是他的雇佣奴隶,——那样的民主在我们看来毫无价值。这种民主即使在最先进的国家也只是用来掩饰奴役制度的东西。我们社会主义者只拥护能改善劳动者和被压迫者的状况的民主。社会主义在全世界的任务是反对一切人剥削人的现象。在我们看来,真正有意义的民主,是那种为处于不平等地位的被剥削者服务的民主。不劳动者被剥夺选举权,那才是人与人之间真正的平等。不劳动者不得食。

我们回答这些指责说,应当提出某个国家中民主实现得如何的问题。我们看到,各民主共和国都宣布了平等,但是在民法中,在规定妇女的家庭地位和离婚权利的法律中,妇女到处都处于不平等的地位,处于受卑视的地位。我们说,这才是破坏民主,而且正是破坏被压迫者应享有的民主。苏维埃政权比所有最先进的国家更彻底地实现了民主,在它的法律中丝毫也看不到妇女受到不平等待遇的痕迹。再说一遍,任何一个国家、任何一项民主立法,为妇女做到的都不及苏维埃政权在它建立后的最初几个月所做到的一半。

当然,光有法律是不够的,我们也决不满足于只颁布法令。但是在立法方面,我们已做了使男女地位平等所应做的一切,因此我们有理由以此自豪。目前妇女在苏维埃俄国的地位,从最先进国家的角度来看,已是很理想的了。但我们自己认为,这当然还只是开始。

只要妇女忙于家务，她们的地位就不免要受到限制。要彻底解放妇女，要使她们同男子真正平等，就必须有公共经济，必须让妇女参加共同的生产劳动。这样，妇女才会和男子处于同等地位。

当然，这里所指的不是要使妇女在劳动生产率、劳动量、劳动时间和劳动条件等等方面同男子相等，而是要使妇女不再因经济地位与男子不同而受到压迫。你们大家都知道，甚至在完全平等的条件下，妇女事实上仍然是受束缚的，因为全部家务都压在她们肩上。这种家务多半是非生产性的、最原始、最繁重的劳动。这是极其琐碎而对妇女的进步没有丝毫帮助的劳动。

我们追求社会主义的理想，要为社会主义的彻底实现而奋斗，在这方面，妇女有十分广阔的工作场所。目前，我们正在认真地做准备工作，为社会主义建设扫清地基；而社会主义社会建设这件事，只有在男女完全平等的时候，只有在妇女摆脱了这种琐碎的、使人愚钝的非生产性工作而同我们一道从事新工作的时候，才能开始进行。这项工作我们得做好多好多年。

这种工作不可能立刻做出成绩，不会产生很显眼的效果。

我们正在创办食堂、托儿所这样一些示范性的设施，使妇女摆脱家务。建立这些设施的工作，主要应该由妇女来担任。应当承认，目前在俄国，这种能帮助妇女摆脱家庭奴隶状态的设施还不多。这种设施的数量还很小，而且目前苏维埃共和国所处的战争环境和所遭到的粮食困难（这些问题，有几位同志已在这里给你们详细讲过）又妨碍我们进行这一工作。不过还是应当指出，这些能帮助妇女摆脱家庭奴隶地位的设施，在一切稍有可能建立的地方，都在纷纷建立起来。

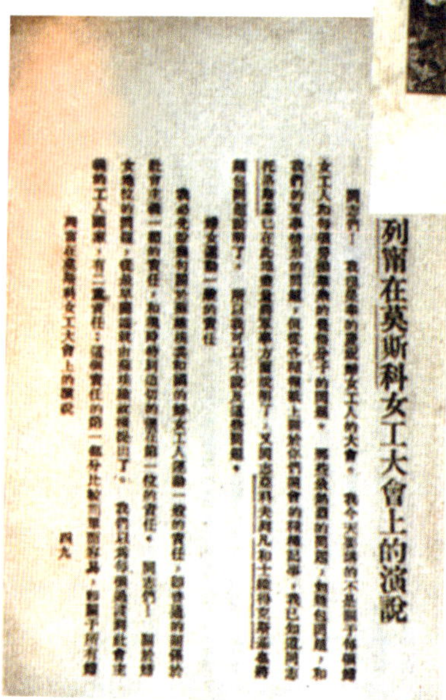

1927年3月8日《赤女》杂志创刊号封面和该刊所载的
列宁的讲话《论苏维埃共和国女工运动的任务》的中译文
（当时译《列宁在莫斯科女工大会上的演说》）

我们说，工人的解放应当是工人自己的事情，同样，女工的解放也应当是女工自己的事情。女工自己应当关心这种设施的发展，妇女的这种活动将根本改变她们以前在资本主义社会所处的那种地位。

在资本主义旧社会里，要从事政治活动需要有特殊的素养，因此，甚至在最先进、最自由的资本主义国家里，妇女也极少参加政治活动。我们的任务是要使政治成为每个劳动妇女都能参与的事情。自从土地私有制和工厂私有制被消灭、地主资本家政权被推翻以后，政治任务对于劳动群众和劳动妇女，已经是一种简单明白、大家完全能参与的事情了。在资本主义社会，妇女处于无权的地位，与男子相比，她们是极少参与政治的。要改变这种状况，就要有劳动者的政权，有了劳动者的政权，政治的首要任务就同劳动者自己的命运息息相关了。

这里，不仅需要党员女工和觉悟的女工，而且需要非党女工和觉悟最低的女工都来参加。这里，苏维埃政权为女工开辟了广阔的活动场所。

在同进攻苏维埃俄国的敌对力量作斗争时，我们的处境非常困难。无论在军事方面同进行战争来推翻劳动者政权的力量作斗争，或者在粮食方面同投机者作斗争，我们都感到困难，因为全心全意用自己的劳动来帮助我们的劳动者还不够多。在这方面，苏维埃政权认为最宝贵的莫过于广大非党女工群众的帮助了。她们应该知道，在资产阶级的旧社会，要进行政治活动也许需要有各方面的素养，而这是妇女办不到的。但在苏维埃共和国，政治活动的首要任务是反对地主资本家，是为消灭剥削而斗争，因此，在苏维埃共和国，政治活动是向女工开着大门的，这种活动就是妇女用自己的组织才能帮助男子。

我们不仅需要千百万人的组织工作;我们也需要规模很小的组织工作,使妇女也能参加劳动。妇女在战争条件下也是能够从事劳动的,例如支援军队,在军队中进行鼓动。妇女应当积极参加这一切工作,使红军看到人们在关怀他们,在为他们操心。妇女也可以在粮食部门工作,如分配粮食,改善群众的伙食,发展目前正在彼得格勒广泛设立的食堂等等。

也就是在这些方面,女工的活动起着真正的组织者的作用。妇女还需要参加建立并监督大型试验农场的工作,使这一事业在我们这里不致成为孤立无援的事业。没有大批劳动妇女参加,这一事业是无法完成的。做这种工作,无论是监督产品分配,或是监督便利人们拿到产品的工作,女工都是完全适合的。这一任务,非党女工完全能够胜任,而这一任务的实现,首先会促进社会主义社会的巩固。

苏维埃政权已经废除了土地私有制,几乎完全废除了工厂私有制,正力求使所有的劳动者,无论党员或非党员,无论男子或妇女,都参加这一经济建设。苏维埃政权所开始的这一事业,只有在全俄国千百万妇女而不是几百个妇女参加进来时,才能够向前推进。那时,我们相信,社会主义建设事业将会巩固。那时,劳动者会证明,没有地主和资本家,他们也能生活,也能管理经济。那时,社会主义建设在俄国将十分稳固,国内外的任何敌人都将不再对苏维埃共和国构成威胁了。

载于1919年9月25日《真理报》
第213号

译自《列宁全集》俄文第5版
第39卷第198—205页

人民委员会关于最高国民经济委员会和国家监察人民委员部之间争执的决定草案[83]

（1919 年 9 月 30 日）

人民委员会认为：

（1）国家监察部本应建议最高国民经济委员会关闭各司法部门，而不应采用发禁令的办法；

（2）最高国民经济委员会主席团应立即采取最坚决的措施关闭大多属于寄生性的司法部门并禁止把这些部门的人员转移到其他部门。执行情况于一周内向小人民委员会报告；

（3）责成司法人民委员部对粮食人民委员部司法部门和最高国民经济委员会司法部门的工作人员办事拖拉起诉。一周后向小人民委员会报告。

译自《列宁全集》俄文第 5 版
第 54 卷第 418 页

中央消费合作总社俄共(布)党团和粮食人民委员部俄共(布)党团会议关于食品收购总结的决定草案

（1919 年 10 月 2 日）

指定中央消费合作总社党团和粮食人民委员部在会上作两个关于 3 月 20 日、4 月 3 日和 7 月 3 日法令[84]执行情况的翔实的报告，报告中要有各省和各种食品收购总结的数字，收购合同的数目、已完成多少、未完成多少等等；要各举一个合同和一个收购与分配区作详细介绍，要有关于我们掌握合作社的非贸易业务与贸易业务情况的资料，以及关于把资产阶级合作社变为社会主义合作社的情况的资料。

一个由中央消费合作总社作
一个由粮食人民委员部作 } **星期三：一周。**

载于 1933 年《列宁文集》俄文版第 24 卷

译自《列宁全集》俄文第 5 版第 54 卷第 419 页

彼得格勒工人的榜样[85]

（1919年10月3日）

报上已经报道，彼得格勒工人已在加紧进行动员工作并把优秀工作者派往南线去。

邓尼金占领库尔斯克并向奥廖尔推进，这就是彼得格勒无产阶级表现出这种高涨热情的全部原因。其他工业中心的工人应该学习他们的榜样。

邓尼金匪徒指望在我们的队伍中引起恐慌，使我们只想到防御，只想到这一方面。外电表明，英法帝国主义者在这一点上也十分热心地帮助邓尼金，正像他们用武器和成亿的卢布帮助他一样。外电向全世界叫嚣说，到莫斯科的路已经打通了。资本家想这样来吓唬我们。

但是，他们吓不倒我们。我们的军队是按照经过周密考虑并正在坚决执行的计划配置的。我们正持续不断地向给敌人提供兵员的主要地区进攻。最近几天，我军在博古恰尔区缴获了20门火炮，占领了韦申斯卡亚村，这些胜利说明我军正顺利地向着哥萨克的中心推进（过去和现在，单是哥萨克就能使邓尼金拥有很大的力量）。邓尼金一定会被粉碎，正如高尔察克已经被粉碎一样。我们是吓不倒的，我们一定能使我们的事业获得最后的胜利。

由于敌人占领了库尔斯克并向奥廖尔推进，我们面临的任务就是补充兵力,就地击退敌人。彼得格勒工人用自己的榜样表明,他们是正确地估计了这个任务的。我们正视危险,丝毫也不低估这种危险,但是,我们说,彼得格勒的例子证明我们是有补充的兵力的。为了击退敌人对奥廖尔的进攻,为了转入对库尔斯克和哈尔科夫的进攻,除现有力量外,我们必须把无产阶级中间的优秀工作者动员起来。库尔斯克的陷落造成了严重的危险局面。敌人还从来没有这样逼近过莫斯科。为了挽回这种危险局面,我们正在增派许多先进工人支队去补充原有的军队,以扭转退却部队的士气。

在我们南线军队中,归队的逃兵占了很大的数量。他们大部分是受了鼓动工作的影响,懂得了自己的责任,懂得了地主资本家政权复辟威胁的全部严重性而自动回来的。但是,他们很不稳定,缺乏坚忍精神,往往不战而退。

因此,动员新的无产阶级力量去支援军队就具有头等重要的意义。动摇分子会坚强起来,士气会高涨,转机会到来。无产阶级一定会像在我国革命中往常所做的那样,帮助和引导劳动人民中的动摇阶层。

彼得格勒工人早就肩负了比其他工业中心的工人更重的担子。饥饿,战争威胁,抽调优秀工人到俄国各地的苏维埃岗位上去,这一切使彼得格勒无产阶级遭受的苦难超过其他地方的无产阶级。

然而我们看到,彼得格勒工人丝毫没有消沉,丝毫没有气馁。相反地,他们受到了锻炼。他们找到了新的力量。他们输送了朝气蓬勃的战士。他们出色地执行着先进部队的任务,对最需要帮助的地方进行帮助和支援。

有了这种新生力量去巩固我军的动摇部队，劳动群众——农民出身的士兵就能从自己人中，从更开展、更觉悟、更坚强的劳动者中获得新的领袖。因此，对我们农民军队的这种帮助，使我们比敌人具有决定性的优势；而在敌人那边，去“支援”他们的农民军队的只是些地主的子弟，我们知道，这种“支援”曾毁灭了高尔察克，也一定会毁灭邓尼金。

工人同志们！大家都来学习彼得格勒的同志们的榜样，开始这项新的工作吧！只要向彼得格勒的同志们看齐，把更多的力量投到军队的活动上去，发挥更多的主动性，鼓起更大的勇气，开展更广泛的竞赛，胜利就一定属于劳动者，地主资本家的反革命势力就一定会被粉碎。

附言：我刚听说，莫斯科也有几十个最忠实的同志上前线去了。莫斯科已经跟着彼得格勒行动起来。其他城市也一定会跟着莫斯科行动起来的。

尼·列·

1919 年 10 月 3 日

载于 1919 年 10 月 4 日《真理报》第 221 号和《全俄中央执行委员会消息报》第 221 号

译自《列宁全集》俄文第 5 版第 39 卷第 206—208 页

答美国《芝加哥每日新闻报》记者问[86]

1919年10月5日

请原谅我的英语不好。我很高兴回答您的问题：

1. 苏维埃政府在和平问题上的现行政策是什么？
2. 苏维埃俄国提出的和平条件大致怎样？

我们的和平政策同以前一样，也就是说，我们接受了布利特先生的和平建议。我们从来没有改变过我们同布利特先生共同拟定的我国的和平条件（第2个问题）。

在布利特先生到来之前，我们曾经多次正式向协约国建议媾和。

3. 苏维埃政府是否愿意保证绝对不干涉别国内政？

我们愿意保证。

4. 苏维埃政府是否愿意证明它代表大多数俄国人民？

是的，苏维埃政府是世界上一切政府中最民主的政府。我们愿意证明这一点。

5. 苏维埃政府在同美国达成经济协议的问题上立场怎样？

我们完全同意同美国（同一切国家，但**特别是**同美国）达成经济协议。

如果必要，我们可以向您提供我国政府同布利特先生共同拟定的我国和平条件的全文。

弗拉·乌里扬诺夫(尼·列宁)

载于1919年10月27日《芝加哥每日新闻报》第257号

译自《列宁全集》俄文第5版第39卷第209—210页

合作社问题上的要求[87]

（1919年10月9日）

要　　求

（1）索尔茨完全投身于合作社的非商业性活动（写作、指导及其他活动）；

（2）如不能单独刊印，就在《**消息报**》、《**真理报**》和《**贫苦农民报**》[88]上刊印，即登载在这些报纸上；

（3）**迅速**搜集到（即使是在一些小地区内）**有关**执行法令[89]所采取的**措施**的**实际**材料，要有总的情况（法令各部分的执行情况），特别要有关于粮食收购和分配的办法（关于机构、方式、条件、例外情况等等）以及关于资产阶级合作社变为或者正在开始变为共产主义合作社的材料，等等。

载于1959年《列宁文集》俄文版
第36卷

译自《列宁全集》俄文第5版
第39卷第211页

向意大利、法国和德国的共产党人致敬

（1919 年 10 月 10 日）

我们极少得到国外的消息。帝国主义野兽正以全力实行封锁，世界列强正对我们横施暴力，以图恢复剥削者的政权。俄国资本家和全世界资本家对我们所怀的这种野兽般的凶狠，自然是用空谈“民主”的崇高意义掩盖着的！剥削者营垒总是把资产阶级民主冒充为一般“民主”，而一切庸人，一切小资产者，直到弗里德里希·阿德勒、卡尔·考茨基这班老爷和德国“独立”（即对革命无产阶级独立但对小资产阶级的偏见却是依赖的）社会民主党的大部分领袖，都跟着这个营垒随声附和。

但是，我们在俄国得到的国外消息愈少，看到共产主义事业在世界各国工人中间普遍取得巨大成就，看到工人群众同腐朽的叛变的领袖们（从谢德曼到考茨基都已转到资产阶级方面）的决裂取得进展，我们就愈觉得高兴。

关于意大利的党，我们只知道它的代表大会以绝大多数通过了加入第三国际的决议和无产阶级专政的纲领。这样，意大利社会党就真正参加到共产主义运动中来了，虽然它还令人遗憾地保留着旧名称。向意大利工人及其政党致热烈的敬礼！

关于法国，我们只知道巴黎一地就有两种共产主义的报纸，即雷蒙·佩里卡主编的《国际报》和乔治·昂克蒂尔主编的《禁名报》。已经有很多无产阶级的组织加入了第三国际。工人群众无疑是同情共产主义和苏维埃政权的。

关于德国的共产党人,我们只知道在很多城市中有了共产主义的报纸。这些报纸往往取名为《红旗报》。柏林的《红旗报》[90]是秘密出版的,它同刽子手谢德曼—诺斯克之流进行着英勇的斗争,谢德曼—诺斯克之流用自己的行动向资产阶级逢迎献媚,正像"独立党人"用自己的言论和"思想"(小资产阶级思想)宣传向资产阶级逢迎献媚一样。

柏林的共产党人报纸《红旗报》所进行的英勇斗争,使人们感到欢欣鼓舞。德国终于有了不顾一切迫害、在优秀领袖遭到卑鄙杀害后始终坚定不屈的正直而真诚的社会主义者!德国终于有了进行英勇的堪称真正"革命"的斗争的工人共产党员!德国无产阶级群众内部终于成长出了一种把"无产阶级革命"这个口号当做**真理**的力量!

向德国共产党人致敬!

谢德曼之流、考茨基之流、伦纳之流和弗里德里希·阿德勒之流这些老爷们也许在个人的诚实程度上彼此有很大的差别,但都同样是小资产者,同样是最可耻地背叛和出卖社会主义事业而维护资产阶级的分子。他们在1912年就即将来临的帝国主义战争共同草拟了并签署了巴塞尔宣言,他们当时都高谈"**无产阶级**革命",但事实证明他们都是小资产阶级民主派,是抱着小市民共和幻想、资产阶级民主幻想的骑士,是反革命资产阶级的帮凶。

接连不断的疯狂迫害锻炼了德国共产党人。现在他们在一定程度上是分散的,这正证明他们的运动的广泛性和群众性,证明共产主义在工人群众深处日益增长的力量。他们遭受着反革命资产者及其奴仆谢德曼—诺斯克之流疯狂的迫害，因而不得不保持秘密状态，对于这样一个运动来说，分散性是不可避免的。

运动发展得如此迅速，又遭受到如此严重的迫害，因而产生了很尖锐的意见分歧，这也是很自然的。这里并没有什么可怕。这是成长过程中的毛病。

让谢德曼之流和考茨基之流在他们的《前进报》和《自由报》[91]上，对共产党人中间的意见分歧幸灾乐祸吧。这些腐败的市侩主义的英雄只能靠讥笑共产党人来掩盖自己的腐朽。但是，如果谈到问题的实质，那只有瞎子才会到现在还看不见事实真相。这个事实真相就是，谢德曼派和考茨基派极其可耻地**出卖了**德国的无产阶级革命，**背叛了德国的无产阶级革命**，**真正地**站到反革命资产阶级方面去了。亨利希·劳芬贝格在他的《第一次革命与第二次革命之间》这本出色的小册子中，非常有力地、鲜明生动地、令人信服地指出了并证明了这一点。有些政党只剩下没有群众的领袖、没有军队的将军因而处于瓦解和死亡之中，谢德曼派和考茨基派内部的意见分歧正是这些政党的意见分歧。至于群众离开谢德曼派跑到考茨基派那边去，那是由于考茨基派中有左翼（这可从任何一篇关于群众大会的报道中看出来），可是这个左翼毫无原则，畏首畏尾，它企图把小资产阶级关于议会民主制的陈旧偏见，同共产党人承认无产阶级革命、无产阶级专政和苏维埃政权结合起来。

腐朽的“独立党人”领袖在群众的压力下**口头上**承认这一切，实际上他们仍旧是小资产阶级民主派，仍旧是马克思无情地嘲笑过斥责过的路易·勃朗和1848年的其他笨蛋那样的“社会主义者”。

这些分歧才是真正不可调和的。这班市侩同1848年的市侩一样,崇拜资产阶级"民主"而不懂得它的资产阶级性质,在这些市侩和无产阶级革命者之间,是不可能有和平的。他们双方是不可能合作共事的。哈阿兹和考茨基、弗里德里希·阿德勒和奥托·鲍威尔可以无休止地兜圈子,连篇累牍地写文章,无止境地发表演说,但回避不了这样一个事实:他们**实际上**暴露出自己对无产阶级专政和苏维埃政权一窍不通,他们**实际上**是市侩民主派,是路易·勃朗和赖德律-洛兰型的"社会主义者",他们**实际上**至多也不过是资产阶级手中的玩物,弄不好就成为直接替资产阶级效劳的奴才。

"独立党人"、考茨基派和奥地利社会民主党人,**表面上**是统一的政党,实际上这些党的党员群众在基本的、最主要的、最本质的问题上同他们的领袖们都是**不**一致的。只要新的危机一到来,群众**就会去进行**争取苏维埃政权的无产阶级革命斗争,而"领袖们"将和现在一样,仍旧是反革命分子。在口头上脚踏两只船是不难的,德国的希法亭和奥地利的弗里德里希·阿德勒就表明自己是精通这门崇高艺术的典范。

但是在革命斗争的烈火中,那些把不能调和的东西调和起来的人是会成为肥皂泡的。1848年所有的"社会主义"英雄表明了这一点,他们的亲兄弟即1917—1919年的俄国孟什维克和社会革命党人表明了这一点,伯尔尼国际即黄色第二国际所有的骑士也正在表明这一点。

共产党人中间的意见分歧则属于另一类,只有不愿意看的人才看不到这里的根本差别。这是急遽发展起来的群众运动的代表人物中间的意见分歧。这是在一个坚如磐石的共同的基础上的意见分歧,这个基础就是承认无产阶级革命,承认要同资产阶级民主幻想和资产阶级民主议会制进行斗争，承认无产阶级专政和苏维埃政权。

在**这种**基础上的意见分歧并不可怕，因为这是成长过程中的毛病，而不是老年人的衰颓。这种意见分歧布尔什维主义也经历过不止一次，它还由于这类意见分歧有过小小的分裂。但是在决定性的时刻，在夺取政权和建立苏维埃共和国的时刻，布尔什维主义是统一的。它把接近自己的各种优秀的社会主义思想流派吸引到自己这方面来，它把**整个**无产阶级先锋队和**绝大多数**劳动者团结到自己的周围。

德国共产党人也会是这样的。

谢德曼派和考茨基派还在谈论一般“民主”，他们还沉溺于1848年的思想，他们口头上是马克思主义者，实际上是路易·勃朗之流。他们一谈到“多数”时，总以为选票的平等就是被剥削者同剥削者平等，工人同资本家平等，穷人同富人平等，饥饿者同饱食者平等。

在谢德曼派和考茨基派看来，善良、诚实、高尚、和气的资本家，从来就没有利用过财富的力量、金钱的力量、资本的权力、官僚政治和军事独裁的压迫，而真正是“按多数”来决定事情的！

谢德曼派和考茨基派（一半是由于虚伪，一半是由于几十年从事改良主义活动所养成的极端愚蠢）替资产阶级民主、资产阶级议会制、资产阶级共和制进行**粉饰**，硬说资本家在决定国家大事时是按多数人的意志，而不是按资本的意志，也没有用富人对穷人采取的欺骗、压迫和暴力等手段。

谢德曼派和考茨基派准备“承认”无产阶级革命，但先必须**在保存**资本和财富的力量、权力、压迫和特权的**条件下**有多数人投票

(在资产阶级国家政权机关主持选举的情况下)“**赞成革命**”!! 这种观点所暴露出来的市侩式的极端愚蠢，这种对资本家、资产阶级、将军、资产阶级国家政权机关的市侩式的极端轻信态度(Vertrauensduselei)，真令人难以想象。

其实，正是资产阶级才始终是伪善的，它把形式上的平等叫做“民主”，实际上却用无数欺骗、压迫等手段来蹂躏穷人、劳动者、小农和工人。帝国主义战争(谢德曼之流和考茨基之流曾无耻地对它进行粉饰)向千百万人揭示了这一点。无产阶级专政是保护劳动者免于资本压迫、免于资产阶级军事专政暴力和免于帝国主义战争的**唯一**手段。无产阶级专政是达到**真正的**平等和民主，达到实际生活中的而不是写在纸上的平等和民主，经济现实中的而不是政治空谈中的平等和民主的唯一步骤。

谢德曼之流和考茨基之流不懂这个道理，因此就成了卑鄙的社会主义叛徒和资产阶级思想的辩护士。

*　　*　　*

考茨基党(或“独立”党)由于它的大多数革命的党员群众和反革命的“领袖们”之间的意见分歧而正在灭亡，而且必然很快就会瓦解和灭亡。

共产党正在经历着实质上是布尔什维主义也经历过的那种意见分歧，它一定会从中壮大起来和得到锻炼。

根据我的判断，德国共产党人中间的意见分歧，可归结为“利用合法机会”(1910—1913 年间布尔什维克就是这么说)的问题，即是否利用资产阶级议会、反动工会以及被谢德曼派和考茨基派弄得面目全非的“企业委员会法”(Betriebsratgesetz)的问题，是参加还是抵制这一类机关的问题。

我们俄国布尔什维克在1906年和1910—1912年间所经历的，正是这样的意见分歧。所以我们能清楚地看到，许多年轻的德国共产党人只是表现出革命经验不足而已。如果他们经历了1905年和1917年那两次资产阶级革命，他们就不会把抵制说得这样绝对，就不会在有些时候犯工团主义的错误。

这是成长过程中的毛病。这种毛病会随着运动的发展而消失，而运动正在蓬勃地发展着。对于这些明显的错误当然必须公开进行斗争，但尽量不要去夸大意见分歧，因为大家都应当很清楚，在不久的将来，争取无产阶级专政、争取苏维埃政权的斗争是一定会使大部分的这种意见分歧消除的。

无论从马克思主义理论来看，或者从三次革命（1905年、1917年2月和1917年10月）的经验来看，我认为拒绝参加资产阶级议会、反动的（列金式的、龚帕斯式的等等）工会以及被谢德曼派弄得面目全非的最反动的工人"委员会"等等，都是绝对错误的。

有时候，在某种情况下，在某个国家中，抵制是正确的。例如，1905年布尔什维克抵制沙皇杜马就是正确的。然而，同样是布尔什维克，却参加了1917年那个反动得多的、公然反对革命的杜马。1917年，布尔什维克参加了资产阶级立宪会议的选举，而在1918年，我们却解散了立宪会议，使市侩民主派、考茨基之流以及其他社会主义叛徒大吃一惊。我们参加过最反动的纯粹孟什维克的工会，这种工会就其反革命性说来，丝毫不比德国最卑鄙最反动的列金派工会逊色。甚至在我们取得国家政权两年后的今天，我们也还没有结束对残存的孟什维克工会（即谢德曼派、考茨基派、龚帕斯派等等的工会）的斗争。这是一个多么漫长的过程！小资产阶级思想的影响在某些地方或某些行业中有多么巨大！

从前我们在苏维埃、在工会以及在合作社中都是少数。经过长期的努力和长期的斗争（在夺得政权**以前和以后**），我们才在**一切**工人组织中，后来又在非工人组织中，再后又在小农组织中，获得了多数。

只有坏蛋或者傻瓜才会认为，无产阶级先应当**在资产阶级压迫下**，在**雇佣奴隶制压迫**下进行投票来取得多数，然后才去夺取政权。这是绝顶的愚蠢或绝顶的虚伪，这是用旧制度旧政权下的投票来代替阶级斗争和革命。

无产阶级在进行阶级斗争的时候，并不等待投票以后才发动罢工，虽然取得罢工的完全胜利需要大多数劳动者（因而也就是大多数居民）的同情。无产阶级在进行阶级斗争来推翻资产阶级的时候，并不等待任何预先的（由资产阶级主持并在其压迫下进行的）投票，而且无产阶级很清楚，要取得无产阶级革命的胜利，要使推翻资产阶级获得成功，**绝对需要**大多数劳动者（因而也就是大多数居民）的同情。

议会迷和现代的路易·勃朗之流，“要求”必须进行投票，必须进行由资产阶级主持的投票，来判断大多数劳动者是否同情革命。但这是书呆子、头脑僵化的人或者狡猾的骗子的见解。

现实生活，即实际的革命的历史表明，“大多数劳动者的同情”往往不能靠什么投票来证明（更不用说在剥削者和被剥削者“平等”的条件下由剥削者主持进行的投票了！）。“大多数劳动者的同情”往往根本**不是**由投票来证明，而是由许多政党中的一个政党的成长或由这个党在工人委员会中的党员人数的增多来证明，或者由一次因某种原因具有重大意义的罢工的胜利来证明，或者由国内战争的胜利来证明，如此等等。

例如，我国革命的历史证明，辽阔的乌拉尔和西伯利亚的大多数劳动者对无产阶级专政的同情，这不是由投票显示出来的，而是由沙皇将军高尔察克统治乌拉尔和西伯利亚一年的实践显示出来的。而高尔察克政权同样是以谢德曼派和考茨基派（用俄国的说法就是拥护立宪会议的“孟什维克”和“社会革命党人”）的“联合”政权开始的，正像现在德国的哈阿兹之流和谢德曼之流先生们用他们的“联合”来给冯·哥尔茨政权或鲁登道夫政权开路、打掩护和装饰门面一样。附带说一句，哈阿兹和谢德曼在政府中的联合已经结束，但是这些社会主义叛徒在政治上的联合还存在。考茨基的书、施坦普费尔在《前进报》上的文章、考茨基派和谢德曼派议论他们“联合”的文章等等都证明了这一点。

没有绝大多数劳动者对自己的先锋队即无产阶级的同情和支持，无产阶级革命是不可能实现的。然而这种同情和支持并不是一下子得来的，并不是由投票决定的，而是经过长时期困难而艰苦的阶级斗争**争得**的。无产阶级**为争取**大多数劳动者的同情、**为争取**他们的支持而进行的阶级斗争，并不以无产阶级夺得政权而告结束。**在**夺得政权**之后**，这种斗争仍旧**继续着**，不过换了**另一种**形式，俄国革命时的形势非常有利于无产阶级（为本阶级专政进行斗争），因为无产阶级革命发生的时候，全体人民已经武装起来，全体农民都希望推翻地主的政权，并且已被社会主义的叛徒孟什维克和社会革命党人所实行的“考茨基派的”政策激怒了。

在俄国，发生无产阶级革命的时候形势非常有利，即使当时整个无产阶级、整个军队和全体农民都立刻很好地团结起来了，即使这样，俄国无产阶级在实行专政时为争取大多数劳动者的同情和支持而进行的斗争，也花了很多时间。经过两年，这个斗争差不多才算结束，但无产阶级还没有完全获得胜利。在两年中间，我们只是完全获得了大俄罗斯（包括乌拉尔和西伯利亚）绝大多数工人和劳动农民的同情和支持，但还没有完全获得大多数乌克兰劳动农民（不是剥削的农民）的同情和支持。协约国的军事力量**可能**摧毁我们（但终究摧毁不了我们），可是**在**俄国**国内**，我们**现在**却得到绝大多数劳动者的坚决赞助，这表明世界上还没有比俄国更民主的国家。

如果仔细研究一下无产阶级夺取政权的这种复杂而困难的长期的斗争历史——它有多种多样的斗争形式，有无数急剧的变化、转折和从一种斗争形式到另一种斗争形式的转变——就能清楚地看到，有些人想要“禁止”参加资产阶级议会、反动工会、沙皇或谢德曼派的工人代表委员会或工厂委员会等，那是错误的。这种错误的产生，是由于工人阶级中最忠诚最坚定的英勇的革命者缺少革命经验。因此，卡尔·李卜克内西和罗莎·卢森堡1919年1月的做法是万分正确的，当时他们看到了这种错误，指出了这种错误，但是仍然宁愿同这些在不很重要的问题上犯错误的无产阶级革命者在一起，而不愿同社会主义叛徒谢德曼派和考茨基派在一起，这些叛徒虽然在参加资产阶级议会的问题上没有犯错误，但已经成了市侩民主派，成了资产阶级的走狗，而不再是社会主义者了。

但错误终究是错误，必须对它进行批评，必须为纠正它而进行斗争。

同社会主义叛徒谢德曼派和考茨基派要进行无情的斗争，但是这种斗争不要在赞成或反对参加资产阶级议会和反动工会等等这一方面进行。那样做是绝对错误的。但如果离开马克思主义的思想和实践路线(组织一个坚强的集中的政党)而走向工团主义的思想和实践,那错误就更加严重了。应当竭力让党参加资产阶级议会、反动工会以及被谢德曼派弄得面目全非的"工厂委员会",到一切有工人、可以向工人讲话和能够影响工人群众的地方去。应当坚决地把秘密工作同合法工作结合起来,秘密的党及其**工人**组织应当经常地一贯地对合法的活动进行最严格的监督。这不是容易的事情,但是"容易的"任务、"容易的"斗争手段在无产阶级革命中是根本没有也根本不可能有的。

无论如何要解决这个不容易的任务。我们同谢德曼派和考茨基派的区别,不仅在于(而且主要不在于)他们不承认武装起义而我们承认武装起义。主要的和根本的区别,在于他们在**一切**工作领域中(在资产阶级议会中、工会中、合作社中、报刊工作中等等)奉行着不彻底的、机会主义的、甚至是直接叛卖的政策。

反对社会主义叛徒,反对改良主义和机会主义,——这条政治路线在**一切**斗争领域中都可以推行而且应当推行。这样做了,我们就能争取到工人群众。而无产阶级先锋队即集中的马克思主义的政党,就能同工人群众一起,稳稳地把人民引向无产阶级专政的胜利,引向无产阶级民主以代替资产阶级民主,引向苏维埃共和国,引向社会主义制度。

第三国际在几个月内就取得了一系列空前辉煌的胜利。它的成长速度是惊人的。成长过程中的局部性错误和毛病并不可怕。我们要直率地公开地批评这些错误和毛病,要使一切文明国家中受到马克思主义教育的工人群众很快地把**各**国背叛社会主义的谢德曼派和考茨基派(这种人各国都有)驱逐出去。

共产主义必胜。胜利一定属于共产主义。

1919 年 10 月 10 日

载于 1919 年 10 月《共产国际》杂志第 6 期

译自《列宁全集》俄文第 5 版第 39 卷第 212—223 页

工人国家和征收党员周

（1919年10月11日）

莫斯科征收党员周[92]是在苏维埃政权困难的时刻举行的。由于邓尼金的胜利，地主资本家和他们的朋友们拼命加紧阴谋活动，资产阶级竭力扰乱人心，千方百计想动摇苏维埃政权的决心。犹豫动摇的不自觉的庸人以及同他们在一起的知识分子，社会革命党人和孟什维克，照例都更加动摇起来，而且最先被资本家吓倒了。

但是，我认为，莫斯科在困难时刻举行征收党员周对我们更有利，因为这对事情更有益处。我们举行征收党员周并不是为了炫耀一番。徒有其名的党员，就是白给，我们也不要。世界上只有我们这样的执政党，即革命工人阶级的党，才不追求党员数量的增加，而注意党员质量的提高和清洗"混进党里来的人"。我们曾不止一次地重新登记党员，以便把这种"混进党里来的人"驱除出去，只让有觉悟的真正忠于共产主义的人留在党内[93]。我们还用动员人们上前线和参加星期六义务劳动的办法，来清洗党内那些一心想从执政党党员的地位"捞到"好处而不愿肩负为共产主义忘我工作的重担的人。

目前正当加紧动员人们上前线的时候，举行征收党员周的好处是，不致对那些想混进党里来的人有什么诱惑力。我们只是号召大批普通工人和贫苦农民即劳动农民入党，**而不是**号召投机农民入党。我们不向这些普通党员许愿，说入党有什么好处，也不给他们什么好处。相反地，现在党员要担负比平常更艰苦更危险的工作。

这样更好。入党的将都是一些真心拥护共产主义的人，真正忠于工人国家的人，正直的劳动者，在资本主义下受过压迫的群众的真正代表。

只有这样的党员才是我们需要的。

我们需要新党员不是为了做广告，而是为了进行严肃的工作。我们号召他们加入党。我们向劳动者敞开党的大门。

苏维埃政权是为彻底推翻资本压迫而斗争的劳动者的政权。首先起来进行这种斗争的，是各城市和工业中心的工人阶级。它取得了第一次胜利，夺得了国家政权。

工人阶级把大多数农民团结到自己方面来。因为倾向于资本、倾向于资产阶级的，只是经商的农民，投机农民，而不是劳动农民。

最开展最觉悟的彼得格勒工人为管理俄国输送了最多的力量。可是我们知道，在普通工人和农民中，忠于劳动群众利益、能够做领导工作的人是很多很多的。在这些人当中，有很多是有组织才能和管理才能的，资本主义不让这些人发展，我们却尽力帮助他们，而且应当帮助他们涌现出来，让他们担负起社会主义建设的工作。发现这些质朴的不知名的新人才是不容易的。吸收那些长期受地主资本家压迫和恐吓的普通工农来参加国家工作是不容易的。

但是，我们应该进行而且必须进行这种不容易的工作，以便更深入地从工人阶级和劳动农民中间发掘新人才。

非党的工人和劳动农民同志们，加入党吧！我们不向你们许愿，说入党有什么好处，我们号召你们来进行困难的工作，进行建设国家的工作。如果你们真心拥护共产主义，你们就应该大胆地担负起这种工作，不要怕工作生疏和困难，不要被那种陈腐偏见弄得惶惑不安，以为只有受过正规教育的人才能胜任这种工作。这是不对的。能够而且应当有愈来愈多的普通工人和劳动农民来领导社会主义建设的工作。

劳动群众拥护我们。我们的力量就在这里。全世界共产主义运动不可战胜的根源就在这里。多吸收群众中新的工作者入党，使他们独立参加建设新生活的工作，这就是我们克服一切困难的手段，这就是我们走向胜利的道路。

1919 年 10 月 11 日

载于 1919 年 10 月 12 日《真理报》第 228 号和《全俄中央执行委员会消息报》第 228 号

译自《列宁全集》俄文第 5 版第 39 卷第 224—226 页

同阿富汗特命大使
穆罕默德·瓦利汗的谈话[94]

（1919年10月14日）

报　　道

列宁同志在自己的办公室迎接大使时说："我非常高兴地在工农政府的红色首都见到对我们友好的阿富汗人民的代表，阿富汗人民正在受难，正在为反对帝国主义压迫而进行斗争。"大使回答说："我向您伸出友谊的手，并希望您帮助整个东方从欧洲帝国主义的压迫下解放出来。"在随后开始的谈话中，列宁同志说，苏维埃政权即劳动者和被压迫者的政权力求做到的正是阿富汗特命大使所说的这件事，但是必须让穆斯林东方了解这一点，并支援苏维埃俄国的伟大的解放战争。大使回答说，他可以断言，穆斯林东方已经了解这一点，全世界看到欧洲帝国主义在东方无立足之地的时刻为期不远了。

随后，大使站起来说："我荣幸地把我国国王的信件呈递给自由俄国无产阶级政府的首脑，并希望阿富汗政府所谈到的事情能引起苏维埃政权的关注。"接着他将艾米尔的信件递交给列宁同志。列宁同志回答说，他非常高兴地接受这封信，并答应很快就对阿富汗所关心的全部问题作出答复。[95]

载于 1919 年 10 月 17 日《真理报》第 232 号和《全俄中央执行委员会消息报》第 232 号

译自《列宁全集》俄文第 5 版第 39 卷第 227 页

在莫斯科苏维埃大楼阳台上对应征入伍的工人共产党员的讲话

（1919 年 10 月 16 日）

采 访 记 录

（列宁出现时，全场热烈鼓掌欢迎）同志们！请让我向又一次响应我们的号召，派出了自己的优秀力量来捍卫工农共和国的雅罗斯拉夫尔省和弗拉基米尔省的工人致敬。我们在报上毫无隐瞒地把真实情况都刊登出来了，所以你们都知道，沙皇将军邓尼金占领奥廖尔和尤登尼奇进逼红色彼得格勒，造成了多么严重的新威胁。但是我们像往常一样正视这种威胁，同它进行斗争——我们号召觉悟的无产阶级和劳动农民挺身起来保卫自己的胜利果实。

形势非常严重。但我们并不绝望，因为我们知道，每当苏维埃共和国处于困难境地的时候，工人们总会表现出奇迹般的英勇，以身作则，鼓舞和激励军队，引导他们走向新的胜利。

我们知道，在全世界，在所有的国家中，革命运动虽然进展得比我们希望的慢，却在不断地增长。我们还知道，工人阶级在全世界的胜利是有保证的。

不管俄国遭受多么惨重的牺牲，不管俄国遭受怎样的折磨和蹂躏，它仍然顽强地为全体工人的事业斗争着。帝国主义者

1919 年 10 月 16 日在莫斯科苏维埃大楼阳台上
对应征入伍的工人共产党员讲话时的照片

可能再摧残一两个共和国，但他们拯救不了世界帝国主义，因为它的厄运是注定了的，因为它一定会被即将到来的社会主义消灭掉。

因此，我向你们弗拉基米尔省和雅罗斯拉夫尔省的工人致敬，我坚决相信，你们一定会以身作则，鼓舞起红军的士气，引导他们走向胜利。

工人和农民万岁！

全世界工人共和国万岁！

载于1919年10月17日《真理报》第232号和《全俄中央执行委员会消息报》第232号

译自《列宁全集》俄文第5版第39卷第228—229页

告彼得格勒工人和红军战士

（1919 年 10 月 17 日）

同志们！决定性的时刻到来了。沙皇将军们已再次从英、法、美资本家那里得到了武器弹药等军事补给，他们同地主子弟那伙匪帮再次试图夺取红色的彼得格勒。敌人是在我们同爱斯兰进行和平谈判的时候发动进攻的，是向相信这次谈判的我国红军战士发动进攻的。这次进攻具有背信弃义的性质，这是敌人迅速获胜的部分原因。红谢洛、加契纳、维里察已被占领。通向彼得格勒的两条铁路已被切断。敌人想切断第三条铁路和第四条铁路，即尼古拉铁路和沃洛格达铁路，利用饥饿来夺取彼得格勒。

同志们！你们大家都知道和看见彼得格勒受到了多么大的威胁。彼得格勒的命运，也就是说俄国苏维埃政权的一半命运，几天之内就要决定了。

对彼得格勒的工人和红军战士，我没有必要和他们谈他们的职责。苏维埃在同全世界的资产阶级进行的两年斗争中，遭到了史无前例的困难，获得了史无前例的胜利，这两年斗争的全部历史向我们表明，彼得格勒工人不仅是履行职责的典范，而且是具有世所未闻的革命热忱和自我牺牲精神的高度英雄主义的典范。

同志们！彼得格勒的命运就要决定了！敌人力图打我们一个措手不及。他们的力量是薄弱的，甚至是微不足道的。他们的力量表现在行动迅速，军官蛮横，装备和武器精良。对彼得格勒的增援即将到来，我们已经派出了这种增援。我们比敌人强大得多。同志们，要战斗到最后一滴血，要守住每一寸土地，要坚持到底，胜利就在眼前！胜利是属于我们的！

弗·乌里扬诺夫（列宁）

10月17日

载于1919年10月19日《彼得格勒真理报》第237号

译自《列宁全集》俄文第5版第39卷第230—231页

人民委员会关于
拨给莫斯科市执行委员会经费的决定

（1919 年 10 月 18 日）

送人民银行预算局

决　　定

人民委员会 1919 年 10 月 17 日会议[96]决定：

(1)从国家资金中拨出二亿五千万卢布(250 000 000)，以最后特殊项目列入财政人民委员部中央办公厅 1919 年下半年的预算，贴补给莫斯科市执行委员会用于地方经济。

(2)应在国家监察人民委员部有关部门监督下使这笔拨款用于直接目的。

(3)应向莫斯科市执行委员会说明，为满足全国需要的拨款申请，应按照预算原则规定的一般手续，通过相应的人民委员部报送国家监察人民委员部有关部门。

(4)责成莫斯科市执行委员会在两周内撤销莫斯科市财政局所属的贵金属处，该处已接受的全部贵金属及其制品可移交给人民银行莫斯科办事处。

(5)莫斯科市执行委员会应按照人民委员会颁布的法令，其中包括 1918 年 10 月 31 日关于建立财政局的法令[97]，考虑建立自己的各个局(其中包括财政局)的必要性。

人民委员会主席

弗·乌里扬诺夫(列宁)

译自《列宁文集》俄文版第39卷
第210页

告红军战士同志们

（1919年10月19日）

红军战士同志们！沙皇将军们（北方的尤登尼奇，南方的邓尼金）又在纠集一切力量，企图战胜苏维埃政权，恢复沙皇、地主和资本家的政权。

高尔察克也有过类似的行动，那结局我们是清楚的。他没有能长久地欺骗乌拉尔工人和西伯利亚农民。乌拉尔工人和西伯利亚农民在看清这种骗局，并饱尝军官们，地主资本家子弟们无数次的欺凌、鞭笞和抢劫之后，帮助我们红军打败了高尔察克。奥伦堡的哥萨克直接转到苏维埃政权方面来了。

所以我们坚信，我们一定会战胜尤登尼奇和邓尼金。他们不可能恢复沙皇和地主的政权。这决不可能！农民已经在邓尼金的后方举行起义。高加索反邓尼金的起义火焰已经炽烈地燃烧起来了。库班的哥萨克也愤愤不平，不满意邓尼金为地主和英国人效劳的暴虐抢劫行为。

红军战士同志们，我们要坚忍不拔！工人和农民会愈来愈团结、愈来愈觉悟、愈来愈坚决地站到苏维埃政权这边来。

前进吧，红军战士同志们！为捍卫工农政权，反对地主，反对沙皇将军而战斗吧！胜利是属于我们的！

尼·列宁

1919 年 10 月 19 日

载于 1919 年《红军战士》杂志
第 10—15 期合刊(纪念专刊)

译自《列宁全集》俄文第 5 版
第 39 卷第 232 页

莫斯科征收党员周的总结和我们的任务

（1919 年 10 月 21 日）

在莫斯科征收党员周期间入党的有 13 600 人。

这是一个巨大的完全没有料到的成绩。整个资产阶级，特别是城市小资产阶级，包括那些为自己丧失“老爷的”特权地位而伤心的专家、官吏、职员在内，——所有这伙人恰巧在最近，恰巧在莫斯科征收党员周期间，拼命扰乱人心，预言苏维埃政权即将灭亡，邓尼金即将胜利。

这伙“知识分子”是多么善于巧妙地运用扰乱人心这个武器啊！要知道这已经成了资产阶级在反对无产阶级的阶级斗争中的真正武器。在我们所处的这种时候，小资产阶级总是要同资产阶级结成“反动的一帮”并且“死命地”抓住这个武器的。

莫斯科本来是商人势力特别大的地方，是剥削者、地主、资本家、食利者最集中的地方，是资本主义的发展把大量资产阶级知识分子集合到了一起的地方，是驻着中央政权机关因而官员特别密集的地方，——正是这个莫斯科是资产阶级造谣、诽谤、扰乱人心最方便的场所。邓尼金和尤登尼奇进攻得手的“时机”非常有利于资产阶级这种手段取得“成功”。

无产阶级群众看到了邓尼金的“成功”，并且知道在现在做一个共产党员会遭到多大的艰难困苦和危险，但是他们中间却有成千上万的人挺身而出，起来支援共产党，承担异常艰巨的国家管理工作的重担。

苏维埃政权的成就、我们党的成就简直是了不起的！

这个成就向首都居民，并且也向整个共和国和全世界证明并清楚地指出，正是在无产阶级中间，正是在劳动群众的真正代表中间蕴藏着苏维埃政权强大和稳固的最可靠的源泉。在最困难最危险的时刻人们志愿申请入党，从这个成就可以看到，无产阶级专政已实际地显示了为劳动解放事业的敌人深恶痛绝而为劳动解放事业的真正朋友最为珍视的**那一方面**，即无产阶级（掌握着国家政权的）**从道义上**（从这个词的最好意义上讲）影响群众的特殊力量，无产阶级施加这种影响的**方法**。

掌握着国家政权的无产阶级先进阶层以身作则，在整整两年期间（在我国政治发展极快的情形下，这是一个很长的时期）给劳动群众树立了这样的**榜样**：他们对劳动者的利益十分忠诚，他们同劳动者的敌人（剥削者，特别是“私有者”和投机者）斗争时十分坚决，他们在艰苦的时刻十分坚定，他们在反击世界帝国主义强盗时奋不顾身，这都说明**只有**工人和农民对自己先锋队的**同情**所产生的力量才能够**创造奇迹**。

这是奇迹，因为被饥饿、寒冷、破坏、破产折磨得无比痛苦的工人，不仅保持着蓬勃的朝气、对苏维埃政权的无限忠诚、高度的自我牺牲精神和英雄主义热情，而且不顾自己缺乏素养和经验，承担了驾驶国家航船的重担！而且这是在暴风雨最猛烈的时刻……

我国无产阶级革命的历史充满了这样的奇迹。不论个别的考验多么严重，这样的奇迹将会导致而且一定会导致世界苏维埃共和国的完全胜利。

我们现在应该关心怎样**正确地**使用新党员。这个任务应该受到特别的重视，因为这不是一个轻松的任务，这是一个新的任务，靠老一套办法是解决不了的。

资本主义扼杀、压制、摧残了工人和劳动农民中的大批人才。这些人才在贫穷困苦、人格遭到侮辱的压迫之下毁灭了。现在我们的职责就是要善于发现这些人才，让他们担任工作。在征收党员周期间入党的新党员，大多数没有经验，不熟悉国家管理工作，这是毫无疑问的。但他们是被资本主义人为地压在**下面**、变成“底”层、没有抬头机会的那些社会阶层当中最忠实、最真诚、最有才能的人，这也是毫无疑问的。他们比别的人**更**有力量，**更**富朝气，**更**耿直，**更**坚强，**更**真诚。

因此，一切党组织都应当对怎样使用这些新党员的问题作专门的研究。应该**更大胆地**把各种各样的国家工作托付给他们，应该更迅速地在实践中考验他们。

当然，所谓大胆，并不是**马上**就把重要的职务交给新手担任，因为担任重要职务所需要的知识，新手还没有掌握。要大胆，是说要大胆地同官僚主义作斗争，我们的党纲非常明确地提出为什么官僚主义会在某种程度上复活以及怎样防止的问题并不是没有原因的。要大胆，首先是说要大胆地让那些熟悉人民群众的生活状况及其疾苦和要求的新党员对职员、官吏和专家实行**监督**。要大胆，是说要**立即**给这些新手在**广阔的**工作领域中施展才能和一显身手的机会。要大胆，是说要大胆地打破常规（在我们这里，也有人——可惜还不少呢！——非常怕冒犯已经规定的苏维埃的陈规陋矩，虽然这些东西有时不是由自觉的共产党员而是由旧官吏和旧职员“规定”的）；要大胆，是说要决心以革命的速度为新党员改变工作方式，以便更快地考验他们，更快地给他们找到适当的工作岗位。

在很多场合可以为新党员安排这样的工作，即让这些党员一方面监督旧官吏是否认真地完成自己的任务，另一方面很快能学会业务，并能独立地担当工作。在其他场合可以安排他们来更新、加强工农群众同国家机构的直接联系。在我们工业的“总管理局、中央管理局”里，在我们的“国营农场”里，还有很多很多的怠工者、潜藏的地主和资本家在千方百计地破坏苏维埃政权。中央和地方有经验的党的工作者的本领应该在加紧利用党的新生力量来同这种祸害作坚决的斗争方面表现出来。

苏维埃共和国应当成为一个统一的军营，它应该尽量发挥一切力量，尽量节省这些力量，尽量减少拖拉现象和繁文缛节，尽量精简机构，尽量使这个机构不仅知道群众的疾苦，而且能为群众所了解，能使群众独立参加这个机构的工作。

目前正在加紧动员老党员参加军事工作。这一工作无论如何不应削弱，而是应该不断加强。但是，为了争取战争的胜利，同时应该改善、精简、更新我们的非军事管理机构。

谁的后备多，谁的兵源足，谁的群众基础厚，谁更能持久，谁就能在战争中取得胜利。

在所有这些方面，我们都超过白卫分子，超过“世界上最强大的”英法帝国主义这个泥足巨人。我们超过他们，是因为我们能够从过去受资本主义压迫、不论在哪里都占人口绝大多数的那些阶级中，也就是从工人和劳动农民中吸收力量，而且今后还要长期地愈来愈深入地从他们当中吸收力量。我们能够从这个大储备库中吸收力量，因为它能在建设社会主义的事业中向我们提供最忠诚、受苦难生活锻炼最多、最接近工农的工农领袖。

我们的敌人，不论是俄国资产阶级还是世界资产阶级，都根本没有稍许与这个储备库近似的东西，他们的根基愈来愈动摇，工人农民中拥护过他们的人愈来愈离开他们了。

这就是全世界的苏维埃政权最终肯定胜利和必然胜利的原因。

1919 年 10 月 21 日

载于 1919 年 10 月 22 日《俄共(布)中央通报》第 7 期

译自《列宁全集》俄文第 5 版第 39 卷第 233—237 页

对开赴前线的伊万诺沃-沃兹涅先斯克工人共产党员的讲话[98]

（1919 年 10 月 24 日）

采 访 记 录

列宁同志在讲话中叙述了我们各条战线总的情况，并且指出：尽力协助做好供应工作，把作战物资、粮食、服装等等送往我们的各条战线，应成为每一个有觉悟的工人的任务。

他表示深信，伊万诺沃-沃兹涅先斯克的工人共产党员一定会对临近前线地区的农民产生良好的影响，也会给哥萨克人中的政治工作带来很大的好处。

载于 1919 年 10 月 25 日《真理报》第 239 号

译自《列宁全集》俄文第 5 版第 39 卷第 238 页

对开赴前线的斯维尔德洛夫大学学员的讲话

（1919年10月24日）

同志们！你们知道，今天我们在这里集会，不仅是要祝贺你们当中的大多数人从苏维埃工作学校的训练班毕业，而且是因为你们全体毕业生当中将近一半的同志决定到前线去，给战斗在前线的部队以新的特别重大的援助。

同志们！我们很清楚，由于缺乏有经验的懂行的同志，我们在城市中特别是在农村中的整个管理工作遭到了多么大的困难。我们很清楚，彼得格勒、莫斯科、伊万诺沃-沃兹涅先斯克和其他城市的先进工人们，先进同志们，一直肩负着可说是在空前困难的条件下管理国家的主要重担，肩负着团结工农和领导工农的主要重担。我们很清楚，保卫苏维埃共和国的任务向他们提出了有时是非人力所能及的要求，弄得他们疲惫不堪了。在这种情形下，能够在这里集中几百个工人和农民，让他们系统地学习几个月，修完苏维埃知识的课程，然后有组织地、团结一致地、自觉地一同去开展管理工作，纠正目前还存在着的那些重大缺点，这对我们来说是非常珍贵的；因此，我们是怀着万分为难万分不愿意的心情，经过长久的踌躇之后，才决定把近半数的本届毕业生派到前线去的。前线的情况实在使人没有选择的余地。我们认为，这种自愿作出的、再派一批对行政建设工作会有很大益处的优秀人物到前线去的决定，是出于客观情况的迫切需要。

同志们，让我简短地谈谈目前各条战线的情况，好让你们了解这样做是多么必要。

在好几条曾是十分重要的、敌人曾寄予很大希望的战线上，最近的情况恰是我们将获得完全的胜利，而且，就一切迹象来看，这将是最终的胜利。在北线，向摩尔曼斯克进攻对敌人特别有利，在那里英国人早就集结了大批装备精良的武装力量，在那里我们缺少粮食和弹药，战斗极其困难，——看来，英法帝国主义者在那里该有光辉灿烂的前途了。然而正是在那里，敌人的全部进攻已告彻底失败。英国人不得不撤退自己的军队，我们看到，现在已经完全证实，英国工人不愿同俄国作战，就是在英国国内远未爆发革命斗争的今天，他们也能影响本国强盗和掠夺者的政府，迫使它把军队撤出俄国。这条战线是特别危险的，因为敌人在那里的条件最有利，控制了海道，可是他们不得不放弃了这条战线。那里只剩下俄国白卫分子的几乎不起任何作用的微小兵力了。

我们再看看另一条战线，即高尔察克战线。你们知道，当高尔察克军队向伏尔加河推进的时候，欧洲的资本家报刊急忙向全世界宣布说苏维埃政权已经崩溃，并承认高尔察克是俄国的最高执政者。但是承认高尔察克的国书还没有来得及送到高尔察克本人手中，我们的军队就把他赶到西伯利亚去了；你们也知道，我们已逼近彼得罗巴甫洛夫斯克和额尔齐斯河，高尔察克不得不重新部署自己的兵力。有一个时期我们不得不实行退却，因为当地的工农迟迟没有动员起来。但是我们从高尔察克后方得到的消息说，高尔察克一定垮台，全体居民甚至富裕农民都已起来反对他了。

所以我们说高尔察克的最后一个支柱将被摧毁，而我们将以此结束这革命的一年。这一年，整个西伯利亚受高尔察克统治，社会革命党人和孟什维克都帮他的忙，这些人又一次地玩弄了同资产阶级政府搞妥协的把戏。你们知道，整个欧洲资产阶级都帮过高尔察克的忙。你们知道，防守西伯利亚战线的有波兰人和捷克人；意大利人和美国志愿军官也都来过。能够遏止革命的各种势力，都来帮助过高尔察克。但是这一切全完蛋了，因为同共产主义接触得最少因而受共产主义影响也最小的农民，西伯利亚的农民，从高尔察克那里接受了一次教训，作了一个**实际的**对比（农民是喜欢作实际对比的），以致我们可以说，高尔察克使我们在离开工业中心最遥远的地区得到了千百万苏维埃政权的拥护者，在那样的地区要把这些人都争取过来本来是很困难的。高尔察克的统治就是这样结束的，我们在这条战线上感到非常巩固的原因也就在这里。

在西线，我们看到波兰人的进攻就要结束。他们从英国，从法国和美国得到援助。这些国家竭力挑起波兰对大俄罗斯压迫者的旧仇恨，企图把波兰工人对地主和沙皇的完全应该具有的仇恨转移到俄国工人和农民身上，要波兰工人相信，布尔什维克和俄国沙文主义者一样，梦想征服波兰。他们的这种欺骗暂时获得了成功。但是某些迹象向我们表明，这种欺骗就要不灵验了，波兰军队已经在瓦解了。美国的消息决没有同情共产主义的嫌疑，但它们也证实了波兰农民日益强烈地要求无论如何在 10 月 1 日以前结束战争，甚至与我国孟什维克和社会革命党人扮演同样角色的波兰社会沙文主义者（波兰社会党[99]）中的最爱国的分子也支持这种要求，日益加紧反对本国政府。在这段时期中，波兰人的民心发生了强烈的变化。

还有两条战线，即彼得格勒战线和南线，那里正发生最严重的事件。但就是在那里，一切迹象都说明敌人是在集结最后的兵力。我们根据确切的消息知道，英国陆军大臣丘吉尔和资本家政党这次向彼得格勒冒险进攻，是要显示他们能够迅速消灭苏维埃俄国；我们也知道，英国的报刊把这次冒险看成是沙文主义者和丘吉尔大臣显然违背大多数人的意志的孤注一掷。

我们可以把进攻彼得格勒看成是援助邓尼金的一种手段。我们根据彼得格勒战线的情况就可以作出这种结论。

你们知道，拉脱维亚、立陶宛和爱沙尼亚的政府已经答复我们，同意举行和平谈判。自然，这些最新消息在我们的军队中引起了动摇，使他们产生了战争即将结束的希望。谈判已经开始了。在这个时候，英国却搜罗起自己的残余船只，把数千名装备精良的白卫分子运到我国登陆。但是，他们不欺骗人民就不能把这些白卫分子运到我们这里来，因为在英国和法国都发生过这样的事情：把军火装上轮船的企图遭到了失败，原因是码头工人举行罢工，宣布他们不让轮船把杀人武器运往苏维埃俄国。于是，英帝国主义者不得不背着本国人民从别的国家取得武器。因此，他们把几百名或几千名俄国白卫军官运到苏维埃俄国，那是一点不奇怪的。英国有许多营房收容这些白卫军官，养活他们，训练他们来进攻俄国，然后说这是布尔什维克的恐怖引起的内战。以前住满了我国俘虏的营房，现在住满了俄国白卫军官。结果，当我们正在等待立陶宛和拉脱维亚停战的时候，敌人却把这些兵力投入彼得格勒战线，在最初几天取得了巨大的胜利。现在你们知道，彼得格勒战线的情况已经有了转变。你们从季诺维也夫和托洛茨基的报告中知道，缺额已经补齐，原来的动摇已经停止，我们的军队正在进攻，正在粉碎最激烈的抵抗胜利地进攻。这些战斗是十分残酷的。托洛茨基同志从彼得格勒打电话告诉我，在不久以前被我们攻克的儿童村中，白卫分子和留下的资产阶级还从一些房子里向外射击，进行前所未有的最顽强的抵抗。敌人感觉到整个战争起了变化，现在邓尼金急需救援，急需将我们攻击他的兵力引开。可以肯定地说，这一点他们做不到。我们大力支援彼得格勒，但丝毫没有削弱南线。派到彼得格勒战线的部队没有一个是从南方抽调来的，我们将在丝毫不削弱南线的情况下来争取我们已开始实现并将彻底实现的胜利，因为同地主和帝国主义者的战争的结局决定于南线。结局将产生在那里，在南线，而且就在不久的将来。

同志们，你们知道，在南线，一方面，敌人主要依靠为维护自身特权而拼搏的哥萨克，另一方面，那里组成的志愿部队最多，这些队伍对我们极度不满和仇恨，他们竭力维护本阶级的利益，要恢复地主和资本家的政权。因此，我们要在这里进行决战，我们会在这里看到高尔察克下场的重演。最初高尔察克获得了巨大的胜利，可是战斗愈向前发展，组成高尔察克主力的军官和反动富农的队伍就愈来愈少，高尔察克就愈来愈不得不抓工农当兵。他们就是会借别人的手去打仗，他们不肯自己去送命，却喜欢让工人拿头颅去为他们的利益冒险。高尔察克不得不扩充自己的军队，结果就有几十万人转到了我们这边。几十个从高尔察克方面投诚过来的白卫军官和哥萨克说，他们深信高尔察克在想方设法出卖俄国，因此即使他们不赞同布尔什维克的观点，还是转到红军方面来了。高尔察克是这样完蛋的，邓尼金也一定会这样完蛋。今天你们在晚报上会看到，邓尼金的后方爆发了起义，——乌克兰燃烧起来了。我们还得到高加索发生事变的消息，当地陷于绝境的山民攻打了什库罗的队伍，把他们抢了个精光，夺走了他们的枪支弹药。昨天外国广播也被迫承认邓尼金处境困难，他不得不把精锐部队投入战斗，因为乌克兰在燃烧，高加索爆发了起义。邓尼金就要孤注一掷了。奥廖尔近郊那样残酷的血战还是空前未有的，在这次战斗中，敌人投进了最精锐的部队即所谓“科尔尼洛夫”部队，其中三分之一的成员是最反对革命、受过最好的训练的军官，他们最疯狂地仇视工农，想直接恢复他们原有的地主政权。因此，我们有理由认为，现在南线已接近决定关头。我们在奥廖尔和沃罗涅日附近已经取得胜利，正乘胜追击敌人。这个胜利表明，那里也同彼得格勒附近一样，情况已经有了转变。但是，我们必须把小规模的局部的进攻转变为大规模的进攻，直至夺得最后的胜利。

因此，不管这对我们是一种多么重大的牺牲——把几百名已经在这里集中起来、而且又明明是俄国工作所十分需要的学员派到前线去——，我们还是同意了你们的要求。在南线和彼得格勒战线，在最近几个星期，至多在最近几个月内，就要决定战争的命运。在这样的时刻，每一个自觉的共产党员都应该说：我的岗位在最前线。因为对前线来说，每一个受过训练的自觉的共产党员都是十分宝贵的。

部队中发生过动摇，那是因为人民厌倦了战争。你们清楚地知道，这两年来，工人和农民在反对全世界帝国主义者的斗争中忍受了怎样的饥饿、破坏和痛苦。你们知道，疲乏不堪的人是不能长期坚持紧张生活的，于是拥有较好的通信联络和指挥人员而且内部没有变节者的敌人，就乘机用全力打击我们。这就造成了南线的失利。因此，在军事训练班以及像你们这样的训练班里学习过的觉悟最高的工农分子，现在应当根据同军事当局的协议，分成大大小小的组，明确职责，有组织地、团结一致地出发到前线去，帮助那些受到敌人最猛烈攻击的有点不稳定的部队。在苏维埃政权存在的两年中，每当看不到或不了解苏维埃工作的农民群众有些不稳的时候，我们总是求助于城市无产阶级中最有组织的那部分工人，并得到他们最英勇的支持。

今天我见到了伊万诺沃-沃兹涅先斯克的工人同志，他们把将近半数的党的负责工作人员抽出来派到前线去。今天他们当中有一个人告诉我，成千上万的非党工人非常热烈地欢送他们，一个非党的老年人走过来对他们说："你们放心去吧，你们的岗位在前方，我们在这里会担负起你们的工作的。"看吧，只要非党工人中产生出这样的情绪，只要那些在政治问题上还弄不大清楚的非党群众能认识到我们是把无产阶级和农民的优秀代表派到前线去担负最困难、最重要、最艰巨的工作，让他们站在队伍的最前列，忍受最大的牺牲，甚至在激烈的战斗中献出自己的生命，那么在不开展的非党工农中拥护我们的人就会十倍地增多起来，在动摇、软弱、疲惫的部队中就会出现真正的奇迹。

同志们，这就是你们所肩负的伟大的、艰巨的、困难的任务。对于那些作为工农代表而开赴前线的人来说，是没有选择余地的。他们的口号应当是：不是死亡，就是胜利。你们每一个人都应当善于接近最落后最不开展的红军战士，用最通俗的语言和劳动者的观点去说明目前的情况，在困难的时刻帮助他们，克服一切动摇情绪，使他们学会同大量的消极怠工、欺骗和叛变的现象进行斗争。你们知道，这些现象在我们的队伍和指挥人员中还是很多的。这就需要一批受过一定科学训练、了解政治形势并善于帮助广大工农群众去同叛变和怠工现象作斗争的人。除了个人的勇敢以外，苏维埃政权还希望你们全面地帮助这些群众，克服他们的一切动摇情绪，并表明苏维埃政权拥有在任何困难时刻都可以动用的力量。这种力量在我们这里是绰绰有余的。

我再说一遍，现在我们所以要作出这种巨大的牺牲，只是因为这是一条主要的和最后的战线，从一切迹象看来，那里在最近几周或几个月内，就要决定整个内战的命运。在那里我们能够给敌人以致命的打击，使他们从此一蹶不振。在白卫分子迫使我们进行的流血斗争结束以后，我们就要更自由地、百倍努力地从事我们的事业，真正的建设事业了。因此，同志们，我要向你们中间那些就要到前线先头部队去进行彻底的斗争，去担负最困难最伟大的任务的同志致敬，同时我怀着十分坚定的信心同这些同志告别，我深信他们一定会给我们带来完全的和最终的胜利。

载于 1919 年 10 月 26、28 日《真理报》第 240、241 号和 1919 年 10 月 26、28、29 日《全俄中央执行委员会消息报》第 240、241、242 号

译自《列宁全集》俄文第 5 版第 39 卷第 239—247 页

给共和国革命军事委员会副主席的指令

1919年10月24日

由**斯大林**发出

（**火速解决**）

（1）把已应征的拉脱维亚人编入拉脱维亚师各后备营（督促彼得松；向他重申命令）。

（2）总司令已答应把土耳其斯坦骑兵旅调往科兹洛夫。检查。督促。

（3）总司令已答应给第8集团军调去8个营。督促。

指定负责人。

（4）总司令已答应从卡卢加抽调部队增援第45师。检查。督促。

指定负责人。

列　宁

载于1938年2月23日《真理报》第53号

译自《列宁全集》俄文第5版第39卷第248页

对开赴前线的社会教育训练班学员的讲话

（1919年10月28日）

会议是以弗·伊·列宁的讲话开始的。弗·伊·列宁首先向决定去前线支援红军的训练班学员致意，然后用鲜明的语言讲述了当前各条战线和敌人后方的情况。

无论是俄国的资产阶级，还是西欧的资产阶级，开始庆祝胜利都早了点。红军部队正在驱赶高尔察克。邓尼金匪徒正从奥廖尔败退。白卫军瓦解了。邓尼金的后方不断发生起义。现在连富裕的哥萨克也反对邓尼金了。

尤登尼奇军队的数量不大，其中大部分是英国人。英国给了他很多舰艇。尤登尼奇企图以其进攻挽救邓尼金，把我方兵力引开，但未能得逞，因为彼得格勒工人表现出了堪称表率的英勇精神。欧洲正紧张地注视着斗争的结局。法国和英国工人对进攻俄国已经提出抗议。在这些国家里，布尔什维主义已大大增强。在这方面法国的选举[100]很说明问题……　我们的注意力目前主要集中在南线，在那里正进行着前所未闻前所未见的血战，在那里不仅决定着俄国革命的命运，而且也决定着西欧革命的命运……

邓尼金的军官部队装备精良。他们考虑到后方已发生起义，因此在作绝望的挣扎。但是工农群众愈来愈清醒，出现了高涨的热情。我们的弱点是，我们在工农当中缺少内行的工作人员。因此，在我们机关中就有那么多的旧官吏、怠工者等等。必须吸收人民当中的优秀力量，向他们传授知识……

重要的是要让有觉悟的、同农民有共同语言的人去提高军队的士气，所以，每个上前线的人都应该成为英勇作战不怕牺牲的模范。那时，胜利将属于我们。我们就能使运输畅通，运来粮食……

载于1960年《共产党人》杂志第6期

译自《列宁全集》俄文第5版第39卷第249—250页

致洛里欧同志和所有参加第三国际的法国朋友

1919 年 10 月 28 日

亲爱的朋友！衷心感谢您的来信，我们很少得到你们的消息，您的来信对我们非常珍贵。

在法国同在英国一样，取得胜利的帝国主义不仅使某些小资产者有可能发财致富，而且能够对工人上层分子即工人阶级贵族施以“小恩小惠”，收买他们，使他们对分享一点帝国主义利润和殖民地赃物等等感兴趣。

但是战争引起的危机是如此严重，连战胜国的劳动群众也不可避免地要遭受可怕的灾难。因此，共产主义运动迅速高涨，对苏维埃政权和第三国际的同情迅速增长，是可以理解的。

当然，你们还必须同龙格那种特别精巧的法国机会主义进行长期的斗争。“经验丰富的”议员们和政客们还会一次又一次地用口头上承认革命策略和无产阶级专政来支吾搪塞，实际上则用新的诡计和遁词来欺骗无产阶级，正如 7 月 21 日龙格、梅尔黑姆之流欺骗了无产阶级一样；他们不会帮助革命，只会继续实行旧的机会主义政策，危害革命和阻碍革命。无论在法国或在英国，旧的腐朽的工人领袖将会千百次地进行这样的尝试。

但是，我们大家相信，在同无产阶级群众保持最密切联系的情况下进行工作的共产党人一定能够粉碎和战胜这些尝试。共产党人愈果断、愈坚决，他们就会愈快地取得完全的胜利。

致共产主义的敬礼！

尼·列宁

载于1920年1月3日《工人无畏舰》周刊第41号

译自《列宁全集》俄文第5版第39卷第251—252页

就分裂问题给
德国共产党中央委员会的信[101]

致保尔·莱维、克拉拉·蔡特金、埃贝莱因
三位同志和德国共产党全体中央委员

1919 年 10 月 28 日

亲爱的朋友们！我已把 1919 年 10 月 10 日所写的《向法国、意大利和德国的共产党人致敬》这封信寄给你们发表，信中顺便谈到了你们同抵制派、半工团主义者等等之间的意见分歧。① 今天我从德国政府播发的无线电讯中（从瑙恩发出）知道你们的党发生了分裂，虽然消息来自一个肮脏的地方，但这一次的消息大概是确实的，因为在我们德国朋友的来信中也谈到了可能发生分裂的问题。

不过，该电台报道说，你们以 25 票对 18 票把少数派**开除**出党，后来少数派自己又建立了一个政党，看来不大可信。我对这个分裂出去的反对派知道得很少，我只看过几号柏林的《红旗报》。我的印象是，他们是一些很有才能然而缺少经验的年轻鼓动家，同 1918 年我国的"左派共产主义者"相类似（就年轻和缺少经验来说）。我认为，只要**在根本问题上**（拥护苏维埃政权，反对资产阶级议会制）意见一致，团结就是可能的，而且是必要的，正像同考茨基

① 见本卷第 205—216 页。——编者注

派分裂是必要的一样。如果分裂已经不可避免，就应该尽量不要使分裂扩大，请第三国际执行委员会进行调解，让"左派"在提纲和小册子中表述他们的分歧意见。从国际的观点来看，恢复德国共产党的统一是既可能又必要的。如果能接到你们关于这个问题的来信，我会非常高兴。附上一封给分裂出党的人的信，希望你们代为转交，并请把我**在**接到分裂的消息**之前**写的一篇完全承认你们正确的文章同时刊印出来。

紧握你们的手，并热切希望你们在艰难的工作中获得成功。共产主义运动正在全世界蓬勃发展，虽然比我们所希望的慢一些，但它是广阔的、强大的、深刻的和不可战胜的。像过去的俄国一样，现在到处都处于"孟什维克和社会革命党人"(即"第二国际")占统治地位的阶段。在这种统治之后，一定会是共产党人的统治，一定会是无产阶级专政和苏维埃政权的胜利。

致共产主义的敬礼！

尼・列宁

载于1932年《列宁全集》俄文第2、3版第24卷

译自《列宁全集》俄文第5版第39卷第253—254页

致加入过统一的“德国共产党”而现在组成新党的共产党员同志们

1919年10月28日

亲爱的同志们！我今天刚从德国政府播发的简短的无线电报（从瑙恩发出）中获悉有关分裂的事。《向法国、意大利和德国的共产党人致敬》[①]一文是我在得到分裂的消息以前写的。

在那篇文章中，我只能根据从柏林出版的几号《红旗报》了解的情况，力图从国际共产主义的观点评价你们的立场。我深信，共产党员只要在根本问题上意见相同，——指的是争取无产阶级专政和苏维埃政权，毫不妥协地反对各国的谢德曼分子和考茨基分子等根本问题，——他们是能够而且应当一致行动的。我认为，次要问题上的意见分歧可以消除，而且一定会消除，这是反对真正凶恶的敌人、反对资产阶级及其公开的走狗（谢德曼分子）和暗藏的走狗（考茨基分子）的共同斗争必然会产生的结果。

我不是第三国际执行委员会委员，但是我认为执行委员会一定会帮助德国共产党人恢复德国共产主义运动的统一。疯狂的迫害使党成了非法的党，使它难于工作，难于正常地交流思想和制定共同的策略，这是不足为奇的。在国际范围内仔细地讨

① 见本卷第205—216页。——编者注

论各种分歧和交换意见会有助于德国共产主义运动及其力量的团结。

如果我们能够就这些问题交换意见，我会感到十分高兴。

致共产主义的敬礼！

尼·列宁

载于1950年《列宁全集》俄文第4版第30卷

译自《列宁全集》俄文第5版第39卷第255—256页

致塞拉蒂同志和全体意大利共产党员

1919年10月28日

亲爱的朋友！我们从意大利得到的消息非常少。我们只是从外国的（非共产党的）报纸上知道你们的党在博洛尼亚召开了代表大会，知道共产主义运动取得了辉煌的胜利。我衷心向您及意大利全体共产党员致敬，并祝你们取得最大的成就。意大利党的榜样对全世界将有巨大的意义。尤其是你们的代表大会关于参加资产阶级议会选举的决议，我认为是完全正确的，我希望它会促使因这个问题刚刚分裂的德国共产党统一起来。

在意大利党的议员中，有很多公开的和隐蔽的机会主义者，毫无疑问，他们会想方设法不执行博洛尼亚代表大会的决议，使这些决议化为乌有。同这些派别的斗争还远未结束。但是博洛尼亚的胜利会有利于今后继续取得胜利。

由于意大利所处的国际环境，意大利无产阶级面临着艰巨的任务。英法两国可能在意大利资产阶级参加下，竭力挑拨意大利无产阶级去举行过早的起义，以便轻而易举地把它镇压下去。可是他们的挑拨是不会成功的。意大利共产党员的出色工作，保证他们将会同样成功地争取到整个工业无产阶级、**整个农村**无产阶级和小农，那时，只要国际关系上的时机选择得正确，意大利无产阶级专政一定会取得巩固的胜利。法国、英国和全世界共产党人的胜利也能保证这一点。

致共产主义的敬礼！

尼·列宁

载于1919年12月5日《前进报》(罗马)第332号

译自《列宁全集》俄文第5版第39卷第257—258页

论无产阶级专政的小册子的提纲[102]

（1919年9—10月）

论无产阶级专政

这本小册子所要探讨的问题分以下**四**大部分：

((**A**))无产阶级专政是无产阶级阶级斗争的新形式（换句话说，是它的负有新任务的新阶段）。

((**B**))无产阶级专政是破坏资产阶级民主和建立无产阶级民主。

((**C**))无产阶级专政和帝国主义（即资本主义的帝国主义阶段）的特征。

((**D**))无产阶级专政和苏维埃政权。

这四部分的提纲如下：

一(A) 无产阶级专政是无产阶级阶级斗争的新形式

1.“社会党人”不理解无产阶级专政的根本原因是他们没有把阶级

斗争的思想贯彻到底(参看马克思1852年的论述[103])。

无产阶级专政是无产阶级阶级斗争在**新**形式下的**继续**。关键就在这里,这一点他们不了解。

无产阶级这一**特殊的**阶级,独自**继续**进行自己的阶级斗争。

2. 国家只=无产阶级进行阶级斗争的**工具**。一根特殊的**棍棒**,如此而已!

有关国家的旧偏见(参看《国家与革命》①)。国家的新形式=第二部分的题目;这里只是**提一提**。

3. 在无产阶级专政的条件下,无产阶级阶级斗争的形式不能同以前一样。**五项**(最主要的)新任务和**五种**相应的新形式:

4. ((1))**镇压剥削者的反抗**。这项**时代**的任务(和内容)被机会主义者和"社会党人"忘得一干二净。

由此产生:

(αα)阶级斗争特别(极其)残酷

(ββ)同资本主义及其最高阶段相适应的新的反抗形式(阴谋+怠工+影响小资产阶级,等等)

特别是

剥削者的反抗**在**他们被推翻**前**就已开始,被推翻后更从**两**方面**加剧**。是斗争到**底**还是"说一阵就完"(卡·考茨基,小资产阶级,"社会党人")。

5. ((2))(γγ)**国内战争**。

① 见本版全集第31卷第1—116页。——编者注

一般革命和国内战争(1649 年、1793 年)

参看 1902 年出版的**卡·考茨基**的《社会革命》。

国内战争和党的"消灭"(卡·考茨基)[104]。

资本主义国际联系时代的国内战争。

恐怖和国内战争。

变帝国主义战争为国内战争。("社会党人"的不学无术和可鄙的胆怯。)

(α)**俄国,匈牙利,芬兰,德国**
(β)瑞士和美国

参看马克思 1870 年的著作[105],它教导无产阶级掌握武器。1871—1914 年的**时代**和国内战争**时代**。

+国内战争同革命战争相结合的不可避免性(参看俄共纲领)①。

6.((3))"**中立**"**小资产阶级,特别是农民**。

共产党宣言(反动的和革命的,"鉴于")②。

"统治阶级"。统治排斥"自由和平等"。

卡·考茨基在《土地问题》中所谈的中立——同一个思想,不过 verballhornt。③

"带领"、"领导"、"吸引",这些概念的阶级内容。

"中立"的实际运用

① 见本版全集第 36 卷第 103 页。——编者注

② 参看《马克思恩格斯文集》第 2 卷第 41—42 页。——编者注

③ 被改坏了;直译是:巴尔霍恩式的修正。巴尔霍恩是吕贝克的一个出版商(见本版全集第 6 卷第 65 页)。——编者注

用暴力强制
(恩格斯 1895 年)
例子
说服教育,等等

吸引+强制,"鉴于"。

注意 | 农民和工人。作为劳动者的农民和作为剥削者(投机者、私有者)的农民。"鉴于"。斗争过程中的动摇。斗争的**经验**

"反动的一帮":1875 年恩格斯在谈到**巴黎公社**时的话。①

7.((4))"**利用**"**资产阶级**。

"专家"。不仅要镇压他们的反抗,不仅要使他们"中立",而且要他们担任工作,强迫他们为无产阶级服务。

参看俄共纲领。"军事专家"②。

8.((5))**培养新纪律**。

(α)无产阶级专政和工会。

(β)奖金和计件工资。

(γ)清党及其作用。

(δ)"共产主义星期六义务劳动"。

二(B) 无产阶级专政是破坏资产阶级民主和建立无产阶级民主

9.作为"一般"(卡·考茨基所 国家和"自由"(参看恩格

① 见《马克思恩格斯文集》第 3 卷第 411 页。——编者注

② 见本版全集第 36 卷第 410 页。——编者注

说的“纯粹”)概念的专政和民主。

斯1875年的著作)[106]。

专政是对民主的否定。为谁?

抽象的(小资产阶级的)民主观点和马克思主义(阶级斗争)。

定义。暴力。(恩格斯)

10.“自由”=商品所有者的“自由”。

雇佣工人的真正自由;农民的真正自由。

剥削者的自由。

谁的自由?

摆脱什么人、摆脱什么东西而取得的自由?

什么自由?

11.“平等”。恩格斯的《反杜林论》(如果不是消灭阶级,那就是偏见)。①

商品所有者的平等。

被剥削者同剥削者的平等。

挨饿者同饱食者的平等。

工人同农民的平等。

谁同谁的平等?什么平等?

12.由多数决定。

它的条件:事实上的平等(文化)

事实上的自由

① 参看《马克思恩格斯文集》第9卷第111—113页。——编者注

对比出版、集会等等

不论金钱、资本、土地……一律平等。

13. 由多数决定。

它的另一条件＝“自愿”

服从。

改良主义的空想。

对资本主义的粉饰。

首先推翻金钱的压迫、资本的权力、私有制，然后在**这个**新的基础上做到“自愿”还需经过**长期的发展**。

14. **资产阶级**民主共和国的现实。

恩格斯谈政府同交易所和**资本**的联系。①

收买

报刊

集会

议会

习惯

欺骗

资本的压力(舆论等)。

在保持资产阶级压迫、资本枷锁和雇佣奴隶制情况下的形式上的平等。

15. 1914—1918年的帝国主义战争是资产阶级民主的“最新成就”。

1918—1919年的“和约”。

对外政策。

陆海军。

16. 官僚制度。法院。军国主义。

用议会形式掩盖起来的资产阶级专政。

---

① 参看《马克思恩格斯文集》第4卷第191—193页。——编者注

17. 由多数决定和多数的**力量**。

{帝国主义的影响，小资产阶级的地位等，“半无产阶级”}　51％的“无产阶级”对20的无产阶级＋40的半无产阶级？

“全体”的决定？**不管**动摇者和**除开**剥削者。

表达意志的动因（资产阶级环境）。

18. 和平的投票和尖锐化了的阶级斗争。

阶级斗争尖锐化的经济条件和政治条件。

[S 先“决定”，再和平投票？
  2 先开展阶级斗争。

破坏资产阶级环境及其表达意志的现实条件。

19. **无产阶级**民主下民主制的现实。

民主制的成就：代表大会、集会、出版、宗教、妇女、被压迫民族。

20. 从资产阶级民主到无产阶级民主的历史性转变。

前一种民主是“长入”、“爬入”，还是被摧毁，并创立后一种民主？＝经过革命还是不经过革命？是新阶级夺取政权、推翻资产阶级还是各阶级妥协、调和？

三(C)　无产阶级专政和帝国主义的特征

21. 帝国主义是资本主义的最高阶段。

我的著作的要点。

定义。

22. 殖民地和附属国。

无产阶级反对本国资产阶级的起义＋殖民地和附属国**人民**的起义

无产阶级的革命战争和民族战争(参看俄共纲领)。

23. “国际联盟”掠夺领土。

“联合的”压迫者。斗争的集中。

各个不同的阶段

24. 无产阶级中的资产阶级上层分子。

1852—1892 年恩格斯和马克思。[107]

1872 年马克思谈英国工联的领袖。①

两大“支流”:卖身投靠的人和庸人。

资本家阶级的工人帮办。

社会沙文主义。

分裂:1915—1917 年“中派”。

1917—1919 年(参看俄共纲领)。

《**前进报**》(“英国工人变得激进了”)……布尔什维克的“某种力量”。

维也纳《工人报》[108]第180号(1919年7月2日)弗里德里希·阿德勒的报告。总而言之,是叛徒的诡辩。

① 参看《马克思恩格斯全集》第1版第18卷第724页。——编者注

25. 两个**国际**。一个阶级的**革命**分子的专政。

一国和全世界。

四(D) 无产阶级专政和苏维埃政权

26. 苏维埃的起源。

1905 年和 1917 年。

27. 俄国的特点。

考茨基:《斯拉夫人和革命》

28. 苏维埃和“妥协”

1917 年 3—10 月。

孟什维克和

社会革命党人。

{1894 年(司徒卢威)和
1899 年(伯恩施坦)
孟什维克和社会革命党人
(1917 年)——1918 年—
1919 年—1920 年 ---
(在欧洲)}

29. 第二国际**领袖们**的无知和愚蠢。根本不谈苏维埃。

考茨基 **1918 年 8 月**的小册子。

苏维埃是为了斗争,**但不是**为了国家政权!!

30. **无产阶级群众**则不同:阶级本能!

31. 苏维埃思想在全世界的胜利进军。

苏维埃思想的直接胜利和**间接**胜利(载入德国宪法)。

无产阶级专政的形式发现了(通过无产阶级的群众运动)!!

思想掌握了群众。

第三国际。

32.俄罗斯联邦的苏维埃宪法。

注意该宪法第23条[109]。

1793—1794年对比1917—1919年。

载于1925年《列宁文集》俄文版第3卷

译自《列宁全集》俄文第5版第39卷第259—268页

无产阶级专政时代的经济和政治

（1919 年 10 月 30 日）

在苏维埃政权成立两周年快要到来的时候，我曾打算用本文题目写一本小册子。但因忙于日常工作，直到现在还只是为某些部分作了初步的准备。[①] 所以，我决定试一试，把我认为是这个问题上最重要的思想，简单扼要地叙述一下。自然，扼要的叙述有许多不便和缺点。但是一篇不大的杂志论文，也许还能达到一个小小的目的，就是把问题及其要点提出来，供各国共产党人讨论。

1

在资本主义和共产主义之间有一个过渡时期，这在理论上是毫无疑义的。这个过渡时期不能不兼有这两种社会经济结构的特点或特性。这个过渡时期不能不是衰亡着的资本主义与生长着的共产主义彼此斗争的时期，换句话说，就是已被打败但还未被消灭的资本主义和已经诞生但还非常幼弱的共产主义彼此斗争的时期。

① 见本卷第 255—264、434—443 页。——编者注

具有这种过渡时期特点的整个历史时代的必然性，不仅对马克思主义者来说，而且对任何一个有学识的、多少懂得一点发展论的人来说，应当是不言而喻的。但是，我们听到的现代小资产阶级民主派代表（第二国际一切代表人物，包括麦克唐纳、让·龙格、考茨基和弗里德里希·阿德勒之流在内，都是这样的代表，尽管他们挂着所谓社会主义的招牌）关于向社会主义过渡的议论，都有一个特点，就是完全忘掉了这个不言自明的真理。小资产阶级民主派的特性就是厌恶阶级斗争，幻想可以不要阶级斗争，力图加以缓和、调和，磨掉锐利的锋芒。所以，这类民主派或者根本不承认从资本主义过渡到共产主义的整个历史阶段，或者认为自己的任务是设想种种方案把相互斗争的两种力量调和起来，而不是领导其中一种力量进行斗争。

2

由于我国十分落后而且具有小资产阶级的性质，俄国的无产阶级专政必然有一些不同于先进国家的特点。但是俄国的基本力量以及社会经济的基本形式却是同任何资本主义国家一样的，所以这些特点能涉及的只是非最主要的方面。

这些社会经济的基本形式就是资本主义、小商品生产和共产主义。这些基本力量就是资产阶级、小资产阶级（特别是农民）和无产阶级。

无产阶级专政时代的俄国经济表现为如下双方的斗争，一方面是在一个大国的全国范围内按共产主义原则联合劳动的最初步

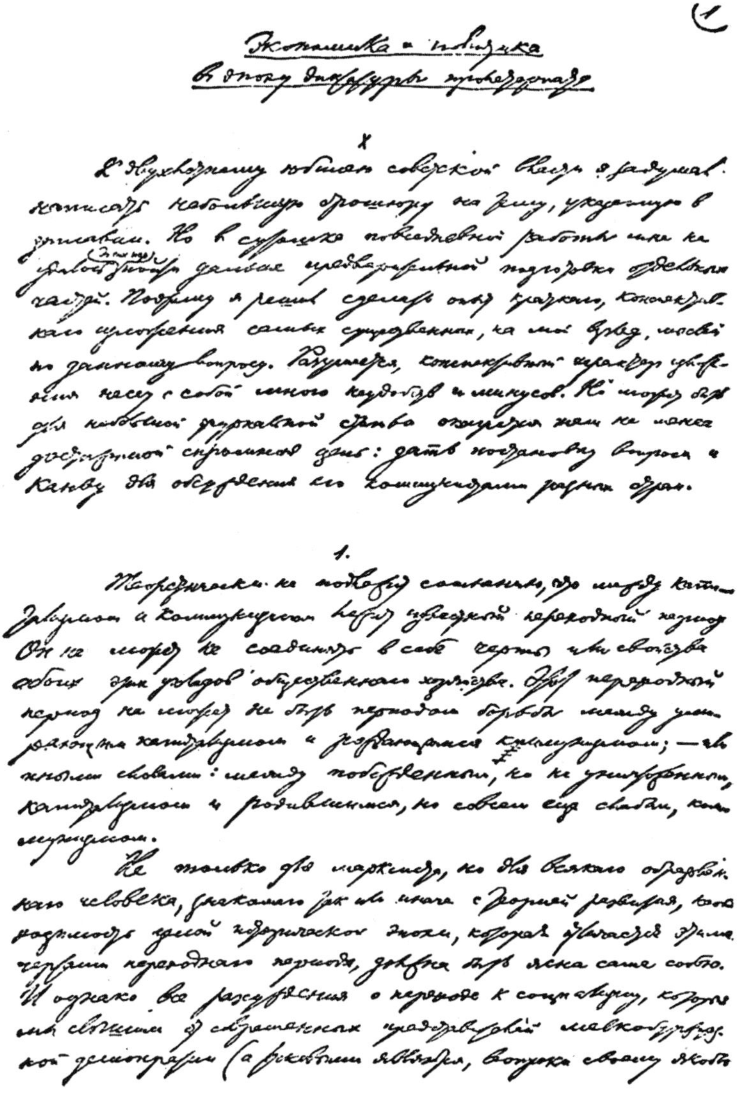

1

Экономика и политика
в эпоху диктатуры пролетариата

X

К двухлетнему юбилею советской власти я задумал написать небольшую брошюру на тему, указанную в заглавии. Но в сутолоке повседневной работы пока не удалось (это мне) дальше предварительной подготовки отдельных частей. Поэтому я решил сделать опыт краткого, конспективного изложения самых существенных, на мой взгляд, мыслей по данному вопросу. Разумеется, конспективный характер изложения несет с собой много неудобств и минусов. Но может быть для небольшой журнальной статьи окажется все же достижимой скромная цель: дать постановку вопроса и канву для обсуждения его коммунистами разных стран.

1.

Теоретически не подлежит сомнению, что между капитализмом и коммунизмом лежит известный переходный период. Он не может не соединять в себе черты или свойства обоих этих укладов общественного хозяйства. Этот переходный период не может не быть периодом борьбы между умирающим капитализмом и рождающимся коммунизмом; — или иными словами: между побежденным, но не уничтоженным, капитализмом и родившимся, но совсем еще слабым, коммунизмом.

Не только для марксиста, но для всякого образованного человека, знакомого так или иначе с теорией развития, необходимость целой исторической эпохи, которая отличается этими чертами переходного периода, должна быть ясна сама собою. И однако все рассуждения о переходе к социализму, которые мы слышим от современных представителей мелкобуржуазной демократии (а таковыми являются, вопреки своему якобы

1919 年 10 月 30 日列宁《无产阶级专政时代的经济和政治》手稿第 1 页

（按原稿缩小）

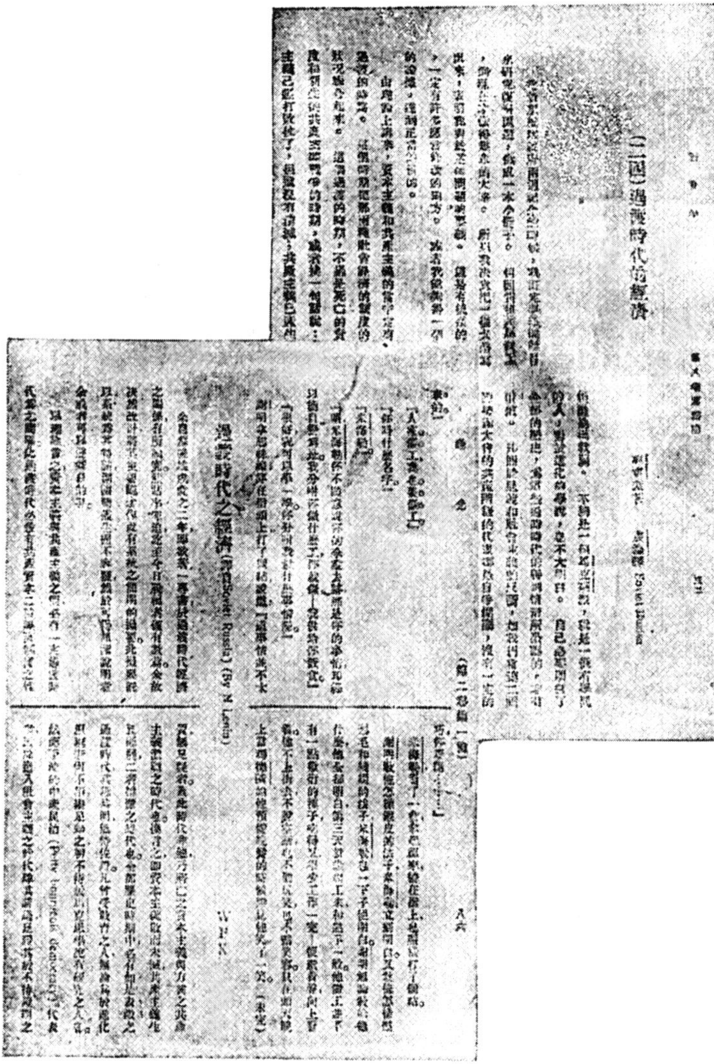
（二四）過渡時代的經濟

過渡時代之經濟

1920 年《曙光》杂志第 2 卷第 1 号和同年 12 月 1 日《新青年》杂志第 8 卷第 4 号分别刊载的列宁《无产阶级专政时代的经济和政治》一文的中译文（当时译《过渡时代的经济》）

骤，另一方面是小商品生产，是保留下来的以及在小商品生产基础上复活着的资本主义。

说劳动在俄国按共产主义原则联合起来了，第一，是指废除了生产资料私有制；第二，是指由无产阶级国家政权在全国范围内在国有土地上和国营企业中组织大生产，把劳动力分配给不同的经济部门和企业，把属于国家的大量消费品分配给劳动者。

我们说俄国共产主义的“最初步骤”（1919 年 3 月通过的我们的党纲也是这样说的），因为所有这些条件在我国还只实现了一部分，换句话说，这些条件的实现还处在开始的阶段。凡是一下子可以办到的事情，我们用革命的打击一下子都办到了。例如，在无产阶级专政的第一天，即 1917 年 10 月 26 日（1917 年 11 月 8 日），就废除了土地私有制，无偿地剥夺了大土地所有者。在几个月内，又同样无偿地剥夺了几乎所有的大资本家即工厂、股份企业、银行、铁路等等的占有者。由国家来组织工业大生产，从“工人监督”过渡到“工人管理”工厂、铁路，——这基本上已经实现了，但在农业方面，事情还只是刚刚开始（办“国营农场”，即由工人国家在国有土地上办的大农场）。同样，把小农组织成各种协作社这一从小商品农业过渡到共产主义农业的办法，也刚刚开始实行。① 由国家组织产品分配来代替私营商业这件事，即由国家收购粮食供应城市、收购工业品供应农村这件事，也是这样。下面将引用一些有关本问题的统计材料。

农民经济仍然是小商品生产。这是一个非常广阔和极其深厚

① 苏维埃俄国的“国营农场”大约有 3 536 个，“农业公社”大约有 1 961 个，农业劳动组合有 3 696 个。我国中央统计局现在正对全国的国营农场和农业公社作一次精确的统计。1919 年 11 月间就会陆续得到统计结果。

的资本主义基础。在这个基础上，资本主义得以保留和重新复活起来，同共产主义进行着极其残酷的斗争。这个斗争的形式，就是以私贩粮食和投机倒把来反对国家收购粮食（以及其他农产品），总之，是反对由国家分配农产品。

3

为了说明这些抽象的原理，我们来引用一些具体的数字。

根据粮食人民委员部的统计资料，从 1917 年 8 月 1 日到 1918 年 8 月 1 日，俄国由国家收购的粮食约为 3 000 万普特。下一个年度约为 11 000 万普特。再下一个收购年度（1919—1920 年）头三个月的数字看来可以达到 4 500 万普特，而在 1918 年同时期（8—10 月）只有 3 700 万普特。

这些数字清楚地说明，从共产主义战胜资本主义的意义上说来，情况虽然改善得很慢，但总是不断地在改善着。尽管俄国和外国的资本家动用世界列强的全部力量来组织国内战争，造成了世界上空前未有的困难，情况还是在改善着。

所以，不管各国资产者及其公开的和隐蔽的帮凶们（第二国际的“社会党人”）怎样造谣诬蔑，有一点是不容怀疑的：从无产阶级专政的基本经济问题来看，共产主义战胜资本主义在我国是有保证的。全世界资产阶级之所以疯狂地拼命地反对布尔什维主义，组织军事进攻，策划阴谋活动等等来反对布尔什维克，正是因为他们十分清楚，若不用武力把我们压倒，我们就必然会在改造社会经济方面获得胜利。但资产阶级要想这样把我们压倒是办不到的。

在我们所经历的这个短时期内，在我们所处的世界上空前未有的困难条件下，我们究竟在多大程度上战胜了资本主义，从下述总结数字中就可以看出来。中央统计局刚刚整理了一份关于苏维埃俄国26个省（不是全国）粮食生产情况和消费情况的统计材料，准备发表。

统计结果如下：

苏维埃俄国26省	人口（单位百万）	粮食产量（不包括种子和饲料）（单位百万普特）	粮食供应量（单位百万普特） 由粮食人民委员部供应的	粮食供应量（单位百万普特） 由粮贩供应的	居民的粮食拥有量（单位百万普特）	每人的粮食消费量（单位普特）
产粮省	城市……… 4.4	—	20.9	20.6	41.5	9.5
	乡村 …… 28.6	625.4	—	—	481.8	16.9
消费省	城市……… 5.9	—	20.0	20.0	40.0	6.8
	乡村 …… 13.8	114.0	12.1	27.8	151.4	11.0
总计（26省）	52.7	739.4	53.0	68.4	714.7	13.6

由此可见，城市的粮食大约有一半是由粮食人民委员部供应的，另一半是由粮贩供应的。根据1918年的精确调查，对城市工人的粮食供应的比例正是如此。不过工人购买国家的粮食比购买粮贩的粮食要**少付九成**的钱。粮食的黑市价格**十倍于**国家价格。这是精确研究工人收支情况所得出的结果。

4

如果仔细研究一下上面引的统计资料，就可以看出，这个准确的材料勾画出了目前俄国经济的一切基本特点。

劳动群众摆脱了长期以来的压迫者和剥削者——地主和资本家。这个向真正自由和真正平等跨出的一步，按其大小、规模和速度说来，都是世界上空前未有的，而资产阶级的拥护者(包括小资产阶级民主派在内)对这一步却不加考虑。他们从资产阶级议会民主的意义上侈谈自由和平等，把这种民主虚伪地称为一般“民主”或“纯粹民主”(考茨基)。

但劳动群众所考虑的却是真正的平等，真正的自由(不受地主资本家压迫的自由)，所以他们这样坚定地拥护苏维埃政权。

在一个农民国家里，从无产阶级专政方面首先获得利益、获得利益最多和马上获得利益的是农民。农民在地主资本家统治下的俄国是经常挨饿的。在我国多少世纪的漫长历史中，农民从来没有可能为自己劳动，总是把亿万普特粮食交给资本家，运往城市和国外，自己只好挨饿。在无产阶级专政下，农民才**第一次**为自己劳动，**而且比城市居民吃得好些**。农民第一次看到了真正的自由，即享用自己粮食的自由，不挨饿的自由。谁都知道，在分配土地时做到了最大限度的平等，因为在绝大多数情况下，农民是“按人口”分配土地的。

社会主义就是消灭阶级。

为了消灭阶级，首先就要推翻地主和资本家。这一部分任务我们已经完成了，但这只是任务的一部分，而且**不是**最困难的部分。为了消灭阶级，其次就要消灭工农之间的差别，使**所有的人**都成为**工作者**。这不是一下子能够办到的。这是一个无比困难的任务，而且必然是一个长期的任务。这个任务不能用推翻哪个阶级的办法来解决。要解决这个任务，只有把整个社会经济在组织上加以改造，只有从个体的、单独的小商品经济过渡到公共的大经济。这样的过渡必然是非常长久的。采用急躁轻率的行政手段和立法手段，只会延缓这种过渡，给这种过渡造成困难。只有帮助农民大大改进以至根本改造全部农业技术，才能加速这种过渡。

为了解决这个最困难的第二部分任务，战胜了资产阶级的无产阶级在对农民的政策中应当始终不渝地贯彻以下基本路线：无产阶级应当把劳动者农民和私有者农民，即把种地的农民和经商的农民、劳动的农民和投机的农民区别开来，划分开来。

这种划分就是社会主义的**全部实质**所在。

那些口头上的社会主义者实际上的小资产阶级民主派（马尔托夫之流、切尔诺夫之流和考茨基之流等等）不懂得社会主义的这种实质，是并不奇怪的。

这里所说的划分，做起来很困难，因为在实际生活中，“农民”的各种特性不管多么不同，多么矛盾，总是融合成为一个整体。但是划分还是可能的，不仅可能，而且是农民经济条件和农民生活条件必然产生的结果。劳动农民历来都受地主、资本家、商人、投机者和**他们的**国家（包括最民主的资产阶级共和国在内）的压迫。多少世纪以来，劳动农民养成了一种敌视和仇恨这些压迫者和剥削者的心理，实际生活所给予的这种“教育”使农民**不得不**寻求同工人结成联盟来反对资本家，反对投机者，反对商人。同时，经济环境，商品经济的环境，又必然使农民（不是任何时候，而是在大多数情况下）成为商人和投机者。

我们上面引用的统计资料清楚地说明了劳动农民和投机农民的区别。例如，一种农民在1918—1919年间为了供应城市里挨饿的工人，按照国家固定价格，把4 000万普特粮食交给了国家机关，尽管这些机关还有种种缺点（这些缺点是工人政府清楚地意识到的，但在向社会主义过渡的初期是无法消除的），——这种农民是劳动农民，是社会主义工人真正的同志，是他最可靠的同盟者，是他在反资本压迫斗争中的亲兄弟。而另一种农民却利用城市工人的饥饿和困苦，非法地按相当于国家价格十倍的高价，出卖了4 000万普特粮食，他们欺骗国家，使蒙骗、掠夺和欺诈勾当在各地应运而生并且日益猖獗——这种农民是投机者，是资本家的同盟者，是工人的阶级敌人，是剥削者。因为，粮食是从全国公有土地上收获来的，所用的农具也不仅是农民而且还有工人等等花了某种劳动才创造出来的，而有了余粮就拿来投机，这就是剥削挨饿的工人。

人们指着我们宪法上工农的不平等以及解散立宪会议、强行拿走余粮等等事情，从四面八方向我们大叫大嚷：你们是自由、平等、民主的破坏者。我们回答说：世界上还从来没有哪一个国家做过这样多的事情，来消除劳动农民多少世纪以来所遭受的事实上的不平等和事实上的不自由。可是对于投机的农民，我们永远也不会承认跟他们有平等，正如我们永远不承认剥削者同被剥削者、饱食者同挨饿者有“平等”，不承认前者有掠夺后者的“自由”一样。而对于那些不愿意了解这种区别的有教养的人，我们就要用对待白卫分子的态度来对待他们，尽管他们自称为民主主义者、社会主义者、国际主义者、考茨基派、切尔诺夫派或马尔托夫派。

5

社会主义就是消灭阶级。为此，无产阶级专政已做了它能做的一切。但是要一下子消灭阶级是办不到的。

在无产阶级专政时代，阶级**始终是存在的**。阶级一消失，专政也就不需要了。没有无产阶级专政，阶级是不会消失的。

在无产阶级专政时代，阶级依然存在，但**每个**阶级都起了变化，它们相互间的关系也起了变化。在无产阶级专政条件下，阶级斗争并不消失，只是采取了别的形式。

在资本主义制度下，无产阶级是被压迫阶级，是被剥夺了任何生产资料所有权的阶级，是唯一同资产阶级直接对立和完全对立的因而也是唯一能够革命到底的阶级。无产阶级在推翻资产阶级、夺得政权以后，成了**统治**阶级：它掌握着国家政权，支配着已经公有化的生产资料，领导着动摇不定的中间分子和中间阶级，镇压着剥削者的日益强烈的反抗。这些都是阶级斗争的**特殊**任务，是无产阶级以前不曾提出也不可能提出的任务。

在无产阶级专政下，剥削者阶级，即地主和资本家阶级，还没有消失，也不可能一下子消失。剥削者已被击溃，可是还没有被消灭。他们还有国际的基础，即国际资本，他们是国际资本的一个分支。他们还部分地保留着某些生产资料，还有金钱，还有广泛的社会联系。正是由于他们遭到失败，他们反抗的劲头增长了千百倍。管理国家、军事和经济的“艺术”，使他们具有很大很大的优势，所以他们的作用比他们在人口中所占的比重要大得多。被推翻了的剥削者反对胜利了的被剥削者的先锋队，即反对无产阶级的阶级斗争，变得无比残酷了。既然说的是革命，既然不是用改良主义的幻想去代替革命这个概念(像第二国际中的一切英雄所干的那样)，那么情况就只能如此。

最后，农民和任何小资产阶级一样，在无产阶级专政下**也**处于中间地位：一方面，他们是由劳动者要求摆脱地主资本家压迫的共同利益联合起来的、人数相当多的(在落后的俄国是极多的)劳动群众；另一方面，他们又是单独的小业主、小私有者、小商人。这样的经济地位必然使他们在无产阶级与资产阶级之间摇摆不定。到了无产阶级和资产阶级的斗争尖锐化的时候，到了一切社会关系遭到非常急剧的破坏的时候，由于农民和一般小资产者最习惯于因循守旧，那就很自然，我们必然会看到他们从一边转到另一边，摇摆不定，反复无常，犹豫不决，等等。

对于这个阶级，或者说，对于这些社会成分，无产阶级的任务就是领导他们，设法影响他们。带领动摇分子和不坚定分子前进，这就是无产阶级应做的事情。

我们把所有的基本力量或基本阶级及其被无产阶级专政改变了的相互关系比较一下，就可以看出，第二国际的一切代表所持的、流行的小资产阶级观念，即"经过"一般"民主"过渡到社会主义的观念，在理论上是何等荒谬，何等愚蠢。这种错误观念的根源就是从资产阶级那里继承下来的偏见，即以为"民主"具有绝对的、超阶级的内容。其实，在无产阶级专政下，民主也进入了崭新的阶段，阶级斗争也上升到了更高的阶段，而使一切形式都服从它。

搬弄关于自由、平等和民主的笼统词句，实际上等于盲目重复那些反映商品生产关系的概念。用这些笼统词句来解决无产阶级专政的具体任务,就意味着全面地转到资产阶级的理论立场和原则立场上去了。从无产阶级的观点看来,问题只能这样提:是不受哪个阶级压迫的自由?是哪一个阶级同哪一个阶级的平等?是私有制基础上的民主,还是废除私有制的斗争基础上的民主?如此等等。

恩格斯在《反杜林论》中早已阐明,如果不把平等理解为**消灭阶级**,反映商品生产关系的平等概念就会变成一种偏见。[①] 这个关于资产阶级民主主义平等概念不同于社会主义平等概念的起码真理,是常常被人遗忘的。只要不忘记这个真理,就可以清楚地看到,无产阶级推翻资产阶级就是朝着消灭阶级的方向迈进了最有决定意义的一步,而无产阶级要完成这一事业,就应当利用国家政权机关来继续进行阶级斗争,就应当对被推翻了的资产阶级和动摇不定的小资产阶级采用斗争、影响、诱导等不同的方法来继续进行阶级斗争。

(待续)[②]

1919 年 10 月 30 日

载于 1919 年 11 月 7 日《真理报》第 250 号和《全俄中央执行委员会消息报》第 250 号

译自《列宁全集》俄文第 5 版第 39 卷第 269—282 页

① 参看《马克思恩格斯文集》第 9 卷第 111—113 页。——编者注

② 本文没有写完。——俄文版编者注

向彼得格勒工人致敬

（1919 年 11 月 5 日）

在苏维埃共和国成立两周年的时候，首先应当向彼得格勒工人致敬。彼得格勒工人是革命工人和士兵的先锋队，是俄国和全世界劳动群众的先锋队，他们最先推翻了资产阶级政权，举起了反对资本主义和帝国主义的无产阶级革命旗帜。

两年来，苏维埃共和国的工人和劳动农民不顾饥寒和经济破坏所带来的一切艰难困苦，胜利地保持着这面旗帜。尽管有资产阶级的疯狂仇视和反抗，尽管有全世界帝国主义的军事侵犯，两年的社会主义建设使我们获得了巨大的经验，巩固了苏维埃政权。

全世界的工人都同情我们。各国的无产阶级革命在缓慢地、艰难地、但又不断地成熟着，资产阶级的残暴行径只会使斗争加剧，使无产阶级更快地取得胜利。

就在最近几天，英帝国主义反动派孤注一掷，用全力来夺取彼得格勒。全世界的资产阶级特别是俄国的资产阶级已经在预祝胜利。但他们得到的却不是胜利，而是在彼得格勒附近的失败。

尤登尼奇的军队被打垮了，他们正在退却。

工人同志们！红军战士同志们！要集中一切力量！要不惜一切追击退却的军队，予以痛击，不让他们有一小时、一分钟的喘息。现在我们完全可能而且应该尽量狠狠地打击敌人，以便把他们消灭。

战胜沙皇将军、白卫分子和资本家的红军万岁！国际苏维埃共和国万岁！

尼·列宁

1919年11月5日

载于1919年11月7日《彼得格勒真理报》第255号

译自《列宁全集》俄文第5版第39卷第283—284页

苏维埃政权和妇女的地位

（1919年11月6日）

在苏维埃政权成立两周年的时候，我们禁不住要回顾一下两年来所做的事情，深入思考一下已经完成的变革的意义和目的。

资产阶级及其拥护者责备我们破坏民主。我们说，苏维埃革命推动民主向深度和广度的发展，这在世界上是前所未有的，而且它所推动的正是受资本主义压迫的劳动群众享受的民主，因而是绝大多数人享受的民主，是不同于资产阶级民主（剥削者、资本家、富人的民主）的社会主义民主（劳动人民的民主）。

谁说得对呢？

好好地想想这个问题，深入地弄清楚这个问题，那就是要考虑一下两年来的经验，更有准备地去进一步发展这种经验。

妇女的地位特别清楚地说明了资产阶级民主和社会主义民主的区别，特别清楚地回答了上面提出的问题。

在资产阶级共和国（即存在着土地、工厂、股票等等的私有制的国家），即使是最民主的共和国，妇女的地位**在世界任何地方、任何一个最先进国家**都不是跟男子完全平等的。尽管从法国大革命（资产阶级民主革命）算起，时间过去了不止1¼世纪，情况依然如此。

资产阶级民主在口头上答应给予平等和自由。实际上，任何一个资产阶级共和国，即使是最先进的资产阶级共和国，对于占人类半数的妇女，既**没有给予**在法律上同男子完全平等的地位，也**没有给予**不受男子监护和压迫的自由。

资产阶级民主不过是讲些冠冕堂皇的词句、庄严的保证、动听的诺言，喊几句**自由平等**的响亮口号的民主，而实际上这一切却掩盖着妇女的不自由和不平等，掩盖着劳动者和被剥削者的不自由和不平等。

苏维埃民主即社会主义民主则一扫华而不实的言词，对"民主派"、地主、资本家以及卖余粮给挨饿工人发投机财的饱腹农民这些人的假仁假义，宣告了无情的战争。

打倒这种卑劣的谎言！被压迫者与压迫者、被剥削者与剥削者不可能有"平等"，现在没有，将来也不会有。只要妇女没有摆脱男子依法享有的特权的自由，工人没有摆脱资本枷锁的自由，劳动农民没有摆脱资本家、地主、商人压迫的自由，就不可能有真正的"自由"，现在没有，将来也不会有。

让撒谎者和伪君子、蠢人和瞎子、资产者及其拥护者去欺骗人民，侈谈一般自由、一般平等、一般民主好了。

我们却要对工人和农民说：撕下这些撒谎者的假面具，叫这些瞎子睁开眼睛。问问他们：

——是哪个性别同哪个性别平等？

——是哪个民族同哪个民族平等？

——是**哪个阶级同哪个阶级平等**？

——是摆脱哪一种压迫或哪个阶级的压迫而获得的自由？是哪一个阶级享受的自由？

谁要谈政治、谈民主、谈自由、谈平等、谈社会主义，而不**提出**

这些问题，不把这些问题提到首位，不对隐蔽、掩盖和抹杀这些问题的行为作斗争，谁就是劳动人民最可恶的敌人，就是披着羊皮的狼，就是工人农民的死对头，就是地主、沙皇和资本家的奴仆。

两年来苏维埃政权在欧洲一个最落后的国家中，为了解放妇女，为了使她们与“强者”性别平等，做到了全世界所有先进的、文明的、“民主的”共和国 130 年来也没有做到的事情。

教养、文化、文明、自由这一切冠冕堂皇的字眼，在世界各资本主义的、资产阶级的共和国中，是同极其卑鄙、极其肮脏、极其野蛮的妇女不平等的法律，如结婚法和离婚法、非婚生子和“婚生子”不平等的法律、男子享有特权的法律、侮辱和虐待妇女的法律等结合在一起的。

资本的枷锁，“神圣的私有制”的压迫，市侩的愚蠢和小有产者的自私，就是这些东西使最民主的资产阶级共和国没有去触动一下那些卑鄙龌龊的法律。

苏维埃共和国，工人和农民的共和国，一下子就扫除了这些法律，彻底戳穿了资产阶级谎言和资产阶级伪善。

打倒这种谎言！打倒这些骗子！他们无视现在还有被压迫的女性，还有压迫阶级，还有资本和股票的私有制，还有用自己的余粮盘剥挨饿者的饱腹的人，却侈谈**人人**自由平等。不是人人自由，不是人人平等，而是要**反对**压迫者和剥削者，**消灭**产生压迫和剥削的**可能性**。这就是我们的口号！

给被压迫的女性自由和平等！

给工人和劳动农民自由和平等！

同压迫者，同资本家，同富农投机分子作斗争！

这就是我们的战斗口号，这就是我们无产阶级的真话，关于同资本作斗争的真话，这就是我们正告侈谈**一般**自由平等、**人人享受**自由平等这些甜蜜、动听、虚伪词句的资本世界的真话。

正因为我们撕下了掩盖这种伪善的假面具，正因为我们以革命的热情实现被压迫者和劳动者的自由和平等，而不是压迫者、资本家和富农的自由和平等，全世界的工人才那样看重苏维埃政权。

正因为如此，在苏维埃政权成立两周年的时候，世界各国的工人群众，世界各国的被压迫者和被剥削者，都对我们寄予同情。

正因为如此，在苏维埃政权成立两周年的时候，尽管饥饿和寒冷折磨着我们，尽管帝国主义者对我们俄罗斯苏维埃共和国的侵犯给我们带来种种苦难，我们仍然充满信心，坚信我们的事业是正义的，坚信世界苏维埃政权必然取得胜利。

载于1919年11月6日《真理报》第249号

译自《列宁全集》俄文第5版第39卷第285—288页

苏维埃政权成立两周年

（1919年11月7日）

《贫苦农民报》的主要读者是农民。在苏维埃政权成立两周年的时候，我向摆脱地主和资本家的枷锁而获得解放的千百万劳动农民表示祝贺，并且想就这个解放说几句话。

苏维埃政权是劳动者的政权，是推翻了资本枷锁的政权，目前它正在俄国同空前的难以置信的困难作斗争。

俄国以及全世界的地主和资本家怀着疯狂的仇恨攻击苏维埃政权，他们害怕苏维埃政权树立了榜样，害怕苏维埃政权赢得全世界工人的同情和支持。

靠军事订货积累了亿万财富的各国资本家用尽了一切手段来推翻苏维埃政权，例如在俄国制造阴谋事件，收买捷克斯洛伐克军，派遣外国军队在西伯利亚、阿尔汉格尔斯克、高加索、南方和彼得格勒附近登陆，用数亿卢布资助高尔察克、邓尼金、尤登尼奇等沙皇将军。

然而，一切都是枉费心机。苏维埃政权坚定地屹立着，它正在战胜这些见所未见、闻所未闻的困难，正在克服战争、封锁、饥饿、商品缺乏、运输破坏和全国破产所带来的严重灾难。

俄国的苏维埃政权已经把全世界的工人吸引到自己这一边来了。没有一个国家不在谈论布尔什维主义和苏维埃政权。

资本家谈到苏维埃政权总是仇恨满怀，深恶痛绝，不断地造谣诽谤。但是他们的痛恶正好暴露了他们自己，全世界的工人大多数都离开了旧的领袖而转到苏维埃政权方面来了。

敌人进攻俄国，使苏维埃政权遭到摧残和蹂躏。但是，苏维埃政权已经战胜了全世界，——所谓战胜全世界是指我们到处都赢得了劳动群众的同情。

苏维埃政权在全世界的胜利已经有了保证。问题只在于时间。

苏维埃政权经受了空前严重的考验，忍受了饥饿的苦难以及战争和经济破坏所造成的困难，为什么仍然很稳固呢？

因为它是劳动人民自己的政权，是千百万工人和农民的政权。

工人掌握着国家政权。工人帮助着千百万劳动农民。

苏维埃政权打倒了地主资本家，坚决保卫人民，不让地主资本家政权复辟。

苏维埃政权用全力帮助占人口绝大多数的**劳动农民，即贫苦农民和中农。**

苏维埃政权决不允许富农、有钱人、有产者、投机者、想不劳而获的人、想利用人民的穷困和饥饿发财的人恣意妄为。

苏维埃政权**保护**劳动者，**反对**投机者、有产者、资本家和地主。

这就是苏维埃政权强大和稳固的根源，这就是苏维埃政权无敌于天下的根源。

全世界亿万工人和农民遭受地主资本家的压迫、侮辱和掠夺。而旧式国家，无论君主国或“民主”（冒牌民主）共和国，都是帮助剥削者、压迫劳动者的。

各国的亿万工人和农民都知道这一点，看到了这一点，体验到了这一点，并且一直经受着这一点。

帝国主义战争打了四年多，几千万人死亡和残废了。这是为了什么呢？为了资本家分赃，为了市场，为了利润，为了殖民地，为了银行的统治。

英法帝国主义强盗战胜了德帝国主义强盗，日益暴露出自己是靠人民穷困发财、摧残弱小民族、压迫劳动人民的强盗和掠夺者。

这就是全世界工人和农民对苏维埃政权愈来愈同情的原因。

艰苦的反资本斗争已经在俄国胜利地开始了。这一斗争正在一切国家中扩大着。

这一斗争一定会以全世界苏维埃共和国的胜利而告终。

载于 1919 年 11 月 7 日《贫苦农民报》第 478 号

译自《列宁全集》俄文第 5 版第 39 卷第 289—291 页

十月革命两周年

在全俄中央执行委员会、莫斯科工人和红军代表苏维埃、全俄工会中央理事会和各工厂委员会联合庆祝大会上的讲话

（1919年11月7日）

同志们！两年以前，当帝国主义战争还在激烈进行的时候，在俄国资产阶级的一切拥护者看来，在其他国家的人民群众甚至大多数工人看来，俄国无产阶级的起义和夺取国家政权是一种大胆的然而是毫无希望的尝试。当时人们以为，世界帝国主义是一种巨大的不可战胜的力量，一个落后国家的工人要起来反对它，简直是发了狂。而现在，我们回顾一下过去两年的情况就可以看到，连我们的敌人也愈来愈认为我们是正确的。我们看到，像一个制服不了的巨人似的帝国主义，在大家眼中已成为泥足的巨人；我们在斗争中度过的这两年，愈来愈鲜明地既标志着俄国无产阶级的胜利，也标志着国际无产阶级的胜利。

同志们，在我们政权存在的第一年，我们不得不正视德帝国主义的强大，忍痛签订强加给我们的掠夺性和约，孤独地发出革命号召，却得不到支持和响应。我们政权建立的第一年是我们同帝国主义作斗争的第一年，我们很快地就深信，这个庞大的国际帝国主义的各个部分之间的斗争只不过是垂死的挣扎，同这一斗争有利

害关系的，是德帝国主义和英法资产阶级帝国主义。在这一年内我们弄明白了，这一斗争只会巩固、增强和恢复我们的力量，使这些力量去反对整个帝国主义。如果说我们在第一年中造成了这样的局面，那么在整个第二年中我们就面对面地同我们的敌人作斗争了。有一些悲观主义者，直到去年还在猛烈攻击我们；直到去年他们还在说，英、法、美是足以摧毁我国的极其巨大的力量。一年过去了，现在你们可以看到，如果第一年可以叫做国际帝国主义强大的一年，那么第二年就可以叫做英美帝国主义进行侵略而被我们战胜的一年，可以叫做我们战胜高尔察克、尤登尼奇并开始战胜邓尼金的一年。

我们十分清楚，向我们进攻的一切军事力量都是有一定的来历的。我们知道，是帝国主义者供给他们一切军需品和武器，帝国主义者已把他们的世界舰队的一部分拨给我们的敌人，并正在竭力援助和扶植俄国南方和阿尔汉格尔斯克的力量。但是，我们很清楚，所有这些似乎是强大的和不可战胜的国际帝国主义力量是不可靠的，对我们是不可怕的，它们内部已经腐烂，它们使我们愈战愈强，这就使我们有可能战胜外来的敌人，并取得彻底的胜利。这个问题托洛茨基同志要讲，我就不谈了。

我觉得，现在我们应当从两年英勇的建设中得出总的教训。

在我看来，苏维埃共和国两年建设的最重要的总结，对我们最为重要的东西，就是关于建设工人政权的教训。我觉得，在这方面我们不应当只是谈些同某一个人民委员部的工作有关的具体事实，这些事实你们大多数人根据亲身的体验都已经知道了。我觉得，我们现在应当回顾一下过去，从这种建设中得出总的教训，加以领会，并把它更广泛地灌输到劳动群众中去。这个教训就是：只有让工人参加国家的整个管理工作，我们才能在这样难以置信的困难条件下坚持下去，只有走这条道路，我们才会取得完全的胜利。我们应当吸取的另一个教训，就是要正确地对待农民，正确地对待千百万农民群众，因为正是这样做，我们才顺利地克服了各种困难，也只有这样做，我们才能从胜利走向胜利。

如果你们回想一下过去，回想一下苏维埃政权采取的最初步骤，回想一下共和国所有管理部门（包括军事部门在内）的全部建设情况，你们就会看出，在两年前的10月里，工人阶级政权还只是处在开始阶段，国家政权机构实际上还不在我们手里。你们回顾一下过去的两年，就会同意我以下的看法：为了建立真正的国家政权机构，当然必须在军事、政治、经济等部门清除那些在我们之前当过工人和劳动群众领导者的人，一步一步地夺取每一个阵地。

了解一下过去这一时期的发展情况对于我们特别重要，因为世界各国的这种发展道路都是一样的。工人和劳动群众起初并没有同他们的真正领导者齐步前进；现在无产阶级亲自掌握着管理国家的工作，掌握着政权，而领导他们的到处都是那些克服了小资产阶级民主派旧偏见（代表这些旧偏见的在我国是孟什维克和社会革命党人，在整个欧洲是资产阶级政府的代表人物）的领袖。以前这是一种例外，现在已成了通例。在两年前的10月，俄国资产阶级政府——它同孟什维克和社会革命党人的联合、同他们的联盟——被推翻了，我们知道，那以后，我们为了开展工作对每一个管理部门进行了改造，使革命的工人这些真正的代表、无产阶级的先锋队把政权建设切实掌握在自己手里。这是在两年前的10月发生的事情，当时的工作是非常紧张的；但是，我们知道，而且应当指出，这一工作现在还没有结束。我们知道，旧的国家政权机构曾对我们进行反抗，官吏们起初企图拒绝进行管理工作，但这种最露骨的怠工在几星期内就被无产阶级政权粉碎了。无产阶级政权表明，拒绝工作对它不能产生丝毫影响；在我们粉碎了这种露骨的怠工以后，这些敌人又采取了别的手段。

当时，还往往发生这样的事：甚至在工人组织的领导中也有资产阶级的拥护者；我们必须干预这件事情，以便充分运用工人的力量。例如，在前一个时期，铁道管理机构和铁路部门的无产阶级是被那些不是按照无产阶级方式而是按照资产阶级方式进行管理的人领导的[110]。我们知道，在一切部门，只要我们能够铲除资产阶级，我们就这样做了，可是我们花了多么大的力气！我们一步一步地夺取每一个部门，提拔工人，任用那些通过艰苦训练学会管理国家政权的先进人物。站在旁边看，也许觉得做这些事情没有多大困难，但实际上只要仔细研究一下，你们就会看到，工人经历了各个斗争阶段，花了很多力气，才取得了自己的权利，他们如何从工人监督工业进到工人管理工业，在铁路方面如何从声名狼藉的全俄铁路工会执行委员会进到建立有效的机构。你们可以看到，工人阶级的代表渐渐进入了我们的一切组织，通过自己的活动加强了这些组织。例如，拿合作社来说，现在那里有大批的工人。我们知道，以前合作社几乎完全是由非工人阶级的分子组成的。因此在旧的合作社里，经常见到一些浸透资产阶级旧社会的观点和利益的人。工人必须在这方面进行许多斗争，才能掌握权力，使合作社服从自己的利益，进行更有成效的工作。

我们在改造旧的国家机构方面进行了极重要的工作。虽然这项工作很艰巨，但我们在两年当中已经看到工人阶级努力的成果，我们可以说，在这方面已经有几千名工人代表经过了斗争的考验，他们一步一步地驱逐了资产阶级政权的代表。我们看到不仅在国家机构中有工人,而且在粮食工作中,在这个过去几乎完全由旧的资产阶级政府、旧的资产阶级国家的代表把持的部门中,也有了工人的代表。工人建立了粮食机构。一年以前我们还不能完全掌握这个机构,一年以前工人代表在那里还只占30%,现在,在粮食机构内部工人代表已达到80%。我们可以用这些简单明了的数字说明国家的前进步伐。对于我们来说,重要的是我们在政治变革以后,在建立无产阶级政权方面获得了巨大的成果。

此外,工人一直在进行一项重要的工作,即造就无产阶级的领袖。千百万英勇的工人从我们当中涌现出来,奋勇反击白卫将军们。我们一步一步地从我们敌人那里把政权夺取过来。以前工人不十分善于做这件事情,现在我们则陆续地从我们敌人那里夺取一个又一个部门,任何困难也阻挡不住无产阶级。无产阶级正不顾一切困难,陆续地夺取一切部门,把无产阶级群众争取和吸引过来,让他们在各个地方,在每个管理部门,在每个小单位,从下到上亲自通过实际锻炼学习建设,亲自造就成千成万能够独立进行管理国家和建设国家的各项工作的人才。

同志们!最近有一个特别出色的例子,说明我们的工作收到了怎样的成效。我们知道,星期六义务劳动在觉悟的工人当中已经广泛推行起来。我们知道,最受饥寒折磨的共产主义代表在后方所作的贡献并不亚于前方的红军。我们知道,在敌人进犯彼得格勒、邓尼金占领奥廖尔的紧要关头,在资产阶级欢欣鼓舞并使用他们最心爱的武器——扰乱人心的时刻,我们宣布了举行征收党员周。在这样的时刻,工人共产党员走到工人和劳动者(他们忍受了帝国主义战争的最沉重的压力并受到饥寒交迫的折磨,他们经受了巨大的艰难困苦，而扰乱人心的资产者主要也是想打他们的主意）那里，对他们说："你们害怕挑不起工人政权的重担，害怕帝国主义者和资本家的威胁，你们看到我们的工作和困难；我们向你们号召，我们党的大门只对你们这些劳动人民敞开。在困难的时刻，我们指靠你们，号召你们加入我们的队伍，以便担负起建设国家的重任。"你们知道，无论从物质条件来说，或者从敌人在对外政策和军事方面的胜利来说，当时都是一个极其严重的时刻。然而，你们知道，这一次征收党员周，仅在莫斯科一地就获得了空前的和出乎意料的巨大成就，接收了 14 000 多名新党员。这就是这次征收党员周的收获，这次征收党员周正在使工人阶级的面貌发生根本的变化，通过工作实践把他们从资产阶级政权、剥削者和资产阶级国家的毫无作为毫无意志的工具培养成未来共产主义社会的真正创造者。我们知道，现在有成千成万工农青年后备军，他们看到过并且知道地主资产阶级社会过去的一切压迫，他们看到建设中的空前未有的困难，他们知道 1917 年和 1918 年第一批应征入伍的人员表现得多么英勇，我们的处境愈困难，他们就愈广泛愈奋不顾身地靠近我们。这些后备军使我们完全相信，我们在两年之内已经牢牢地站稳了脚跟，我们已经有了可以长期地更多地从中汲取力量的源泉，让劳动人民亲自担负起国家建设事业。在这方面，我们两年来已经取得在所有部门实行工人管理的经验，我们在这里可以大胆地毫不夸大地说，现在只要把已经开始的事业继续下去，事情一定会像过去两年一样取得进展，并且速度可以愈来愈快。

在另一领域，在工人阶级同农民的关系方面，我们遇到的困难大得多。两年前，即在 1917 年，当政权转到苏维埃手里的时候，这一关系还完全不清楚。当时农民已经全体起来反对地主,支持工人阶级,因为他们认为工人阶级能够实现农民群众的愿望,认为他们是真正的工人战士,而不是同地主勾结起来出卖农民的人。但是,我们清楚地知道,农民内部的斗争当时还没有展开。在第一年里,城市无产阶级在农村中还没有取得巩固的阵地。这在白卫分子的政权一度比较巩固的边疆地区看得特别清楚。在去年夏天,在1918年就是这样,那时白卫分子在乌拉尔很容易地取得了胜利。我们看到,无产阶级政权在农村中还没有建立起来,而从外面把无产阶级政权搬到农村是不够的。应该让农民根据自己的经验,通过自己的建设得出同样的结论,虽然这种工作无比困难,无比缓慢和艰巨,但成效也大得无比。这就是我们在苏维埃政权建立第二年中的主要成就。

我不准备谈战胜高尔察克的军事意义,不过我要说一下,如果农民没有把资产阶级独裁者的政权和布尔什维克的政权加以比较,就不会有这一次的胜利。要知道,独裁者们是从联合内阁和立宪会议起家的,参加这个政权的有社会革命党人和孟什维克,他们是我们在工作中随处可以碰到的过时人物,是我们必须加以改造的那些合作社、工会、教师组织以及其他许多机构的建立者。高尔察克是从同他们结成联盟起家的,他们认为克伦斯基的试验还不够。于是进行了第二次试验,要高尔察克使远离中央的边疆地区起来反对布尔什维克。我们没有能把革命给予俄罗斯农民的东西给予西伯利亚的农民。西伯利亚的农民没有得到地主的土地(那里本来没有地主土地),因此他们很容易相信白卫分子。协约国和战争中损失最少的一支帝国主义队伍——日本——已经把一切力量投入了这场斗争。我们知道,它们拿出了亿万卢布去帮助高尔察克，采取了一切办法去支持他。他那里什么东西没有呢？什么都有。有世界列强所有的一切，有农民，有几乎没有工业无产阶级居住的广大地区。为什么这一切被粉碎了呢？因为工人、士兵和农民的经验又一次证明，布尔什维克对社会力量对比的判断和估计是正确的，他们说，要实现工农联盟是很困难的，但不管怎么说，它是唯一不可战胜的反对资本家的联盟。

同志们，如果这里说得上科学的话，那么这就是一门科学。这个经验是最难取得的经验，是一个十分周全十分可靠的建设共产主义的经验。只有在农民自觉地得出肯定的结论时，我们才能建成共产主义。只有同农民结成联盟，我们才能完成这一事业。根据高尔察克事件的经验，我们可以深信这一点。高尔察克事件是一个流血的经验，但这并不是我们的过错。

你们很清楚，现在第二种灾难已经降临到我们的头上，你们知道，饥饿和寒冷极其严酷地侵袭着我们的国家。你们知道，有人把这归咎于共产主义，但你们也很清楚，这与共产主义毫不相干。我们看到，在每一个国家里，忍饥受寒的状况一天比一天严重，大家很快就会相信，俄国目前这种处境不是共产主义的后果，而是四年国际战争的后果。这次战争造成了我们现在所遭受的全部灾祸，造成了这种挨饿受冻的局面。但是，我们相信，我们很快会摆脱这种境况。全部问题仅仅在于工人必须劳动，但不是为那些杀了四年人的人劳动，而是为自己劳动。现在到处都在同饥寒作斗争。一些最强大的国家现在也遭到这种灾难。

我们必须通过国家征收的办法向我国千百万农民收集粮食，但我们的做法不是像资本家那样，同投机者勾结在一起。为了解决这个问题，我们同工人站在一起，我们反对投机者。我们采取了说服的方法，我们到农民那里去，对他们说：我们所做的一切只是为了援助你们和工人。能把余粮按固定价格出售的农民是我们的战友。不肯这样做的农民是我们的敌人，是罪犯，是剥削者和投机者，我们同他们毫无关系。我们对农民进行了宣传，这种宣传使农民日益靠近我们。在这方面我们取得了十分肯定的成绩。去年8—10月我们收购了3 700万普特粮食，今年，根据没有经过特别仔细查对的材料，我们已收购了4 500万普特粮食。你们可以看到，情况正在好转，虽然很慢，但确实在好转。即使邓尼金占领了我们的富饶地区，给我们造成了不利条件，我们仍然能按照国家价格执行我们的收购计划和分配计划。在这方面，我们的机构从某种意义上说已经建立起来了，现在我们走上了社会主义的道路。

现在我们面临着燃料恐慌的问题。我们的粮食问题已经不那样尖锐；现在的情况是，我们有了粮食，但我们没有燃料。邓尼金夺取了我们的产煤区。这个产煤区被夺取，给我们造成了空前的困难，因此，我们也要像解决粮食问题那样解决燃料问题。我们像以前一样向工人呼吁。以前我们改造了我们的粮食机构，这些机构在加强和调整之后做了十分明显的工作，取得了光辉的成绩。现在我们也像过去一样，每天在改善我们的燃料供应机构。我们对工人说明，危机是从哪里袭来的，我们应该从什么地方、往哪里投放新的力量，我们深信，正像去年战胜了粮食困难一样，现在我们也一定会克服燃料问题上的困难。

请允许我暂且把我们的工作总结到这里。最后，我想只用几句话来说明我们的国际形势好转的情况。我们检查了我们所走的道路，结果证明这是一条正确的道路。当我们在1917年取得政权的时候，我们是孤立的。当时各国都有人说，布尔什维主义不会流行起来。现在这些国家都已经有了强大的共产主义运动。在我们夺取政权后的第二年，在第三国际即共产国际建立半年后的今天，第三国际事实上已经成为各国工人运动中的最主要的力量。在这方面，我们所进行的试验迅速地产生了空前辉煌的效果。诚然，欧洲争取自由的运动和我国不同。但是，如果回忆一下两年来的斗争，你们就会看到，在乌克兰，甚至在俄国某些居民成分特殊的大俄罗斯地区，例如哥萨克地区、西伯利亚地区或者乌拉尔，争取胜利的运动也没有像俄国的中心彼得堡和莫斯科那样迅速展开，也没有走它们那样的道路。显然，欧洲的运动发展比较迟缓不会使我们感到惊奇，因为那里必须克服沙文主义和帝国主义的较大的压力。虽然如此，那里的运动也在不断前进，沿着布尔什维克指出的道路前进。我们到处都能看到，这个运动正在展开。孟什维克和社会革命党的代言人在给第三国际的代表让路。这些领袖垮台了，各地的共产主义运动高涨起来了。因此，在苏维埃政权建立两年后的今天，我们根据事实完全有权利这样说：不仅在俄国范围内，而且在国际范围内，革命世界中的一切觉悟群众和革命群众都是拥护我们的。我们可以说，我们已经熬过来了，任何困难对于我们都不可怕，我们一定能忍受这一切困难，也一定会战胜这一切困难。（热烈鼓掌）

载于 1919 年 11 月 9 日《真理报》
第 251 号

译自《列宁全集》俄文第 5 版
第 39 卷第 292—303 页

致土耳其斯坦共产党员同志们[111]

（1919 年 11 月 7—10 日）

同志们！请允许我不用人民委员会主席和国防委员会主席的身份，而用一个党员的身份给你们写这封信。

可以毫不夸大地说，同土耳其斯坦各族人民建立正常的关系，现在对俄罗斯社会主义联邦苏维埃共和国具有重大的世界历史意义。

苏维埃工农共和国对以前受压迫的弱小民族的态度，对于全亚洲，对于世界上所有的殖民地，对于千千万万的人，都具有实际的意义。

我恳请你们特别注意这个问题，努力和土耳其斯坦各族人民建立同志的关系，以事实来作出榜样；用实际行动向他们证明我们真心想根除大俄罗斯帝国主义的一切残余，以便同世界帝国主义及其领导者英帝国主义作忘我的斗争；要无限信任我们的土耳其斯坦委员会，要严格遵守该委员会根据全俄中央执行委员会的上述精神制定的指示。

如果你们能给我回信并把你们的态度告诉我，我是非常感激的。

致共产主义的敬礼！

弗·乌里扬诺夫（列宁）

载于1919年11月7—10日《土耳其斯坦共产党人报》、《土耳其斯坦共和国苏维埃中央执行委员会消息报》和《红色战线报》出版的《无产阶级时代一世纪的两年》纪念专刊

译自《列宁全集》俄文第5版第39卷第304页

人民委员会关于
火灾保险局经费问题的决定

(1919年11月10日)

送人民银行预算局

决　　定

人民委员会1919年11月5日会议[112]决定：

从下半年的预算项目中预先拨给最高国民经济委员会火灾保险局两亿卢布(200 000 000)用于消防事业。

责成最高国民经济委员会火灾保险局按照一般预算手续列入自己的预算。

责成最高国民经济委员会主席团为把火灾保险事业移交给最高国民经济委员会一事同内务人民委员部在7日内达成协议。

人民委员会主席

弗·乌里扬诺夫(列宁)

译自《列宁文集》俄文版第39卷
第212—213页

关于统一林业机构问题的建议[113]

（1919 年 11 月 11 日）

（1）各机构的相互监督

（2）尽快确定并划出作业区

（3）利用林业专家的劳动力

（4）加速和增加燃料供应的其他措施

（5）不需要合并吗？

载于 1959 年《列宁文集》俄文版
第 36 卷

译自《列宁全集》俄文第 5 版
第 54 卷第 419 页

与燃料危机作斗争

给各级党组织的通告信[114]

(1919年11月8日和13日之间)

同志们!我们的党是有组织的无产阶级先锋队,它的任务是统一和领导工人阶级争取工农苏维埃政权胜利的斗争。两年来我们胜利地进行了这种斗争,现在我们清楚地知道,国家遭受四年帝国主义战争的破坏和国内外一切剥削者的反抗给我们造成的莫大困难,我们是用什么方法才克服的。

同志们!我们力量的主要源泉在于工人很自觉,很英勇,始终得到劳动农民的同情和支持。我们取得胜利的原因在于:我们党和苏维埃政权把当前一切困难和任务直接告诉劳动群众;我们能向群众说明为什么一个时期要用全力抓苏维埃工作的某一方面;我们能发挥群众的热情、积极性和英勇精神,把鼓起的革命干劲集中用于当前最重要的任务。

同志们!与燃料危机作斗争已成为当前最重要的任务了。我们正在消灭高尔察克,我们战胜了尤登尼奇,我们已顺利地对邓尼金展开攻势。我们大大改善了粮食收购和储藏的工作。但燃料危机有破坏全部苏维埃工作的危险:工人和职员因饥寒交迫而各奔东西,运粮的列车中途停驶,由于缺乏燃料而造成的真正灾难日益逼近。

燃料问题成了最中心的问题。必须消灭燃料危机，否则不仅粮食任务不能解决，军事任务和全国经济任务也都不能解决。

战胜燃料危机是可能的，因为我们虽然失去了顿巴斯的煤，而且不可能迅速增加乌拉尔和西伯利亚的采煤量，但我们还有许多森林，我们可以采伐并且运出足够的木柴。

战胜燃料危机是可能的。现在要善于集中主要力量来对付我们目前主要的敌人——燃料不足。要善于唤起劳动群众的热情，要发挥革命积极性，以最快的速度大批开采并运送各种燃料，如煤、页岩和泥炭等等，而首先是木柴，木柴，木柴。

俄共中央相信，各级党组织和全体党员既然两年来能以革命手段解决各种更困难的而不是更容易的任务，这一次也一定能解决这个任务。

俄共中央特向各级党组织提出下列办法：

1. 所有党组织今后应当在党的会议上，首先是在党委会上，把燃料问题以及同燃料危机作斗争的问题列为一项经常的议题。为了消除燃料危机，我们还可以做些什么，我们应当做些什么？怎样加强这种工作？怎样使这种工作更有成效？希望各级党组织现在都来研究这些问题。

2. 各省、市、县、乡执行委员会，总之，一切苏维埃领导机关，都应当这样做。党员应起带头作用，在全国范围内加强、统一和推动有关工作。

3. 要在各地，主要是在农村进行极其广泛的鼓动工作，说明燃料问题对苏维埃政权的意义。在燃料问题上，要特别反对只顾地方利益、本位利益和一己私利的倾向。要向大家说明，不为全国需要而忘我地工作，便不能挽救苏维埃共和国，不能捍卫住工农政权。

4. 对党的任务和苏维埃政权的委托、要求和任务实际完成情况应作极为认真的检查。应当吸收在最近一次征收党员周入党的全体新党员来检查全体人员履行职责的情况。

5. 应当最迅速最严格地实行全民劳动义务制，或者动员一定年龄的人去开采、运送煤和页岩，去砍伐木柴，把木柴运到铁路车站。规定劳动定额，而且无论如何要设法完成劳动定额。对于那些一再违背劝告、要求和命令而逃避工作的人，必须给予严厉的处分。任何宽容态度，任何软弱表现，都是对革命犯罪。

我们已经加强了军队纪律。现在我们应当加强劳动纪律。

6. 应当更经常地、更积极地、更有系统地、更有组织地进行星期六义务劳动，首先是利用这种劳动来解决燃料问题。党员在遵守劳动纪律和发挥劳动干劲方面应当走在大家的前面。应当真心诚意地执行人民委员会、国防委员会和其他中央机关以及地方苏维埃机关关于燃料问题的决议。

7. 应派党的优秀工作人员去加强地方燃料机关。应按照这种目的来审查和适当改变力量的分配。

8. 应该大力支持中央派出的同志，努力在实际工作中培养大量青年人才来组织、安排和进行燃料工作。地方刊物要对这一工作给予更多的注意，认真提出一些工作确实做得很好的模范加以报道，发现哪一个地区、部门和机关落后、懈怠或无能就要坚决进行斗争。我们的报刊应当成为鞭策落后者的工具，成为教育人们积极工作、遵守劳动纪律、加强组织的工具。

9. 粮食机关的最主要任务，应该是保证从事燃料工作的人马有粮食和饲料。要从各方面帮助这些机关，加强它们的工作，监督工作的执行情况。

10. 在一切燃料机关(以及一切苏维埃机关)中,要力求使**每个人各自**负责一定的、明确而严格地划定的工作,或者一部分工作。集体讨论应当减少到必要的最低限度,要迅速而果断地解决问题,不得阻挠,决不能损害每个工作人员的责任心。

11. 处理有关燃料问题的公文必须特别准确迅速。稍有迟误就应予以严办。向中央机关报告更应作出榜样。

12. 全部燃料工作应当按军事方式进行,要像战争所要求的那样果敢、迅速、纪律严明。否则,就不能战胜、不能摆脱燃料恐慌。

俄共中央相信,全体同志都会竭尽全力,非常积极、非常准确地执行这些指示。

为战胜燃料恐慌而斗争!

俄共中央

载于 1919 年 11 月 13 日《真理报》第 254 号和《全俄中央执行委员会消息报》第 254 号

译自《列宁全集》俄文第 5 版第 39 卷第 305—308 页

在全俄党的农村工作第一次会议上的讲话

（1919年11月18日）

同志们！可惜我没能参加你们召开的农村工作会议[115]。因此，我只能谈谈总的基本的看法，我相信你们能够逐步运用这些看法和我们政策的基本原则来解决你们面临的各项任务和实际问题。

在我国，农村工作问题现在仍然是整个社会主义建设的基本问题，因为在对无产阶级的工作方面，在团结无产阶级的问题上，我们可以有把握地说，在苏维埃政权成立后的两年中，共产党的政策不仅完全确定了下来，而且取得了十分牢靠的成果。起初，我们必须克服工人中间对于共同利益认识不足的现象，必须同个别的工团主义现象作斗争，当时某些工厂或某些工业部门的工人总是想把自己的利益、自己工厂的利益、自己那个产业的利益放在社会的利益之上。无论过去或现在，我们都必须同新的劳动组织方面纪律性不强的现象作斗争。我想，你们大家都还记得我们政策经历的几个大的阶段，那时我们把一批批的工人提拔到新的岗位上，使他们有可能了解我们面临的任务，了解整个国家管理机构。现在无产阶级的共产主义活动的组织和共产党的整个政策，都已经有了完备的确定的形式，我相信我们现在走的是正确的道路，顺着这条道路前进是完全有保证的。

至于农村工作，这里的困难无疑是很大的，在党的第八次代表大会[116]上，我们把这个问题作为最主要的问题之一充分地提出来了。我们在农村中的支柱，同城市中一样，只能是被剥削劳动群众，只能是在资本主义制度下饱受地主和资本家压迫的人。当然，从工人夺得政权而使农民能够一下子扫除地主权力的时候起，他们就消灭了私有制，着手分土地，实现了最大的平等，从而大大改进了土地的经营，使它达到中等以上的水平。但是，我们显然没有完全做到这一点，因为在个体经济下，要保证每个农民有足够数量的种子、牲畜和工具，就需要大量的物资。此外，即使我们的工业在发展农业机器的生产上取得非凡的成绩，即使我们的愿望都能实现，即使在这样的条件下，我们也不难了解，使每个小农都得到足够的生产资料是不可能的，也是极不合理的，因为这意味着极端的分散；只有依靠共同的、劳动组合的、共耕的劳动才能走出帝国主义战争把我们驱入的绝境。

农民群众就其经济地位的实质来说，在资本主义制度下是受压迫最深的，但又最不容易相信有急剧转折和转变的可能性。高尔察克、尤登尼奇和邓尼金给他们的经验，使他们对自己争得的东西特别小心。每个农民都知道，他所得到的成果还没有最后巩固起来，他的敌人——地主还没有消灭，不过是潜伏起来，在等待自己的朋友国际资本强盗的援助。虽然国际资本在一天天衰弱下去，国际形势近来又大大好转，但只要清醒地考虑一下整个情况，我们就应当说，国际资本无疑地还比我们强。它已经不能直接进攻我们，因为它的翅膀已被砍掉。就在最近，这些老爷在欧洲资产阶级报刊上开始这样说了："也许会在俄国陷进去，不如同它讲和吧。”这是常有的事情，你打痛了敌人，他就来讲和。我们不止一次地向欧洲帝国主义老爷们说过我们同意媾和，但是，他们却幻想奴役俄国。现在他们懂得他们的幻想确实是无法实现的了。

现在国际上的百万富翁和亿万富翁还比我们强。农民也看得很清楚，尤登尼奇、高尔察克和邓尼金的历次叛乱都是用欧美帝国主义者的钱搞起来的。农民群众也十分懂得，只要稍微软弱一点，就会遭到什么后果。只要好好地想一想地主资本家政权怎样威胁着他们，他们就会极忠实地拥护苏维埃政权了。苏维埃政权正一个月比一个月巩固，从前辛苦劳动、遭受剥削、饱尝地主资本家压迫之苦的农民的觉悟，也一个月比一个月提高。

富农当然是另一种情况，他们自己雇用工人，放债生利，靠别人的劳动发财致富。他们大多数站在资本家方面，对已经发生的变革不满。因此，我们应当清楚地看到，我们还得对这部分农民进行长期而顽强的斗争。可是，在受尽地主和资本家压迫的农民和自己剥削别人的农民之间，还有中农群众。我们的最困难的任务就在这里。社会主义者总是指出，向社会主义过渡，就会提出一个艰巨的任务，即工人阶级如何对待中农的问题。这里我们应当特别期望共产党员同志细心地、自觉地好好对待这一复杂而困难的任务，不要企图一下子就解决问题。

中农无疑是习惯于个体经营的。他们是私有者农民，虽然他们已经失去土地，虽然土地私有制已经消灭，但他们仍然是私有者，主要因为这部分农民还有粮食。中农生产的粮食超过自己的需要，因此，他们有余粮，成了挨饿的工人的剥削者。基本的任务和基本的矛盾就在这里。作为劳动者的农民，靠自己的劳动过活，受过资本主义压迫，他们是站在工人方面的。但是作为握有余粮的私有者的农民，他们是习惯于把余粮看做可以自由出卖的私产的。在饥饿的国家里出卖余粮，这就成了投机者，成了剥削者，因为挨饿的人要拿出他所有的一切来购买粮食。这里就展开了最艰巨的斗争，这个斗争要求我们大家，苏维埃政权的代表，特别是在农村工作的共产党员非常细心非常审慎地对待问题，处理问题。

我们经常说，我们不想强迫中农接受社会主义，党的第八次代表大会也完全肯定这一点。选举加里宁同志为全俄中央执行委员会主席就是出于如下的考虑：我们应当使苏维埃政权直接与农民接近。由于加里宁同志，农村工作有了很大的进展。农民无疑地有可能去同苏维埃政权发生更直接的关系，去找代表苏维埃共和国最高权力的加里宁同志。因此，我们对中农说："根本谈不上什么强迫向社会主义过渡。"但是应当使他们理解这一点，应当善于用农民最容易懂的语言说明这一点。这里只能用实例，只能用公共经济办得很成功的例子。而为了提供劳动组合的、共耕的劳动实例，我们自己必须首先把这种经济组织得很成功。近两年来，建立农业公社和劳动组合的工作有很大的进展。但是冷静地观察一下事实，我们应当说，去建立公社、去从事农业的许多同志，对于农民生活经济条件的知识是很不够的。因此必须纠正由于急躁冒进、处理问题的方法不对而造成的大量错误。以前的剥削者即过去的地主也往往钻进国营农场。他们的权力在当地被推翻了，但他们本人并没有被消灭。应当把他们从那里赶走，或者把他们置于无产阶级的监督之下。

在生活的各个方面我们都面临着这个任务。你们已听说红军获得了许多辉煌的胜利。红军中有几万名旧时的上校和其他军官。如果不任用他们，不迫使他们为我们服务，我们就不能建立起军队。尽管有一些军事专家叛变，我们仍然打垮了高尔察克和尤登尼奇，在各条战线上都取得了胜利。这是因为在红军中有共产党支部，它们起了巨大的宣传鼓动作用，人数不多的军官被这种环境所包围，受到共产党员的巨大压力，他们中间的大多数人就逃不出我们用来包围他们的共产主义组织和宣传网。

没有丰富的知识、技术和文化就不能建成共产主义，而这些东西都掌握在资产阶级专家手中。他们中间大多数人是不同情苏维埃政权的。但是，没有他们我们就不能建成共产主义。应当使他们感到周围的同志式的关系和共产主义的工作精神，要做到让他们同工农政权一起前进。

农民中间常常表现出极大的不满和愤慨，甚至完全否定国营农场，不要国营农场，说那里都是些旧的剥削者。我们说：不对，假若你们自己不会按新的方式经营农场，那就得使用旧的专家，不然就不能摆脱贫困。他们中间如果有人违犯苏维埃政权的法令，我们就要像在红军中那样毫不留情地把他们抓起来；这个斗争还在继续，而且是一个无情的斗争。但是，我们可以迫使他们中间的大多数人都按我们的方式工作。

这个任务是困难而复杂的，一下子是不能解决的。这里需要自觉地遵守工作纪律，需要同农民接近；必须向他们表明，我们知道国营农场中一切违法乱纪的情形，但是，我们说，应当使科学技术人才为公共经济服务，因为靠小农经济是摆脱不了贫困的。而且我们也要像在红军中那样行动：我们被打败100次，但在第101次我们会战胜所有的人。为此就须要同心协力、步调一致地进行农村工作，像在红军中、在其他经济部门中那样一丝不苟地进行工作。我们将慢慢地始终不渝地向农民证明公共经济的优越性。

这就是我们在国营农场应当进行的斗争,这就是向社会主义过渡的困难,这就是真正地最终地巩固苏维埃政权的办法。只要多数中农看到,他们不同工人结成联盟就是帮助高尔察克和尤登尼奇,只要多数中农看到,世界上跟高尔察克和尤登尼奇在一起的只有那些仇视苏维埃俄国并将在多年内一再企图恢复自己权力的资本家,——只要他们看到这一切,那么,连他们中间最落后的人都会明白:或者是同革命工人结成联盟走向完全的解放,或者是稍微有些动摇而使我们的敌人、昔日的剥削者资本家占上风。战胜邓尼金还不是最后消灭资本家。我们大家应当懂得这一点。我们深深知道,他们还会一次一次地来试图扼杀苏维埃俄国的。因此,农民没有选择的余地,他们应当帮助工人,不然最小的动摇也会使地主和资本家取得胜利。让农民懂得这个道理,是我们首要的基本的任务。靠自己劳动过活的农民是苏维埃政权忠实的同盟者,工人对这样的农民是平等看待的,工人政权为了他们将做它所能做到的一切,工农政权将不惜任何牺牲来满足这种农民的需要。

但是,因有余粮而进行剥削的农民却是我们的敌人。国家的义务是必须满足挨饿的本国的基本需要。但农民远非全都懂得自由买卖粮食就是对国家犯罪。农民按习惯照例这样说:“粮食是我生产的,这是我自己的产品,我就有权利出卖。”而我们说,**这是对国家犯罪**。自由买卖粮食就是利用粮食发财致富,也就是回到旧的资本主义去,这是我们不能容许的,在这里我们无论如何要进行斗争。

在过渡时期,我们实行国家收购制和余粮收集制。我们知道,只有这样我们才能摆脱贫困和饥饿。极大多数工人由于粮食分配不当而过着困苦的日子,要使分配得当,就需要农民严格地、诚实地、无条件地执行国家的余粮收集制。在这方面苏维埃政权不会作任何让步。这不是工人政权同农民斗争的问题，而是社会主义存亡的问题，是苏维埃政权存亡的问题。我们现在不能给农民商品，因为没有燃料，铁路中断。首先要使农民不是按黑市价格而是按固定价格贷给工人粮食，使工人能够恢复生产。如果是某个工人在身边快要饿死了，那每个农民都会同意这样做的。但是几百万工人在挨饿，他们就想不通了，投机的旧习惯就占上风了。

同这些习惯作长期而顽强的斗争，进行宣传鼓动和解释工作，检查做过的事情，——这就是我们对农民的政策。

尽力支持劳动农民，平等地对待他们，丝毫不用强力逼迫他们，——这是我们的第一个任务。第二个任务就是不断地同投机倒把、破坏经济的现象作斗争。

我们开始建立红军的时候，红军是一些分散的单独的游击小组。由于缺乏纪律和团结，付出过很多不必要的牺牲，但我们克服了这些困难，在游击队的基础上建立了百万红军。既然我们能够在短短的两年内，在艰难困苦而危险的军事方面做到了这一点，那么，我们就更有信心在经济生活的一切领域获得同样的成就。

我相信，我们也一定会解决这个极困难的任务——工人正确地对待农民、实行正确的粮食政策的任务，我们在这方面也一定会取得像在前线取得的那种胜利。

载于 1919 年 11 月 19 日《真理报》第 259 号和《全俄中央执行委员会消息报》第 259 号

译自《列宁全集》俄文第 5 版第 39 卷第 309—317 页

人民委员会关于收购马铃薯的决定草案[117]

（1919 年 11 月 18 日）

以粮食人民委员部的草案和最高国民经济委员会草案的第 4 条作为基础。[118]

建立一个委员会来详细制定整个草案，既要十分准确地划定一些地区（在粮食人民委员部的条文中），又要十分准确地拟定若干具体措施，如加强一些收购点的征粮军，吸收工人参加工作，必须而且可能提供一定数量的酒精和淀粉等等。

由委员会用准确的文字说明粮食人民委员部对完成各项紧急措施和以革命办法贯彻这些措施所应负的责任，以便在人民委员会今后的政策中考虑到这一责任。

委员会成员为舍印曼（＋2 名粮食人民委员部的代表）

李可夫

施米特

加米涅夫

阿瓦涅索夫（或全俄肃反委员会代表）

马尔柯夫

给委员会两天时间，星期五召开人民委员会会议。[119]

载于1933年《列宁文集》俄文版第24卷

译自《列宁全集》俄文第5版第54卷第420页

俄共(布)中央关于乌克兰政策的提纲草案[120]

(不晚于1919年11月21日)

通过的提纲(作为修改的基础)①

1. 极其慎重地对待乌克兰的民族传统,极其精心地维护乌克兰语言和文化的平等地位,学习乌克兰语,是所有负责同志都必须做的事情,等等,等等。

2. 为组建中央②而与斗争派结成临时联盟[121],而且是在苏维埃代表大会召开之前,同时着手宣传与俄罗斯社会主义联邦苏维埃共和国完全融合。

+ 注意:吸收斗争派加入第三国际?

+ 占少数。③

其他政党也可以都

ΣΣ 占少数。

含蓄地

① 标题为列宁作修改时所加。——俄文版编者注

② 列宁划掉了"政府",改为"中央"。——俄文版编者注

③ 这一段被列宁划掉。——俄文版编者注

目前——独立的乌克兰社会主义苏维埃共和国与俄罗斯社会主义联邦苏维埃共和国仍为一个紧密的联邦,根据 1919 年 6 月 1 日的决议。[①]

乌克兰的工人和农民将自己决定自己的命运。

3. 鉴于红军已向乌克兰推进,要加紧进行农村的分化工作,把农民分成三类,吸收贫苦农民[②](+中农)参与管理工作。彻底消灭害人的富农。

4. 必须首先让一半以上当地最贫苦的农民[③],其次是中农[④]立即进入各级革命委员会和地方苏维埃。

极其严格地要求所有外来工作人员,所有从[⑤]中央派去的工作人员、所有知识分子,等等,报告上述指示的执行情况。

详细制定建立这种报告制度和监督其实际执行情况的条例。

5. 收缴农村中武器的工作要坚决地、毫不动摇地进行。

6. 乌克兰的粮食工作。

第一,首先要让哈尔科夫和顿涅茨煤田有粮吃;

第二,暂缓从乌克兰向俄国征集余粮,尽量往后退(也就是说,我们俄国的余粮现在基本够用);

第三,**不论从哪里**征集余粮,都必须让当地贫苦农民有饭吃,一定要把从富农那里征集到的粮食发给他们一部分。

---

① 这一段被列宁划掉。——俄文版编者注

② 下面列宁划掉了“仅仅是贫苦农民”。——俄文版编者注

③ 列宁在这个词的上方写有“占多数”。——俄文版编者注

④ 列宁在此后写有“占少数”。——俄文版编者注

⑤ 下面列宁划掉了“俄国”。——俄文版编者注

第四,总之,执行粮食政策要比在俄国更为慎重,对中农要体谅一些,少征一些余粮,等等。	当地的粮食政策**原则**

*　　　　*

7[①]. 对乌克兰的犹太人和市民要严加管束,送他们上前线,不让他们进入政权机关(除非比例很小,且是在极特殊的情况下,并受到[②]阶级监督)。	提法要恰当:犹太小资产阶级

8[③]. 对乌克兰的教师联合会、合作社及类似的小资产阶级组织要予以特别监督,并采取特别措施分化它们,要突出共产党员的作用,等等。

9[④]. 为乌克兰培养专门干部的工作现在就要开始极其努力地去做,并且要特别加强监督和筛选。

这项培养工作要抓紧进行,既要由各人民委员部分别去做,也要通过组织局。

译自 1999 年《不为人知的列宁文献(1891 — 1922)》俄文版第 306 — 308 页

① 列宁把“6”改为“7”。——俄文版编者注
② 下面列宁划掉了“特别监督”。——俄文版编者注
③ 列宁把“7”改为“8”。——俄文版编者注
④ 列宁把“8”改为“9”。——俄文版编者注

在全俄东部各民族共产党组织第二次代表大会上的报告[122]

（1919 年 11 月 22 日）

同志们！能够向代表东部各穆斯林民族共产党组织的党员同志的代表大会表示祝贺，并就俄国和全世界当前局势问题讲几句话，我感到非常高兴。我的报告的题目是目前形势问题。我觉得目前在这方面具有最重大意义的，是东部各民族对帝国主义的态度和这些民族中间的革命运动。显然，东部各民族的革命运动，目前只有和我们苏维埃共和国反对国际帝国主义的革命斗争直接联系起来，才能顺利地发展，才能有所成就。由于种种原因，如由于俄国落后和幅员广大，由于它地跨欧亚两洲，位于东西方之间，我们不得不肩负起全部重担（我们认为这是极大的光荣），充当世界反帝国主义斗争的先锋。因此，最近面临的事态发展的整个进程将预示一场更广泛更顽强的反对国际帝国主义的斗争，而且这个进程必然会同苏维埃共和国反对德、法、英、美帝国主义联合势力的斗争联系起来。

讲到军事方面，你们知道，现在我们各条战线上的情况都很顺利。我不准备详细谈这个问题，我只想说明，国际帝国主义以暴力强加给我们的国内战争，两年来使俄罗斯社会主义联邦苏维埃共和国遭受了无穷的苦难，使农民和工人担负了往往是他们担负不了的重担。但是，这次战争也创造了奇迹：早在社会主义革命开始以前就掠夺我们而现在已经成为野兽的所谓我国“盟友”的暴行和残酷进攻，使疲于作战、似乎无法再经受一次战争的人们变成了战士，使他们在两年中间不仅经受住了战争，而且即将胜利地结束这次战争。我们现在对高尔察克、尤登尼奇和邓尼金的胜利，说明世界帝国主义抗拒各国和各民族争取解放的斗争的历史已进入了新的阶段。从这方面说来，两年来我们的国内战争不仅仅完全证实了历史早已作出的结论，即战争的性质及其胜利主要取决于参战国的国内制度，战争是该国战前所推行的国内政治的反映。所有这一切必然都对战争的进行起着作用。

进行战争和继续战争的是哪个阶级，这个问题极为重要。正因为我们的国内战争是解放了的工人和农民进行的，是劳动人民为摆脱本国和全世界资本家压迫而进行的政治斗争的继续，所以在俄国这样一个受了四年帝国主义战争折磨的落后国家里，人们才能有坚强的意志，才能在难以想象的无比艰难困苦的两年中把战争坚持下来。

国内战争的历史通过高尔察克的实例特别明显地表明了这一点。高尔察克有世界所有最强大的国家的援助，有十万外国军队（其中包括国际帝国主义者最精良的军队，如原准备参加帝国主义战争、后来几乎没有参加、因而很少受到损失的日本军队）护卫下的铁路线，可以依靠那些生活最富裕、从来没有尝过农奴制的滋味、因而自然比任何人都更远离共产主义的西伯利亚农民，——像高尔察克这样的一个敌人，看起来似乎是一支不可战胜的力量，因为他的军队是国际帝国主义的先头部队，而且直到今天，在西伯利亚还有日本、捷克斯洛伐克以及其他许多帝国主义国家的军队在活动。高尔察克在自然资源极其富饶的西伯利亚统治了一年多，起初还受到第二国际各社会党的支持，受到建立立宪会议委员会[123]阵线的孟什维克和社会革命党人的支持，在这种情况下，从庸人和一般历史发展的角度来看，他的统治似乎是稳固的、不可战胜的，可是实践表明，他愈深入俄国腹地，他的力量就愈枯竭，最后，我们看到苏维埃俄国彻底战胜了高尔察克。毫无疑义，我们在这里得到了实践的证明，摆脱了资本家压迫的工人和农民团结一致的力量，能够创造出真正的奇迹。我们在这里得到了实践的证明：革命战争如果真正吸引被压迫劳动群众参加并同他们的利益息息相关，使这些群众意识到自己是在同剥削者作斗争，那么，这种革命战争就会唤起创造奇迹的毅力和才能。

我想，红军所做的一切，它所进行的斗争和它取得胜利的历史，对东部各族人民会有巨大的世界意义。它将向东部各族人民表明：尽管这些民族非常弱小，尽管欧洲那些压迫民族在斗争中采用了种种奇迹般的技术装备和军事艺术，似乎是一支不可战胜的力量，但是被压迫民族所进行的革命战争如能真正唤醒千百万被剥削劳动者，就会显示巨大的潜力，创造奇迹，使东部各族人民现在完全可以实现解放，无论从国际革命的远景来看，从苏维埃共和国遭受了所有帝国主义强国军事侵犯以后在亚洲即在西伯利亚直接作战的经验来看，都是如此。

此外，俄国国内战争的这个经验还向我们和各国共产党人表明，在国内战争的烈火中，随着革命热情的高涨，国家内部也在大大地巩固起来。战争是对每个民族全部经济力量和组织力量的考验。战争使工人农民挨饿受冻，吃尽苦头。但是，在取得两年战争的经验后，我们终究可以根据这个经验说，我们正在胜利，并且将来还会胜利，因为我们有后方，有巩固的后方，因为农民和工人虽然饥寒交迫，但却是团结的、坚强的，每一个沉重打击都使他们更紧密地联合起来，更努力地增强经济实力。正因为如此，我们能够战胜高尔察克、尤登尼奇和他们的同盟者——世界上的头等强国。过去的两年向我们表明：一方面，革命战争能够继续发展；另一方面，苏维埃政权已经在外敌侵犯的沉重打击下巩固起来。外敌侵犯的目的是要迅速摧毁革命发源地，摧毁敢于向国际帝国主义宣战的工农共和国。但是，他们并没有能摧毁俄国的工人和农民，反而使俄国工人和农民受到了一次锻炼。

这就是目前形势的主要总结和主要内容。我们就要彻底战胜我们领土上的最后一个敌人邓尼金了。我们感觉得到自己是强大的。我们可以千百次地重复说，我们的话没有错：共和国的内部建设已经巩固；我们结束对邓尼金的战争以后，一定能比过去强壮许多倍，并且能更有准备地来实现建设社会主义大厦的任务。在国内战争时期，我们还只能用极少的时间和力量去从事建设，现在，我们走上了自由的道路，一定能拿出全部力量来从事建设了。

我们看到西欧帝国主义正在瓦解。你们知道，一年以前，甚至德国社会党人也同极大多数不了解形势的社会党人一样，以为世界帝国主义两大集团之间在进行斗争，这种斗争构成了全部历史，除此之外，没有别的力量还能有所作为。他们觉得，甚至社会党人也只能投靠某一个强大的世界强盗集团，没有其他的选择。1918年10月底的时候，似乎就是这样。但是我们看到，在这以后的一年当中，世界历史上发生了一些空前未有的现象，广泛而深刻的现象，使很多社会党人擦亮了眼睛，这些人在帝国主义大战期间曾经是爱国主义者，而且曾经借口大敌当前来为自己的行为辩护，还为自己联合英法帝国主义者的行为辩解,说这些帝国主义者能使人们摆脱德帝国主义的压迫。看吧,这场战争破除了多少幻想!我们看到,德帝国主义的瓦解不仅引起了共和革命,而且引起了社会主义革命。你们知道,目前德国的阶级斗争更尖锐了,国内战争,即德国无产阶级反对那些涂上了一层共和派色彩但依然代表帝国主义的德帝国主义者的斗争,日益逼近了。

大家知道,社会革命现时在西欧不是一天一天地,而是每时每刻地成熟起来。美国和英国的情形也如此。这些国家似乎是文化和文明的代表,是德帝国主义生番的征服者,可是一看到凡尔赛和约,大家都认为,这个和约的掠夺性比德国掠夺者强迫我们接受的布列斯特和约还要厉害一百倍,但凡尔赛和约只能是对这些倒霉的战胜国的资本家和帝国主义者自己的最沉重的打击。凡尔赛和约使各战胜国民族擦亮了眼睛,并且证明英法等国并不是文化和文明的代表,而是一些号称民主实则由帝国主义强盗操纵的国家。这些强盗之间的内部斗争发展得异常迅速,这使我们十分高兴,因为我们知道凡尔赛和约不过是高唱凯歌的帝国主义者的表面胜利,实质上它意味着整个帝国主义世界的崩溃,意味着劳动群众断然离开那些在战争时期同腐朽的帝国主义者结成联盟并维护着一个参战强盗集团的社会党人。劳动人民的眼睛已经擦亮了,因为凡尔赛和约是掠夺性的和约,它表明,英法两国同德国作战,实际上是为了巩固自己对殖民地的统治和加强本国帝国主义的实力。这种内部斗争愈往后就会愈扩大。今天我看到 11 月 21 日从伦敦发出的一则无线电讯,美国记者(这些人是不可能有同情革命者的嫌疑的)在电讯中写道,法国出现空前的反美情绪,因为美国人拒绝批准凡尔赛和约。

英国和法国是胜利了，但它们欠下了美国很多的债。不管法国人和英国人怎样以战胜者自居，美国还是决定要榨取他们的脂膏，要为美国在战时提供的援助取得超额利息，而此刻正在建设并在规模上日益超过英国的美国舰队，势必是实现这一目的的保证。掠夺成性的美帝国主义表现极其粗野，这从以下这件事可以看出：美国的经纪人收买妇女和姑娘这种活商品，把她们运到美国去卖淫。自由文明的美国竟以活商品供给妓院！在波兰和比利时，经常发生同美国经纪人发生冲突的事情。这不过是一个小小的例子，它说明在每一个得到过协约国援助的小国里都大量发生着类似的事情。就拿波兰来说吧。你们可以看到，虽然它自夸现在是一个独立强国，但美国的经纪人和投机商人却纷纷跑到那里，要收买波兰的所有财富。美国经纪人正在把波兰全部买下来。那里没有一个工厂、没有一个工业部门不在美国人的掌握之中。美国已蛮横到如此地步，竟奴役起“伟大自由的胜利者”法国来了。法国过去是一个放高利贷的国家，现在却完全成了美国的债务国，因为法国已毫无经济实力，粮食和煤炭都不能自给，不能大规模发展自己的物质力量，而美国又一定要它交纳全部贡款。因此，法国、英国和其他强国的经济破产愈往后就愈明显。法国大选的结果是教权派占了上风。法国人民过去受了骗，为了所谓自由民主拿出了全部力量去跟德国打仗，现在得到的报酬却是无穷的债务、凶残的美帝国主义者的嘲弄，以及代表最野蛮的反动势力的教权派在大选中的获得多数。

世界局势已变得无比的错综复杂。我们打垮高尔察克和尤登尼奇这些国际资本的走狗是一个巨大的胜利。但是，我们在国际范围内取得的胜利还要巨大得多，虽然这个胜利并不十分明显。

这个胜利就是：帝国主义内部在瓦解，它不能派军队来攻打我们了。协约国作过出兵的尝试，但没有得到任何结果，因为协约国军队一碰到我们的军队，一读到译成他们本国文字的俄罗斯苏维埃宪法，就瓦解了。不管腐朽的社会主义的首领们有多大影响，我们的宪法总是不断博得劳动群众的同情。"苏维埃"这个词现在已为大家所理解，苏维埃宪法已经译成各国文字，每个工人都读到了。工人知道，这是劳动者的宪法，这是号召大家去战胜国际资本的劳动者的政治制度。工人知道，这是我们反对国际帝国主义者的斗争的成果。我们这个胜利已经影响了每一个帝国主义国家，因为我们已把它们的军队夺过来了，争取过来了，它们再不能派这些军队来进攻苏维埃俄国了。

它们曾试用外国军队，即试用芬兰、波兰和拉脱维亚的军队来作战，但也没有得到什么结果。几星期以前，英国大臣丘吉尔在议院的演说中夸口说(他的话已电告全世界)：已经组织了 14 个国家对苏维埃俄国进行讨伐，新年到来之前就能战胜俄国。确实，参加讨伐的国家是不少，有芬兰、乌克兰、波兰、格鲁吉亚、捷克斯洛伐克，还有日本人、法国人、英国人和德国人。但是我们知道讨伐究竟得到了什么结果！我们知道，爱沙尼亚人已离开了尤登尼奇的军队，由于爱沙尼亚人不肯帮助尤登尼奇，现在各家报纸正在进行着激烈的论战；芬兰也没有帮助尤登尼奇，虽然芬兰的资产阶级是很想这样做的。这样，第二次进攻我们的尝试也失败了。在第一个阶段，协约国派出了它的装备精良的军队，看起来他们会战胜苏维埃共和国。然而，他们却退出了高加索、阿尔汉格尔斯克、克里木，现在他们虽然还留在摩尔曼，但是同捷克斯洛伐克军还留在西伯利亚一样，也已经像是残存的孤岛了。想用自己的军队来战胜我们的第一次尝试以我们取得胜利而告终。第二次尝试是命令跟我们毗邻而在财政上完全依赖协约国的那些国家来攻打我们，迫使它们来扼杀我们这个社会主义发源地。然而这一次尝试也失败了，原来这些小国哪个也没有能力来打这样的仗。更糟糕的是，每一个小国都对协约国有很深的仇恨。芬兰没有在尤登尼奇占领红谢洛的时候夺取彼得格勒，就是因为它拿不定主意，它看出它跟苏维埃俄国为邻还能够独立生存，而同协约国就不可能和平相处。所有的小国都有过这种情形。芬兰、立陶宛、爱斯兰和波兰现在就是这样。这些国家虽然盛行着彻头彻尾的沙文主义，但都仇恨协约国在它们那里盘剥它们。现在，我们根据对事态发展的准确估计，可以毫不夸大地说，反苏维埃共和国的国际战争，不仅第一阶段已经破产，而且第二阶段也破产了。现在，我们的任务就是要去战胜已被打垮一半的邓尼金的军队。

我要在报告中简要说明的目前国内外的形势就是如此。最后，请允许我谈谈东部各民族目前的情况。你们是东部各民族共产党组织的代表和共产党的代表。我要指出，如果说俄国布尔什维克能够在旧帝国主义中打开一个缺口，担负起异常艰难但又异常崇高的开辟革命新道路的任务，那么，你们这些东部劳动群众的代表今后要担负的就将是更伟大更新的任务。十分明显，全世界行将爆发的社会主义革命，决不限于每一国无产阶级战胜本国资产阶级。如果各国革命进行得很顺利，很迅速，这也许是可能的。我们知道，帝国主义者是不会让我们这样做的，世界各国都已武装起来对付本国的布尔什维主义，一心在想怎样战胜自己家里的布尔什维主义。因此，每一个国家都酝酿着国内战争，而老社会党人妥协分子是站在资产阶级一边参加这个战争的。由此可见，社会主义革命不会仅仅是或主要是每一个国家的革命无产者反对本国资产阶级的斗争。不会的,这个革命将是受帝国主义压迫的一切殖民地和国家、一切附属国反对国际帝国主义的斗争。在我们党今年3月通过的纲领里面,我们在说明世界社会革命日益接近的时候说,各先进国家的劳动人民反对帝国主义者和剥削者的国内战争正开始同反对国际帝国主义的民族战争结合起来。这一点正由革命进程所证实,并且今后会得到更多的证实。东方的情形也会是如此。

我们知道,东方的人民群众将作为独立的斗争参加者和新生活的创造者起来奋斗,因为东方亿万人民都是一些不独立的、没有充分权利的民族,至今仍是帝国主义国际政治的客体,它们的存在只是为了给资本主义文化和文明当肥料。我们非常了解,所谓分配殖民地的统治权,就是分配掠夺和抢劫权,就是分配地球上一小撮人对大多数人的剥削权。地球上的大多数人过去完全处于历史的进步之外,因为当时他们不能成为独立的革命力量,但是在20世纪初,他们已不再扮演这种消极的角色了。我们知道,1905年以后,土耳其、波斯、中国相继发生了革命,印度也展开了革命运动。帝国主义战争也促进了革命运动的发展,因为由殖民地人民组成的整团整团的军队被卷入了欧洲帝国主义者之间的斗争。帝国主义战争也唤醒了东方,把东方各族人民卷入了国际政治生活。英国和法国武装了殖民地人民,帮助他们熟悉了军事技术装备和革新的机械。他们将利用学到的本事去反对帝国主义老爷们。继东方觉醒时期之后,在当代革命中,东方各民族为了不再仅仅充当别人发财的对象而参与决定世界命运的时期到来了。东方各民族正在纷纷觉醒,采取实际行动,使每一个民族都参与决定全人类命运的问题。

所以我认为，今后在世界革命发展史中（从这个革命开始时的情况看来，它还要继续很多年，需要人们做很多工作），在革命斗争中，在革命运动中，你们将要发挥重大的作用，将要把你们的斗争和我们反对国际帝国主义的斗争汇合起来。你们参加国际革命，就要担负起一个艰巨复杂的任务，解决了这个任务就会为总的胜利打下基础，因为在这里，人口中的多数是第一次进行独立的运动，他们将成为推翻国际帝国主义的斗争的积极因素。

东方大多数民族的处境比欧洲最落后的国家俄国还要坏。我们已经在反对封建主义残余和反对资本主义的斗争中把俄国农民和工人联合起来了，我们的斗争所以进行得很顺利，正是因为工人和农民是联合起来反对资本和封建主义的。在这方面，同东部各族人民的联系特别重要，因为东部人民大多数是典型的劳动群众，他们不是受过资本主义工厂锻炼的工人，而是典型的被剥削劳动农民群众，即遭受中世纪制度压迫的劳动农民群众。俄国革命已经表明，战胜了资本主义的无产阶级把千百万涣散的劳动农民群众团结起来以后，就胜利地进行了反对中世纪制度压迫的斗争。现在，我们苏维埃共和国要把觉醒的东部各族人民团结在自己周围，共同去进行反对国际帝国主义的斗争。

你们面临着全世界共产党人所没有遇到过的一个任务，就是你们必须以共产主义的一般理论和实践为依据，适应欧洲各国所没有的特殊条件，善于把这种理论和实践运用于主要群众是农民、需要解决的斗争任务不是反对资本而是反对中世纪残余这样的条件。这是一个困难而特殊的任务，但又是一个能收到卓著成效的任务，因为一些还没有参加过斗争的群众正被卷到斗争中来，另一方面，由于东部组织了共产党支部，你们就能够同第三国际保持最紧密的联系。你们必须找到特殊的形式，把全世界先进无产者同东部那些往往处在中世纪生活条件下的被剥削劳动群众联合起来。我们在小范围内即在我们国家内实现了的任务，你们将在大范围内即在一些大的国家内予以实现。这第二个任务，我希望你们能够胜利完成。由于东部已经有了共产党组织——你们就是这些组织的代表——你们就与先进的革命无产阶级有了联系。你们当前的任务，就是要继续关心怎样在每一个国家内用人民懂得的语言进行共产主义宣传。

不言而喻，能够获得最终胜利的，只有全世界先进国家的无产阶级。我们俄国人开创的事业，将由英国、法国或德国的无产阶级来巩固；但是我们看到，没有各被压迫殖民地民族的劳动群众的援助，首先是东方各民族的劳动群众的援助，他们是不能取得胜利的。我们应当懂得，单靠一支先锋队还不能实现向共产主义的过渡。必须激发劳动群众从事独立活动和把自己组织起来的革命积极性（不管他们的水平如何）；把指导较先进国家的共产党人的真正的共产主义学说译成各民族的文字；实现那些必须立刻实现的实际任务，同其他国家的无产者联合起来共同斗争。

任务就是这些，它们的解决方法无论在哪一部共产主义书本里都是找不到的，但是在俄国所开始的共同斗争中却能够找到。你们应当提出这种任务，并根据自己的经验来解决这种任务。对你们会有帮助的，一方面是同其他国家的全体劳动人民的先锋队结成紧密的联盟，另一方面是善于正确对待你们在这里所代表的东部各民族。你们不得不立足于正在这些民族中间产生出来并且必然要产生出来的资产阶级民族主义。这种民族主义的产生是有其历史根据的。同时你们应当去联系每一个国家的被剥削劳动群众，用他们懂得的语言告诉他们，获得解放的唯一希望是国际革命的胜利，国际无产阶级是东方各民族亿万被剥削劳动群众的唯一同盟者。

这就是摆在你们面前的极其巨大的任务。由于革命时代的来临和革命运动的发展（这是不容置疑的），东部各共产党组织只要能共同努力，就一定会成功地解决这个任务，并彻底战胜国际帝国主义。

载于1919年12月20日《俄共（布）中央通报》第9期

译自《列宁全集》俄文第5版第39卷第318—331页

俄共(布)中央全会决定草案

中央的决定(1919年11月29日)

特急。

委托**契切林**草拟准备在苏维埃代表大会上作的有关媾和问题的简短报告的详细提纲和苏维埃代表大会的声明。[124]声明中应该直接提出媾和与和谈建议,但不提及条件(提出的方案要重申过去一切有关媾和的建议,但又不要把我们束缚住)。

载于1959年《列宁文集》俄文版第36卷

译自《列宁全集》俄文第5版第39卷第332页

俄共(布)中央全会关于全俄中央执行委员会的组成的决定草案[125]

(1919 年 11 月 29 日)

(1)不要让全体人民委员(包括人民委员会主席)和副人民委员都参加全俄中央执行委员会。

(2)在其余成员中应减少“知识分子”和中央机关的苏维埃职员的人数。

(3)大量增加同非党工农群众有非常密切联系的工人和劳动农民的人数。

(6)要同党的代表大会的决议[126]完全协调一致。

载于 1959 年《列宁文集》俄文版第 36 卷

译自《列宁全集》俄文第 5 版第 39 卷第 333 页

俄共(布)中央关于乌克兰苏维埃政权的决议[127]

(1919年11月29日)

关于如何对待从邓尼金匪帮暂时占领下解放出来的乌克兰劳动人民的问题,俄共中央特作决定如下:

1. 中央委员会始终不渝地贯彻民族自决的原则,认为必须重申,俄国共产党主张承认乌克兰社会主义苏维埃共和国的独立。

2. 俄国共产党认为,各苏维埃共和国在反对世界帝国主义凶恶势力的斗争中必须结成最紧密的联盟,这对每一个共产党员和觉悟工人来说是毫无疑义的,但它主张,这种联盟的形式最后应由乌克兰的工人和劳动农民自己决定。

3. 根据全俄中央执行委员会1919年6月1日的决议和乌克兰中央执行委员会1919年5月18日的决议[128](决议随附),乌克兰社会主义苏维埃共和国和俄罗斯社会主义联邦苏维埃共和国现时的关系为联邦关系。

4. 鉴于乌克兰的文化(语言、学校等)多少世纪以来一直遭受俄罗斯沙皇制度和剥削阶级的摧残,俄共中央特责成全体党员用各种办法帮助铲除妨碍乌克兰语言和文化自由发展的一切障碍。长期遭受压迫使乌克兰落后群众具有民族主义倾向,因此,俄国共产党党员必须极其耐心、极其慎重地对待他们,必须用同志的态度向他们说明乌克兰和俄罗斯劳动群众的利益是一致的。乌克兰地区的俄国共产党党员，应当切实保证劳动群众在学校和一切苏维埃机关中使用本民族语言的权利，应当坚决反对人为地把乌克兰语排挤到次要地位的做法，相反，应当努力把乌克兰语变成对劳动群众进行共产主义教育的工具。应当立即采取措施使一切苏维埃机关都有足够数量会乌克兰语的工作人员，使将来的一切工作人员都会使用乌克兰语。

5. 必须使苏维埃机关同乌克兰土著农民保持紧密的联系，为此规定：革命委员会[129]和苏维埃即使在刚成立、刚开始工作的时候，也应当保证劳动农民的代表在这些机关里占多数，并且要保证贫苦农民代表能起决定作用。

6. 鉴于农民在人口中所占的多数，在乌克兰比在俄罗斯还大，所以乌克兰苏维埃政权不仅应当争取贫苦农民的信任，并且应当争取在根本利益上同苏维埃政权休戚相关的广大中农阶层的信任。特别是，在坚持粮食政策基本原则(国家按固定价格收购粮食，实行强制性的余粮收集制)时，必须注意使工作方法适合于乌克兰农村的情况。

乌克兰粮食政策方面的当前任务，是**根据严格限制的数量**，即根据乌克兰贫苦农民、工人和红军所必需的供应量征收余粮。在征收余粮时，应特别注意中农的利益，对他们应同富农分子有严格的区别。必须用事实向乌克兰农民揭露所谓苏维埃俄国要榨取乌克兰谷物和其他农产品的反革命蛊惑宣传。

中央政权的代表、党的一切工作者和指导员等等有责任广泛吸收贫苦农民和中农参加各方面的管理工作。

为建立真正劳动者的政权这同一目的，应立即采取措施，使那些根本不了解广大农民群众的生活情况并常常利用共产主义旗帜作掩护的乌克兰小市民不致充斥苏维埃机关。

在允许这些人加入党的队伍和参加苏维埃机关工作以前，应当审查他们的工作能力，审查他们**在工作中**，首先是在前线，在作战部队中是否忠于劳动者的利益。在任何地方和任何条件下，这些人都应当受到无产阶级的严格的阶级监督。

经验证明，在贫苦农民还没有组织起来的情况下，乌克兰农村居民手中的大量武器必然集中在富农和反革命分子手中，从而导致富农匪帮事实上的统治，而不是劳动者的专政。因此，乌克兰苏维埃建设的首要任务就是收集全部武器，把它们集中到工农红军手中。

7. 在实行土地政策时，应当特别照顾贫苦农民和中农的经济利益。

在乌克兰，土地政策的任务应当是：

(1)完全废除邓尼金所恢复的地主土地占有制，把土地交给无地少地的农民。

(2)建立国营农场要考虑到周围农民的切身利益，在规模上要严格加以控制。

(3)在把农民联合成公社或劳动组合等方面，必须严格贯彻党的政策，不许有任何强迫行为，要完全让农民自己自由决定，有一点点强迫都要受到严厉惩办。

载于 1919 年 12 月 2 日《俄共(布)中央通报》第 8 期

译自《列宁全集》俄文第 5 版第 39 卷第 334—337 页

对人民委员会关于改善铁路运输管理的法令草案的补充[130]

（1919 年 12 月 2 日）

人民委员会责成教育人民委员部在一周内，就工人和工人组织，特别是工会参加铁路管理以及工人学习管理等问题，拟定一项详细的法令（或指令）。

载于 1933 年《列宁文集》俄文版
第 24 卷

译自《列宁全集》俄文第 5 版
第 39 卷第 338 页

俄共(布)第八次全国代表会议文献[131]

（1919年12月）

1

代表会议开幕词

（12月2日）

同志们！请允许我代表俄国共产党(布尔什维克)中央委员会宣布我党全国代表会议开幕。

同志们！按照党章规定，这样的代表会议应当每三个月召开一次。但是几个月以前战争形势所引起的严重情况使得我们非常紧张，使得我们大大压缩了苏维埃的机关和党的机关。因此，遗憾得很，我们没有准确地履行党章规定，延期召开了代表会议。

同志们！我们这次代表会议是在苏维埃代表大会[132]即将举行的时候召开的。目前的形势是：我们前线情况已经有了很大的好转，我们深信，我们已经处在国际形势、战争形势以及整个国内建设即将显著好转的前夜。我们面前究竟有些什么任务，这一点在党的会议和报刊上已经不止一次地谈过，我们在讨论议程上某些具体项目时还会谈到。因此，我想还是转入正题，请你们选举会议主席团。

在这个问题上有什么建议，请大家提出来。

载于1919年12月3日《全俄中央执行委员会消息报》第271号

译自《列宁全集》俄文第5版第39卷第341页

2
中央委员会的政治报告

（12月2日）

（鼓掌）同志们！中央委员会的报告从形式上来说此时此刻主要应当是向你们总结过去这段时期所经历的事情。但我应该指出，光讲过去的事，哪怕是报告着重讲过去的事，这样做都太不符合我们今天的时代精神和我们所面临的任务。因此，在这个也要向苏维埃代表大会提出的报告中，我不着重叙述我们经历过的事情，而是着重指出为了指导目前直接的实际活动我们正在取得而且必须取得的经验。

可以毫不夸大地说，我们在过去这段时期取得了巨大的成就，我们最主要的困难已经过去了，但是在我们面前无疑还会有很大很大的困难。党的注意力自然应当集中在解决这些任务上，过去的事深谈到什么程度，我认为只能根据对解决我们当前任务是否绝对必需来决定。

当然，在苏维埃政权所经历过的时期中，最主要的问题，即当时我们最关心的问题，无疑是军事问题。国内战争显然压倒了一切。不用说，在这场争取生存的斗争中，我们必须从其他一切工作部门中把党的优秀力量抽调出来，派去担任军事工作。在战争情况下，不这样做是不行的。我们苏维埃和党的许多工作部门的创造性工作虽然因此而受到损失,但我们在军事方面确实集中了很大力量,取得了很大的成就。这些成就的取得,不要说我们的敌人和动摇分子,就是我们自己队伍中的大多数人,过去大概也都认为是不可能的。我们的一切敌人先后得到过德帝国主义和更强大的独霸世界的协约国帝国主义直接和间接的帮助,在这种情况下,我们要在一个遭到如此严重破坏和如此落后的国家里支持两年,是一个非常艰巨的任务,这个任务得以完成无疑是一个"奇迹"。因此,我觉得我们必须仔细考察这一"奇迹"是怎样实现的,以及由此应得出什么样的实际结论;有了这些结论,我们就可以断定(我觉得我们确实可以断定):不管在国内建设方面有多大困难,我们一定能在最近的将来,像过去顺利地解决军事防御问题那样,顺利地克服这些困难。

造成我国国内战争并使它拖延下去的真正祸首——世界帝国主义,在这两年内已经遭到了失败。现在我们首先应该提出这样一个问题:我们同这样一个毫无疑义直到现在还比我们强大得多的世界帝国主义作斗争,怎么会取得如此巨大的胜利?要回答这个问题,必须大致地回顾一下俄国国内战争的历史,协约国武装干涉的历史。我们首先应当肯定,在这场战争中,按协约国的行动方式可以分为两个根本不同的时期,或者说,协约国对俄国有两种基本的作战方式。

第一,协约国战胜德国以后,自然想依靠自己的军队来扼杀俄罗斯苏维埃共和国。只要协约国真能把战败德国以后腾出来的庞大军队抽出一小部分,哪怕只是十分之一,用来进犯俄罗斯苏维埃共和国,我们显然会招架不住。俄国国内战争第一个时期的特征,是协约国想用自己的军队摧毁苏维埃共和国的企图遭到了失败。

协约国只好撤退在阿尔汉格尔斯克前线作战的英国军队。法国军队在俄国南方的登陆以法国水兵的不断起义而告结束。现在，尽管战时书报检查机关检查得很厉害（虽然现在没有战争，但以前是战时的、现在是非战时的书报检查机关在英法这些所谓的自由国家里继续存在），尽管我们得到的报纸很少，我们还是有来自英法的十分确凿的材料，知道法国报刊已经登出了黑海法国军舰水兵起义的消息，几个法国水兵被判服苦役的消息已经传遍了法国，法国和英国所有的共产主义报刊，所有的革命工人报刊都在引用这样一些事实，因进行布尔什维主义宣传而在敖德萨被法国人枪决的让娜·拉布勃同志的名字，已不仅成了法国共产主义派的社会主义工人报刊的口号，甚至《人道报》这样的报纸，在基本原则方面实质上最接近我国孟什维克和社会革命党人观点的报纸，也把拉布勃的名字作为反对法帝国主义、反对干涉俄国事务的斗争口号了。同样，在英国工人的报刊上，也讨论过到过阿尔汉格尔斯克前线英国士兵的来信。关于这一点我们有十分确凿的材料。因此我们知道，在这些国家里确实发生了我们以前经常讲到并殷切地期待过的大变动，这种变动虽然来得极慢但是在最近无疑变成了事实。

这种变动是形势发展的必然结果。正是那些一直被认为是最民主、最文明和最有文化的国家，对俄国进行了最野蛮的和完全非法的战争。有人责备布尔什维克破坏民主制度，——这不过是孟什维克、社会革命党人以及欧洲所有的资产阶级报刊攻击我们时惯用的借口。但是这些民主国家中一个也不敢根据本国的法律向苏维埃俄国宣战，而且决不敢这样做。与此同时，工人的报刊正在提出抗议，表面看来不很明显，实际上却十分激烈，它们责问说：在我们法国、英国和美国的宪法中，有哪一条许可你们不宣而战，许可你们不征求议会意见就开战？英国、法国和美国的报刊主张把本国的首脑交付法庭审判，惩办他们不经议会同意就开战的违犯国法的罪行。这样的主张已经提出来了。诚然，这是在一些小报上提出的，这些小报每周至多出版一次，每月大概至少要被没收一次，发行量不过几百份几千份。执政党的领袖们可以不把它们放在心上。但是，在这里必须看到两种基本的倾向：全世界的统治阶级每天出版几百万份有名的资本主义报纸，满篇都是对布尔什维克的闻所未闻的诬蔑和诽谤。但下层工人群众却从到过俄国的士兵那里得知这整个宣传运动完全是虚伪的。这样，协约国就不得不把自己的军队从俄国撤走。

最初我们谈到要指靠世界革命的时候，有人讥笑我们，一再说这是空想，而且到现在还这么说。但是，我们在两年内已经得到了确切的证明材料。我们知道，所谓指靠世界革命，如果是说指望欧洲马上爆发直接起义，那么这种事情确实没有发生。但是，我们的这种指望确有十分可靠的根据，我们指望的力量一开始就破坏了协约国武装干涉的基础(这发生在两年以后，特别是在高尔察克遭到失败、英国军队从阿尔汉格尔斯克和整个北方战线撤退以后)，这是无可争辩的历史事实。当时协约国只要动用他们很少的兵力就足以扼杀我们。但我们战胜了敌人，因为在最困难的时刻，全世界工人的同情起了作用。这样，我们就胜利地度过了协约国向我们进犯的第一个时期。我记得好像拉狄克的一篇文章说过，协约国军队一接触到炽热的、点着了社会主义革命烈火的俄国土地，自己也会燃烧起来。事实证明正是这样。英法的陆海军士兵在听到因进行布尔什维主义的宣传而被枪决的人的名字后所掀起的事件尽管微不足道，那里的共产党组织尽管十分弱小，但他们还是做了一件了不起的工作。结果很明显：他们迫使协约国撤回了军队。正是这一点使我们取得了第一个巨大的胜利。

协约国的第二种手段，第二种斗争方式，是利用小国来打我们。今年8月底，瑞典一家报纸[133]报道说，英国陆军大臣丘吉尔声称，将有14个国家要进攻俄国，因而不要很久，至迟到年底，拿下彼得格勒和莫斯科是有把握的。丘吉尔后来似乎否认说过这个话，说这是布尔什维克的捏造。但是我们有确切材料，知道哪一家瑞典报纸登载过这一消息。因此我们断定，这个消息来源于欧洲。而且这个消息已经为许多事实所证实。以芬兰和爱斯兰为例，我们已绝对准确无误地查明，协约国曾倾其全力迫使它们进攻苏维埃俄国。当尤登尼奇的军队离彼得格勒只有几俄里，该城已经万分危急的时候，我自己就读过英国《泰晤士报》关于芬兰问题的一篇社论[134]。这篇文章简直是气急败坏，它所表现的冲动对这家报纸说来是前所未有的，异乎寻常的（平常这类报纸像我国米留可夫的《言语报》[135]一样，总是使用外交辞令）。这是一篇向芬兰发出的最激烈的檄文，它开门见山地说：世界的命运取决于芬兰，一切文明的资本主义国家都望着芬兰。我们知道，尤登尼奇的军队离彼得格勒只有几俄里的时候，那是一个决定性的时刻。不管丘吉尔是否说过前面的话，但这样的政策他是执行了的。大家知道，协约国帝国主义对这些仓促建立的、软弱无力的、甚至在粮食问题这类最迫切的问题上以及其他一切方面都完全依赖协约国的小国家施加了怎样的压力。这些小国是摆脱不了这种依赖关系的。协约国在财政、粮食、军事等各个方面都施加压力，强迫爱斯兰、芬兰，无疑还有拉脱维亚、立陶宛和波兰这一系列国家向我们进攻。尤登尼奇最近一次向彼得格勒的进犯，已彻底表明协约国第二种作战方法的破产。毫无疑问,当时只要芬兰给一点点援助,或者爱斯兰稍多给一点援助,就足以决定彼得格勒的命运。毫无疑问,协约国当时认识到了这是一个紧要的关头,曾经尽一切努力来争取这种援助,但它还是遭到了失败。

这就是我们取得的第二个具有国际意义的巨大胜利,这个胜利比第一个胜利更来之不易。我们所以取得第一个胜利,是因为法英军队确实无法留在俄国领土上了,他们不但不肯作战,反而给英国和法国带去了一批鼓动英法工人反对本国政府的骚乱分子。为了反对布尔什维主义,协约国一直在处心积虑地扶植一批小国来包围俄国,结果这一武器却反过来对着自己了。所有这些国家的政府都是资产阶级政府,每个资产阶级政府几乎都有一些资产阶级妥协分子,这些人由于自己的阶级地位而反对布尔什维克。这些国家无疑都是极端敌视布尔什维克的,但是,我们竟然把这些资产者和妥协分子争取过来了。这似乎是不可思议的,但这是事实,因为这些国家经历了这场帝国主义大战以后,都不能不考虑一个问题:现在反对布尔什维克对它们是否有利,因为要找一个觊觎俄国政权同时又堪称盟友的人,那只有代表昔日帝国主义俄国的高尔察克或邓尼金;而高尔察克或邓尼金是旧俄国的代表,这是毫无疑问的。这样,我们就有可能利用帝国主义阵营中的另一条裂缝。我们在革命后的头几个月能够支持下来,是由于德帝国主义和英帝国主义在拼死搏斗,我们在这半年后又支持了半年多,是由于协约国的军队事实上已没有能力同我们作战,而在这以后的一年,主要是在我的报告所涉及的这一年,我们又胜利地支持下来,原因就在于:绝对控制着各小国的那些大国想动员这些小国来进攻我们的企图,因国际帝国主义同这些小国利益矛盾而遭到了失败。这些小国都尝过协约国魔爪的滋味。它们懂得,法、美、英各国资本家所谓“我们保证你们的独立”,实际就是“我们要买下你们的全部资源,要盘剥你们。不仅如此,我们还要侮辱你们,要像一个跑到别人国家里主宰一切,做投机买卖,把谁都不放在眼里的军官那样蛮横地欺侮你们”。它们懂得,驻在这种国家里的英国大使常常比那里的任何一个皇帝或议会更了不起。小资产阶级民主派先前还不能领会这些道理,现在现实生活已使他们领会了这一点。事实表明,对于那些受帝国主义者掠夺的小国的资产阶级分子和小资产阶级分子说来,我们即使算不上他们的盟友,至少也算得上比帝国主义者好一些、可靠一些的邻居。

这就是我们对国际帝国主义取得的第二个胜利。

正因为这样,我们现在完全可以说,我们的主要困难已经过去了。毫无疑问,协约国还会不断采取军事行动来干涉我国事务。最近对高尔察克和邓尼金的胜利,使这些大国的代表现在也只好说进攻俄国是无望之举,并且不得不建议媾和了。我们必须认识清楚,这种言行具有多么重要的意义。这里请大家不要作记录……

既然我们使资产阶级知识界的代表,使我们残酷的敌人承认了这一点,我们在这里就完全可以说,苏维埃政权不仅得到了工人阶级的同情,而且得到了广大的资产阶级知识界的同情。小市民、小资产阶级这些在劳动与资本的激战中摇摆不定的人们,已经坚决地站到我们这边来了,我们现在已经多少可以指望他们的支持了。

我们应该估计到这一胜利,如果我们再考虑到我们究竟是怎样战胜高尔察克的,那么结论就会更加令人信服……以下可以开始记录,因为有关外交上的事情已经讲完了。

如果我们问一下,是哪些力量决定了我们对高尔察克的胜利。

那么，我们必须承认，尽管高尔察克活动的地区无产阶级最少而我们在那里又没有能像在俄罗斯那样直接给农民实际帮助来推翻地主政权，尽管高尔察克是从孟什维克和社会革命党人所支持的阵线起家的（立宪会议阵线就是他们建立的），尽管那里有最优越的条件来建立一个依靠世界帝国主义帮助的政权，——尽管如此，高尔察克的这个试验还是彻底失败了。由此我们可以得出一个对我们极其重要的、应当作为我们全部活动的指南的结论：**在历史上，取得胜利的是能够带领多数居民前进的阶级**。孟什维克和社会革命党人至今还在谈论立宪会议和民族意志等等，我们在这一时期却已经根据自己的经验确信，在革命时期，阶级斗争是以最恐怖的方式进行的，只有在进行这一斗争的阶级能够带领大多数居民前进的时候，这一斗争才会取得胜利。在这方面，不是根据投票表决而是根据一年多极其艰苦的流血斗争经验（这种斗争所需要的牺牲比任何政治斗争要大上百倍）才作出比较，而同高尔察克作战的这个经验，表明我们比任何其他政党都更好地在实现阶级的统治，因为我们善于带领这个阶级的大多数，能够把农民争取过来，使他们成为我们的朋友和同盟者。高尔察克的例子已经证明了这一点。这个例子从社会方面来说是对我们的一次最新的教育。它表明了我们可以指靠谁以及谁在反对我们。

不管帝国主义战争和经济破坏怎样削弱了工人阶级，工人阶级还是在实现政治统治，但是，工人阶级如果不把大多数劳动居民争取过来，在俄国的条件下也就是把农民争取过来，使他们成为自己的朋友和同盟者，那它就不能实现这种统治。这一点在红军中已经实现了，我们在红军中利用了大多数对我们有反感的专家，建立了一支人民的而不是雇佣的军队，连我们的敌人社会革命党人在他们党最近召开的一次党务会议的决议中也承认了这一点[136]。工人阶级能够建立起一支大多数成员都不属于本阶级的军队，能够利用对工人阶级有反感的专家，完全是因为它能够带领同小经济和私有制相联系因而一心向往着自由贸易，也就是向往着资本主义、向往着恢复货币权力的多数劳动者，并使他们成为自己的朋友和同盟者。这就是我们两年来取得成就的根本原因。在我们今后的一切工作中，在我们今后的一切活动中，在即将解放的乌克兰必须着手进行的工作中，以及在战胜邓尼金以后马上就要展开的艰巨而重要的建设任务中，我们必须首先牢牢记住这一基本教训，必须首先想着这一基本教训。我认为，我们工作的政治总结主要应该归结为这一点，概括为这一点。

同志们！我已经说过，战争是政治的继续。我们从本国的战争中已经体会到了这一点。帝国主义战争是帝国主义者、统治阶级、地主和资本家的政治的继续，它遭到了人民群众的反对，是使人民群众革命化的最好手段。帝国主义战争使我们俄国轻而易举地推翻了君主制，推翻了地主土地占有制和资产阶级，所以如此轻而易举，完全是因为帝国主义战争是帝国主义政治的继续，是帝国主义政治更激烈更露骨的表现。我们的战争则是我们共产主义政治的继续，无产阶级政治的继续。直到现在，我们还可以从孟什维克和社会革命党人那里看到，从非党人士和动摇分子那里听到这样的说法："你们许诺和平，但给我们的却是战争，你们欺骗了劳动群众。"我们说，虽然劳动群众没有学过马克思主义，但他们是被压迫者，他们亲身体会到什么是地主和资本家已经有几十年了，他们的阶级本能使他们清楚地辨明帝国主义战争和国内战争的区别。对于一切亲身受过几十年压迫的人来说，这两种战争之间的区别是很明显的。帝国主义战争是帝国主义政治的继续。它促使群众起来反对自己的统治者。反对地主和资本家的国内战争，是推翻这些地主和资本家的政治的继续，这种战争愈向前发展，就愈能加强劳动群众同领导这一战争的无产阶级的联系。尽管受过种种苦难，尽管常常遭到巨大失败，尽管这些失败异常惨重，尽管敌人经常取得巨大胜利，苏维埃政权经常处在千钧一发的关头，——这种时候是有过的，而且协约国无疑还会来进攻我们，——但是我们应当说，我们取得的经验是一个非常重要的经验。这个经验说明，战争提高了劳动群众的认识，向他们表明了苏维埃政权的优越性。天真的人或者满脑子旧市侩偏见和旧资产阶级民主议会制偏见的人，总在等待农民用投票方式来决定是跟布尔什维克共产党人走还是跟社会革命党人走；别的决定取舍的方式他们是不愿意承认的，因为他们是民权制度、自由、立宪会议等等的拥护者。但现实生活作出的安排，却是让农民用事实来检验这个问题。农民使社会革命党人在立宪会议中取得了多数以后，社会革命党人的政策破产以后，农民同布尔什维克有了实际的接触，农民相信这是一个坚强的政权，这个政权提出很多要求而且善于坚决实现这些要求，这个政权认为把粮食贷给挨饿的人是农民无可旁贷的责任(虽然贷粮得不到等价物)，而且它要坚决把这些粮食交给挨饿的人。农民看到了这一点，把我们的政权同高尔察克政权和邓尼金政权作了比较，体会到两种政权不同，用通过实践来解决问题的方式而不是用投票的方式作了选择。农民现在和今后对这个问题的解决都会有利于我们。

这就是高尔察克失败的经过向我们证明的东西。这就是目前我们在南方的胜利向我们证明的东西。正因为如此，我们说，生活在农村里的千百万群众即千百万农民的确在彻底站到我们这方面来。我认为这就是我们在这一时期所取得的主要政治教训。我们也必须运用这个经验来解决国内建设任务。现在,在我们完全战胜邓尼金以后,国内建设任务就要提到日程上来,因为我们已经有可能来专心致志从事国内建设了。

到现在为止,欧洲小资产阶级责备我们最厉害的一点,是说我们实行恐怖主义,说我们粗暴地镇压知识分子和小市民。我们要回答说:“这都是你们、你们的政府逼着我们做的。”人们叫喊我们实行恐怖,我们回答说:“拥有全世界的海军和比我们大一百倍的军事力量的列强攻打我们,并迫使所有的小国同我们作战,这不算是恐怖吗?”所有的强国勾结起来反对一个最落后的被战争削弱了的国家,这才是真正的恐怖。甚至德国也一直在帮助协约国,在它被打败以前就豢养着克拉斯诺夫,直到最近,还是这个德国在封锁我们,在直接援助我们的敌人。世界帝国主义这样侵犯我们,对我们实行军事进攻,在我们国内收买阴谋分子,难道这不是恐怖吗?我们实行恐怖是因为有非常强大的兵力进攻我们,我们必须作惊人的努力才能应付。当时在国内必须采取十分坚决的行动,集中一切的力量。在这方面,我们不愿意也决不会落到像在西伯利亚同高尔察克合作的妥协派所落到的那种境地,像德国的妥协派明天会落到的那种境地。德国妥协派自以为代表着政府并有立宪会议作依靠,其实只要一百个或一千个军官就随时可以把这样的政府轰下台。这是可以理解的,因为这些军官训练有素,很有组织,通晓军事,跟各方面都有联系,熟悉资产阶级和地主的一切情况,并得到他们的赞助。

帝国主义大战以后各国的历史表明了这一点。现在我们既然面临协约国实行恐怖,我们也就有权利实行这种恐怖。

由此可见,对恐怖主义的责难如果是公正的,那就落不到我们头上,而应落到资产阶级头上。是资产阶级迫使我们采取了恐怖手段。我们一消灭恐怖主义的主要根源,即击败世界帝国主义的侵犯,粉碎世界帝国主义的军事阴谋和对我们国家的武力压迫,我们就会率先采取措施,把恐怖手段限制在最小最小的范围以内。

这里,在谈到恐怖主义的时候,还必须谈一谈对中间阶层的态度,对知识分子的态度。他们抱怨最多的是苏维埃政权的粗暴,苏维埃政权使他们的处境今不如昔。

尽管我们财力有限,凡是能够替知识分子做到的事情,我们都在替他们做。当然,我们知道纸卢布很不值钱,但我们也知道私人投机买卖意味着什么,知道投机买卖对那些靠我们粮食机关援助仍然不能维持生活的人还有某些帮助。在这方面我们是给资产阶级知识分子优待的。我们知道,在世界帝国主义进攻我们的时候,我们必须执行极严格的军事纪律,必须用我们的全部力量进行反击。当然,我们进行革命战争不能像资产阶级强国那样,把战争的全部重担加在劳动群众身上。不,国内战争的重担应当分一部分而且今后还要分一部分到整个知识界、整个小资产阶级和所有中间分子的身上,他们都要分挑这副担子。当然,对他们来说,挑这样的担子会非常困难,因为几十年来他们一直是享有特权的人,但是,为了社会革命的利益,我们必须叫他们也分挑这副担子。我们就是这样主张和这样行动的,我们也只能够这样。

国内战争结束以后,这批人的生活状况会有所改善。现在,我们用我们的工资政策证明,而且在我们的党纲中也已经说了:我们认为必须使这批人有较好的生活条件,因为不利用资产阶级专家就不可能从资本主义过渡到共产主义；我们的一切胜利，无产阶级——这个阶级把半劳动者半私有者的农民争取到了自己一边——所领导的红军的一切胜利，部分也是由于我们善于利用资产阶级专家而取得的。我们在军事方面的这一政策，应当成为我们在国内建设方面的政策。

我们在这一时期取得的经验告诉我们，以前我们往往一边在奠立大厦的基础，一边又在做圆屋顶和各种装饰。也许，这在某种程度上是社会主义共和国所必需的。也许我们在人民生活的各个方面都应当进行建设。这种在各个方面都想进行建设的热望是很自然的。如果看一看我们国家建设的情况，我们常常会看到很多动手后又停下来的工程，看到这些工程我们就会说：这些工程也许应当缓一缓，应当先搞主要的。所有工作人员自然都很想去从事那些只有打好基础才能执行的任务，这是完全可以理解的。但是根据这一经验我们现在可以说，我们今后一定要更多地把自己的力量用在主要方面，用在奠定基础上，用在最难解决但我们还能解决的最普通的任务上。这就是粮食方面的任务、燃料方面的任务和消灭虱子的任务。这是三项最普通的任务，这些任务的完成，将使我们有可能建成社会主义共和国，那时我们就能战胜整个世界，取得比我们打退协约国更伟大百倍、更辉煌百倍的胜利。

粮食问题。我们实行余粮收集制，已经收到很大的效果。我们的粮食政策使我们在第二年收集的粮食比第一年多两倍。在最近这次征收运动的三个月里，我们比上一年度的三个月收购了更多的粮食，不过，你们从粮食人民委员部的报告里可以听到，这无疑是克服了极大的困难才做到的。单是占领了农业中心地带南部的马蒙托夫的袭击，就使我们受了很大损失。但是，我们学会了采用余粮收集制,也就是说,学会了使农民按照固定价格在得不到等价物的情况下把粮食交给国家。当然,我们很清楚,纸币不是粮食的等价物。我们知道,农民是用借贷的方式把粮食交给国家的。我们对他们说:你们难道应该囤积粮食等待换取等价物而让工人饿死吗?你们难道愿意在自由市场上进行买卖、要我们退到资本主义去吗?许多读过马克思著作的知识分子不明白贸易自由就是恢复资本主义,但农民却很容易了解这一点。农民们都明白:挨饿的人为了不致饿死,愿意付出很高的价钱,愿意拿出他所有的一切,在这种情形下按照自由价格出卖粮食,就是恢复剥削,就是使富人有发财的自由而让穷人倾家荡产。所以我们说,这是对国家犯罪,我们要进行斗争,丝毫不能让步。

在这场实行余粮收集制的斗争中,农民应该把粮食贷给挨饿的工人,这是开始正常的建设和恢复工业等等的唯一方法。如果农民不这样做,那就是恢复资本主义。如果农民感觉到自己与工人之间的联系,他们就会按固定价格把余粮交出来,就是说,把余粮换成不过是一些花花绿绿的票子。这样做是非常必要的,否则就不能把挨饿的工人从死亡中救出来,就不能恢复工业。这一任务是极端困难的。光靠暴力不能解决这一任务。不管人们怎样叫喊布尔什维克是对农民施用暴力的党,我们都要说:先生们,这是谎话!如果我们是对农民施用暴力的党,那我们怎么能在反高尔察克的斗争中支持下来呢?怎么能实行普遍义务兵役制、建立起一支农民占总人数十分之八的军队呢?要知道,在这支军队里,每个人都有武器,他们从帝国主义战争的例子中看到,枪口是很容易掉转的。我们是实现着工农联盟的党,我们的党对农民说:实行自由贸易就是恢复资本主义,强征余粮的办法是我们用来对付投机者而不是用来对付劳动者的，——这样的党怎么会是对农民施用暴力的党呢？

余粮收集制应当是我们工作的基础。粮食问题是一切问题的基础。我们应当拿出很大的力量去同邓尼金作斗争。在没有获得彻底胜利以前，随时都可能发生变故，不能有丝毫的犹豫和疏忽。但是，军事情况稍有好转，我们就应当尽可能把更多的力量放到粮食工作上去，因为这是一切工作的基础。余粮收集制一定要贯彻到底。只有在我们解决了这一任务、有了社会主义的基础以后，我们才能在这个社会主义的基础上建立起富丽堂皇的社会主义大厦来。这座大厦我们过去不止一次地从屋顶开始建造，因而每次都倒塌了。

另外一个根本问题就是我们建设的主要基础——燃料的问题。我们目前所遇到的就是这个问题。目前我们无法利用我们在粮食方面取得的成果，因为我们不能运出粮食。我们无法充分利用我们的胜利，因为没有燃料。我们还没有一个真正的机构来解决燃料问题，但解决这个问题的可能性是存在的。

整个欧洲现时都在闹煤荒。在最富有的战胜国里，甚至在美国这一类既没有受到进攻也没有遭到侵略的国家里，现在也非常尖锐地提出了燃料问题，我们当然也有这个问题。我们在最好的情况下也要有几年的时间才能恢复煤炭工业。

必须利用木柴来补救。为此，我们正把一批又一批的党的力量投入这一工作。最近一个星期，人民委员会和国防委员会都把主要注意力放在这个问题上，并且采取了一系列的措施，以便使这方面的情况得到我们在南线军队中得到的那种好转。必须指出，不能削弱我们在这方面的工作，我们的每一个步骤都应当是战胜燃料恐慌的步骤。我们有物质资源。在我们没有很好地恢复煤炭工业以前,我们可以用木柴保证工业的燃料。同志们,我们必须集中全党的力量来解决这一基本任务。

我们的第三个任务就是消灭传染斑疹伤寒的虱子。斑疹伤寒在饥饿的、患病的、没有粮食、没有肥皂和燃料的居民中流行着,很可能变成一种使我们根本不能进行社会主义建设的灾难。

这是我们争取文明的第一个步骤,这是争取生存的斗争。

这就是三个基本任务。我首先希望党员同志们注意这些任务。直到目前,我们对这些基本任务还注意得非常不够。军事工作是一秒钟也不能削弱的,除此以外,必须把十分之九的力量用在这些头等重要的任务上。现在我们非常明白这些问题的尖锐性。每个人都应当尽一切努力来做这些工作。我们应当把全部力量放在这些方面。

报告的政治部分就谈到这里。国际形势部分,契切林同志会详细地说明,他还将宣读我们想用苏维埃代表大会名义向各交战国提出的建议。

现在我非常简短地谈一下党的任务。我们党在革命进程中已经面临一项极重大的任务。一方面,坏分子在攀附我们的党,这是很自然的,因为这是一个执政的党。另一方面,工人阶级已经疲惫不堪,它的力量自然因国家遭受破坏而被削弱。但是只有工人阶级的先进部分,只有工人阶级的先锋队,才能领导自己的国家。为了实现这项全国范围的建设任务,我们实行了星期六义务劳动,作为建设的一种方法。我们提出的口号是:让最先应征上前线的人加入我们的党;不能作战的人要入党,则应在原岗位上证明他懂得什么是工人政党,应表明他是在实践共产主义的原则。所谓共产主义，严格说来就是无报酬地为社会工作，不考虑个人的差别，丝毫没有世俗偏见，没有守旧心理，没有旧的习气，消除各个工作部门的差别，劳动报酬上的差别等等。这是我们能够使工人阶级和劳动人民不仅投入军事斗争而且投入和平建设的最大保证之一。共产主义星期六义务劳动的进一步发展必然会成为一所学校。我们应当在贯彻每一个措施的过程中把工人和其他阶级中最可靠的人吸收到党内来。我们通过重新登记来做到这一点。我们并不害怕把不十分可靠的人开除出去。我们能够做到这一点，还因为我们信任在困难时刻加入到我们党里来的党员。正如中央委员会今天的报告所指出的，成千上万的党员是在尤登尼奇离彼得格勒只有几俄里、邓尼金已到了奥廖尔北面、整个资产阶级已经欣喜若狂的时候加入到我们党里来的，他们是值得我们信任的。我们珍视党的这种扩大。

在党这样扩大以后，我们应当关一下门，应当特别小心。我们应当说：在目前党取得胜利的时候，我们不需要新党员。我们非常清楚，在日益瓦解的资本主义社会中，一定会有许多有害的分子混到党里来。我们必须建立一个工人的政党，一个不让混入的分子有立足之地的政党，但是，我们必须吸收党外群众来参加工作。怎样做到这一点呢？办法就是举行非党工农代表会议。不久以前，《真理报》登载了一篇关于非党代表会议的文章。拉斯托普钦同志的这篇文章值得特别注意[137]。我不知道还有什么其他办法能够解决这一具有深刻历史意义的重大任务。党不能敞开大门，因为在资本主义瓦解时期，党把坏分子吸收进来是绝对难免的。对于非工人阶级出身的分子，党的大门只容其中能够经受极严格考验的人进来。

但是,在一个拥有亿万人口的国家里,我们只有几十万党员。这样的政党怎么能管理国家呢?首先,包括几百万人的工会是它的助手,而且应当是它的助手;其次,非党代表会议也是它的助手。在这些非党代表会议上,我们必须善于正确地对待非无产阶级群众,必须克服偏见和小资产阶级的动摇,这是最根本和最重要的任务之一。

在估计我们党组织的成绩时,不仅要看这项或那项工作中有多少党员在干,不仅要看重新登记的工作进行得是否顺利,而且还要看非党工农代表会议开得是否按期,是否经常,就是说,要看我们是否善于正确地对待目前还不能入党但应当吸收来参加工作的群众。

我们所以能够战胜协约国,也许是因为我们取得了工人阶级的同情,取得了非党群众的同情。我们终于战胜了高尔察克,也许正是因为高尔察克失去了从劳动群众这一力量源泉中进一步汲取力量的可能。而我们有这样的后备力量。除工人阶级的政府外,世界上任何一个政府都没有而且也不可能有这样的力量源泉,因为只有工人阶级的政府才能满怀胜利的信心大胆地从最受压迫和最落后的劳动人民中汲取力量。我们能够而且应当从非党工农队伍中汲取力量,因为他们是我们最可靠的朋友。为了解决粮食、燃料的供应问题,为了战胜斑疹伤寒,我们只能从这些受资本家地主压迫最深的群众中汲取力量。这些群众一定会支持我们。我们将日益深入地从这些群众中汲取力量;我们可以说:我们最后一定会战胜一切敌人。在战胜邓尼金以后,我们就要真正展开和平建设工作,我们在这方面一定会比两年来在军事方面创造的奇迹多得多。

载于1919年12月20日《俄共(布)中央通报》第9期　　　译自《列宁全集》俄文第5版第39卷第342—363页

3
关于中央委员会政治报告的总结发言

（12 月 2 日）

要是萨普龙诺夫同志不挑动我，我就不打算作总结发言了。现在我想同他稍微争论一下。毫无疑问，应当倾听具有组织经验的地方工作人员的意见。他们的一切意见对我们都是宝贵的。但是，我要问：这里所写的有什么不好呢？我本来没有看过这一条，是萨普龙诺夫给我看的。那上面写着："关于农村工作给省、县、乡党委的指示草案。"[138]就是说，这是一个给领导着整个地方工作的地方工作人员的指示。至于谈到派遣鼓动员、政委、中央委员会的代表或全权代表，那么，他们总是一定会得到指示的。第 9 条说："要使国营农场和农业公社对附近农民给予直接的实际的帮助。"我总认为，中央委员会的代表也是有头脑的。既然有明文规定，他们怎么还会要求把大车、马匹等交出去呢？在这方面我们有相当多的指示，有人甚至说，指示太多了。中央委员会的代表只能按照指示的规定办事，任何一个农业公社的负责人，都不会允许把大车、马匹或奶牛交出去的。但这是一个重要的问题，我们常因这一问题搞坏了同农民的关系。在乌克兰，如果我们不善于正确地贯彻我们的政治路线，我们同农民的关系就会再度搞坏。实行这一路线并不困难，甚至微小的帮助也能使农民感到高兴。不仅要接受指示,而且要善于执行指示。要是萨普龙诺夫同志害怕国营农场失去奶牛、马匹和大车,那他可以就这一条同我们交换一下他的好经验,他可以说:让我们无偿地或者廉价地把农具交给农民吧;这一点我是懂得的。但是,无论如何,第 9 条并不会因此被取消,反而会因此得到肯定。农业公社和国营农场同附近农民的关系,这是我们整个政策中最伤脑筋的问题之一。这一问题在乌克兰会更加不好处理。明天在西伯利亚也会这样。现在,我们已经把西伯利亚的农民从高尔察克手中解放出来,从思想上把他们争取过来了。但是,如果我们不善于处理这一问题,不给这些农民实际帮助,上述成就就不会巩固。当然,在农村工作的每一个代表都一定会接到这样的指示。在每一个代表汇报工作时,必须询问他:国营农场到底在哪些方面和用什么东西帮助了农民?萨普龙诺夫同志关于这一条的意见是不正确的。利用地方工作人员的经验,这是我们根本的绝对必须履行的义务。(鼓掌)

载于 1919 年 12 月 20 日《俄共(布)中央通报》第 9 期

译自《列宁全集》俄文第 5 版第 39 卷第 364—365 页

4
关于国际政策问题的决议草案[139]

（12 月 2 日）

俄罗斯社会主义联邦苏维埃共和国希望同各国人民和平相处，把自己的全部力量用来进行国内建设，以便在苏维埃制度的基础上搞好生产、运输和社会管理工作，但是协约国的干涉和饥饿封锁一直阻碍着这一工作的进行。

工农政府曾经多次向协约国列强提出媾和的建议，如：1918 年 8 月 5 日外交人民委员部给美国代表普尔先生的信，1918 年 10 月 24 日给威尔逊总统的信，1918 年 11 月 3 日通过中立国代表给协约国各国政府的信，1918 年 11 月 7 日以全俄苏维埃第六次代表大会名义发出的建议书，1918 年 12 月 23 日李维诺夫在斯德哥尔摩给协约国各国代表的照会，1919 年 1 月 12 日和 17 日的信，1919 年 2 月 4 日给协约国各国政府的照会，1919 年 3 月 12 日同布利特拟定的条约草稿，以及 1919 年 5 月 7 日通过南森提出的声明。

苏维埃第七次代表大会完全赞同人民委员会和外交人民委员部采取的所有这些措施，并重申一贯要求和平的愿望，再次向英、法、美、意、日各协约国建议，与它们全体或单个地立刻开始和平谈判；并责成全俄中央执行委员会、人民委员会和外交人民委员部始终如一地继续执行这一和平政策（或者：始终如一地继续执行这一和平政策,采取使这一政策获得成功的一切必要措施)。

载于1932年《列宁全集》俄文第2、3版第24卷

译自《列宁全集》俄文第5版第39卷第366—369页

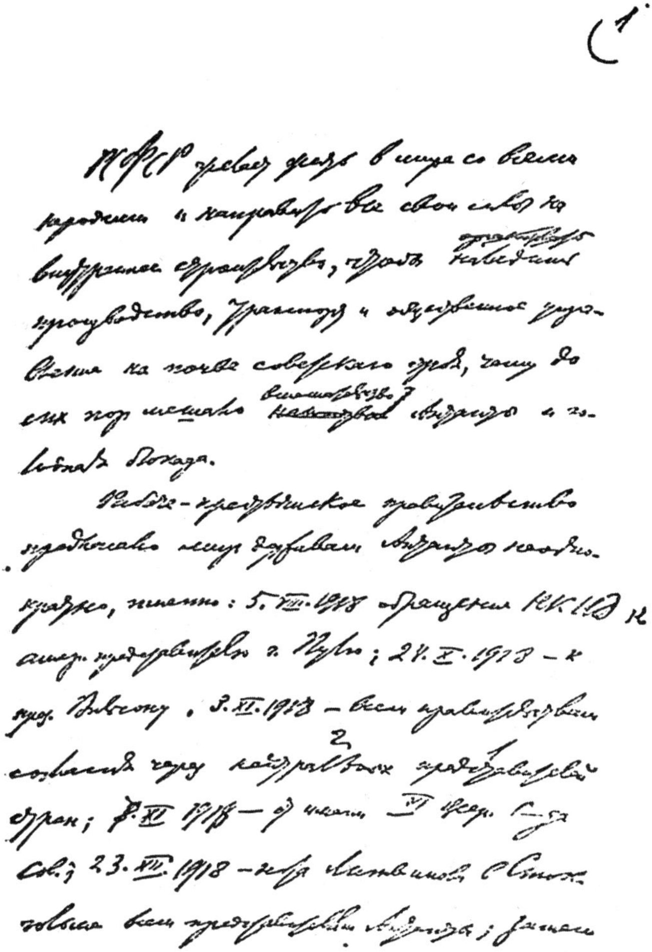
1

РСФСР хочет жить в мире со всеми народами и направить все свои силы на внутреннее строительство, чтобы восстановить производство, транспорт и общественное управление на почве советского строя, чему до сих пор мешало вмешательство Антанты и голодная блокада.

Рабоче-крестьянское правительство предлагало мир державам Антанты неоднократно, именно: 5.VIII.1918 обращение НКИД к амер. представителю г. Пулю; 24.X.1918 — к през. Вильсону; 3.XI.1918 — всем правительствам через нейтральных представителей стран; 7.XI.1918 — от имени VI съезда Сов.; 23.XII.1918 — нота Литвинова в Стокгольме всем представителям Антанты; затем

1919年12月2日列宁《关于国际政策问题的决议草案》手稿第1页

（按原稿缩小）

5
关于乌克兰苏维埃政权问题的总结发言

（12月3日）

同志们！我不得不最后讲几句话，虽然很遗憾，我要反驳的主要不是在我发言之前讲话的雅柯夫列夫同志，而是在我发言之后讲话的布勃诺夫和德罗布尼斯两位同志。不过，有一点意见我还是要谈一下。

拉柯夫斯基同志在发言中说国营农场应当是我们共产主义建设的基础，这应该说是不正确的。无论如何，我们不能这样做。我们应当认识到，我们只能把很少一部分经营高水平的农场转为国营农场，不然我们就不能与小农结成联盟；而这一联盟正是我们所必需的。有些同志说我建议与斗争派[140]结成联盟，这是误会。我在这次会上把我们应当用来对待斗争派的政策与我们过去对待右派社会革命党人的政策作过比较。在十月革命后的第一个星期，有人在农民代表大会上责备我们，说我们取得政权以后就不再想利用农民的力量了。我当时说：我们完全采纳你们的纲领，就是为了利用农民的力量，我们愿意这样做，但我们不愿意同社会革命党人结成联盟。因此，曼努伊尔斯基同志像德罗布尼斯和布勃诺夫两位同志一样，说我建议同斗争派结成联盟，是大错特错了。我的意见正是想说明，我们需要同乌克兰农民结成联盟，而为了实现这一联盟，我们同斗争派的论战，就不应采取他们现在这样的方式。

所有谈到民族问题的人——德罗布尼斯、布勃诺夫以及其他许多同志都谈到这个问题——对我们中央委员会的决议所作的批评，都表明他们是在闹独立，而我们责备基辅人的也正是这一点。曼努伊尔斯基同志以为我们责备他们闹独立是责备他们闹民族独立，闹乌克兰的独立，他完全弄错了。我们责备他们闹独立，是指他们不愿意考虑莫斯科的意见，不愿意考虑莫斯科中央委员会的意见。拿这个词开玩笑，它的意思就完全不同了。

现在的问题是：我们要不要同乌克兰农民结成联盟？我们要不要1917年底和1918年几个月内所实行的那种政策？我肯定地说，要。因此，我们需要把很大一部分国营农场交出来分掉。我们必须反对建立大农场，我们必须反对小资产阶级的偏见，我们必须反对游击作风。斗争派关于民族问题谈了很多，但是他们没有谈到游击作风。为了坚持无产阶级共产主义政策的原则，我们必须要求斗争派解散教师联合会，虽然它使用乌克兰文和乌克兰公章。我们已经为了坚持无产阶级共产主义政策的原则解散了我们的全俄教师联合会，因为它没有贯彻无产阶级专政的原则，而是维护小资产阶级的利益并执行小资产阶级的政策。

载于1932年《列宁全集》俄文第2、3版第24卷

译自《列宁全集》俄文第5版第39卷第370—371页

在农业公社和农业劳动组合第一次代表大会上的讲话

（1919 年 12 月 4 日）

同志们！我非常高兴地代表政府向你们农业公社和农业劳动组合第一次代表大会[141]表示祝贺。当然，你们大家从苏维埃政权的全部工作中知道，我们是多么重视农业公社、劳动组合以及一切旨在把个体小农经济转变为公共的、共耕的或劳动组合的经济组织，一切旨在逐渐促进这个转变的组织。你们知道，苏维埃政权早已拨出十亿卢布基金[142]来帮助这种创造性的事业。在《关于社会主义土地规划的条例》[143]上特别指出了公社、劳动组合以及一切共耕企业的意义，苏维埃政权也用全力来使这项法令不致成为一纸空文，使它真正能够收到应有的效果。

所有这种企业的意义是非常大的，因为原来那种贫困不堪的农民经济如果不加改变，就谈不上巩固地建立社会主义社会。掌握国家政权的工人阶级，只有在事实上向农民表明了公共的、集体的、共耕的、劳动组合的耕作的优越性，只有用共耕的、劳动组合的经济帮助了农民，才能真正向农民证明自己正确，才能真正可靠地把千百万农民群众吸引到自己方面来。因此，无论哪一种能够促进共耕的、劳动组合的农业措施，其意义都是难以估价的。我国有千百万个体农户，分散在偏僻的农村。要想用某种快速的办法，下个命令从外面、从旁边去强迫它改造，那是完全荒谬的。我们十分清楚，要想影响千百万小农经济，只能采取谨慎的逐步的办法，只能靠成功的实际例子，因为农民非常实际，固守老一套的经营方法，要使他们进行某种重大的改变，单靠忠告和书本知识是不行的。这样做达不到目的，而且也是荒谬的。只有在实践中根据农民的切身经验证明必须而且可能过渡到共耕的、劳动组合的农业，我们才可以说，俄国这样幅员广大的农民国家已经在社会主义农业的道路上迈进了一大步。因此，公社、劳动组合和共耕社所具有的这种巨大的意义，使得你们大家对国家、对社会主义担负了重大的责任，自然使得苏维埃政权及其代表们对这个问题特别注意和特别谨慎。

在我们的关于社会主义土地规划的法令中说过，我们认为所有共耕的、劳动组合的农业企业绝对不应当和附近农民隔离，分开，而必须帮助他们。这项法令是这样写的，在公社、劳动组合和共耕社的示范章程中也是这样写的，在我们农业人民委员部和所有苏维埃政权机关的各项指令中又经常得到进一步的阐述。但是，全部问题就在于要用什么实际的办法才能实现这一点。在这里我还不能肯定地说，我们已经克服了这个主要的困难。你们是来自全国各地的从事实际工作的公共经济组织的工作人员，在这次会上有可能交流经验，我希望代表大会能扫除一切怀疑，证明我们能够担负起或开始担负起巩固劳动组合、共耕社、公社以及各种集体的、公共的农业企业的实际工作。但要证明这一点，就必须有真正**实际的**成果。

我们读农业公社章程或论述这一问题的书籍时，总觉得里面过多地注意宣传和在理论上论证组织公社的必要性。当然，这是必要的，如果没有详细的宣传，不解释共耕的农业的优越性，不把这个意思千百次地加以说明，我们便不能指望广大农民群众会对这个问题发生兴趣，并开始对这种办法进行实际试验。宣传当然是必要的，我们不怕重复，因为对我们来说似乎是重复，但对成千上万的农民也许不是重复，而是第一次发现的真理。如果我们觉得我们过于注重宣传，那应当说，我们还必须百倍努力地这样去做。我说这话的意思是，如果我们在向农民一般地解释农业公社制度的好处时，不善于在实际上证明共耕社和劳动组合给他们带来实际的好处，那农民是不会相信我们的宣传的。

这项法令说，公社、劳动组合、共耕社应当帮助附近的农民。但是国家——工人政权拨出十亿卢布基金来帮助农业公社和劳动组合。当然，某个公社如果从这笔基金中拿出一点来帮助农民，恐怕只会引起农民的讥笑，而且这种讥笑是完全有理由的。任何一个农民都会说："既然拨了十亿基金给你们，那你们自然不难从中拿出一点给我们。"恐怕农民只会讥笑这种行为，因为农民非常注意这个问题，抱着决不轻易相信的态度。农民许多世纪以来从国家政权方面得到的一向只是压迫，所以他们对官家做的一切事情总是不相信的。如果农业公社帮助农民只是为了依法行事，那么这种帮助不但无益，反而只会有害。因为农业公社是个很响亮的名称，是与共产主义这个概念有联系的。如果公社在实践中表明自己真正在认真改善农民经济，那就很好，那就无疑会提高共产党员和共产党的威信。但往往有这样的情形，公社只是引起农民的反感，"公社"这个名词有时甚至成了反对共产主义的口号，而且这种情形不仅是在荒唐地强迫农民加入公社的时候才发生。这种做法的荒唐，是大家一眼就看得出来的，所以苏维埃政权早就反对这种做法了。如果现在还有个别强迫的例子,我希望那是为数极少的,你们一定能利用这次代表大会,杜绝这种不像话的做法,彻底消灭苏维埃共和国的这些最后的污迹,使附近农民找不到一个例子来为他们认为加入公社是出于被迫的那种成见辩护。

但是,即使我们消除了过去的缺点,完全克服了这种不像话的做法,我们也只不过做了我们应做的工作的极小一部分。因为国家帮助公社仍然是必要的,如果国家不帮助各种集体农业企业,我们就不是共产党人,就不是建立社会主义经济的拥护者。我们之所以不得不这样做,也因为这是同我们的各项任务符合的,我们深知这些共耕社、劳动组合和集体组织都是新的创举,如果执政的工人阶级不支持这些创举,它们就不会扎下根来。正由于国家给它们以资金和其他种种援助,为了使它们扎下根来,我们还应当做到不让农民以讥笑的态度对待这件事。我们应当时刻警惕,不致让农民说公社、劳动组合和协作社的社员是靠公家养活的,说这些人与普通农民的区别只在于他们能得到优待。如果除土地外还从十亿卢布基金中拨出建筑补助费,那么任何一个傻瓜都会比普通农民生活得好些。农民会说:这里哪谈得上什么共产主义,哪里有什么改进,他们有什么值得我们钦佩的?如果挑出几十个或几百个人来,给他们几十亿卢布,那他们当然会干起来。

最使我们忧虑的正是农民的这种态度,我希望参加这次代表大会的同志们注意这个问题。必须在实践中解决这个问题,使我们能够自信地说,我们不仅避免了这种危险,而且找到了对付的办法,使农民不仅不会这样想,反而会在每个公社中、在每个劳动组合中都看到国家政权所扶植的某种东西,在其中找到新的耕作方式,这种新方式不是在书本上、在讲演中(这是很容易的),而是在实际生活中表明它比旧方式优越。这就是解决这个问题的困难所在，所以说光凭手边一堆枯燥的数字，就很难判断，我们是否已在实际上证明每个公社、每个劳动组合都真正比所有旧企业强，证明工人政权是在那里帮助农民。

我想，要实际解决这个问题，最好是由你们这些实际了解周围公社、劳动组合和协作社情况的人来制定切实的办法，检查农业公社必须帮助附近农民这项法令的执行情况，检查向社会主义农业过渡的情况，每个公社、劳动组合和共耕社中过渡的具体情况如何，这项工作是怎样进行的，有多少共耕社和公社已在实际上这样做了，又有多少仅仅是准备要这样做，公社对农民的帮助有过多少次，帮助的性质如何，是慈善性质还是社会主义性质。

如果公社和劳动组合从国家给它们的帮助中拿出一部分来给农民，那只会使每个农民想到，这不过是一些好人帮助了他，但这绝不能证明是向社会主义制度过渡。农民对于这样的“好人”自古以来就是不相信的。要很好地检查，弄清楚这个新的社会制度真正表现在哪里，用什么方法才能向农民证明按共耕原则和劳动组合原则种地比单干好，还要证明比单干好并**不是**由于有了公家的帮助；要很好地向农民证明，**没有**公家帮助，这种新制度实际上也是能够实现的。

可惜我不能从头至尾出席你们的代表大会，因此我也不能参加制定这些检查办法。但我相信，你们和我们农业人民委员部的领导同志一起，是一定能够找出这种办法来的。我很满意地读了农业人民委员谢列达同志写的那篇文章，他着重指出公社和共耕社不应当同附近农民隔离，而应当努力改善农民经济[144]。要把公社办成模范公社，使附近农民自己愿意来加入公社；要善于作出实际榜样给他们看，怎样才能帮助那些在商品缺乏和整个经济都遭到破坏的困难条件下经营农业的人。为了规定这样做的实际办法，必须制定一个详尽的细则，列举帮助附近农民的各种方式，询问每个公社在帮助农民方面做了一些什么事情，并且指出具体办法，使现有的2 000个公社和大约4 000个劳动组合每一个都能在实际上成为巩固农民信念的核心，使农民相信集体农业这种过渡到社会主义去的办法是有益的东西，而不是空想，不是梦呓。

我已经说过，法令要求公社帮助附近农民。我们不能在法令中用别的方式来表明这种意思，不能在法令中写出某些具体的指示。我们本来就是规定一般的原则，希望各地有觉悟的同志们认真地去执行，并且能想出千百种办法，按照各地的具体经济条件来实施这项法令。当然，对任何一项法令都可以敷衍了事，甚至阳奉阴违。因此，关于帮助农民的法令，如果不认真地执行，很可能完全变成儿戏而得到完全相反的结果。

公社应当朝这样的方向发展，就是使农民经济通过同公社的接触，得到公社经济上的帮助，而开始改变条件；每个公社、劳动组合或共耕社都要善于奠定改进农民经济条件的基础，并切实加以改进，用事实向农民证明这种改变只会给他们带来好处。

你们自然会想到，人们会说，要改进经营就要有比现在好一些的条件，而现在的条件则是四年帝国主义大战以及帝国主义者强迫我们进行的两年国内战争造成的经济破坏。在现时我国这样的条件下，怎么还谈得上推广农业改进措施呢，只要能勉强过下去不饿死也就谢天谢地了。

很自然，这样的怀疑可能会有。如果我遇到这样的反对意见，我就要用以下的话来回答。的确，由于经济解体，经济破坏，商品缺少，运输力薄弱，耕畜和工具被毁，要广泛地改进经营是做不到的，但是，在许多个别情形下，小规模地改进经营，无疑还是能够做到的。就算连这点也办不到吧，那是否就是说，公社无法使附近农民的生活改变，无法向农民证明，集体农业企业不是人工培植的温室里的植物，而是工人政权对劳动农民新的帮助，是协助农民去同富农作斗争？我相信，即使这样提问题，即使我们在现时经济破坏条件下无法实行改良，只要在公社和劳动组合中有忠实的共产党员，那还是可以做出很多很多成绩来的。

空口无凭，我就举出我们在城市里叫做星期六义务劳动的事情来作例子。城市工人在他的工作时间之外再为社会做几小时的无报酬的工作，这就叫做星期六义务劳动。星期六义务劳动最初是在莫斯科由莫斯科—喀山铁路员工首先实行的。苏维埃政权有一次号召说，红军战士在前线作出空前的牺牲，他们虽然受尽一切苦难，还能获得空前的胜利；又说，我们要取得彻底胜利，就必须使这种英雄气概，这种自我牺牲精神不只是表现在前线上，而且也表现在后方。莫斯科工人就组织星期六义务劳动来响应这个号召。毫无疑义，莫斯科工人经受的艰难困苦要比农民厉害得多，如果你们了解一下他们的生活条件，想一想他们在这种空前困苦的条件下还能开始实行星期六义务劳动，那么你们就会同意，有些事情，只要运用莫斯科工人所运用的这种办法，在任何条件下都是可以做到的，决不能借口条件困难而加以拒绝。星期六义务劳动已经不是个别的现象，非党工人确实看到执政的共产党的党员担负起这种义务，看到共产党吸收新党员并不是使他们利用执政党的地位来谋利，而是要他们作出真正的共产主义劳动即无报酬劳动的榜样，正是这样的星期六义务劳动最能提高共产党在城市中的威信，最能使非党工人敬佩共产党员。共产主义是社会主义发展的高级阶段，那时人们从事劳动都是由于觉悟到必须为共同利益而工作。我们知道现在我们还不能实行社会主义制度，希望我们的儿辈或者孙辈能把这种制度建成就好了。但是，我们说，执政的共产党的党员要挺身担当起同资本主义斗争中的大部分困难，动员优秀的共产党员上前线，对于那些不能上前线的党员，就要求他们参加星期六义务劳动。

这种星期六义务劳动已经在每个大工业城市中推行起来，现在党要求每个党员都参加这个工作，对于不执行这种要求的党员甚至给予开除党籍的处分。如果你们也在公社中、劳动组合中和共耕社中实行星期六义务劳动，那你们在最坏的条件下也能够而且一定会使农民认识到每个公社、每个劳动组合、每个共耕社的特点不在于它领取公家的补助金，而在于这些组织中都有工人阶级的优秀分子参加，这些人不仅向别人宣传社会主义，而且善于身体力行，能够在恶劣的条件下用共产主义方法经营农业，并且尽量帮助附近农民。对于这一点是没有理由来推诿的，是决不能以商品缺乏、种子缺乏或牲畜病死等等为借口的。在这里我们可以得到检验，至少能使我们明确地说，我们实际上对所面临的困难任务领会如何。

我相信，这次公社、共耕社和劳动组合全体代表会议会讨论这个问题，会了解到，这种办法是真正巩固公社和共耕社的极好手段，能够收到实际效果，使全国各地不发生一件农民对公社、劳动组合和共耕社表示敌意的事情。但这还不够，还要做到使农民对它们表示好感。我们，苏维埃政权的代表，自己要尽力来帮助它们做到这一点，使我们国家从十亿卢布基金或其他来源中拨出的补助金，只是用来使劳动公社和劳动组合能和附近农民生活真正在实际上接近起来。否则对劳动组合或共耕社的任何帮助，我们都认为不仅无益，而且绝对有害。不能认为公社帮助附近农民只是因为自己富裕，而是要使这种帮助成为社会主义性质的帮助，即为农民创造从单独的个体经济过渡到共耕经济的条件。要做到这一点，也就只有用我在这里说过的星期六义务劳动的办法。

城市工人的生活比农民的生活坏得不可比拟，他们却首先开始了星期六义务劳动的运动，如果你们能估计到这点，那么我深信，在你们全体一致支持之下，我们一定会使现有的几千个公社和劳动组合个个都成为在农民中传播共产主义思想和意识的真正苗圃，都作为实际范例向农民表明，虽然它们还是嫩弱的幼芽，但毕竟不是人工制造的，不是温室里培植出来的，而是社会主义新制度的真正幼芽。只有那时，我们才能永远战胜旧的愚昧状态，才能战胜经济破坏和贫困，只有那时，我们才不会害怕横在我们前进道路上的任何困难。

载于 1919 年 12 月 5 日和 6 日
《真理报》第 273 号和第 274 号

译自《列宁全集》俄文第 5 版
第 39 卷第 372—382 页

关于粮食部门工作的决议草案

（1919年12月6日）

应选一个委员会讨论这个问题。

主要的、迫切的任务是：第一，革新和改组粮食部门的机构；第二，使粮食部门的工作具有首创精神。

要拟定完成这些任务的实际办法：

吸收工人合作社最广泛地参加这项工作；

也吸收资产阶级合作社参加，虽然不那么广泛；

更快地使工人粮食检查团发展成为吸收工人参加各项粮食工作的组织；

对某些职员、工人和各阶层居民中特别推荐出来的人实行奖励制度，允许并鼓励他们参加工作。

委员会的任务不应限于以上各方面，而应把这些任务理解为只是大致上确定了委员会工作的总方向。

把非粮食工作人员

选入委员会。

我建议把以下几人选入委员会

加米涅夫

弗·德·邦契-布鲁耶维奇

施米特

必须吸收， 但不列入委员会编制	**奥尔洛夫**，《苏维埃政权的粮食工作》一书的作者。

雅柯夫列娃

索斯诺夫斯基

载于1933年《列宁文集》俄文版第24卷

译自《列宁全集》俄文第5版第39卷第383—384页

全俄苏维埃第七次代表大会文献[145]

（1919年12月）

1
全俄中央执行委员会和人民委员会的报告

（12月5日）

（鼓掌，全体代表起立向列宁致敬）同志们！现在我来作政治报告，根据主席团的决定，这是全俄中央执行委员会和人民委员会的联合报告。希望你们不要期待我把报告年度内所通过的各项法律和行政措施一一加以列举。这些你们从报上无疑都已经知道了。而且，几乎所有的人民委员部都印了小册子，分发给各位代表，说明每个人民委员部在报告年度内所做的主要工作。我想请你们注意某些总结，在我看来，从我们过去的经历中可以得出的这些总结，对于各位代表同志今后在各地所要做的工作将是有益的指示和资料。

首先，在谈到我们工作的政治总结和政治教训时，自然要把苏维埃共和国所处的国际形势放在第一位。无论在十月革命前或十月革命中，我们一直说，我们把自己看做是而且只能看做是国际无产阶级大军中的一支部队，我们这支部队所以走在前面，决不是由于我们的程度高，素养好，而是由于俄国的特殊条件，因此，社会主义革命至少要无产阶级在若干先进国家中取得胜利后，才能说取得了最终的胜利。正是在这种情况下，我们不得不经受最大的困难。

总的看来，把宝押在国际革命上面——如果可以用这种说法的话——是完全正确的。但是就革命发展的速度来说，我们经历了特别艰难的时期，我们体验到，革命的发展在较先进的国家里要缓慢得多、困难得多、复杂得多。这不会使我们感到惊奇，因为像俄国这样的国家，开始社会主义革命，自然要比先进国家容易得多。可是，西欧社会主义革命发展的缓慢、复杂和曲折，毕竟使我们承担了极大的困难。在一个落后的，被战争弄得破败不堪、精疲力竭的国家里，尽管先后受到称雄一时的德帝国主义和一年前击败德国、所向无敌、称霸世界的协约国帝国主义的持续进攻，苏维埃政权还是坚持了两年之久。我们首先要问，怎么会出现这样的奇迹呢？如果光估计一下实力，比较一下军事力量，那么这确实是一个奇迹，因为协约国无论在过去或现在都比我们强大得多。但是在报告年度中，最重要的正是我们取得了巨大的胜利，这一胜利是如此巨大，甚至我们可以毫不夸张地说：**主要困难已经过去了**。不管我们前面还有多大的危险和困难，然而主要的困难显然已经过去了。应该弄清楚取得这些成就的原因，而更为重要的是正确地规定我们今后的政策，因为协约国大概还会不止一次地企图再来干涉我们，国际的和俄国的资本家想推翻俄国的苏维埃政权和恢复地主资本家的政权，也许还会重新结成以前那种强盗联盟。总之，他们还是在追求那个目的，就是想消灭燃起世界社会主义大火的中心——俄罗斯社会主义联邦苏维埃共和国。

从这一角度来研究协约国干涉的历史和我们所获得的政治教训，我认为可以把这段历史分为三个主要阶段，而我们在每一阶段都获得了巨大而巩固的胜利。

第一阶段，是协约国企图用自己的军队来打败苏维埃俄国。自然，对协约国来说，这是比较容易的阶段。协约国在战胜德国以后，还有数百万并未直接宣布讲和的军队，在西欧各国人们一直拿德帝国主义这个稻草人吓唬他们，因而他们还没有立即从惊恐中苏醒过来。当然，在这样的时候，从军事和对外政策的角度来看，协约国抽调十分之一的军队到俄国来，是毫不费力的。要知道，当时它们完全掌握着海上的霸权，海军的霸权。军队的运送和补给也一直完全操在它们手中。当时，对我们恨之入骨（只有资产阶级对社会主义革命才能有这样的仇恨）的协约国，只要能比较顺利地派出十分之一的军队来攻打我们，那毫无疑问，苏维埃俄国的命运早就被决定了，俄国早就遭到了匈牙利那样的命运。

为什么协约国没能做到这一点呢？协约国军队曾在摩尔曼斯克登陆。在协约国军队的帮助之下，人们向西伯利亚展开了进攻，而且直到现在日本军队还在遥远的西伯利亚东部占据着一块土地，西伯利亚西部各地也都有了协约国各国的部队，虽然数量不多。此外，法国军队则在俄国南方登陆。这是国际干涉我国事务的第一阶段，也可以说是协约国想用自己所掌握的军队，即用各先进国家的工人农民来扼杀苏维埃政权的第一次尝试。这些军队的装备是极其精良的，在作战的技术条件和物质条件方面，协约国是什么都不缺少的。协约国没有遇到任何障碍。为什么这次尝试还是失败了呢？协约国结果不得不把军队撤出俄国，因为协约国的军队不能同革命的苏维埃俄国作战。同志们，这永远是我们主要的和基本的论据。革命一开始我们就说，我们是国际无产阶级的政党，无论革命的困难多么大，但是到时候，并且是在决定关头，受国际帝国主义压迫的工人就会对我们表示同情和支持。有人责备我们说这是空想主义。但是经验向我们证明，虽然不能在任何时候对无产阶级发起的任何行动都寄予希望，然而可以说，在这两年的世界历史中，我们是万分正确的。英法试图用本国军队来扼杀苏维埃俄国，它们以为这样做一定能在最短时间内毫不费力地取得胜利。可是结果这个尝试失败了，英国军队撤出了阿尔汉格尔斯克，在俄国南方登陆的法国军队也都回到了本国。我们现在虽然处在被封锁、被包围的状态中，但我们还是能够得到西欧的消息。我们虽然零散地收到一些英国和法国的报纸，但我们从这些报纸中得悉，英国士兵从阿尔汉格尔斯克地区写出的信件，还是寄到英国登载出来了。我们得悉，一位名叫让娜·拉布勃的法国女同志，因在法国工人、士兵中间宣传共产主义，而在敖德萨被枪毙了。现在，法国全体无产阶级都知道了她的名字。她的名字已成为斗争的口号，所有法国工人，不分派别（尽管工团主义派别之间有着看来难以克服的分歧），都在她的英名之下团结起来反对国际帝国主义了。拉狄克同志（今天得到消息，他幸运地被德国释放了，我们也许很快就能见到他）曾经这样写过：燃烧着革命之火的俄国土地，协约国军队是无法立足的。这看来不过是政论家的一种向往，可是已变成千真万确的事实。的确，尽管我们十分落后，尽管我们的斗争十分艰苦，英法的军队却不能在我们的国土上同我们作战。结果是我们取得了胜利。当他们第一次调动大批兵力（没有兵力是不能得胜的）来进攻我们的时候，由于英法士兵那种正常的阶级本能，他们从俄国带去了布尔什维主义瘟疫。而德帝国主义者就是为了防止这种瘟疫才把我国使节赶出柏林的[146]。他们想以此来防止布尔什维主义瘟疫，可是由于工人运动的高涨，这种疫病现在已蔓延到整个德国。我们迫使英法撤走了军队，这一胜利是我们对协约国的最主要的胜利。我们夺走了协约国的士兵。我们用劳动者团结一致反对帝国主义政府的精神，夺走了协约国在军事上和技术上的莫大的优势。

这里可以发现，依据通常所依据的标志来判断这些所谓的民主国家是多么肤浅、多么模糊啊！在这些国家的议会中，资产阶级稳稳地占着多数。他们把这一点叫做“民主”。资本主宰着一切，压制着一切，资本到现在还实行着战时书报检查制度，他们把这些也叫做“民主”。在他们出版的几百万份报刊中，替布尔什维克说话的，哪怕是吞吞吐吐说上几句的，也几乎找不到。所以他们说：“我们抵御住了布尔什维克，我们这里有秩序。”他们把这种秩序叫做“民主”。一小部分英国士兵和法国水兵怎么会使协约国军队撤出俄国呢？情况不完全是这样。这说明，人民群众，甚至英、法、美三国的人民群众都拥护我们；这说明，正如不愿背叛社会主义的社会党人常常说的那样，所有这些上层分子都是骗人的；这说明，资产阶级的议会制、资产阶级的民主、资产阶级的出版自由不过是资本家的自由，不过是用金钱的力量收买舆论、压制舆论的自由。在帝国主义战争还没有把社会党人按照民族营垒分开，并使各民族的社会党人变为本国资产阶级的奴仆以前，社会党人一直是这么说的。在战争以前社会党人是这么说的，在战争时期国际主义者和布尔什维克也一直是这么说的。这些话都是完全正确的。群众愈来愈明白，所有这些上层分子，所有这些冠冕堂皇的东西都是骗人的。他们高喊民主制度,可是他们不敢在世界上任何一个议会中说要向苏维埃俄国宣战。因此从我们获得的许多法、英、美的报刊中,我们看到这样的主张:“把国家的首脑送交法院审判,因为他们违反了宪法,因为他们对俄国不宣而战。”什么时候、什么地方、哪条宪法、哪个议院批准他们开战的?他们在哪里召集代表开过会?他们事先已经把所有的布尔什维克以及法国报刊所说的正在布尔什维克化的人都关进了监狱。就是在这种条件下,他们也不能在本国的议会里说他们正在同俄国作战。装备精良、战无不胜的英法军队之所以不能击败我们,反而从北阿尔汉格尔斯克和南方撤走,其原因就在这里。

这是我们第一个胜利,也是基本的胜利,因为这不仅是军事上的胜利,甚至根本不是军事上的胜利,而是劳动者国际团结的实际胜利。我们发动整个革命正是为了这种团结。正是根据这一点我们当时说,尽管我们历尽千辛万苦,但这些牺牲一定会因必然到来的国际革命的发展而得到百倍的补偿。证明这一点的是:在最粗暴的物质因素起着首要作用的事情上,即在军事上,我们靠夺走协约国穿着军装的工人和农民而战胜了协约国。

第一次胜利以后,开始了协约国干涉我国事务的第二个时期。现在领导着每个国家的都是一批非常老练的政客,他们仗着称霸全世界的地位,在一场赌博中输了,又在另一场赌博中押上赌注。现在没有一个国家、地球上没有一块土地不是完全受英、法、美金融资本实际支配的。在这个基础上,他们又作了另一次尝试,逼迫俄国周围的小国——这些小国当中有许多是在战时才获得解放、才得以宣布独立的国家,如波兰、爱斯兰、芬兰、格鲁吉亚、乌克兰等——用英、法、美的金钱来攻打俄国。

同志们，你们可能还记得，我们的报纸曾登过大名鼎鼎的英国大臣丘吉尔发表演说的消息，他说将有14个国家进攻俄国，9月以前攻下彼得格勒，12月以前拿下莫斯科。我听说丘吉尔后来否认了这个消息。其实这条消息是从8月25日瑞典《人民政治日报》上转载过来的。就算这一来源不可靠，我们也很清楚，丘吉尔和英帝国主义者的行动正是如此。我们清楚地知道，他们已对芬兰、爱斯兰和其他小国施加种种影响，要它们同苏维埃俄国作战。我读到英国影响最大的资产阶级报纸《泰晤士报》的一篇社论，这篇社论是在显然由协约国提供给养和装备、由协约国船只运送的尤登尼奇的军队离彼得格勒只有几俄里并占领了儿童村的时候写的。这篇文章是一次真正的进军，它施用了军事的、外交的和历史的种种压力。英国资本逼迫芬兰，向它提出了最后通牒。英国资本家说："全世界都望着芬兰，芬兰的整个命运将取决于它是否了解自己的使命，是否肯帮助平定肮脏、污浊和血腥的布尔什维主义浪潮，解放俄国。"为了这个"伟大的、合乎道义的"事业，为了这个"高尚的、文明的"事业，他们答应给芬兰几百万英镑、若干土地和某些好处。结果怎样呢？本来，尤登尼奇的军队离彼得格勒只有几俄里了，邓尼金已经打到了奥廖尔以北地区，只要给他们极小的援助，就能使我们的敌人在最短期间以极小的牺牲决定彼得格勒的命运，取得胜利。

协约国对芬兰施加了种种压力，芬兰又欠着协约国很多的债。不仅负债累累，而且没有这些国家的援助，它连一个月也不能维持。我们战胜了这样的敌人，这样的"奇迹"是怎样产生的呢？是的，我们打赢了。芬兰没有参战；如果尤登尼奇和邓尼金协同作战，本来能很快地很有把握地解决全部战斗，使国际资本主义获得胜利。但是,尤登尼奇却被打垮了,邓尼金也被打垮了。在这次严酷和艰险的考验中,我们战胜了国际帝国主义。我们怎么会打赢的呢?怎么会有这样的"奇迹"呢?因为协约国所押的赌注,同完全靠欺骗和压力进行活动的所有资本主义国家一样,它的每一行动都会激起反对它的对抗行动,结果对于我们是有利的。我们装备低劣,精疲力竭。我们对受芬兰资产阶级压迫的芬兰工人说:"你们不应该同我们作战。"协约国装备精良,外表强大,粮食供应充足,还可以供给这些国家,它要求这些国家同我们作战。可是我们取得了胜利。我们所以取得胜利,是因为协约国已经没有可以用来进攻我们的军队,它只能用小国的兵力来打仗,但是,不仅小国的工人农民不肯来打我们,就连压迫工人阶级的相当大的一部分资产阶级也终于不肯来打我们了。

当协约国帝国主义者大谈民主和独立的时候,这些国家——在协约国看来是忘乎所以,在我们看来是出于愚蠢——竟把这些诺言当真了,以为独立就是真正的独立,而不是英法资本家发财的手段。它们认为,民主就是自由生活,而不是每个美国亿万富翁都可以掠夺他们的国家,每个贵族军官都可以蛮横无理,都可以成为无耻的投机商,为取得百分之几百的利润而干最肮脏的勾当。这就是我们胜利的原因!协约国对所有这 14 个小国都施加压力,但遭到了反抗。芬兰资产阶级用白色恐怖镇压过成千上万的芬兰工人,它知道这事是不会被忘掉的,也知道现在已经没有德国这把刺刀能够让它这样干了。芬兰资产阶级切齿地仇恨布尔什维克,只有被工人打倒了的强盗对工人才会有这样的仇恨。虽然如此,芬兰资产阶级还是这样说:"如果我们按协约国的指示去做,那一定会丧失任何独立的希望。"而这个独立是布尔什维克在 1917 年 11

月给他们的，当时统治芬兰的是资产阶级政府。这样，芬兰资产阶级广大人士的意见就摇摆不定了。我们在这场争夺战中战胜了协约国，因为协约国既指靠小国，又使小国离弃了自己。

这一经验在巨大的世界历史范围内证实了我们一向所说的话。世界上有两种力量能够决定人类的命运。一种力量是国际资本主义，它要是取得胜利，就会无比残暴地施展这一力量，每个小国的发展史都说明了这一点。另一种力量是国际无产阶级，它用无产阶级专政(它把这叫做工人的民主)来争取社会主义革命的胜利。我们俄国的动摇分子和小国的资产阶级都不相信我们，说我们不是空想家就是强盗，甚至是更坏的东西，因为他们把什么荒唐无稽的责难都加到我们身上了。可是当问题被尖锐地、直截了当地提出来，是跟着协约国走，帮助它扼杀布尔什维克，还是以自己的中立态度帮助布尔什维克的时候，结果，我们取得了胜利，争得了它们的中立。虽然我们同这些小国没有任何协定，而英、法、美对它们许过种种诺言，同它们签订过种种条约，但它们所做的却正是我们所希望的。并不是因为波兰、芬兰、立陶宛、拉脱维亚的资产阶级觉得布尔什维克的眼睛漂亮[147]，执行这种政策可以得到愉快(这当然是胡说)，而是因为我们正确地判定了世界历史的力量：或者是野蛮的资本取得胜利(不管是哪一个民主共和国)，那它就会扼杀世界上所有的弱小民族；或者是无产阶级专政取得胜利，那全体劳动人民和各被压迫的弱小民族就有了希望。原来，我们不仅在理论上正确，而且在世界政治的实践上也是正确的。我们为了芬兰和爱斯兰的军队而展开了争夺战，虽然协约国用极小的力量就能击败我们，但是，我们取得了胜利。虽然协约国在财政、军事和粮食供应方面力量很大，为了迫使芬兰出兵，它把一切都投到了天平上，但在这场争夺战中我们还是赢了。

同志们，这是国际干涉的第二阶段，是我们第二个有世界历史意义的胜利。第一阶段，我们夺走了英国、法国和美国的工人和农民。这些军队不能再向我们作战了。第二阶段，我们夺走了它们的小国，尽管这些小国一直是反对我们的，尽管那里统治国家的都不是苏维埃政权，而是资产阶级政权。这些小国对我们采取了友好的中立态度，反对称霸世界的协约国，因为协约国是要压迫它们的强盗。

这里，在国际范围内所发生的事情，正同西伯利亚农民所发生的事情一样，西伯利亚农民过去相信立宪会议，帮助社会革命党人和孟什维克同高尔察克联合起来攻打我们。但是他们体验到，高尔察克所代表的是地主资本家的专政，是一种比沙皇专政更坏的剥削者和强盗的专政，于是他们在西伯利亚举行了许多次起义。关于这些起义，我们收到许多同志的准确报告。现在这些起义将使西伯利亚完全回到我们手里，而且这一次是自觉的归来。在西伯利亚农夫中，由于不开展和政治上无知所发生的情况，现在，在更广泛的范围内，在世界历史的范围内，在各小国中也同样发生了。它们仇视过布尔什维克，有的甚至用血腥的手和疯狂的白色恐怖镇压过布尔什维克，但它们看到英国军官这些“解放者”以后，便懂得了什么叫做英、美的“民主”。英、美资产阶级的代表到了芬兰和爱斯兰以后，就开始扼杀这些国家，他们比俄帝国主义者更加无耻，因为俄帝国主义者是旧时代的人物，不善于巧妙地扼杀，但是这帮人却很会干，而且扼杀得很彻底。

因此，我们在第二阶段的这一胜利比目前一般所想象的要巩固得多。我这样说决没有夸大，而且我认为夸大是十分危险的。

我毫不怀疑，协约国还会企图时而唆使我们邻近的这个小国，时而唆使那个小国来进攻我们。这种企图是会有的，因为这些小国完全依附协约国，因为所有那些关于自由、独立和民主的言论都不过是伪善的词句，协约国还会强迫它们再次动手来攻打我们的。可是，这种企图既然在十分容易攻打我们的时刻都遭到了失败，那我认为，可以肯定地说，这方面的主要困难无疑已经过去了。我们可以这样说，这丝毫没有夸大，而是充分认识到了协约国方面巨大的实力优势。我们已经实实在在地取得了胜利。还会有人来算计我们，但我们一定能够更容易地战胜，因为这些处在资产阶级制度之下的小国已经根据经验，而不是根据理论（这班先生对于理论是一窍不通的）确信，协约国是一只野兽，它比人们用来吓唬全欧洲儿童和文明小市民的布尔什维克还要蛮横和凶恶。

可是，我们的胜利不仅仅是这些。第一，我们夺走了协约国的工人和农民；第二，我们已使那些受协约国奴役的小民族保持中立；第三，我们已开始夺取各协约国国内那些本来完全反对我们的小资产阶级和受过教育的小市民。为了证明这一点，我引证一下手头这一份 10 月 26 日的《人道报》。这家报纸一向属于第二国际，在战争期间是极端沙文主义的，它抱着像我国孟什维克和右派社会革命党人这类社会党人的观点，目前正扮演着调和者的角色。连这样的报纸现在也说它确信工人情绪有了变化。它看到这一点，不是在敖德萨，而是在巴黎的大街上和集会上，因为工人不许那些胆敢攻击布尔什维克俄国的人讲话。这些在几次革命中学到了一点东西的政客，这些懂得什么叫做人民群众的人，因此都不敢赞成干涉，都表示反对干涉。情况还不仅仅是这样。在我所引证的 10 月 26 日这一份《人道报》上，不仅有社会党人（他们自命为社会党人,但我们早就知道他们是什么样的社会党人了)作这样的声明,而且还刊载了许多法国知识分子和法国舆论界代表人物的声明。在声明下面第一个签名的是阿纳托尔·法朗士,下面还有斐迪南·比松,我数了一下,共有71个全法国闻名的资产阶级知识分子,他们说,他们反对干涉俄国内政,因为实行封锁和采用饿死的办法会使儿童和老人毁灭,这从文明的角度来看是不能允许的,他们不能容忍这一点。法国著名的历史学家奥拉尔是完全拥护资产阶级观点的,可是他在信中说:"我,作为一个法国人,是布尔什维克的敌人,作为一个法国人,是民主的拥护者,怀疑我这一点是可笑的,可是,当我看到法国请德国一起来封锁俄国的时候,当我看到法国向德国提出这种建议的时候,我觉得羞愧脸红。"[148]这也许不过是用语言表达出来的知识分子的情感,但这可以说是我们的第三个胜利,是我们在法帝国主义内部取得的胜利。知识分子这一番可怜的和模棱两可的话正证明了这一点。我们从数十、数百个例子中看出,知识分子的叫嚷往往千百万倍地超过他们的力量,不过,在指示小资产阶级倾向和彻头彻尾资产阶级舆论倾向方面,他们倒是一个出色的晴雨表。我们在法国内部(法国所有资产阶级报纸除了谣言之外,不刊登有关我国的消息)竟获得了这样的成绩,我们可以说,法国仿佛发生了第二次德雷福斯案件[149],只是规模要大得多。当资产阶级知识分子反对教权派和军事反动势力时,工人阶级并不能把那看做是自己的事情,因为当时还没有现在这种客观条件和强烈的革命情绪。现在呢?在最疯狂的反动势力在选举中获胜之后不久,并在建立了对付布尔什维克的制度以后,由于最反动的法国和最反动的德国结成同盟,想饿死俄国工人和农民,法国资产阶级知识分子表示感到羞愧了。同志们,我们可以说，这是第三个胜利，而且是最大的胜利。我很想看看，在国内这种情况下，克列孟梭、劳合-乔治和威尔逊这些先生怎样实现他们所梦想的侵犯我国的新计划。先生们，请你们试试看吧！（鼓掌）

同志们，我再说一遍，如果由此非常草率地作出结论，那就大错而特错了。毫无疑问，他们会重新进行各种阴谋活动。但是我们完全相信，不管他们花多大的力气，他们的图谋总是要失败的。我们可以说，我们蒙受无限牺牲所进行的国内战争是胜利的战争。这不仅是俄国的胜利，而且是有世界历史意义的胜利。我向你们所说的每一个结论，都是根据战局的结果作的。所以，我再说一遍，新的图谋是注定要失败的，因为他们比以前要弱得多，而我们却大大地加强了，我们战胜了高尔察克、尤登尼奇，现在正开始战胜邓尼金，而且显然会彻底战胜邓尼金。难道高尔察克没有得到称霸全世界的协约国的援助吗？难道在立宪会议选举时投布尔什维克票最少的乌拉尔和西伯利亚农民没有一贯支持当时的孟什维克和社会革命党的立宪会议阵线吗？难道他们不是反对共产党的最好人力吗？西伯利亚没有地主土地占有制，因而我们不能立刻像帮助全体俄国农民那样帮助那里的农民群众，难道不是这样吗？高尔察克要战胜我们还缺少什么呢？缺少一切帝国主义者所缺少的东西。他仍是一个剥削者，他必须在世界战争遗留下来的环境中活动。在这种环境中，只可能有两种专政，民主和自由只能是空谈。或者是剥削者专政，它拼命维护剥削者的特权，要各国人民按借据（剥削者想靠这些借据从各国人民身上搜刮数十亿的金钱）交纳贡款；或者是工人专政，它同资本家政权作斗争，要坚决维护劳动者的政权。高尔察克就因为这一点而垮台了。西伯利亚农民和乌拉尔农民正是用这种方式，不是通过投票（当然，在某种情况下，投票方式是不坏的）而是用行动决定了自己的命运。1918年夏天，他们不满意布尔什维克。他们看到布尔什维克不让他们以黑市价格出卖余粮，就跑到高尔察克那边去了。现在经过观察和比较，他们得出了另一个结论。他们是违反了别人教给他们的科学而了解到这一点的，因为他们从亲身的体验中学到了许多社会革命党人和孟什维克所不愿意从科学中去了解的道理（鼓掌），这就是只能有两种专政：或者是选择工人专政，即帮助全体劳动者摆脱剥削者的枷锁；或者是选择剥削者专政。我们争取到了农民，我们通过空前艰难痛苦的经验证明我们这些工人阶级的代表比任何政党都善于更好地更有成效地引导农民。别的政党都喜欢责备我们，说我们在同农民作斗争，不善于同农民达成正确的协议，它们都愿意好心地无私地来效劳，帮助我们同农民和解。先生们，多谢你们了，可是我们认为你们做不到这一点。而我们呢，至少在很久以前就证明我们是能够做到这一点的。我们并没有向农民描绘美丽的图画，说没有铁的纪律，没有坚强的工人阶级政权，他们就能摆脱资本主义社会；说只要随便收集一下选票就能解决同资本作斗争这一有世界历史意义的问题。我们直截了当地说：专政这个词是残酷的、厉害的，甚至是带有血腥气的，但是，我们也说，工人专政将保证农民推翻剥削者的压迫。事实证明我们是正确的。农民在实际体验了两种专政以后，选择了工人阶级专政，并且跟它继续前进，直到完全胜利。（鼓掌）

同志们，从我刚才谈到的我们在国际方面的胜利这点可以得出一个结论——我觉得这方面不必谈得很多——就是我们应该以最大的求实精神平心静气地重申我们的和平建议。我们应该这样做，因为这种建议我们已经提过很多次了。每当我们这样做的时候，任何受过教育的人，甚至我们的敌人都认为我们占了优势，而且这些受过教育的人都羞得脸红。布利特到这里来的时候就是这样。契切林同志接见了他。契切林同志和我都同他举行了会谈，并在几小时内签订了预备和约。他要我们相信（这班先生是喜欢吹嘘的），美国就是一切，有了美国的实力，谁还把法国放在眼里呢？我们签订了和约之后，法国的部长和英国的大臣作了这样一个姿势。（列宁用腿作了一个富有表现力的姿势。笑声）布利特结果带回了一纸空文，有人对他说："谁会想到你这样天真、这样愚蠢，竟相信了英法的民主制度！"（鼓掌）我在这一份报上看到了我们同布利特拟定的和约的法文全文[150]。这个条约在英美所有的报纸上都登载了。结果，他们在全世界面前表明，他们不是骗子就是小孩子——让他们自己去选择吧！（鼓掌）现在甚至小市民，甚至受过一点教育的资产阶级（他们记得他们也同本国的沙皇或国王斗争过），都同情我们了，因为我们以实事求是的精神签字同意了极苛刻的媾和条件。我们说："我国工人和士兵的血对我们是太宝贵了；我们可以向你们这些商人交纳沉重的贡款来换取和平；我们这样做只是为了保全工人和农民的生命。"因此，我想我们不必多谈了，最后我将宣读一项决议草案，它将以苏维埃代表大会的名义来表达我们执行和平政策的坚定愿望。（鼓掌）

现在，我想从报告的国际部分和军事部分转到政治部分。

我们对协约国取得了三大胜利，而且这决不单单是军事上的胜利。这是工人阶级专政所取得的胜利。每一次这样的胜利都巩固了我们的地位，这不仅由于我们削弱了敌人的力量并使他们失去了军队，还由于全人类的劳动者甚至许多资产阶级分子都更加看重我们，因而我们的国际地位就巩固了。我们对高尔察克、尤登尼奇的胜利和目前正取得的对邓尼金的胜利，将使我们能够继续用和平的方法赢得比目前无疑要广泛得多的同情。

人们老是责备我们实行恐怖主义。这是报刊上惯用的责难。它们说我们把恐怖主义定为原则。我们回答说："连你们自己也不相信这种诬蔑。"还是那位写信给《人道报》的历史学家奥拉尔说道："我学过历史，也教过历史。当我读到布尔什维克都是妖魔鬼怪的时候，我不禁要说，有人也这样说过罗伯斯比尔和丹东。我这样说决不是要拿现在的俄国人同这两位伟人相比。决不是这样。他们没有丝毫相似之处。但是作为一个历史学家，我认为决不能一听到谣传就相信。"既然一个资产阶级历史学家都这么说，那么我们可以看出，还在流传的关于我们的那些谣言就要消散了。我们说，我们是被迫采取恐怖手段的。人们忘记了，恐怖主义是由称霸全世界的协约国的进攻引起的。世界各国的舰队封锁一个饥馑的国家，难道这不是恐怖手段？外国代表利用所谓外交豁免权去组织白卫分子暴动，难道这不是恐怖手段？观察事物总应该冷静些才是。应该了解，国际帝国主义为了镇压革命，已经孤注一掷，不择手段，它扬言："用一个军官换一个共产党员，我们也合算！"他们说得对。如果我们试图一味用讲理说服的办法或别的什么办法来影响国际强盗所建立的在战争中已经兽性化了的军队，唯独不用恐怖手段，那我们连两个月都支持不了，那我们都是傻瓜了。是协约国的恐怖主义，是称霸全世界的资本主义的恐怖手段强迫我们采取恐怖手段的，是它们一直想扼杀和饿死我国的工人和农民，因为工人和农民为争取本国的自由进行斗争。在同恐怖手段的这种渊源和起因作斗争时，随着我们取得的每一步胜利，我们必然会在我们管理工作中逐渐舍弃这种说服和影响的办法。

我们在恐怖主义问题上所说的，也能用来说明我们对一切动摇分子的态度。有人责备我们给中间分子，给资产阶级知识分子造成了非常困难的处境。我们说，帝国主义战争是帝国主义政治的继续，因此，它引起了革命。在帝国主义战争期间，大家都感觉到，这场战争是资产阶级为了掠夺的目的而进行的，人民在这场战争中大批死亡，而资产阶级却大发横财。这是各国资产阶级全部政治的基调，这使资产阶级趋向毁灭，趋向彻底的灭亡。而我们的战争是革命政治的继续。每一个工人和农民都了解（即使不了解，也都本能地感觉到和看到），这是一场抵御剥削者的战争，这场战争使工人和农民蒙受最大的牺牲，但是它也一定会把这些牺牲加在其他阶级的身上。我们知道，这对其他阶级说来要比工人农民更沉重，因为他们过去都是特权阶级。但是，我们说，一个政府要使千百万劳动者摆脱剥削，却又不肯把牺牲加在其他阶级身上，那它就不是社会主义政府，而是叛徒政府。如果说我们把重担放在中间阶级身上，那只是因为协约国各国政府使我们陷于空前艰难的境地。随着我们取得的每一步胜利，有愈来愈多的动摇分子（经过了种种动摇和无数次倒退的尝试之后）相信，除了劳动者专政和剥削者政权以外，的确没有其他选择的余地，这一点从我们革命的经验中可以看出来，不过我不能详加论述。如果说这些动摇分子有一段时间处境困难，这不能怪布尔什维克政权，只能怪白卫分子，怪协约国。等到战胜了白卫分子和协约国，就会有真正可靠的条件来改善这些阶级的处境。同志们，这方面，在谈到国内政治的经验教训之前，我想简短地谈谈战争的意义。

我们的战争是革命政治的继续，是推翻剥削者——资本家和地主这一政治的继续。因此，我们的战争虽然异常艰苦，却使我们博得了工人农民的同情。战争不仅是政治的继续，而且是政治的集中，是在这场地主资本家依靠称霸全世界的协约国而强加给我们的空前艰苦的战争中学习政治。在这场战火中，工人农民学到了很多东西。工人们学会了怎样利用国家权力，怎样把每一个步骤变成宣传和教育的资料，怎样把农民占多数的红军变成教育农民的工具，怎样把红军变成利用资产阶级专家的工具。我们知道，这些资产阶级专家绝大多数都反对我们（而且也一定会是绝大多数反对我们），因为这是他们的阶级本性，这一点我们不会有丝毫怀疑。这些专家成百成千地叛变了，然而有成万成万的专家却愈来愈忠诚地替我们办事了。这是因为在斗争的进程中，他们倒向我们这一边；这是因为促使我们红军创造出奇迹的革命热情渊源于我们为工农服务，满足工农的利益。工农群众知道他们为什么要进行斗争，因而能齐心协力地行动。这种形势产生了作用，因此从另一阵营跑到我们这边来的人（有时是不自觉地跑来的），愈来愈多地变为我们自觉的拥护者了。

同志们，现在摆在我们面前的任务，是要把我们在军事工作方面获得的经验运用到和平建设方面去。我们所以这样欢欣鼓舞，这样热烈地祝贺全俄苏维埃第七次代表大会，不是由于别的原因，正是由于这次大会是苏维埃俄国历史上的转折点，在此以前主要是我们所进行的国内战争的时期，在此以后主要是我们大家所向往追求的、愿意为它献出一切力量和整个生命的和平建设的时期。我们经受了战争的严酷考验，现在我们可以说，在军事和国际方面，我们基本上已取得了胜利。现在展现在我们面前的是一条和平建设的大道。当然，应该记住，敌人正在窥伺我们的一举一动，还会不断企图利用他们能够利用的一切办法，如使用暴力、欺骗、收买、施展阴谋等等来推翻我们。我们的任务是用军事方面获得的全部经验来解决和平建设的基本问题。现在我把这些主要问题列举如下。首先是**粮食问题**，即**谷物问题**。

我们同偏见和旧习惯已经进行了极艰苦的斗争。农民一方面是劳动者，他多年来经受了地主资本家的压迫，凭着被压迫者的本能，知道这批野兽为了恢复自己的政权，是不惜让人民血流成河的。但是另一方面，农民又是私有者。他希望自由出卖粮食，要求"贸易自由"，他不懂得，在一个挨饿的国家里，粮食买卖自由就是投机自由，就是富人发财自由。我们说，我们决不这样做，我们宁死也不让步。

我们知道，这方面我们执行的政策，是工人说服农民贷出粮食，因为纸币不是等价物，与粮食不等价。农民按固定价格出卖粮食给我们，他拿不到商品——因为我们没有商品——而只拿到一些花花绿绿的票子。他贷粮食给我们，我们说："你既然是劳动者，那怎么能说这不公平呢？你怎么能不同意把现有的余粮按固定价格出借，而不用投机办法销售呢？因为投机就是恢复资本主义，恢复剥削，恢复我们所努力反对的一切。"这是一个巨大的困难。我们曾经很费踌躇。我们已经走了好多步，现在还在摸索前进，但我们已经获得了基本经验。国家对农民说，他们应该把粮食贷出来。你们听了瞿鲁巴同志或其他粮食工作人员的报告后就会看到，农民已逐渐习惯于余粮收集制了；我们接到许多乡的报告，余粮收集工作完成了100%，成就虽然很小，但总算有了成就；我们的粮食政策使农民愈来愈明白，谁在一个民穷财尽的国家里要求粮食买卖自由，那就请他退回去尝尝高尔察克和邓尼金的滋味吧！我们要同这种现象斗争到最后一滴血。这方面不能有丝毫让步。在粮食这一基本问题上，我们要竭尽一切力量消灭投机，不让有钱人靠贩卖粮食发财致富，要使劳动者在国有土地上靠世世代代的辛勤劳作所得的全部余粮都成为国家的财富，要农民在国家遭到破坏的今天把这些余粮贷给工人国家。如果农民能这样做，我们就能摆脱一切困难，恢复工业，工人就能百倍地偿还欠农民的债务，保证农民及其子女不替地主资本家干活也能生存下去。我们把这些告诉农民，农民现在也相信没有其他的选择。在这方面与其说是我们说服了农民，不如说是我们的敌人高尔察克和邓尼金这班先生说服了他们。他们给农民的实际生活教训最多，使农民都跑到我们这一边来了。

同志们，在粮食问题之后就是第二个**问题——燃料问题**。现在，各地所收购到的粮食已足够彼得格勒、莫斯科挨饿的工人吃了。可是，你们如果到莫斯科的工人居住区去走一趟，你们就会看到，那里苦难重重，冷得可怕，而燃料的缺乏更加深了这种苦难。这方面我们正遭遇到极严重的危机，赶不上需要。最近国防委员会和人民委员会开了许多次会议，专门讨论摆脱燃料危机的办法[151]。克桑德罗夫同志为我的讲话提供了一份材料，说明我们已经开始摆脱这一严重危机了。10 月初，一周约装运 16 000 车皮的燃料，到 10 月底却下降为一周装运 10 000 车皮。这是一次危机，这是一次大灾难，这给莫斯科、彼得格勒以及许多其他地方的许多工厂的工人造成饥荒。这次灾难的恶果一直影响到现在。此后，我们抓紧了这项工作，拿出了一切力量，像对待军事工作那样来做这件事情。我们说：任何有觉悟的人决不能用资本主义旧方法来解决燃料问题，让投机者得到奖赏，靠某些订货发财。不，不能这样。我们说，要用社会主义的方法，用自我牺牲的方法来解决这一问题，要用我们拯救红色彼得格勒、解放西伯利亚的方法，要用过去在一切困难的时刻解决一切艰巨的革命任务时使我们取得胜利、并将使我们永远取得胜利的方法来解决这一问题。在 10 月份最后一周，装运量已由 12 000 车皮增加到 20 000 车皮。我们正在摆脱这次灾难，但还远没有摆脱。必须让全体工人都了解、都记住，人没有粮食，工业没有粮食——燃料，国家就要遭难。不仅我国如此。今天报上说，法国这个战胜国的铁路交通停顿了。何况是俄国呢？法国将依靠资本主义方式，即资本家发财而群众继续受苦的方式来摆脱危机。而苏维埃俄国则是依靠工人的纪律和自我牺牲精神，依靠坚决向农民提要求的方式（农民最后总会理解这一点）摆脱危机。农民会体验到，不论这种过渡多么困难，不论工人政权的手多么强硬，但这终究是劳动者的手，劳动者正为了劳动群众的联盟，为了彻底消灭一切剥削进行斗争。

降临到我们头上的还有第三种灾难，这就是吞噬着我们大批军队的**虱子，斑疹伤寒**。同志们，你们在这里想象不出斑疹伤寒流行地区的惨状，那里的居民没有物质资料，个个虚弱无力，一切生活和社会活动都停止了。因此我们说："同志们，把全部注意力集中在这个问题上。**或者是虱子战胜社会主义，或者是社会主义战胜虱子！**"同志们，在这一问题上，我们也采用了上述方法，已经开始收到效果。当然，还有一些医生，对工人政权抱有成见，不信任工人政权，他们愿意拿有钱人的诊金，不愿意去同斑疹伤寒作艰苦的斗争。但是这种人只占少数，这种人愈来愈少了，大多数医生都看到人民正在为生存而斗争，人民希望用斗争来解决拯救一切文明的基本问题。这些医生在这一艰难困苦的事业中所表现出来的忘我精神，并不亚于任何军事专家。他们愿意献出自己的力量为劳动人民工作。应当指出，我们也在开始摆脱这一危机。谢马什柯同志给了我一份有关这项工作的调查材料。据前线消息，到9月30日为止，已经有122名医生和467名医助到达前线。从莫斯科出发的医生已有150名。我们可以预料，在12月15日以前还会有800名医生上前线去协助扑灭斑疹伤寒。我们应该十分重视这次灾难。

我们应该把主要注意力放在巩固我们的基础上，即解决粮食、燃料和扑灭斑疹伤寒的问题。同志们，这方面我特别想谈的一点，就是我们社会主义建设中存在着某些紊乱现象。这是可以理解的。人们要改造整个世界，很自然地会吸引没有经验的工人和农民来参加这一工作。毫无疑问，只有经过很长的时间以后，我们才能正确地肯定，什么问题是我们应该首先注意的。这样伟大的历史任务往往会产生伟大的幻想，随着伟大幻想的产生，又会出现一些渺小的不好的幻想，这都是不足为奇的。常有这样的情况，我们盖房子从屋顶、厢房或飞檐盖起，对于基础却没有认真地注意。根据我的经验和对工作的观察，我认为我们政策中迫切的任务是要把这个基础打好。必须使每个工人、每个组织、每个机关在每次会议上都谈这个问题。如果我们能够供应粮食，能够增加燃料，能够拿出一切力量来彻底消灭俄国不文明、贫困和愚昧无知的恶果——斑疹伤寒，能够把全部力量，把流血战争中获得的全部经验运用到这场不流血的战争中去，那么我们可以相信，在这项比战争总要省力得多、人道得多的事业中，我们一定能够取得愈来愈大的成就。

军事动员我们已经实现了。同我们势不两立、始终维护资本主义思想的政党，如社会革命党，也不顾资产阶级帝国主义者对我们的一切责难，而承认红军是人民的军队了。这就是说，我们在这最困难的事业中已经使工人阶级同转到工人阶级方面来的广大农民群众联合起来，并且以此向农民表明，什么叫做工人阶级的领导。

“无产阶级专政”这几个字把农民吓跑了。在俄国，这是恐吓农民的稻草人。他们转过身来反对使用这种稻草人的人。现在农民知道，无产阶级专政也许是一个十分深奥的拉丁词，但实际上这就是让工人掌握国家机关的苏维埃政权。因此，这是劳动者最忠实的朋友和同盟者，是一切剥削的最无情的敌人。这就是我们终于战胜一切帝国主义者的原因。我们拥有深厚的力量源泉和广大的人力后备，这是任何资产阶级政府所没有也不会有的。我们可以愈益深入地从这样的源泉中吸收力量，吸收的对象不仅从先进工人转到中间工人方面，而且转到更下层，即转到贫苦的劳动农民方面。最近，彼得格勒的同志们说，彼得格勒已贡献出所有的工作人员，再也不能贡献什么人了。季诺维也夫同志说得很对，彼得格勒一到危急关头就成为确实产生出新的力量的奇妙城市。没有管理国家经验和政治经验的工人，过去人们以为他们不如中间分子，现在他们都挺身而起，为宣传鼓动和组织工作贡献出很大的力量，不断地创造出新的奇迹。这种不断创造出新奇迹的源泉我们还有很多很多。每一个新的阶层，即那些还没有被吸收参加工作的工人和农民都是我们最忠实的朋友和同盟者。我们现在几乎常常要依靠为数极少的先进工人来管理国家。我们在党的工作和苏维埃的实际工作中，应该一次又一次地求助于非党人士，应该更大胆地求助于非党的工人和农民，目的不是为了立刻把他们拉到我们这边来，吸收他们入党（这对我们并不重要），而是为了使他们认识到，要挽救我们国家，必须有他们的帮助。只有我们使那些过去被地主资本家禁止参加国家管理的人们认识到我们在号召他们同我们一道建设社会主义共和国的稳固基础，我们的事业才能成为真正不可战胜的事业。

所以，根据两年来的经验，我们可以绝对有把握地告诉你们，我们在军事上的每一次胜利，都将促使和平建设时期飞速接近，现在这一时期已离我们不远，到了那时，我们就可以用全部力量来进行和平建设了。根据我们已经取得的经验，我们可以保证说，在和平建设事业中我们在最初几年就会创造出奇迹，这些奇迹将要比我们两年来胜利地同称霸全世界的协约国作战所创造的奇迹大得多。（鼓掌）

同志们，最后请允许我向你们宣读我所拟的决议草案：

“俄罗斯社会主义联邦苏维埃共和国希望同各国人民和平相处，把自己的全部力量用来进行国内建设，以便在苏维埃制度的基础上搞好生产、运输和社会管理工作，这一工作一直受到阻挠：先是德帝国主义的压迫，后是协约国的干涉和饥饿封锁。

工农政府曾经多次向协约国列强提出媾和的建议，如：1918年8月5日外交人民委员部给美国代表普尔先生的信，1918年10月24日给威尔逊总统的信，1918年11月3日通过中立国代表给协约国各国政府的信，1918年11月7日以全俄苏维埃第六次代表大会名义发出的建议书，1918年12月23日李维诺夫在斯德哥尔摩给协约国各国代表的照会，1919年1月12日和17日的信，1919年2月4日给协约国各国政府的照会，1919年3月12日同威尔逊总统的代表布利特拟定的条约草案，以及1919年5月7日通过南森提出的声明。

全俄苏维埃第七次代表大会完全赞同全俄中央执行委员会、人民委员会和外交人民委员部采取的所有这些措施，并重申一贯要求和平的愿望，再次向英、法、美、意、日各协约国建议，与它们全体或单个地立刻开始和平谈判；并责成全俄中央执行委员会、人民委员会和外交人民委员部始终如一地继续执行和平政策，采取使这一政策获得成功的一切必要措施。”

2
关于全俄中央执行委员会和人民委员会的报告的总结发言

(12月6日)

(喊声:“列宁同志万岁! 乌拉!”鼓掌)同志们! 我认为马尔托夫的发言和宣言是一个极其鲜明的例证,说明过去和现在属于第二国际(我们现在为了反对第二国际已成立共产国际)的各党各派对苏维埃政权抱着怎样的态度。你们每一个人都看到,马尔托夫的发言和宣言之间有很大的差别。关于这个差别,索斯诺夫斯基同志从主席团席位上向马尔托夫提出意见,着重指出说:“你的宣言不就是去年的宣言吗?”的确,马尔托夫的发言无疑是1919年的话,这一年年底的话,而他的宣言,我们可以看出完全是重弹1918年的老调。(鼓掌)马尔托夫在回答索斯诺夫斯基的意见时,竟说这项宣言是“万古不变”的,那我倒要在这里替孟什维克辩解几句,以免马尔托夫冤枉了他们。(鼓掌,笑声)同志们,因为我对孟什维克活动的发展及其前后经过观察得也许比任何别的人都多一些,仔细一些,——这当然不是什么愉快的事。根据15年来的观察,我可以断言,这项宣言不但不能“万古不变”,而且连一年也保不住(鼓掌),因为孟什维克的全部发展,特别是俄国革命史上现在已经开始的这一伟大时代,向我们表明,他们的摇摆是非常厉害的。总的说来，他们是在违背自己的意愿，非常费力地抛弃资产阶级和资产阶级偏见的。他们多次固执己见，现在才开始向无产阶级专政靠拢（虽然是很慢的，但终究是开始靠拢了），我完全相信，一年以后他们还会前进几步的。不能再重复这种宣言了，因为你只要剥去它那一层民主空话和议会辞藻（这些东西能使议会中反对派的任何领袖获得声望）的外壳，抛弃那些很多人所喜欢、但我们感到枯燥无味的词句，抓住问题的真正实质，那就会看到，通篇宣言的意思不过是在说：退回去，退到资产阶级民主制去！（鼓掌）因此，当我们听到声称同情我们的人发表这种宣言时，我们就说：不，恐怖手段和肃反委员会[152]都是绝对必要的。（鼓掌）

同志们，为了现在不让你们责备我，也为了不让其他人来责备我，说我故意挑剔这份宣言，我可以根据政治事实断定，现在右派孟什维克和右派社会革命党人都会双手赞成这份宣言。我这样说是有根据的。右派社会革命党今年举行党务会议（立宪会议委员会主席沃尔斯基——你们都听到过他在台上的讲话——及其一派人被迫同右派社会革命党人分裂），会议决定他们愿意和社会革命党人引为知己的孟什维克党合并。为什么呢？因为孟什维克的宣言是完全依据右派社会革命党人的原则写成的，他们支持孟什维克，赞成发表宣言，赞成孟什维克刊物中的言论。（崩得[153]的一位女代表说这些似乎是纯粹理论性的东西，我们不该不准刊印，并且埋怨说，我们这里没有充分的出版自由。）同时，沃尔斯基派经过长期斗争以后，却不得不分裂出来。这一混乱状态清楚地表明，不是我们故意挑剔孟什维克，而是事实的真相就如此，社会革命党少数派给我们证明了这一点。这里有人提起孟什维克罗扎诺夫，他大概会被马尔托夫及其政党开除吧，但是这个宣言是社会革命党人和孟什维克都会赞同的。

以上说明，他们至今还有两个不同的派别，一派人后悔莫及，痛哭流涕，希望在理论上退到民主主义去；另一派人则在采取行动。马尔托夫妄谈什么我在为恐怖主义辩护。单是这一句话就说明小资产阶级民主派的观点离我们是多么远，而同第二国际是多么近。其实这里丝毫没有社会主义的气息，而是恰恰相反。社会主义来到了，人们却又向我们宣传资产阶级的旧观点。我没有替自己辩护，我只是说有一个由战争所造成的特别的党，即军官的党，这些军官在帝国主义战争中指挥作战，在这次战争中被提拔起来，他们懂得什么是实际的政治。有人对我们说："你们的肃反委员会应当撤销或者应当组织得好一些。"同志们，我们回答说，我们并不妄自尊大，说我们所做的一切都是最好的，我们准备而且乐意不抱一点成见地进行学习。但是，当那些在立宪会议里待过的人也想来教我们怎样抵御地主白卫分子的子弟和军官的时候，我们就回答他们说：你们执过政，同克伦斯基一起反对过科尔尼洛夫，而且还同高尔察克勾结过，可是你们像小孩子一样，没有任何抵抗就被这些白卫分子赶了出来。现在，你们竟然还说我们的肃反委员会组织得不好！（鼓掌）不，我们的肃反委员会组织得非常好。（鼓掌）在今天的德国，阴谋家先生们正在愚弄工人，以元帅为首的军官们正在高喊"打倒柏林政府！"，杀害共产党领袖的人逍遥法外，白卫分子把第二国际的领袖当小孩子一样指使，这一切使我们清楚地看出，这个妥协政府不过是阴谋家集团手中的玩物罢了。在我们吸取了这样的经验，刚刚走上大路的时候，这些人就对我们说："你们采取了过火的恐怖手段。"我们破获彼得格勒的阴谋案件[154]才过去几个星期呢？尤登尼奇打到彼得格勒城下和邓尼金打到奥廖尔附近的事才过去几个星期呢？这些动摇的党派和动摇的民主派分子对我们说：“尤登尼奇和高尔察克被打败了，我们很高兴。”我愿意相信他们是很高兴，因为他们知道尤登尼奇和高尔察克对他们有什么样的威胁。（鼓掌）我并不怀疑这些人的真诚。不过我要问问他们：在苏维埃政权处境困难的时候，在资产阶级分子组织阴谋的时候，我们在紧要关头破获了这些阴谋，难道这完全是偶然破获的吗？不，不是偶然的。阴谋所以被破获，是因为阴谋分子要生活在群众当中，因为搞阴谋非有工人和农民不可，这样，最后总会有一些人跑到所谓组织得不好的肃反委员会去说：“某某地方有剥削者在集会。”（鼓掌）所以我说，在致命的危险才过去不久，有目共睹的阴谋正摆在我们的眼前的时候，有人竟跑来对我们说，我们不遵守宪法，肃反委员会组织得很糟，可见这些人在对白卫分子进行的斗争中没有学到政治，没有好好考虑过他们同克伦斯基、尤登尼奇、高尔察克打交道的经验，不会从中得出一点实际的结论。先生们，你们既然开始了解到高尔察克和邓尼金是一种严重的威胁，应当选择苏维埃政权，那你们就该趁早收起马尔托夫的“万古不变”的宣言。（笑声）我们的宪法吸收了建立政权两年以来的全部经验，正如我发言中所说的，没有这一经验，我们不但支持不了两年，就连两个月也不能，这一点这里甚至没有人试图反驳。任何一个人，只要他愿意对苏维埃政权稍微抱着客观的态度，就请他来反驳反驳吧，即使他不是从一个希望向工人群众说话、和他们一起行动并能影响他们的政治家的角度来看问题，那也无妨，只要能从历史学家的角度来看问题就行。

有人对我们说，苏维埃很少开会，又不经常改选。我觉得对这种指责不应该用讲话和决议来回答，而应该用事实来回答。目前苏维埃政权已着手统计地方县市苏维埃改选次数和苏维埃代表大会召开次数等等，我认为你们只要把这件工作做好，那就是一个最好的回答。我们内务人民委员部副人民委员弗拉基米尔斯基同志发表了一份有关这些代表大会的历史资料[155]。我看了以后曾这样说过：这份历史资料证明，在文明民族的历史上还没有一个国家像我们俄国这样广泛运用无产阶级民主。有人说，我们苏维埃很少改选，不经常召开代表大会。我可以请每个代表要求有关机关在这次大会上发一次补充的调查表，让每个代表填写：何年、何月、何日，在哪一县、哪一市、哪一村召开了苏维埃代表大会。如果你们完成了这件轻易的工作，每个人都填写了调查表，那就会得出一份材料，来充实我们不完全的资料，证明在战时这样困难的时期，在欧洲各国几百年来制定的并已为西欧人所习惯的宪法几乎完全停止生效的时候，苏维埃宪法却在各地施行，使人民群众通过代表大会、苏维埃和代表改选等方式参加管理工作和独立解决管理事务，其范围之广，为世界各国任何地方所不及。有人说这还不够，他们指摘我们，并且武断地说："你们中央执行委员会不经常开会，这真是可怕的罪行。"关于这一点，托洛茨基同志对一位崩得的女代表答复得很好，他说，我们中央执行委员会在前线。现在崩得是拥护苏维埃政纲的，因此可以设想它终于真正了解了苏维埃政权的基础。可是这位崩得女代表却说(我记下了她的话)："中央执行委员会在前线，这真是笑话。它可以派别人去呀。"

我们同高尔察克、邓尼金等人进行斗争，——他们并不是那么几个人！结果俄国军队像赶小孩似地把他们赶跑了。我们进行着困难的然而是胜利的战争。你们知道，每当我们受到侵犯的时候，都不得不把中央执行委员会的全体委员送上前线，可有人却对我们说:“这真是笑话,应当找别人去。”难道我们是超时间超空间地进行活动吗?还是我们能够一星期生几个共产党员呢?(鼓掌)这我们办不到。同志们,我们这里受过几年斗争锻炼的、取得了经验、能担任领导工作的工人,比任何国家都少。我们必须采取各种措施培养工人青年、工人学员,但这需要几个月、甚至几年的时间。当这种工作在极端困难的条件下进行的时候,有人就来嘲笑我们。这种嘲笑只证明他们完全不了解这些条件!在这样的战争条件下,有人硬要我们不采取我们一向所采取的行动,这真是知识分子可笑的不通事理的表现。我们应当尽最大的努力,因此我们应当把所有优秀的工作人员,把中央执行委员会和各级执行委员会的委员都派上前线。我相信凡是有一点实际管理经验的人,都不但不会斥责我们,反而会赞成我们,因为我们尽了最大的努力,把各级执行委员会的所属机关缩减到了最小限度,在战争的压力之下把这些机构压缩成一个执行委员会,使工作人员都奔赴前线,正像他们现在成百成千地投入燃料工作一样。这是苏维埃共和国生存所不可缺少的基础。如果能够保住这个基础,即使苏维埃在几个月内少开几次会,那也决不会有一个明智的工人或农民不了解这样做的必要性或不赞成这样做。

我认为,在民主和民主制度的问题上,人们给我们搬出来的仍旧完全是资产阶级民主制的偏见。反对党有人在这里说,应当停止镇压资产阶级。还是考虑考虑你说的话吧。什么叫做镇压资产阶级?要镇压和消灭地主,只须消灭地主土地占有制,把土地分给农民就行了。但是能用消灭大资本的办法来镇压和消灭资产阶级吗?任何一个学过一点马克思主义起码常识的人都知道这样镇压资产阶级是不行的,资产阶级产生于商品生产;在商品生产的条件下,一个农民家里有几百普特的余粮,不肯贷给工人国家救济挨饿的工人，而要拿去做投机生意，——这是什么呢？这不是资产阶级吗？资产阶级不是从这里产生的吗？在这个粮食问题上，在俄国整个工业区挨饿的问题上，我们是否得到那些责备我们不遵守宪法、责备我们镇压资产阶级的人的援助呢？没有！他们是不是在这方面帮助我们呢？他们只是用“工农协议”一词来打掩护。工农协议当然是需要的。我们已经表明，我们是这样做的，1917 年 10 月 26 日我们采纳了社会革命党纲领中关于支持农民的那一部分，并且完全把它实现了。我们当时拿这一点来说明，受过地主剥削、靠自己劳动过活而不进行投机的农民会把中央政权派来的工人看做是他们忠实的保卫者。我们就这样同农民达成了协议。我们实施的粮食政策，要求农民把家中的余粮贷给国家来接济工人，违抗这种政策就是支持投机。这种违抗政策的现象在习惯于仿效资产阶级生活方式的小资产阶级群众中仍然存在着。可怕的地方就在这里，社会革命的危险也就在这里！孟什维克和社会革命党人（即使是最左的）在这方面是否帮助过我们呢？没有，从来没有！我们为了“自由的原则”似乎必须准许他们出版的那些刊物（我们有这种刊物的样本）表明，他们没有一句话是帮助我们的，更不必说行动了。在没有彻底战胜旧习惯，战胜“人人为自己，上帝为大家”这一句可诅咒的老话以前，我们唯一的出路就是征收余粮，把余粮贷给挨饿的工人。我们知道，要做到这一点非常困难。在这方面用暴力是什么也做不成的。但是，说我们是工人阶级中的少数，这就很滑稽，只会使人感到可笑。这种话可以在巴黎讲，不过现在在巴黎的工人集会上也不让讲这种话了。在我们的国家里，政府被极其容易地推翻了，工人和农民用枪杆保卫自己的利益，把枪杆当做实现自己意志的武器；在这样的国家里，还说我们是工人阶级中的少数，实在可笑。如果这种言论出自克列孟梭、劳合-乔治、威尔逊之口，那我是能够理解的。看，这是谁的言论，谁的思想！威尔逊、克列孟梭、劳合-乔治这帮最可恶的帝国主义强盗和野兽所发表的言论，马尔托夫竟在这里代表俄国社会民主工党加以重复(笑声)，所以我自己对自己说，应当时刻警惕，并且应当知道肃反委员会是很必要的！(鼓掌)

反对派的所有发言人，包括崩得代表在内，都责备我们不遵守宪法。我肯定地说，我们是极其严格地遵守宪法的。(包厢里有人发出叹声："嗬！")从过去是沙皇的包厢、今天是反对派的包厢里(笑声)我听到有人发出讽刺的"嗬！"声，但我还是要来证明这一点。(鼓掌)现在我把我们极其严格遵守的那条宪法条文向你们念一念，它能证明我们在一切行动中都是遵守宪法的。过去，当我在有孟什维克和社会革命党人的拥护者出席的大会上谈到宪法时，往往很难找到宪法原文来引证。不过，会场的墙上倒多半都张挂着宪法。这次，会场里没有张挂，但彼得罗夫斯基同志帮了我的忙，给了我一本名叫《俄罗斯社会主义联邦苏维埃共和国宪法》的小册子。我把第23条念一念："俄罗斯社会主义联邦苏维埃共和国为了整个工人阶级的利益，对利用权利来危害社会主义革命利益的个人和集团，得剥夺其一切权利。"

同志们，我再说一遍，我们向来不把我们的工作和我们的宪法看做尽善尽美的典范。这次大会提出了修改宪法的问题。我们同意修改，让我们来审议如何修改吧！但是我们并不会把这种修改"万古不变地"固定下来。如果你们想争论，那就彻底地争论争论吧！你们要我们遵守宪法，但你们愿不愿意我们也遵守第23条呢？(鼓掌)如果你们不愿意，那我们来争论一下，看是否应该取消这一条要我们不向人民空谈劳动人民一般自由、一般平等的宪法。

你们对宪法研究得透彻，可是你们是按照资产阶级的旧教科书研究的。你们记起了“自由和民主”的字眼，引证宪法，记起了从前的话，向人民许下种种诺言，但目的是为了不履行这些诺言。我们没有许下这种诺言，我们不主张工人和农民平等。你们却主张，那就请你们来争辩争辩吧！凡是过去受过地主资本家剥削、现在耕种从地主那里没收来的土地养家的农民，我们主张同他们完全平等友好，结成兄弟般的联盟。凡是那些由于旧习太深、愚昧无知、自私自利而要退到资产阶级方面去的农民，我们就不给他们平等。你们是笼统地谈劳动人民的自由平等，谈民主，谈工人和农民的平等。我们并没有许诺宪法保障一般的自由和平等。要自由，但是是给哪一个阶级的自由呢？做什么用的自由呢？要平等，是谁同谁平等？是受了资产阶级几十年几百年的剥削，今天正在同资产阶级作斗争的劳动者的平等吗？这在宪法里已经有了规定：工人和贫苦农民实行专政，以镇压资产阶级。你们在谈宪法的时候，为什么不引证“以镇压资产阶级、镇压投机者”这些话呢？请举出一个国家作为例子，举出你们完美的孟什维克宪法作为例子来给我们看看！在建立过孟什维克政权的萨马拉的历史中，你们也许能找到这种例子吧？在目前由孟什维克执政的格鲁吉亚，在不用肃反委员会而采用完全自由平等和彻底民主的原则镇压资产阶级即镇压投机者的格鲁吉亚，你们也许能找到这种例子吧？请举出这样的例子来，我们好学习学习。可是你们举不出来，因为你们也知道，任何地方，只要有孟什维克或半孟什维克的妥协政权，那里就有疯狂的、肆无忌惮的投机活动。托洛茨基同志在发言中很正确地讲到了维也纳，那里参加政府的是弗里德里希·阿德勒之流的人物，那里没有“布尔什维主义灾祸”，但是同彼得格勒、莫斯科一样，那里也在挨饿，受苦，不过那里没有意识到，维也纳工人是要用饥饿的代价开辟一条战胜资产阶级的大道。维也纳挨饿受苦比彼得格勒、莫斯科更加厉害，而且奥地利和维也纳的资产阶级在维也纳的街头，在维也纳的涅瓦大街和库兹涅茨克桥上正在搞骇人听闻的投机和掠夺勾当。你们不遵守宪法，我们是遵守的，因为我们只承认帮助无产阶级战胜资产阶级的人才有自由平等。我们的第23条说明，我们不把过渡时期描绘成人间天堂。我们说，我们需要坚持好几年而不是几个月，才能结束过渡时期。两年以后，我们才能说，而且那时人们大概才会相信：我们所以能够坚持几年之久，正是因为我们在宪法里规定了要剥夺某些人和某些集团的权利。我们剥夺谁的权利，这一点我们并不讳言，我们公开说我们是剥夺孟什维克和右派社会革命党人的权利。第二国际的活动家为此斥责我们，但我们直率地对孟什维克和社会革命党人说，我们什么都愿意做，但是他们必须帮助我们实施劳动人民的政策，反对投机者，反对支持粮食投机的人和帮助资产阶级的人。我们将根据你们的实际行动来取消从前依照宪法对你们所采取的措施，可是在那之前，你们那些毫无内容的言论，都不过是支吾搪塞。我们的宪法不讲漂亮话，它对农民说：你既然是劳动的农民，你就有一切权利，但是在工人挨饿的社会里，在同资产阶级作斗争的社会里，不可能人人都有同等的权利。它对工人说：要同帮助我们反对资产阶级的农民实行平等，而决不是笼笼统统的平等！这是一场艰苦的斗争。任何人，只要他愿意帮助我们，不管他的过去如何，不管他的称号如何，我们都非常高兴地欢迎他。我们知道，从其他党派或非党人士中走到我们这边来的这种人已愈来愈多，这就是我们胜利的保证。（热烈鼓掌，高喊："好啊！"）

3
在组织小组上的讲话[156]

（12月8日）

同志们！我收到代表们递来的几张条子，要我对这个问题发表意见。我本来觉得没有这个必要，在接到这些请求以前一直不想发言，因为很遗憾，我没有机会实际了解地方工作，而在人民委员会工作过程中所得到的了解自然是很不够的。此外，我是完全同意托洛茨基同志的发言的，所以，我只想谈几点小小的意见。

在人民委员会里向我们提出国营农场问题、把国营农场划归省农业局管辖的问题的时候[157]，在提出总管理局、中央管理局的问题的时候，我从来没有怀疑过，这两种机关中有不少反革命分子。但是，有人想责备国营农场，说这些机构特别带有反革命性，我却一直觉得，并且现在也认为，这种说法是离了谱，因为国营农场也好，各总管理局、中央管理局也好，什么大工业企业也好，总之，每一个管理较大国民经济部门的中央机关或地方机关，如果不解决资产阶级专家参加工作的问题，工作就做不好，并且也不可能做好。我觉得，对总管理局、中央管理局的攻击，尽管从这些机关必须仔细进行清洗的角度来看是完全有道理的，但这种攻击毕竟是错误的，因为这就把这类机关同许多类似的机关割裂开来了。从国民经济委员会的工作中就可以极其清楚地看出，在这一点上对总管理局、中央管理局、国营农场另眼看待是绝对不能容许的，因为我们的整个苏维埃工作，无论在军事部门、卫生部门或教育部门，无论过去或现在，随时随地都会碰到这一类问题。没有旧专家的帮助，我们就无法改造国家机关，培养出足够数量的精通国家管理工作的工人和农民。这是我们从全部建设中得出的主要经验。这条经验告诉我们，所有的部门，包括军事部门在内，旧专家不是从别处得来，而只能从资本主义社会得来（正因为如此，他们才叫做旧专家）。在资本主义社会里，能成为专家的只是为数很少的出身于地主资本家家庭的人，只有极少数是出身于农民家庭，而且还是富裕农民家庭。因此，只要注意到这些人成长的环境和今天活动的环境，就会了解必然会发生这样的事实：这些专家，这些有本领在广大的全国范围内进行管理工作的人，十分之九浸透着资产阶级的旧观点和旧偏见，他们即使不直接叛变（叛变并不是偶然的，而是常见的现象），即使在这种情况下他们也不能了解新的条件、新的任务和新的要求。因此在各人民委员部、在各地都出现了争吵、失利和紊乱的现象。

所以，我觉得喊叫国营农场、总管理局、中央管理局如何反动，企图把这个问题同如何使大批工农学会在广大的全国范围内进行管理工作这一总问题割裂开来，是说话离了谱。如果注意到我国的落后状态和困难条件，就知道我们培养工农的速度在世界历史上是绝对空前的。可是速度无论多快，还是满足不了我们的要求，因为我们需要有大量的工人农民能做管理工作，熟悉各种专业的管理部门，而现在连十分之一、百分之一也没有得到满足。有人对我们说，也有人在人民委员会会议上证明，国营农场往往成了稍加伪装甚至不加伪装的原先的地主分子藏身的地方，成了官僚主义的巢穴，这种现象在总管理局、中央管理局也同样屡见不鲜，——对于这些话的正确性我是从来不怀疑的。不过我已经说过，如果你们以为把国营农场划归省农业局管辖就可以根除这种祸害，那就错了。

为什么总管理局、中央管理局和国营农场中的反革命分子和官僚主义比军事部门多呢？为什么这些分子在军事部门比较少呢？因为总的说来，我们对军事部门比较重视，派去的共产党员、工人和农民比较多，那里政治部的工作也开展得比较广泛，总而言之，先进的工人和农民给予整个军事机构的影响比较广泛、深刻和经常。因此，如果说那里的祸害还没有被我们根绝，至少也快要根绝了。我认为，这一点应当特别加以注意。

现在，我们只采取了一些初步的措施，使国营农场同附近的农民和共产党小组密切联系起来，使各个部门（不仅是军事部门）都真正设置政治委员，而不只是纸上谈兵。不管是集体管理机构成员、主任助理或者政治委员，我们都必须建立个人负责制，我们既需要集体管理制来讨论一些基本问题，也需要个人负责和个人指挥来避免拖拉现象和推卸责任的现象。我们需要那些一定要学会独立管理的人。只要能做到这一点，我们就能极妥善地消灭祸害。

最后，我完全同意托洛茨基同志的这一意见：这里有人错误地想把我们的争执说成是工人同农民的争执，想把总管理局、中央管理局的问题同无产阶级专政的问题扯在一起。我看，这是根本不对的。在谈到镇压资产阶级的时候，才能提出无产阶级专政的问题。那时这个问题才有意义，那时我们才需要这种专政，因为我们只有通过专政才能镇压资产阶级，才能把政权交给能够不懈地进行工作、把更多的动摇分子争取过来的那一部分劳动者的手里。然而，现在说的同这个问题毫不相干。我们争论的是，在某一部门中现在究竟需要把集中制加强或减弱到什么程度？如果各地来的同志说，托洛茨基同志以及许多人民委员也都肯定地认为，最近省干部和很多县干部的水平已提高很多(我也时常听到经常到各地视察的加里宁同志和各地来的同志这么说)，那就应当估计到这种情况，应当提出这样的问题：这里对集中制的理解是否正确。我相信，我们这样改进苏维埃机关的工作还要进行很多很多次。在这方面，我们刚刚开始取得一些建设经验。从国防委员会和人民委员会内部来看这种经验，就可以清楚地看出，这不是任何数字可以表达的，也不是三言两语能说得清楚的。但是，我们相信各地正在按照中央当局确定的基本任务进行工作。这种情况是最近才形成的。

这里问题完全不在于无产阶级专政同其他社会分子的冲突。这里的问题是我国苏维埃建设的经验问题，我认为甚至不是宪法的经验问题。这里有人大谈修改宪法的问题。我觉得，问题不在这方面。宪法里讲的是集中制的基本原则。我们大家对这个基本原则并无异议(从高尔察克、尤登尼奇、邓尼金这些鲜明、生动甚至是残酷的教训中，以及从游击习气的教训中，我们已经学到了这个原则)，在这里是用不着来谈的。在谈到授予人民委员或人民委员会以免职权的时候，连萨普龙诺夫同志也不否认集中制这一基本原则。这不是宪法问题，而是实际方便的问题。为了取得良好的结果，有时我们需要抓一抓这方面的工作，有时又需要抓一抓那方面的工作。我们谈到省国营农场和省农业局的时候，关键在于如何使它们受到工人和附近农民的监督。这同它们属谁管辖完全无关。我认为你们无论怎样修改宪法，也永远撵不走暗藏的地主和伪装的资本家及资产者。我们应当把足够数量的有实际经验的无限忠诚的工人和农民派到各机关去担任小型集体管理机构的成员、主任助理或政治委员。关键就在这里！这样你们就能有愈来愈多的工人和农民学习管理工作，要他们在学习时一直跟旧专家在一起，将来代替专家的位置，执行同样的任务，并为我们非军事部门即工业管理部门和经济管理部门改变领导成分作好准备，像我们军事部门所进行的那样。因此，我认为，这里有时提出要从原则性的角度来看问题，那是没有任何根据的。这个问题不应当看成是宪法的问题，而应当看成是实际经验的问题。如果大多数地方工作人员经过全面的讨论，认为省国营农场应该由省农业局管辖，那很好，我们在这方面来作一个试验，根据实际的试验来解决问题。但是我们首先应当解决的问题是：我们这样做能不能清除暗藏的地主，能不能把使用专家的工作做得更好？我们这样做能不能培养出更多的工人和农民，让他们自己去做管理工作？我们能不能吸引附近的农民对国营农场切实地进行检查？能不能制定出切实可行的检查方式？关键就在这里！我们要是能够解决这些任务，那我就不能认为我们的时间和精力是白费的。在不同的人民委员部，我们甚至可以试行不同的制度，对国营农场、总管理局、中央管理局规定一种制度，对军事机构或卫生人民委员部规定另一种制度。我们的任务是通过试验大量地吸收专家，同时培养新的领导人员、新的专家，使他们学会做极其艰巨复杂的新的管理工作，以便代替旧的专家。不一定要用千篇一律的方式来做这件工作。托洛茨基同志说得完全正确，这一点在我们当做指南的那些书里没有一本写过；这不是从什么社会主义世界观中得出来的，也不是由哪一个人的经验来确定的，而应当由我们自己的经验来确定。我觉得我们应当在这方面积累经验，并且在实际运用这种经验时对共产主义建设进行检查，以便最后确定应当如何对待我们所面临的各种问题。

4
代表大会闭幕词

（12月9日）

（长时间鼓掌。大会代表和来宾们全体起立，热烈鼓掌达数分钟之久）同志们！我想简单谈谈我们这次代表大会讨论过的主要问题。

同志们，我们在民主和苏维埃政权的问题上，曾经有过一场小小的辩论。尽管骤然看来这同苏维埃共和国实际迫切的紧要任务相距很远，但是我仍觉得这决不是无益的。同志们！目前在世界上所有的工人组织中，甚至常常在资产阶级议会中，至少在资产阶级议会的选举时，对民主问题，即对许多人所不了解的旧的资产阶级民主问题和对新的苏维埃政权问题进行着根本性的辩论。旧民主即资产阶级民主宣布自由和平等，宣布人人一律平等，不问他有没有财产、有没有资本，宣布私有者有处置土地和资本的自由，而没有土地和资本的人，则有出卖劳动力给资本家的自由。

同志们！我们苏维埃政权坚决同这种骗人的自由和平等一刀两断（鼓掌），我们对所有劳动者说，对自由和平等这样来理解的社会党人，忘记了社会主义最基本最起码的原理，忘记了社会主义的全部内容。因为我们同还没有背叛社会主义的社会党人一直在揭露资产阶级社会的谎言、欺骗和伪善，说明资产阶级社会虽然高唱自由平等，至少是选举中的自由平等，但是实际上，资本家的政权和土地、工厂的私有制决定劳动者在任何“民主的和共和的”制度下都不能享受自由，只能遭受压迫和欺骗。

我们说，我们的目的，也是世界社会主义运动的目的，是要消灭阶级。阶级是这样一些集团，其中一个集团可以靠另一个集团的劳动为生，可以把另一个集团的劳动攫为己有。所以，我们要谈论这种自由、这种平等，就应当像俄国绝大多数劳动者一样承认：还没有一个国家在这样短的时期内给了这样多实际的自由和实际的平等；没有一个国家在这样短的时期内就使劳动者摆脱了主要的剥削阶级——地主和资本家；没有一个国家在生活资料的主要来源——土地方面，让人民享有这样的平等。在这一条道路上，在这一条摆脱资产阶级剥削直到彻底消灭阶级的道路上，我们已经展开了坚决的斗争，并将继续为彻底消灭阶级进行斗争。我们很清楚，这些阶级被打垮了，但还没有被消灭。我们很清楚，地主和资本家被打垮了，但还没有被消灭。阶级斗争还在继续着，无产阶级应当同贫苦农民一道尽力争取一切中间分子，应当用自己的全部斗争经验、用自己的斗争榜样争取一切至今还在动摇不定的分子，以便继续为彻底消灭阶级进行斗争。

同志们，讲到我们这次代表大会的工作，我应当说，第七次代表大会第一次能用这么多的时间来讨论实际的建设任务，第一次开始直接根据经验来实际讨论如何更好地组织苏维埃经济和苏维埃管理工作的任务。

当然，我们时间太少，不能更仔细地讨论这些问题，但是，我们在这里还是做了很多工作，中央执行委员会和各地同志们今后的全部工作将根据这里打下的基础来进行。

同志们！最后我想特别谈一谈我们如何在国际方面巩固这次代表大会的成果。

同志们，我们在这里再次向各大国和协约国各国提出了和平建议。根据我们已有的非常丰富和非常重要的经验，我们深信主要的困难已经过去了，深信我们一定会胜利结束这场协约国迫使我们同比我们强大得多的敌人进行了两年的战争。

但是，同志们，我认为我们刚才所听到的我们红军代表的呼吁，还是十分适时的。同志们，如果说主要的困难已经过去了，那么应当指出，在我们面前就要展开空前广泛的建设任务。毫无疑问，还有一些很有势力的、很强大的、在许多国家居于绝对统治地位的资本主义集团不顾一切要同苏维埃俄国作战到底。毫无疑问，在我们取得了某种决定性胜利的今天，还须要加倍努力，再接再厉，以便利用这次胜利争取彻底的胜利。（鼓掌）

同志们！请不要忘记两件事：第一，我们有一个共同的弱点，这个弱点也许同斯拉夫人的性格有关，就是缺乏坚韧不拔地追求既定目标的毅力；第二，东线和南线这两次经验表明，我们在决定关头不善于给逃跑的敌人以足够有力的打击，以致他们能够重新站立起来。毫无疑问，现在西欧各国政府和军界正在制定挽救邓尼金的新计划。丝毫不用怀疑，他们现在正想十倍地加强对邓尼金的援助，因为他们知道苏维埃俄国对邓尼金有着多大的威胁。因此，我们在开始取得胜利的今天，也应当像我们在困难的时候一样，对自己说："同志们，要记住，目前这几个星期或两三个月会决定这样一个问题：是我们既取得决定性的胜利，又彻底歼灭敌人而结束战争呢，还是我们又要使千百万人民经受长期而痛苦的战争？根据过去的经验，现在我们可以满怀信心地说，只要我们加倍努力，我们在几个星期或两三个月内就不仅能够取得最后胜利，而且能够歼灭敌人，赢得巩固的和持久的和平。”

因此，同志们，我很想请求你们每个人回到本地之后，在每个党组织、每个苏维埃机关、每次工人和农民的集会上都这样提出问题：同志们，我们都为我们的胜利所鼓舞，清楚地看到了苏维埃建设的远景，我们只要认识到，今后的几个星期或几个月是一段极其紧张的时期，需要我们加倍努力从事军事的以及同军事有关的工作，那我们在这一冬季战局中就一定能够在最短期间彻底消灭敌人，结束国内战争，这样，我们就能够赢得一段很长的时期来进行和平的社会主义建设。（鼓掌）

载于1920年《全俄工人、农民、红军和哥萨克代表苏维埃第七次代表大会。速记记录》一书

译自《列宁全集》俄文第5版第39卷第385—436页

附　　录

《论第三国际的任务》一文提纲①

(1919年7月14日以前)

1

拉姆赛·麦克唐纳论第三国际

(1)全文。

(2)典型

"中派"……

补 **2.** 资产阶级的信任‖俄国的苏维埃政权

‖匈牙利。

(3)巴塞尔宣言

(α)无产阶级革命

(β)互相射击就是犯罪。

① 该文见本卷第84—103页。——编者注

(4)社会沙文主义和机会主义——“受到帝国主义的毒害”(比较“费边帝国主义”)
{ ‖ 俄国 ‖ 德国 法国 } 杀害**李卜克内西**和**卢森堡**的凶手

补 4:殖民地;援助它们的革命斗争。

再补 4:工人阶级贵族。小资产阶级。恩格斯 1852—1892。[①]

(5)不要把革命挂在嘴上,不要对革命发誓,而应准备革命,宣传革命,同改良主义作斗争。

补 5:群众性的罢工等等。

(6)秘密工作。(同公开工作结合。)

(7)工会和合作社的领袖:资本家阶级的工人帮办。

(8)变帝国主义战争为国内战争。

(9)无产阶级的、一个阶级的专政。

(10)国家=仅仅是工具。

(11)资产阶级民主。

(12)苏维埃政权。

2

0. 拉姆赛·麦克唐纳的文章。

1. 苏维埃和对它的态度。1917。

2. 社会主义和战争。巴塞尔宣言。

3. 沙文主义和机会主义。

---

① 手稿上这句话已被勾掉。——俄文版编者注

4. 改良主义，机会主义。

α 不要把革命挂在嘴上，不要对革命发誓，而应准备革命，宣传革命，同改良主义作斗争。

β 秘密工作。（同公开工作结合。）

γ 工会和合作社的领袖：资本家阶级的工人帮办。

δ 殖民地；援助它们的革命斗争。

ε 群众性的罢工等等。

{{准备}}

5. 变帝国主义战争为国内战争——“李卜克内西”参看巴比塞的《**火线**》、《**光明**》。

6. 无产阶级的，一个阶级的专政

国家＝仅仅是工具

资产阶级民主

苏维埃政权。

“中立”

“高于两个极端”

事实上呢？

(α)对国内战争的态度

(β)“交换”，“工业”

(γ)向社会主义方向发展

(δ)改良主义

(ε)“自由”。

载于1933年《列宁文集》俄文版第24卷

译自《列宁全集》俄文第5版第39卷第439—441页

《在全俄教育工作者和社会主义文化工作者第一次代表大会上的讲话》的提纲①

（不早于 1919 年 7 月 26 日）

资本主义的**思想上的**维护者孟什维克和社会革命党人的论据：

“一党专政”？

＝无产阶级先锋队专政。＝无产阶级专政。

1900—1903

(1)1903—1904

(2)1905—1907

(3)1908—1911

(4)1912—1914

(5)1914—1917

(6)1917 年 2—10 月

社会主义（或民主主义）统一战线？

＝对资产阶级的一点让步。

（孟什维克中央。1919 年 7 月 26 日。）[158]

① 讲话见本卷第 125—132 页。——编者注

"社会主义的灵魂＝自由。"

"劳动民主派的平等"。

苏维埃宪法第 23 条。

普选制

习惯

富人的＝穷人的。

{财富的力量、习惯的力量、小经济独特利益的力量＋鼓动自由＋投票的平等！}

载于 1933 年《列宁文集》俄文版第 24 卷

译自《列宁全集》俄文第 5 版第 39 卷第 442—443 页

《在下房里》一文提纲[①]

（1919年7月）

1

《**在下房里**》。(1)南方来的书刊。——(2)斗争极其尖锐时的奴才们。——(3)奴才的燕尾服。——(4)奴才的虚伪。——(5)奴才的怯懦。——(6)“内战”。——(7)内战的形式。——(8)内战和残酷性等等。——(9)“无产阶级中间的内战”。——(10)1793同1919对比。——(11)**第一次**革命的失败。——(12)世界布尔什维主义与苏维埃。——(13)第二和第三国际。——(14)(α)改良与革命,(β)改良主义者与革命者。——(15)1919年6月彼得格勒阴谋(与第7条有关)。——(16)资本家阶级的工人帮办(与**2—5**有关)＝伯尔尼国际。——(17)“无政府布朗基主义”＝第14条β。——(18)“反动的一帮”。——(19)工人和农民。——(20)“消费”观点。——(21)“服兵役”(与第7条有关)。——(22)奴才的“出版自由”概念＋“议会制”……——(23)马克思1848和**1914—1919**。——(24)格鲁吉亚的社会民主党人以及同协约国的联盟。——(25)从马尔托夫到波特列索夫的形形色色派别。——

① 该文见本卷第133—139页。——编者注

2

引言

一、**1.** 奴才们。**2—5**[①]

二、内战。

6—9

三、**20—21—22**

“他们的”论据

＋**19.**

四、对协约国的态度。

（巴塞尔）

＋**24.**

五、教训。23.

16. 25.

17.

13. ＋14. ＋17. ＋18.

六、彼得格勒阴谋。**15.**

七、总结

10. 11. 12.

“高于两个极端”
马尔托夫。

3

《在下房里》一文的结尾大致应该这样叙述：

① 数字是指本提纲第 1 稿中的各点。——编者注

（a）马尔托夫的姿态是“高于”两个极端：资产阶级和无产阶级，两种专政。

（b）这种姿态的实质＝小资产者

1848　可怜的，可笑的（1793　伟大的）

1918　令人厌恶的，使人恶心的。

（c）1919年6月18—21日社会革命党第九次党务会议的决议

同上

高于两个极端，反对两种专政等等

而实际上呢？

（d）对待国内战争的态度？也同马尔托夫一样：绝境，无出路，在普选制上和解（＝资产阶级的奴才）。

（e）“交换”，“工业”

（赞成资本主义）。

（f）“向社会主义方向发展——通过民主制”（＝改良主义）。

（ff）**农民**和**工人**。

（g）改良主义**反对**已经开始的革命＝资产阶级的奴才。

（h）拥护伯尔尼国际

（又是改良主义的口号）。

（i）“自由”反对专政。

（k）小资产者、反动分子、动摇者。

（l）实干者（李伯尔之流、阿列克辛斯基之流、阿夫克森齐耶夫之流等）和空谈者（马尔托夫、切尔诺夫等）。

（m）总结＝**反动的小资产者**。

载于1925年《布尔什维克》杂志
第23—24期合刊

译自《列宁全集》俄文第5版
第39卷第444—446页

《论粮食自由贸易》一文提纲[①]

(1919 年 8 月)

1

注意

论粮食自由贸易

粮食自由贸易就是对国家犯罪

〃 〃 〃 〃 〃 〃 就是为资本而屠杀千百万人

〃 〃 〃 〃 〃 〃 就是高尔察克叛乱。

工人和农民。

社会主义。这是什么?

消灭阶级。**因而**也消灭**农民阶级**,消灭(**工人阶级**)工人。

既无农民,也无工人,大家都是工作者。

交出余粮。

投机。

私有制=**纷争**。

劳动=**联合**。

孟什维克和社会革命党人=**最凶恶的反动分子**。

所有的报纸,高尔察克和邓尼金的所有"思想上的同人"都在

---

① 该文见本卷第 162—165 页。——编者注

使用他们的论据。

孟什维克和社会革命党人＝**他们的“思想”**供应者。

从 1917 年 8 月 1 日至 1918 年 8 月 1 日＝**30**，既不包括西伯利亚，也不包括顿河流域和乌克兰。

从 1918 年 8 月 1 日至 1919 年 8 月 1 日＝**105**。

（105×3.5＝367.5）

2

（**粮食自由贸易**）
论粮食自由贸易和农民对工人的态度

1. 如何完全走上轨道？
2. 4 亿普特粮食交给国家。
3. 主要障碍？
4. 习惯的、纷争的、不满的、内讧的、**资本主义的**势力。
5. 粮食自由贸易就是**资本主义**，就是恢复富人、地主和资本家的无限权力。
6. 〃 〃 〃 〃 〃 〃就是为维护资本家的利润而屠杀千百万人。
7. 〃 〃 〃 〃 〃 〃就是高尔察克叛乱。
8. 〃 〃 〃 〃 〃 〃就是**对国家犯罪**。
9. 孟什维克和社会革命党人的诡辩（或者“思想上的”维护）。

{“合作社”
私营商业机构
打倒贫苦农民委员会[159]}

10.“商品交换”(?)

11.贷给国家。

12.你死我活的战争。

13.在这场战争中我们的力量。

14.知识分子的诉苦。

15.收集余粮。

懒汉和

勤劳者

商品所有者的任务

3

大致是：

如何巩固胜利,保证胜利和取得最后胜利?

取得全部余粮。

怎样? 道路正确吗?

正确(30 对 105)

贫苦农民委员会和中农。

反对孟什维克和社会革命党人

贸易自由和资本主义

(第 5—8 条)。

“商品交换”和**借贷**。

向投机者开战。

在这场战争中我们的力量。

载于 1933 年《列宁文集》俄文版
第 24 卷

译自《列宁全集》俄文第 5 版
第 39 卷第 449—451 页

《彼得格勒工人的榜样》一文提纲[①]

（不晚于1919年10月3日）

彼得格勒的榜样。

它的意义：

“库尔斯克的胜利”

吓唬人

惊慌失措

决不！

\+

韦申斯卡亚村，向顿河区哥萨克的中心推进 ‖‖ 不改变计划，**不变动命令**，不惊慌失措，**补充**兵力。

但要以极其巨大的毅力**补充**兵力，

因为

存在危险，最大的危险，从来没有过的危险。

无产阶级的主动精神。

彼得格勒的榜样。

无产阶级专政。

① 该文见本卷第199—201页。——编者注

逃兵"动摇"了。

通过组织局。

载于1933年《列宁文集》俄文版第24卷

译自《列宁全集》俄文第5版第39卷第452页

论无产阶级专政的小册子的几个提纲[①]

（1919 年 9—10 月）

1
（无产阶级专政问题的几个方面）
无产阶级专政问题

摆脱阶级社会走向非阶级的、无阶级的社会。

三个主要的集团和阶级：被剥削者、剥削者、中间分子；工人、资本家、小资产阶级。

怎样摆脱？是由各阶级组成的一般“多数”吗？**不是**阶级斗争，**而是**多数吗？

阶级斗争在另一种形式下的继续：统治阶级（被剥削者；**无产阶级**，而不是一般被剥削者）。

中间分子，动摇者，被领导者。

资本家（剥削者），**被镇压者**，镇压他们的反抗。

无产阶级专政是阶级斗争的新形式，是从资本主义向社会主义过

---

① 《论无产阶级专政的小册子的提纲》见本卷第 255—264 页。——编者注

渡（社会的过渡阶段）的新形式。

接着产生的两个基本问题：

(α)无产阶级占人口多数是个条件，就是说，**只有在**无产阶级占人口多数**时**无产阶级专政才是可行的。

(β)这一特殊阶段阶级斗争的形式。旧形式还是新形式？新在什么地方？

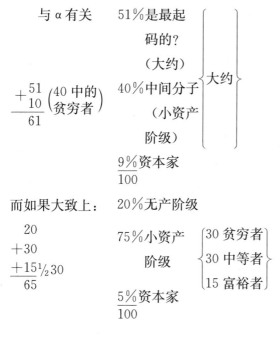

与α有关

$$\begin{array}{r} 51 \\ +10 \\ \hline 61 \end{array}$$ （40中的贫穷者）

51%是最起码的？（大约）
40%中间分子（小资产阶级）
} 大约
9%资本家
100

而如果大致上：

$$\begin{array}{r} 20 \\ +30 \\ +15\tfrac{1}{2}30 \\ \hline 65 \end{array}$$

20%无产阶级
75%小资产阶级 { 30贫穷者 / 30中等者 / 15富裕者 }
5%资本家
100

{ **帝国主义**国家中的无产阶级
在无产阶级当中帝国主义者占百分之几？按英国的方式？（参看恩格斯1852—1892）对新的本质的和具体的东西撇开不谈，而翻来覆去老谈一般“无产阶级”。

2
无产阶级专政问题的几个理论方面

无产阶级专政是无产阶级对劳动群众(和整个社会)的**领导**。

无产阶级专政下阶级斗争的两项基本任务(以及相应的两种新形式):

(1)镇压剥削者的反抗(和任何故态复萌,即向资本主义和资本主义传统的倒退)。

(2)对除无产者以外的**全体**劳动者经常不断给以指导性的**影响**(也＝斗争,然而是一种特殊的斗争,是制服某种反抗,诚然是完全不同的反抗,因而也是完全不同的制服)。

无产阶级专政是无产阶级变成**统治**阶级。一个阶级的统治排斥自由和平等。

注意:

{关于摆脱“一般”剥削} 自由和平等——或者是对**资产阶级**民主毫无批判的重复,或者是对于**某种**全新的制度,对于抽象的社会主义的模糊的幻想式的(真正小资产阶级的)追求。

而革命的无产阶级需要(不但一般需要,而且目前特别需要)的,却是具体确定它**从**旧制度**过渡到**、**逐步走向**新制度方面的任务。

走向“自由和平等”,即走向**消灭阶级**(否则就是空话,空洞的漂亮话!)的**现实**步骤。可以而且应当通过一个方法、一条路线来消灭一个(和各个)剥削阶级。

可以把它们“**除掉**”。

不能“**除掉**”**非**剥削阶级或**非直接**剥削阶级（资产阶级知识分子；小资产阶级——**由于它是**生产资料所有者，**所以**也就是潜在的，而部分地也是实际的剥削者）。

3
关于无产阶级专政的一些题目

1. 无产阶级专政是阶级斗争（在新形式下）的**继续**。

2. 国家＝**仅仅是**它的工具。

3. 这个工具的形式不能同原来一样。特别是形式上的平等不能作为争取物质上平等、反对事实上不平等这一斗争的形式。

4. 无产阶级专政下阶级斗争的两个基本方面（或形式、类型）：

5. (A)镇压剥削者。＝比其他战争更加无情的战争。

6. (B)“中立”中间分子、小资产阶级、农民。中立则靠说服、示范，用实际经验进行教育，用强力制止偏差等等。

7. (C)迫使敌对者服从，要他们积极工作（“专家”）。

8. ＋(D)培养新纪律。

9. 专政同民主对比。专政是对（一般）民主的否定，被压迫阶级的专政是对压迫阶级民主的否定，是被压迫阶级民主的扩大。

10. 民主，具体地说，＝

11. (α)在法律面前全体公民一律平等。——在被剥削者被推翻的情况下，不能同剥削者平等。

12. (β)全体公民有政治自由。——剥削者不能有政治自由。

13.(γ)由全体公民的多数决定。——不,除开剥削者,也**不管动摇者**。

14.由**投票**决定,这就是和平的民主或纯粹的民主的实质。事实上,在资产阶级民主制度下是由**金钱**决定。在摆脱资本、推翻资本时是由**阶级斗争**、国内战争决定。

15.在资本主义制度下,**一个**阶级同资本进行阶级斗争。当这一斗争在无产阶级专政的形式下继续时,也是这样。小资产阶级——“鉴于”。(参看《共产党宣言》)①

16.由投票决定,也就是在保持资本主义意志的决定因素(动因)的情况下,通过形式上的表达意志来决定=资产阶级民主。由反对剥削者的阶级斗争和国内战争决定=无产阶级民主。无产阶级用自己的斗争,用革命斗争**摧毁**资本主义所有制关系,从而摧毁动摇者表达意志和作出决定的资本主义决定因素(和动因)。

17.由投票决定=“**不论**”金钱、资本、私有财产,人人平等。由阶级斗争和国内战争决定:首先摧毁金钱、资本、私有财产的压迫,然后不是剥削者投票。前者进行到什么程度,后者就达到什么程度。前者取得多少成就,后者就取得多少成就。

18.在普遍具有诚意的情况下(因而**已经**是在没有阶级的社会中),在不存在剥削者的反抗的情况下,完全由投票决定会是可能的。=改良主义的空想。

19.无产阶级专政下的民主:代表大会、集会、地方自治、由劳动者的意志决定、宗教、妇女、被压迫民族:“一个天上,一个地下”。训练劳动者不靠资本家过日子=无产阶级专政下的民主。

---

① 参看《马克思恩格斯文集》第2卷第42页。——编者注

20. 在保持资本主义的压迫、桎梏、奴役的条件下用形式上的平等来欺骗劳动者＝资产阶级民主。

21. 无产阶级专政是**一个**阶级即无产阶级对全体劳动者进行训练，也就是进行领导。**带领**。**统治阶级**＝无产阶级，**一个**阶级。统治排斥自由和平等。

22. 农民作为劳动者＝同盟者；作为私有者和投机者＝敌人。“鉴于”。这不是投票，而是革命的进程，国内战争的进程，它的教训，它的总结。

23. 不是一般的抽象的无产阶级，而是20世纪的、帝国主义战争之后的无产阶级。同上层分子的**分裂**不可避免。回避具体的东西，用抽象的东西进行欺骗。（辩证法与折中主义对比。）

24. 恩格斯1852论英国。1852—1892。对比1914—1919。无产阶级专政＝推翻无产阶级中的机会主义上层分子，从工人阶级贵族转到群众，“争取影响的斗争”。不会没有分裂。

25. 苏维埃＝无产阶级民主＝无产阶级专政。苏维埃宪法中的工人和农民。“劳动民主派的平等”。宪法第23条。“一党专政”。

26. 剥削者的反抗在他们被推翻之前就已开始，而由于他们被推翻则更加激烈起来。从**两**方面加剧斗争或避开斗争（考茨基）。

27. 有个时期（大约1871—1914）必须用全民投票而不用革命（＋罢工等等）来启发落后者。——革命时期（1917—　）到来了，无产阶级的国内战争推动着**无产阶级**革命的进程。

28. 程度高的无产阶级和“现代野蛮人”。革命的经验。**吸引**和**指导**。革命的无产阶级在**劳动者**当中的威信。

29. 动摇者和疲惫者同无产阶级对比。

30.帝国主义＝资本主义的粗野化，资本主义的腐朽，对落后者进行军事统治。（参看霍布森和我的《帝国主义》。）

31.变帝国主义战争为国内战争。马克思 1870：训练掌握武器。对比考茨基 1914—1918。

32.**“多数”**？51％（αα）无产阶级要比 20％（ββ）无产阶级**少**，**如果**在 αα 中帝国主义的影响和小资产阶级的反抗较大的话。

33.“反动的一帮”。

注意 恩格斯 1875。关于公社和整个**无产阶级专政**。①

———

四个主要部分（**A，B，C，D**）；**ABC**——一般；**D**——“俄国的”。

无产阶级专政是无产阶级阶级斗争的继续（1.

在无产阶级专政下，国家只是无产阶级进行阶级斗争的新工具（2.

无产阶级专政就是无产阶级阶级斗争的新任务和新形式（3.4.

在无产阶级专政下阶级斗争的四个最主要的新任务（5.6.7.8.＋26.

}

A.

无产阶级专政是无产阶级阶级斗争的新形式（和具有新任务的新阶段）。

{无产阶级专政是对资产阶级民主的否定（9.10.11.12.13.14.16.17.18.20.＋**32.**）

无产阶级专政是建立无产阶级民主。}

在无产阶级专政下民主主义的成就（19.

}

B.

无产阶级专政是摧毁资产阶级民主和建立无产阶级民主。

① 参看《马克思恩格斯文集》第 3 卷第 410—417 页。——编者注

与 **6** 有关 { 无产阶级专政和动摇的小资产阶级，特别是农民 (15. 21. 22. +25. 28. 29. 33.

{ 无产阶级专政是被剥削阶级的革命分子的专政（是同无产阶级中的机会主义上层分子的分裂）

(23. 24.

C. 无产阶级专政和帝国主义的特征(30. }

×殖民地

×社会主义运动的分裂

与 A 有关 { 无产阶级专政和国内战争(31. 对比 **27.**

无产阶级专政和无产阶级的革命政党的"消灭"(对比考茨基)。}

D. 无产阶级专政和苏维埃宪法(25.

第 9 条。专政同民主("纯粹民主")对比。

一　般

10. (α)平等(11)。

11. (β)政治自由(12)

12. (γ)和一般自由。

13. (δ)由多数决定(13)

由投票决定。

14. 它的条件

平等

15. 诚意

16. 欺骗

17. 官僚主义。

18. 资产阶级专政。①

19. 由最尖锐的斗争决定(16)。

20. 多数和**力量**(32)。

21. 民主主义的成就(19)。

4

注意　　论无产阶级专政的小册子的提纲

1. 小册子的提纲。

2. 提要。它的**优点**和**缺点**。

经济　3. 实质。

4. 三个主要的集团……

5. 私贩粮食和投机倒把。
中央统计局一年的统计资料。

6. 退一步?

7. 改良主义同革命对比。

8. 为**资产阶级**革命而斗争**或**

主要题目

(一)实质。

(二)三个主要的集团。

(三)联合起来的劳动(由大资本而产生的)**对比**小资产阶级。

(四)例证。

(α)**中央统计局**。

+(五)改良主义者的诡辩。

① 手稿上第9—18条已被列宁勾掉。——俄文版编者注

为**社会主义**革命而斗争。

9. 主要的“**内部**”敌人＝小资
产阶级
(经济)。

10. 联合起来的劳动同小经济
对比。

政治。 第1—8条。
第9—20条。
第21—25条。
第26—32条。

载于1925年《列宁文集》俄文版第3卷

译自《列宁全集》俄文第5版第39卷第453—461页

在全俄东部各民族共产党组织第二次代表大会部分代表的会议上作的笔记

1919 年 11 月 21 日的会议

(A)基本任务:东部各共产主义组织和共产党的原则性意义。

(B)党的组织问题。

(C)国家行政问题。

| 地域原则和超地域原则相结合 |

| +超地域性? |

(E)**每个民族的具体问题**,与其发展程度、特点等相适应。

| +与俄罗斯族的**劳动**群众最紧密的联盟。 |

(F)为反对各民族的官僚、封建主、资产阶级而同**每个**民族的**贫苦农民**、**劳动者**、**被剥削者**联系的方法和措施。

载于 1933 年《列宁文集》俄文版第 24 卷

译自《列宁全集》俄文第 5 版第 39 卷第 462 页

对全俄工会中央理事会俄共(布)党团委员会条例草案的意见[160]

(不早于 1919 年 12 月 4 日)

(1)俄共中央组织局开会研究工会运动的一切问题,都必须邀请托姆斯基同志和全俄工会中央理事会党团委员会全体成员(该党团委员会必须由俄共中央委员会批准)参加。

(2)关于全俄工会中央理事会党团委员会与中央组织局的相互关系,由该党团委员会制定一个详细章程。章程由中央组织局批准。

(3)《全俄工会中央理事会俄共党团条例》变动如下:

在第 1 条中删去"领导"一词。[161]

在第 3 条[162]和第?条中加进(联合会的)"中央委员会"一词。

对某些条文的文字从头到尾重新审订一遍①

以此草案为基础,按上述次序重新审议,只作文字方面的修改。

译自《列宁全集》俄文第 5 版
第 39 卷第 463 页

① 手稿上从"变动"一词起到此处止,已被列宁勾掉。——俄文版编者注

全俄苏维埃
第七次代表大会材料

（1919 年 12 月）

中央执行委员会和
人民委员会的报告的提纲[①]

（不晚于 12 月 5 日）

1.（引言）

国内战争，剥削者的反抗，国际形势。

2. 协约国干涉的第一阶段：**协约国的**军队（在阿尔汉格尔斯克，在南方）。收买捷克人。

法国水兵（拉布勃）。

阿尔汉格尔斯克，英国士兵。**失败**。

3. 协约国干涉的第二阶段：+ **16** 国（丘吉尔否认，**但是**爱斯兰＋芬兰）。

尤登尼奇。**失败**。

① 报告见本卷第 376—400 页。——编者注

4. 战争＝政治的继续 政治的集中、总结 检验 综合，等等。	工人专政 农民 “专家”

5. 高尔察克和**西伯利亚**农民。
邓尼金和**乌克兰**农民。
带领农民＝无产阶级专政的实质。

6. 关于和平的谈论。又一个和平建议。
敌人还会有企图。

7. 恐怖手段是被迫采取的——**将要减弱**。

8. 小市民、小资产阶级、知识分子、“专家”。将缓和一些。

9. 军事(社会、经济、政治、组织、技术等等)的经验用于解决粮食问题(余粮收集制同自由贸易对比)

10. ——燃料(最近的一系列措施)

11. ——消灭虱子(斑疹伤寒)。

12. 星期六义务劳动。清党。

13. —————— 新党员。

14. 非党工农代表会议。①

15. 军事动员和工业动员。

16. 国内和平建设同这两年来抗击国际帝国主义的战争相比较，将需要更大的毅力，会有更大的成就，出现更多的“奇迹”。

---

(1)第一阶段：

① 手稿上12、13、14各点已被列宁勾掉。——俄文版编者注

自己的部队

(2)第二阶段：

小国

(3)第三阶段：

(奥拉尔)。

(4)**和平建议**。

(5)战胜高尔察克的社会原因，等等。

(6)结论：

(无产阶级＋专家＋农民)。

(7)恐怖手段是被迫采取的。

(8)小市民"将会轻松些"。

(9)和平建设。

(10)粮食。

(11)燃料。

(12)"虱子"……

(13)"幻想"和"基础"。

(14)工业动员。

(15)力量的源泉更深更广：

(16)**决议**。

3 300 万——4 000 万普特

余粮收集已完成 75%。

总结发言的提纲[①]

（12 月 6 日）

马尔托夫发言的前半部分

（1）和后半部分——**宣言**：宪法的“**民主化**”及其**实行**……专政除外。

（2）{右派社会革命党人伙同孟什维克 / 沃尔斯基反对右派社会革命党人}

第 23 条 恐怖手段和肃反委员会

肃反委员会不中用

（3）自由，

(αα)阴谋呢？

(ββ)富农呢？

对**非党群众**

“为了镇压资产阶级”

崩得：

苏维埃撤销执行委员会决议的严重事件……

① 总结发言见本卷第 401—410 页。——编者注

改选

"苏维埃不开会"

中央执行委员会全体委员——在前线

笑话:"应当由别人去。"

载于 1933 年《列宁文集》俄文版
第 24 卷

译自《列宁全集》俄文第 5 版
第 39 卷第 464—466 页

人民委员会关于莫斯科食品供应的决定草案初稿[163]

（1919 年 12 月 6 日）

（“确认”）

(1)正式签署合同[164]

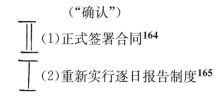

(2)重新实行逐日报告制度[165]

劳动口粮?

(3)动员工人参加运输

委托莫斯科工会理事会

＋交通人民委员部

准确报告粮食收集地点和运输状况

(4)火速讨论运送马铃薯的措施并监督运送情况

(5)批准紧急发放(肉?)。

载于 1933 年《列宁文集》俄文版第 24 卷

译自《列宁全集》俄文第 5 版第 54 卷第 420—421 页

注　　释

1　立宪民主党人是俄国自由主义君主派资产阶级的主要政党立宪民主党的成员。立宪民主党(正式名称为人民自由党)于1905年10月成立。中央委员中多数是资产阶级知识分子、地方自治人士和自由派地主。主要活动家有帕·尼·米留可夫、谢·安·穆罗姆采夫、瓦·阿·马克拉柯夫、安·伊·盛加略夫、彼·伯·司徒卢威、约·弗·盖森等。立宪民主党提出一条与革命道路相对抗的和平的宪政发展道路,主张俄国实行立宪君主制和资产阶级的自由。在土地问题上,主张将国家、皇室、皇族和寺院的土地分给无地和少地的农民;私有土地部分地转让,并且按"公平"价格给予补偿;解决土地问题的土地委员会由同等数量的地主和农民组成,并由官员充当他们之间的调解人。1906年春,曾同政府进行参加内阁的秘密谈判,后来在国家杜马中自命为"负责任的反对派"。第一次世界大战期间,支持沙皇政府的掠夺政策,曾同十月党等反动政党组成"进步同盟",要求成立责任内阁,即为资产阶级和地主所信任的政府,力图阻止革命并把战争进行到最后胜利。二月革命后,立宪民主党在资产阶级临时政府中居于领导地位,竭力阻挠土地问题、民族问题等基本问题的解决,并奉行继续帝国主义战争的政策。七月事变后,支持科尔尼洛夫叛乱,阴谋建立军事独裁。十月革命胜利后,苏维埃政府于1917年11月28日(12月11日)宣布立宪民主党为"人民公敌的党"。该党随之转入地下,继续进行反革命活动,并参与白卫将军的武装叛乱。国内战争结束后,该党上层分子大多数逃亡国外。1921年5月,该党在巴黎召开代表大会时分裂,作为统一的党不复存在。——11。

2　社会革命党人是俄国最大的小资产阶级政党社会革命党的成员。该党是1901年底—1902年初由南方社会革命党、社会革命党人联合会、老民意党人小组、社会主义土地同盟等民粹派团体联合而成的。成立时的领导人有马·安·纳坦松、叶·康·布列什柯-布列什柯夫斯卡娅、尼·谢·鲁萨诺夫、维·米·切尔诺夫、米·拉·郭茨、格·安·格尔舒尼等，正式机关报是《革命俄国报》(1901—1904年)和《俄国革命通报》杂志(1901—1905年)。社会革命党人的理论观点是民粹主义和修正主义思想的折中混合物。他们否认无产阶级和农民之间的阶级差别，抹杀农民内部的矛盾，否认无产阶级在资产阶级民主革命中的领导作用。在土地问题上，社会革命党人主张消灭土地私有制，按照平均使用原则将土地交村社支配，发展各种合作社。在策略方面，社会革命党人采用了社会民主党人进行群众性鼓动的方法，但主要斗争方法还是搞个人恐怖。为了进行恐怖活动，该党建立了事实上脱离该党中央的秘密战斗组织。

在1905—1907年俄国第一次革命中，社会革命党曾在农村开展焚烧地主庄园、夺取地主财产的所谓"土地恐怖"运动，并同其他政党一起参加武装起义和游击战，但也曾同资产阶级的解放社签订协议。在国家杜马中，该党动摇于社会民主党和立宪民主党之间。该党内部的不统一造成了1906年的分裂，其右翼和极左翼分别组成了人民社会党和最高纲领派社会革命党人联合会。在斯托雷平反动时期，社会革命党经历了思想上、组织上的严重危机。在第一次世界大战期间，社会革命党的大多数领导人采取了社会沙文主义的立场。1917年二月革命后，社会革命党中央实行妥协主义和阶级调和的政策，党的领导人亚·费·克伦斯基、尼·德·阿夫克森齐耶夫、切尔诺夫等参加了资产阶级临时政府。七月事变时期该党公开转向资产阶级方面。社会革命党中央的妥协政策造成党的分裂，左翼于1917年12月组成了一个独立政党——左派社会革命党。十月革命后，社会革命党人(右派和中派)公开进行反苏维埃的活动，在国内战争时期进行反对苏维埃政权的武装斗争，对共产党和苏维埃政权的领导人实行个人恐怖。内战结束后，他们在"没有共产党人参加的苏维埃"的口号下组织了一系列叛乱。1922年，社会革命党彻底瓦解。——11。

3　指1919年夏尤登尼奇白卫军进攻彼得格勒期间潜藏在苏维埃军队后方的反革命分子所策划的阴谋活动。1919年6月12日夜间,反革命组织“民族中心”的成员策动位于芬兰湾东端南岸的红丘、灰马等炮台的守备部队举行叛乱。叛乱分子企图使喀琅施塔得防区陷于瘫痪,然后与白卫军进攻相配合,攻占加契纳,切断彼得格勒同莫斯科的联系,进而夺取彼得格勒。苏维埃政权组织了主要由水兵和彼得格勒工人参加的海岸部队,于15日发动进攻,在海军舰艇和飞机配合下,迅速攻下了这些炮台,平定了叛乱。同时,15 000多名彼得格勒工人同肃反委员会工作人员一起在彼得格勒进行了一次大规模的搜查,拘捕了反革命分子数百人。6月16日,叛乱被镇压下去。——11。

4　伯尔尼国际是持社会沙文主义、机会主义和中派主义立场的各国社会民主党的领袖们在1919年2月伯尔尼代表会议上成立的联盟。伯尔尼国际的领袖是卡·亚·布兰亭、卡·考茨基、爱·伯恩施坦、皮·列诺得尔等。他们力图恢复已于1914年瓦解的第二国际,阻挠革命和共产主义运动的发展,防止成立共产国际。他们反对苏维埃俄国的无产阶级专政,颂扬资产阶级民主。1921年2月,德国独立社会民主党、奥地利社会民主党、法国社会党、英国独立工党等退出伯尔尼国际,成立了维也纳国际(第二半国际)。1923年5月,在革命斗争浪潮开始低落的形势下,伯尔尼国际同维也纳国际合并成为社会主义工人国际。——12。

5　萨多瓦会战亦称克尼格雷茨会战,是1866年普奥战争中规模最大的一次交战,于当年7月3日在捷克境内的萨多瓦和克尼格雷茨(今赫拉德茨—克拉洛韦)地区进行,结果普军大败奥军,从而决定了这次普奥战争的结局。——15。

6　人民委员会于1919年3月16日通过法令,将消费合作社合并、改组为统一的分配机关,名为“消费公社”。这一新名称在某些地方引起了对法令的一些误解。有鉴于此,全俄中央执行委员会于1919年6月30日通过了《关于工农消费合作社的决定》,在对上述法令表示赞同的同时,决定用人民用惯了的“消费合作社”的叫法来代替“消费公社”这一名称(见 1919 年 7 月 3 日《全俄中央执行委员会消息报》第 143 号)。——23。

7 这次联席会议是在苏维埃共和国遭到邓尼金军队进攻的危急时刻于 1919 年 7 月 4 日召开的。会议的议程是:关于目前形势和苏维埃政权的当前任务。列宁受俄共(布)中央委托,在会上作了报告。会议通过了《告全体工人、农民、红色陆海军战士书》,号召大家提高警惕,全力抗击敌人(见 1919 年 7 月 5 日《真理报》第 145 号)。——27。

8 指全俄苏维埃第五次代表大会。

全俄苏维埃第五次代表大会于 1918 年 7 月 4—10 日在莫斯科举行。出席代表大会的有 1 164 名有表决权的代表,其中布尔什维克 773 名,左派社会革命党人 353 名,最高纲领派 17 名,无政府主义者 4 名,孟什维克国际主义者 4 名,其他党派成员 3 名,无党派人士 10 名。乌克兰、拉脱维亚和外高加索等被占领区也有代表出席。代表大会批准了全俄中央执行委员会主席团提出的下列议程:全俄中央执行委员会的报告和人民委员会的报告;粮食问题;组织红军;俄罗斯苏维埃共和国宪法;选举全俄中央执行委员会。左派社会革命党人要求把各地的报告和讨论苏维埃政府关于对叛国罪实施死刑的决定的问题列入议程,被大会否决。

代表大会首先讨论了未列入议程的一个问题,即在同乌克兰接壤的地带,孟什维克和社会革命党人挑动驻军同德军冲突,企图撕毁和约和把国家拖入战争。大会决定,建议苏维埃政府坚决取缔挑拨分子的活动。

雅·米·斯维尔德洛夫在会上作了关于全俄中央执行委员会工作总结报告,列宁作了人民委员会工作报告。代表大会对两个报告进行了激烈的辩论,并以多数票通过了共产党党团提出的完全信任政府的对内对外政策的决议。左派社会革命党人提出的对苏维埃政府表示不信任、要求废除布列斯特和约、改变苏维埃政府的对内对外政策的决议案被否决。

左派社会革命党人在代表大会上遭到失败后于 7 月 6 日在莫斯科

发动了反革命叛乱，代表大会的工作因而暂时中断。左派社会革命党党团全体成员被逮捕，与叛乱无干的后来获释，其中约有200人回来继续参加会议。代表大会于7月9日复会后，听取了政府关于7月6—7日事件的报告，完全同意政府为平定左派社会革命党人叛乱所采取的果断行动，并指出赞同自己上层领导观点的左派社会革命党人“不能再留在工农代表苏维埃之内”。

代表大会关于粮食问题的决议肯定粮食垄断制的不可动摇，认为必须坚决镇压富农的反抗，赞成组织贫苦农民委员会。代表大会关于组织红军的决议规定了在劳动者义务兵役制的基础上组织和巩固红军的措施。代表大会最后批准了俄罗斯联邦的第一部宪法，选出了由200人组成的全俄中央执行委员会。——27。

9 *左派社会革命党人在莫斯科的暴动*是根据左派社会革命党中央1918年6月24日的决议组织的，发生在1918年7月6—7日，即全俄苏维埃第五次代表大会开会期间。左派社会革命党人在代表大会上遭到失败以后，首先采取挑拨行动，由左派社会革命党人雅·格·布柳姆金在7月6日刺杀了德国大使威·米尔巴赫，接着就发动了武装叛乱。叛乱的中心是在莫斯科三圣巷的全俄肃反委员会一支部队的司令部，这支部队的指挥员是左派社会革命党人Д.И.波波夫。6日夜，叛乱分子约1 800人在波波夫、弗·亚·亚历山德罗维奇(左派社会革命党人、全俄肃反委员会副主席)等人领导下开始军事行动。他们炮击克里姆林宫，占领了电话局和电报局，以左派社会革命党中央的名义发出了几个挑拨性的宣言、公报和电报，诡称左派社会革命党已经掌握了政权、他们的行动得到全体居民的欢迎等等。

苏维埃第五次代表大会命令政府立即镇压叛乱。列宁领导了平定叛乱的斗争。由于苏维埃政府采取了坚决措施以及莫斯科工人和卫戍部队的一致行动，叛乱在7月7日下午2时被粉碎。东方面军司令、左派社会革命党人米·阿·穆拉维约夫响应叛乱发动兵变，亦被迅速平定。——28。

10 东方面军司令、左派社会革命党人米·阿·穆拉维约夫的叛变和1918

年 7 月左派社会革命党在莫斯科的叛乱有密切关系。根据叛乱者的计划，穆拉维约夫负责发动东方面军的军队反对苏维埃政权，在同捷克斯洛伐克军汇合后向莫斯科进军。穆拉维约夫于 7 月 10 日由方面军司令部所在地喀山率领一支近千人的部队进抵辛比尔斯克，声称不承认布列斯特和约，并通电人民委员会、德国大使馆、捷克斯洛伐克军司令部对德宣战，自称为"抗德集团军总司令"。受他蒙蔽的部队占领了邮局、电报局和电台，包围了执行委员会大楼和红军辛比尔斯克军队集群的司令部，逮捕了包括第 1 集团军司令米·尼·图哈切夫斯基在内的许多苏维埃的和党的工作人员。穆拉维约夫命令东方面军和捷克斯洛伐克军向西推进，佯称抗击德军的进攻。7 月 11 日，人民委员会发布命令，揭露了穆拉维约夫行动的反革命实质，宣布他不受法律保护。辛比尔斯克的布尔什维克在省委员会主席约·米·瓦雷基斯的领导下对士兵和城市居民进行了大量解释工作，把原来支持穆拉维约夫的部队争取了过来。7 月 11 日晚，穆拉维约夫应邀参加辛比尔斯克执行委员会会议，以为执行委员会要向他投降。当会上宣读他关于对武装干涉者和白卫军停止军事行动的电报时，共产党人要求将他逮捕。穆拉维约夫拒捕，被当场击毙，他的同伙纷纷就擒。——28。

11 指 1918 年 7 月雅罗斯拉夫尔白卫分子的叛乱。这次叛乱是协约国帝国主义者在孟什维克和社会革命党人积极参与下策划的，并且是帝国主义者在伏尔加河流域和俄国中部各城市发动叛乱的总计划的一部分。叛乱的目的是同北方的外国干涉者和伏尔加河中游的捷克斯洛伐克军建立统一战线，然后进攻莫斯科，推翻苏维埃政权。组织这次叛乱的是右派社会革命党人波·维·萨文柯夫所领导的"保卫祖国与自由同盟"，协约国帝国主义者给这个反革命组织提供了大量经费。叛乱从 7 月 6 日开始。萨文柯夫从莫斯科派来一批军官具体领导叛乱。叛乱分子夺取了雅罗斯拉夫尔市的中心区，占领了军火库、邮局、电报局、银行等机关，对党和苏维埃工作人员进行血腥的屠杀。叛乱分子还企图占领该城的工人居住区，但马上遭到了坚决抵抗。各企业的党组织在同叛乱分子作斗争中发挥了巨大的组织作用。武装工人和红军支队同叛乱分子进行了激烈的搏斗。苏维埃政府从莫斯科、彼得格勒等地调来许多军队和工人武装队伍支援雅罗斯拉夫尔工人。1918 年 7 月 21 日，叛乱最终被平定。——28。

12 盖特曼统治是指帕·彼·斯科罗帕茨基 1918 年在乌克兰实行的反革命地主资产阶级专政。1918 年 4 月 29 日，德奥占领军在解散中央拉达的当天，在基辅操纵所谓"农民代表大会"选出大地主、前沙俄将军斯科罗帕茨基为乌克兰的盖特曼(意为统领)。斯科罗帕茨基随即宣布成立"乌克兰国"，以代替被废除了的乌克兰人民共和国。"乌克兰国"政府的活动完全受占领当局的监督。斯科罗帕茨基在一份特别文件里宣布恢复工厂、土地的私有制，实行战地法庭制，恢复沙皇时代的特务机关和警察局的活动。省长、县长都由以前的沙俄将军、官吏和地主充任。劳动人民丧失了一切政治权利和自由，布尔什维克受到残酷迫害。随着德奥占领军在乌克兰的垮台，斯科罗帕茨基于 1918 年 12 月 14 日逃往德国，盖特曼统治为西·瓦·佩特留拉的乌克兰执政府所取代。——31。

13 国防委员会(工农国防委员会)是全俄中央执行委员会为贯彻它在 1918 年 9 月 2 日颁发的宣布苏维埃共和国为军营的法令而于 1918 年 11 月 30 日设立的。国防委员会是苏维埃俄国的非常最高机关，有动员人力物力保卫苏维埃国家的全权。国防委员会的决议，中央以及地方各部门和机关、全体公民都必须执行。在外国武装干涉和国内战争时期，国防委员会是组织共和国战时经济和编制计划的中心。革命军事委员会及其他军事机关的工作都处于它的严格监督之下。列宁被任命为国防委员会主席。1920 年 4 月初，国防委员会改组为劳动国防委员会，其任务是指导经济系统各人民委员部和所有国防机关的活动。劳动国防委员会一直存在到 1937 年 4 月。——34。

14 刊载于 1919 年 7 月 4 日《全俄中央执行委员会消息报》第 144 号的一篇题为《孟什维克谈高尔察克》的简讯，报道了孟什维克戈洛索夫 7 月 3 日在莫斯科综合技术博物馆作的报告。戈洛索夫是 1918 年由孟什维克党中央派往西伯利亚的。——34。

15　杰尔席莫尔达是俄国作家尼·瓦·果戈理的喜剧《钦差大臣》中的一个愚蠢粗野、动辄用拳头打人的警察，这里用做警察专制制度的代名词。——38。

16　布列斯特和约是1918年3月3日苏维埃俄国在布列斯特-里托夫斯克同德国、奥匈帝国、保加利亚和土耳其签订的条约，3月15日经全俄苏维埃第四次（非常）代表大会批准。和约共14条，另有一些附件。根据和约，苏维埃共和国同四国同盟之间停止战争状态。波兰、立陶宛全部、白俄罗斯和拉脱维亚部分地区脱离俄国。苏维埃俄国应从拉脱维亚和爱沙尼亚撤军，由德军进驻。德国保有里加湾和蒙海峡群岛。苏维埃军队撤离乌克兰、芬兰和奥兰群岛，并把阿尔达汉、卡尔斯和巴统各地区让与土耳其。苏维埃俄国总共丧失100万平方公里土地（含乌克兰）。此外，苏维埃俄国必须复员全部军队，承认乌克兰中央拉达同德国及其盟国缔结的和约，并须同中央拉达签订和约和确定俄国同乌克兰的边界。布列斯特和约恢复了对苏维埃俄国极其不利而对德国有利的1904年的关税税率。1918年8月27日在柏林签订了俄德财政协定，规定俄国必须以各种形式向德国交付60亿马克的赔款。布列斯特和约是当时刚建立的苏维埃政权为了摆脱帝国主义战争，集中力量巩固十月革命取得的胜利而实行的一种革命的妥协。这个和约的签订，虽然使苏维埃俄国受到割地赔款的巨大损失，但是没有触动十月革命的根本成果，并为年轻的苏维埃共和国赢得了和平喘息时机去巩固无产阶级专政，整顿国家经济和建立正规红军，为后来击溃白卫军和帝国主义的武装干涉创造了条件。1918年德国十一月革命推翻了威廉二世的政权。1918年11月13日，全俄中央执行委员会宣布废除布列斯特和约。——38。

17　指凡尔赛和约。

凡尔赛和约即第一次世界大战后英、法、意、日等国对德和约，于1919年6月28日在巴黎郊区凡尔赛宫签订。和约的主要内容是，德国将阿尔萨斯—洛林归还法国，萨尔煤矿归法国；德国的殖民地由英、法、日等国瓜分；德国向美、英、法等国交付巨额赔款；德国承认奥地利独立;限制德国军备,把莱茵河以东50公里的地区划为非军事区。中国虽是战胜国,但和约却把战前德国在山东的特权交给了日本。这种做法遭到了中国人民的强烈反对,中国代表因而没有在和约上签字。列宁认为凡尔赛和约"是一个闻所未闻的、掠夺性的和约,它把亿万人,其中包括最文明的一部分人,置于奴隶地位"(见本版全集第39卷第394页)。——38。

18 《大家都去同邓尼金作斗争!(俄共(布尔什维克)中央给各级党组织的信)》一文是根据1919年7月3—4日举行的俄国共产党(布)中央委员会全体会议的一系列决议而写的,这次会议讨论了苏维埃俄国因协约国发动新的进攻而面临的许多重大问题。鉴于这个文件非常重要,俄共(布)中央决定把它作为党中央给各级党组织的信加以公布。文件由俄共(布)中央签署,发表于1919年7月9日《俄共(布)中央通报》第4期,并在当年出版了单行本。——40。

19 复兴会即俄罗斯复兴会,是以推翻苏维埃政权、恢复资本主义制度为宗旨的反革命组织,1918年3月在莫斯科成立。加入该会的有人民社会党人尼·瓦·柴可夫斯基、韦·亚·米雅柯金、阿·瓦·彼舍霍诺夫,右派社会革命党人尼·德·阿夫克森齐耶夫、伊·伊·布纳柯夫-丰达明斯基,立宪民主党人Н.И.阿斯特罗夫、尼·米·基什金、德·伊·沙霍夫斯科伊以及一些孟什维克护国派分子和谢·彼·梅利古诺夫教授。该会在彼得格勒、阿尔汉格尔斯克、沃洛格达等地设有分会。1918年该会参与组织了俄国北部、伏尔加河流域和西伯利亚等地的反苏维埃暴动。1919年4月,复兴会加入反革命的"战术中心"。1920年2月,"战术中心"被全俄肃反委员会彻底粉碎。——51。

20 积极派是指以米·伊·李伯尔、亚·尼·波特列索夫、谢·拉·瓦因施泰因等为首的一批孟什维克,他们极端敌视布尔什维克党,从十月革命起就开始采取武装斗争的手段反对苏维埃政权。他们加入各种反革命阴谋组织,支持反革命将军拉·格·科尔尼洛夫、阿·马·卡列金以及反革命的乌克兰中央拉达,积极参加捷克斯洛伐克军的叛乱,并与外国干涉者的军队相勾结。1918年,在孟什维克党的支持下,该派以讨论粮食状况为借口，开了几次所谓工人代表会议，在会上实际上提出了取消苏维埃的要求。——55。

21　捷克斯洛伐克军是第一次世界大战期间由奥匈帝国军队的战俘和侨居俄国的捷克斯洛伐克人在俄国组成的军队，共有两个师和一个预备旅，约5万人。十月革命胜利以后，协约国帝国主义者决定利用该军反对苏维埃共和国，主动给它提供军费。捷克斯洛伐克民族委员会主席托·马萨里克征得法国同意后宣布该军是法军的部队，协约国代表随后要求苏俄政府遣送该军回法国。1918年3月26日，苏俄政府已经决定同意捷克斯洛伐克军通过符拉迪沃斯托克撤走，条件是要把主要武器交给当地苏维埃政府。但该军指挥人员却同协约国代表和右派社会革命党人于5月14日在车里雅宾斯克举行会议，决定发动叛乱。这些人煽惑士兵，妄说苏维埃政府要解除他们的武装、把他们关进战俘营等等，同时鼓动他们用武力开路，冲到符拉迪沃斯托克去。5月25日和26日，叛乱在马林斯克和车里雅宾斯克开始。接着，叛军同社会革命党白卫部队一起占领了乌拉尔、伏尔加河流域和西伯利亚的大部地区。在占领区，捷克斯洛伐克军大批逮捕和杀害当地党政工作人员和革命工农，消灭苏维埃政权的机关，协助建立反革命政府（萨马拉的立宪会议委员会、叶卡捷琳堡的乌拉尔政府、鄂木斯克的西伯利亚临时政府）。苏俄红军于1918年9月转入进攻，解放了伏尔加河流域。由于军事上的失利和共产党人的地下工作，捷克斯洛伐克军开始瓦解，拒绝站在白卫军一边作战。1919年下半年，该军随着高尔察克军队的败退而东撤。1920年2月7日，红军同该军签订了停战协定。1920年春，捷克斯洛伐克军集中于符拉迪沃斯托克，然后陆续撤出俄国。——55。

22　列·达·托洛茨基向俄共（布）中央递交了一份申请书，其中写道："我在各方面军中工作这一情况使我无法经常参与军事总部和中央政治局的工作。这同样使我无法就总部的许多措施向党和军事部门的工作人员承担责任，而我认为那些措施是对我们业已确立并得到党代表大会赞同的军事体制冒险的甚至是危险的破坏。

同时，我与中央大多数人一样认为我继续留在前线工作是必要的，因此我请求：

(1)免去我的中央政治局委员和革命军事委员会主席(陆军人民委员)的职务；

(2)批准我为革命军事委员会委员。”——59。

23 《论国家(在斯维尔德洛夫大学的讲演)》是列宁1919年7月11日在斯维尔德洛夫大学讲演的记录，最初由苏联列宁研究院于1929年1月18日发表于《真理报》。按照该校学员 **Я.Я.**别尔兹1929年给列宁研究院的信以及其他一些资料的说法，列宁还于1919年8月29日在该校作了第二次讲演，题目是《关于国家，国家的意义、产生及阶级的产生》，可是第二次讲演的记录至今没有找到。

斯维尔德洛夫大学即斯维尔德洛夫共产主义大学，是苏联培养党政干部的第一所高等学校。这所大学的前身是1918年雅·米·斯维尔德洛夫倡议成立的全俄中央执行委员会附属鼓动员和指导员训练班。1919年1月，训练班改组为苏维埃工作学校，俄共(布)第八次代表大会后又改组为中央苏维埃工作和党务工作学校。1919年7月3日，俄共(布)中央全会批准了关于中央苏维埃工作和党务工作学校改名为斯维尔德洛夫共产主义大学的决定。——61。

24 斯巴达克派(国际派)是德国左派社会民主党人的革命组织，第一次世界大战初期形成，创建人和领导人有卡·李卜克内西、罗·卢森堡、弗·梅林、克·蔡特金、尤·马尔赫列夫斯基、莱·约吉希斯(梯什卡)、威·皮克等。1915年4月，卢森堡和梅林创办了《国际》杂志，这个杂志是团结德国左派社会民主党人的主要中心。1916年1月1日，全德左派社会民主党人代表会议在柏林召开，会议决定正式成立组织，取名为国际派。代表会议通过了一个名为《指导原则》的文件，作为该派的纲领，这个文件是在卢森堡主持和李卜克内西、梅林、蔡特金参与下制定的。1916年至1918年10月，该派定期出版秘密刊物《政治书信》，署名斯巴达克，因此该派也被称为斯巴达克派。1917年4月，斯巴达克派加入了德国独立社会民主党，但保持组织上和政治上的独立。斯巴达克派在群众中进行革命宣传，组织反战活动，领导罢工，揭露世界大战的帝国主义性质和社会民主党机会主义领袖的叛卖行为。斯巴达克派在理论和策略问题上也犯过一些错误，列宁曾屡次给予批评和帮助。1918 年 11 月，斯巴达克派改组为斯巴达克联盟，12 月 14 日公布了联盟的纲领。1918 年底，联盟退出了独立社会民主党，并在 1918 年 12 月 30 日—1919 年 1 月 1 日举行的全德斯巴达克派和激进派代表会议上创建了德国共产党。——71。

25 这是列宁在俄共(布)莫斯科市代表会议上就第三项议程——关于国内外形势作的报告。这次俄共(布)莫斯科市代表会议于 1919 年 7 月 12 日召开，有 200 名有表决权的代表出席，讨论了国防委员会最近采取的措施、粮食问题、国内外形势和前线情况等问题。代表会议关于目前形势的决议指出，反革命代理人企图利用劳动人民的疲惫和饥饿在工人中挑起不满，制造混乱。在这种困难日子里，所有觉悟工人的任务就是更紧密地团结在俄共(布)周围，把主要力量集中在军事工作、粮食工作、社会保障问题以及对劳动人民中觉悟程度较差和不够坚定的阶层进行宣传鼓动上。会议决定在莫斯科居民和莫斯科卫戍部队中广泛开展政治教育工作，并定期召开区的非党工人代表会议和非党红军战士代表会议。——79。

26 由于当时俄国国内粮食供应紧张，某些地方的工农代表苏维埃和其他苏维埃机关通过了自行采购和自由运输粮食的决定。例如，莫斯科苏维埃于 1918 年 8 月 24 日和彼得格勒苏维埃于同年 9 月 5 日分别通过了关于允许工人和职员运输不超过一普特半自用粮食的决定；人民委员会于 1919 年 6 月 30 日通过了允许缺粮地区的工人组织和农民组织从 1919 年 7 月 1 日到 8 月 14 日在辛比尔斯克省自行采购粮食的法令。这里说的前面的报告人是指粮食人民委员部部务委员阿·伊·斯维杰尔斯基。他在粮食问题报告中所说的违背自己的粮食政策，看来就是指苏维埃政权被迫采取的这些措施。——79。

27 指 1919 年 6 月 18—20 日在莫斯科举行的社会革命党第九次党务会议。出席这次会议的有 33 名有表决权的代表和 14 名有发言权的代表。在关于社会革命党对待苏维埃政权的态度这一主要议题上，代表中出现了不同看法。弗・卡・沃尔斯基主张同布尔什维克达成协议。持相近观点的尼・伊・拉基特尼科夫提议停止用武力反对布尔什维克而带着自己的纲领参加苏维埃。但是，第九次党务会议拒绝接受沃尔斯基提出的决议，而通过了以维・米・切尔诺夫为首的中央委员会提出的决议。这个决议断言所谓"第三种力量"即"俄国的劳动民主派"必将复兴，因此"任何软化和模糊"该党"对待资产阶级复辟党和布尔什维克专政的不调和立场的做法都是有害的和绝对不能容许的"。决议宣布，该党暂时放弃用武力反对"布尔什维克专政"，决不意味着承认这一专政，即使是暂时的和有条件的，而是根据现实情况作出的一种策略决定。会议决定同孟什维克联合，并表示反对第三国际。——80。

28 《人道报》(«L'Humanité»)是法国日报，由让・饶勒斯于1904年创办。该报起初是法国社会党的机关报，在第一次世界大战期间为法国社会党极右翼所掌握，采取了社会沙文主义立场。1918年该报由马・加香领导后，反对法国政府武装干涉苏维埃俄国的帝国主义政策。在法国社会党分裂和法国共产党成立后，从1920年12月起，该报成为法国共产党中央机关报。——84。

29 独立工党(I.L.P.)是英国改良主义政党，1893年1月成立。领导人有詹・哈第、拉・麦克唐纳、菲・斯诺登等。党员主要是一些新、旧工联的成员以及受费边派影响的知识分子和小资产阶级分子。独立工党从建党时起就采取资产阶级改良主义立场，把主要注意力放在议会斗争和同自由主义政党进行议会交易上。1900年，该党作为集体党员加入英国工党。在第一次世界大战期间，独立工党领袖采取资产阶级和平主义立场。1932年7月独立工党代表会议决定退出英国工党。1935年该党左翼成员加入英国共产党，1947年许多成员加入英国工党，独立工党不再是英国政治生活中一支引人注目的力量。——84。

30 共产国际第一次代表大会(国际共产党代表会议)于1919年3月2—6日在莫斯科举行。这次大会宣告了共产国际的成立。

1914年8—9月，列宁在他起草的提纲《革命的社会民主党在欧洲大战中的任务》和俄国社会民主工党宣言《战争和俄国社会民主党》(见本版全集第26卷)中提出了建立新的、排除机会主义分子的国际的任务。在第一次世界大战期间,列宁进行了大量工作来团结各国社会党中的左派分子,为建立新的国际奠定了组织基础。

1918年1月24日在彼得格勒召开的左派社会党人会议,讨论了筹备召开共产国际成立会议的问题,选举产生了筹备机构。1919年1月,由俄共(布)发起,召开了有俄国、匈牙利、德意志奥地利、拉脱维亚、芬兰五国的共产党和波兰共产主义工人党、巴尔干社会民主党联盟、美国社会主义工人党共8个党的代表参加的会议。会议讨论了召开各国革命无产阶级政党的代表大会以创立新的国际的问题,并向欧洲、亚洲、美洲、大洋洲的39个政党、团体和派别发出了邀请信。

代表大会于3月2日开幕。参加大会的有来自21个国家的35个政党和团体的代表52名。列宁主持了大会。他在3月4日的会议上宣读了关于资产阶级民主和无产阶级专政的提纲,并在自己的报告中论证了提纲的最后两点。代表大会一致赞同列宁的提纲,决定交执行局向世界各国广为传播。

代表大会通过了《共产国际的行动纲领》,指出无产阶级的社会主义革命的时代已经开始,无产阶级要团结所有力量同机会主义决裂,为建立无产阶级专政的苏维埃而斗争。代表大会在《关于对各"社会主义"派别和对伯尔尼代表会议的态度的决议》中谴责了恢复第二国际的企图。代表大会还通过了题为《告全世界无产者》的宣言,宣称共产国际是《共产党宣言》宣布的事业的继承者和实践者,号召全世界无产者在工人苏维埃的旗帜下、在夺取政权和实行无产阶级专政的革命斗争的旗帜下、在共产国际的旗帜下联合起来。——84。

31 巴塞尔宣言即1912年11月24—25日在巴塞尔举行的国际社会党非常代表大会一致通过的《国际局势和社会民主党反对战争危险的统一行动》决议,德文本称《国际关于目前形势的宣言》。宣言谴责了各国资产阶级政府的备战活动,揭露了即将到来的战争的帝国主义性质,号召各国人民起来反对帝国主义战争。宣言斥责了帝国主义的扩张政策,号召社会党人为反对一切压迫小民族的行为和沙文主义的表现而斗争。宣言写进了1907年斯图加特代表大会决议中列宁提出的基本论点：帝国主义战争一旦爆发，社会党人就应该利用战争所造成的经济危机和政治危机，来加速资本主义的崩溃，进行社会主义革命。——89。

32 英布战争亦称布尔战争，是指1899年10月—1902年5月英国对布尔人的战争。布尔人是南非荷兰移民的后裔，19世纪建立了德兰士瓦共和国和奥兰治自由邦。为了并吞这两个黄金和钻石矿藏丰富的国家，英国发动了这场战争。由于布尔人战败，这两个国家丧失了独立，1910年被并入英国自治领南非联邦。——92。

33 费边社是1884年成立的英国改良主义组织，其成员多为资产阶级知识分子，代表人物有悉·韦伯、比·韦伯、拉·麦克唐纳、肖伯纳、赫·威尔斯等。费边·马克西姆是古罗马统帅，以在第二次布匿战争（公元前218—前201年）中采取回避决战的缓进待机策略著称。费边社即以此人名字命名。费边派虽然认为社会主义是经济发展的必然结果，但只承认演进的发展道路。他们反对马克思主义的阶级斗争和无产阶级革命学说，鼓吹通过细微的改良来逐渐改造社会，宣扬所谓"地方公有社会主义"（又译"市政社会主义"）。1900年费边社加入工党（当时称劳工代表委员会），但仍保留自己的组织。在工党中，它一直起制定纲领原则和策略原则的思想中心的作用。第一次世界大战期间，费边派采取社会沙文主义立场。关于费边派，参看列宁《社会民主党在1905—1907年俄国第一次革命中的土地纲领》第4章第7节和《英国的和平主义和英国的不爱理论》（本版全集第16卷和第26卷）。——92。

34 指英国女资本家多罗西·内维尔。——94。

35 这里说的欧洲外交家会议是指海牙会议。1907年8月，英国社会民主党领袖之一哈·奎尔奇在第二国际斯图加特代表大会上把当时举行的这个会议叫做"强盗会议"，因此被德国政府驱逐出斯图加特。——101。

36 指伯尔尼国际于1919年8月2—9日在瑞士卢塞恩举行的代表会议。

该国际原打算召开“世界代表大会”，但因为只有 40 名代表到会，所以改称代表会议。会议议程是恢复国际和国际政治形势这两个问题。在本卷收载的《资产阶级如何利用叛徒》一文中，列宁对这次代表会议某些代表的发言作了评论。——103。

37 巴士底狱原为巴黎的一座城堡，建于 1370—1382 年，15 世纪起成为法国的国家监狱，16 世纪起主要用来囚禁政治犯，因而成了法国封建专制制度的象征。1789 年 7 月 14 日，巴黎起义人民攻陷了巴士底狱，法国资产阶级革命由此开始。1790 年，巴士底狱被拆毁。从 1880 年起，7 月 14 日成为法国的国庆节。——105。

38 指原定于 1919 年 7 月 21 日举行的国际工人政治罢工。罢工口号是：支持俄国和匈牙利革命，不许帝国主义政府干涉俄国和匈牙利内政。英、意、德、挪等国的工人虽如期分别举行了罢工，但由于各国社会党和工会的右翼领袖的阻挠，各国无产阶级的统一行动未能实现。阿·梅尔黑姆、莱·茹奥和法国劳动总联合会的其他领导人起初赞成罢工，但到预定的罢工日期前夕又建议延期，从而破坏了罢工。——105。

39 指匈牙利苏维埃共和国。

1918 年 10 月 30 日深夜匈牙利爆发了革命。资产阶级的自由主义激进派政党和社会民主党组成了联合政府。这个政府没有能力应付内部和外部困难，于 1919 年 3 月 20 日辞职，并建议由社会民主党单独组织政府。但是在当时革命危机尖锐化的形势下，社会民主党的领袖们不敢成立没有共产党参加的政府，不得不同当时还在狱中的匈牙利共产党领导人进行谈判。结果，双方签订了建立苏维埃政权的协议，同时决定两党在共产主义原则基础上和承认无产阶级专政的条件下合并，改称匈牙利社会党。3 月 21 日，匈牙利苏维埃共和国宣告成立，匈牙利第一届苏维埃政府——革命政府委员会组成，社会民主党人加尔拜·山多尔任主席，匈牙利共产党领袖库恩·贝拉任外交人民委员。

匈牙利苏维埃政权采取了一系列革命措施，如实行工业企业，运输业、银行的国有化和对外贸易的垄断，没收地主土地建立大农场，把职工的平均工资提高 25%，实行八小时工作制等等，并为保卫共和国建立了红军。但匈牙利苏维埃政权也犯了一些错误，特别是没有满足无地少地农民对土地的要求，因而未能建立起巩固的工农联盟。协约国帝国主义者从4月起利用罗马尼亚和捷克斯洛伐克的军队对匈牙利苏维埃共和国进行武装干涉，并对它实行经济封锁。在困难局势下，右派社会民主党人背叛革命，同国际帝国主义相勾结。1919年8月1日，匈牙利革命政府委员会被迫辞职。匈牙利苏维埃共和国存在了134天，就在国内外反革命势力的夹击下遭到扼杀。——105。

40 国防委员会于1919年5月24日通过一项决定，准许在盛产粮食地区作战的前线红军给缺粮地区的家庭邮寄粮食。国防委员会责成中央整顿和安排部队给养委员会拟定从军队邮寄粮食包裹的实施细则草案并于6月1日前提交国防委员会。但该草案拖至7月14日才提出，7月16日列入国防委员会议程。7月19日，列宁指示人民委员会秘书处调查此事并向人民委员会提出为杜绝拖拉作风应采取的实际措施（见本卷第107—108页）。7月22日，人民委员会听取了列·波·克拉辛对这个问题的说明，对中央整顿和安排部队给养委员会和陆军人民委员部未按期将实施细则提交国防委员会审批予以申斥，对粮食人民委员部和邮电人民委员部提出了警告。次日，7月23日，实施细则被国防委员会批准。——107。

41 本文是列宁对美国合众社提出的五个问题的答复。这五个问题是：

“1.俄罗斯苏维埃共和国是否对政府最初的对内对外政策纲领和经济纲领作了一些或大或小的改变？什么时候和哪一些？

2.俄罗斯苏维埃共和国对阿富汗、印度和俄国境外的其他穆斯林国家的策略如何？

3.你们对美国和日本所抱的政治目的和经济目的何在？

4.你们准备在什么条件下同高尔察克、邓尼金和曼纳海姆媾和？

5.你还有什么话要告诉美国舆论界？”

列宁的答复经布达佩斯转给美国报界。但合众社在转发给各报时删掉了列宁对第5个问题的答复，说那“纯粹是布尔什维克的宣传”。1919年10月，美国左派社会党人的《解放者》杂志发表了《声明和挑战》一文，引述了列宁对第5个问题的答复，并在编者按语中指出了合众社转发给各报时加以删节的情况。——109。

42 这里说的是1919年3月苏维埃政府同美国政府代表威·克·布利特在莫斯科进行的谈判。布利特前往莫斯科，是为了了解苏维埃政府同意在什么条件下同协约国媾和。

布利特在谈判中转达了美国总统伍·威尔逊和英国首相戴·劳合-乔治的建议。苏维埃政府为了尽快缔结和约，同意按照他们提出的条件进行谈判，但对这些条件作了一些重要修改（美国政府代表布利特和苏俄政府共同制定的和平建议草案全文见《苏联对外政策文件汇编》1958年俄文版第2卷第91—95页）。

布利特离开苏维埃俄国之后不久，高尔察克军队在东线取得了一些胜利。帝国主义各国政府指望借助高尔察克的力量来消灭苏维埃俄国，于是拒绝了和平谈判。威尔逊不准公布布利特带回的协定草案，劳合-乔治则在议会宣称他同与苏维埃政府谈判一事根本没有关系。——111。

43 指苏维埃政府给挪威著名社会活动家弗·南森的复信。南森在1919年4月17日给列宁的信中谈到，他于4月3日写信给美、法、英、意四大国政府首脑伍·威尔逊、若·克列孟梭、戴·劳合-乔治和维·奥兰多，提出一项用食品和药品援助苏维埃俄国的计划。4月17日，"四人会议"同意南森的建议，但有一个保留条件：在苏维埃俄国境内要停止军事行动并停止调运军队和各种军用物资。5月4日苏维埃政府从无线电中收到这封信后，在5月7日给南森发出了复信。由于这项计划不能保证停止军事行动不被反革命利用，苏维埃政府在复信中表示它只能同协约国各国政府就停止军事行动问题进行谈判。苏维埃政府的建议通过南森转达给了协约国各国政府。但是，协约国列强对这项建议未予答复。列宁对格·瓦·契切林起草的两份给南森的信稿作过批注（见本版全集第48卷第705号文献）。——111。

44 1919年7月29—30日，莫斯科工人、红军代表苏维埃和莫斯科工会理事会为执行1919年3月16日人民委员会关于合并分配机构和成立统一消费合作社的法令，在工会大厦召开了工厂委员会、工会理事会代表、莫斯科中央工人合作社和“合作社”协会理事会代表的莫斯科代表会议。会议讨论了成立莫斯科消费合作社的问题。7 月 30 日，列宁在代表会议上发表了关于粮食状况和军事形势的讲话。代表会议通过了莫斯科消费合作社章程，选出了临时理事会和监事会。——114。

45　苏哈列夫卡是莫斯科的一个市场，坐落在 1692 年彼得一世所建造的苏哈列夫塔周围。在外国武装干涉和国内战争时期，苏哈列夫卡是投机商活动的中心。从此，苏哈列夫卡一词就成了私人自由贸易的同义语。1920 年 12 月，莫斯科苏维埃作出封闭该市场的决议。新经济政策时期该市场曾恢复，1932 年被取缔。——115。

46　1919 年 7 月 16 日国防委员会批准了度假归来的工人可携带两普特定量和非定量食品的法令。这项法令没有公布，但由粮食人民委员亚·德·瞿鲁巴签发了一份给各省粮食委员会和巡查队长的电报，通知他们允许休假工人随身携带两普特重的行李，不受检查。这一规定实行到 1920 年为止。——119。

47　1919 年 5 月 26 日，协约国最高会议给亚·瓦·高尔察克发出一份由伍·威尔逊、戴·劳合-乔治、若·克列孟梭、维·奥兰多和西园寺公望共同签署的照会，声明愿意承认高尔察克，并提供军事装备、粮食和弹药的援助，以巩固他的“全俄执政者”的地位，但高尔察克必须履行下述条件：占领莫斯科后召开立宪会议；承认波兰和芬兰独立；如不能妥善解决俄国同爱沙尼亚、拉脱维亚、立陶宛以及高加索和外里海地区的相互关系问题，则将这个问题移交国际联盟，在此以前，承认这些领土为自治领土，等等。高尔察克在复信中表示愿意接受协约国提出的一系列条件。7 月 12 日，英、法、美、意四国对高尔察克的答复表示满意，并重申愿意援助高尔察克。——121。

48　这是列宁在全俄教育工作者和社会主义文化工作者第一次代表大会第 4 天会议上的讲话。

全俄教育工作者和社会主义文化工作者第一次代表大会于 1919

年7月28日—8月1日在莫斯科举行。出席代表大会的有来自32个省的277名代表。大会的主要任务是成立全俄教育工作者工会和制定成立教育工作者工会所应依据的基本原则。大会听取了关于工会运动和教育工作者工会的任务、关于教育方面的纲领、关于文化建设的当前任务、关于俄国和西欧的青年运动等报告。大会在所通过的决议中主张以全俄工会中央理事会的标准章程为基础，委托该工会中央委员会成立专门委员会根据教育工作者工会的性质和特点对章程加以修改，提交全俄工会第三次代表大会批准。大会号召全体教育工作者参加军队的政治教育工作并同共青团保持密切的联系。——125。

49 本文按原拟提纲共有七章(见本卷第427页)，仅写了其中的《奴才们》和《内战》两章。——133。

50 《思想》杂志(«Мысль»)是孟什维克的刊物，1919年1—7月在哈尔科夫出版，初为周刊，后为双周刊。直接参加该杂志工作的有：弗·亚·巴扎罗夫、С.德夫达里昂尼(萨纳)、М.克里切夫斯基等。该杂志总共出了15期。列宁提到的尔·马尔托夫的《世界布尔什维主义》一文于4—7月刊登在该杂志第10、12、13、15期上。——133。

51 《未来的日子》杂志(«Грядущий День»)是孟什维克派的刊物，1919年3—4月在敖德萨出版。直接参加该杂志工作的有：С.О.扎戈尔斯基、Д.О.扎斯拉夫斯基、帕·索·尤什凯维奇、马·文·维什尼亚克、阿·瓦·彼舍霍诺夫等。该杂志总共出了两期。——133。

52 《南方事业》文集(«Южное Дело»)是孟什维克的定期出版物，1918年在哈尔科夫和基辅出版，共出了两集。直接参加该文集工作的有：米·巴拉巴诺夫、Г.瑙莫夫和С.苏姆斯基。——133。

53 《联合》杂志(«Объединение»)是孟什维克社会革命党的刊物(月刊)，由Н.М.奥西波维奇和帕·索·尤什凯维奇编辑，1918年9月—1920年在敖德萨出版，总共出了5期。列宁在本文第二节提到的尤什凯维奇的《革命和内战》一文，发表于1919年1—2月该杂志第1—2期合刊。——133。

54 犹杜什卡·戈洛夫廖夫是俄国作家米·叶·萨尔蒂科夫-谢德林的长篇小说《戈洛夫廖夫老爷们》中的主要人物波尔菲里·弗拉基米罗维奇·戈洛夫廖夫的绰号,犹杜什卡是对犹大的蔑称。谢德林笔下的犹杜什卡是贪婪、无耻、伪善、阴险、残暴等各种丑恶品质的象征。——136。

55 旺代是法国西部的一个省。1793 年 3 月,该省经济落后地区的农民在贵族和僧侣的唆使和指挥下举行反对法国大革命的暴动,暴动于 1795 年被平定,但是在 1799 年和以后的年代中,这一地区的农民又多次试图叛乱。旺代因此而成为反革命叛乱策源地的代名词。——137。

56 这是列宁在非党工人红军战士代表会议上发表的关于苏维埃俄国国内外形势的讲话。这次会议于 1919 年 8 月 6—7 日举行,有来自莫斯科的普列斯尼亚、苏舍沃-玛丽亚、哈莫夫尼基、布特尔 4 个区的将近 1 000 名代表出席。会议就列宁的讲话通过决议,表示同意和拥护苏维埃政权的对内对外政策,保证全力支持苏维埃政权。阿·伊·斯维杰尔斯基和尼·伊·波德沃伊斯基还分别就粮食问题和前线形势在会上讲了话。——142。

57 1918 年 7 月 25 日,巴库苏维埃召开紧急会议,讨论在土耳其军队进攻的情况下巴库的政治形势和军事形势问题。孟什维克、达什纳克党人和社会革命党人借口保卫巴库,要求向英国军队求援。巴库苏维埃政权的领导人布尔什维克斯·格·邵武勉等坚决反对这种卖国的建议,主张采取紧急措施,用自己的力量来保卫巴库。但会议仍以微弱的多数票通过了邀请英国军队前来巴库的决议。

巴库人民委员会的布尔什维克委员处于少数地位,于是宣布辞去人民委员职务。但是,他们很快发现,在当时的情况下辞职是错误的,相反,应当留在自己的岗位上,利用一切机会来孤立和挫败妥协分子和叛徒。7 月 27 日举行的巴库全市布尔什维克代表会议决定:不经过斗争决不交出政权,立即在人民委员会领导下开展保卫巴库的工作,宣布总动员，号召工人保卫城市和苏维埃政权。为了执行这一决定，巴库人民委员会采取了一系列措施：宣布全市戒严，责成肃反委员会取缔反革命宣传，号召巴库工人拿起武器，竭尽全力保卫城市。

但是，阿塞拜疆共产党人和巴库无产阶级先进分子的英勇努力终因达什纳克党人、社会革命党人和孟什维克的叛卖而未能奏效。7月31日，在外国干涉者及其代理人的夹击下，巴库苏维埃政权暂时遭到了失败。协约国的代理人——社会革命党人、孟什维克和达什纳克党人组成了一个所谓"里海区舰队中央委员会专政"的反革命政府。阿塞拜疆苏维埃政权的领导者被捕。9月19日深夜，邵武勉等26名巴库人民委员在社会革命党人和孟什维克的直接参与下被英国干涉者杀害。——144。

58 这是列宁给英国工人运动女活动家西尔维娅·潘克赫斯特的复信。

1919年7月16日，潘克赫斯特写信给列宁，请求他就对待议会的态度问题发表意见。她在信中评论了当时英国的一些党派和团体，并给它们编了号：1.工联主义者和旧式的工人政治家；2.独立工党；3.英国社会党；4.革命的产业工人（包括工人委员会委员和车间代表）；5.社会主义工人党；6."工人社会主义联盟"；7.南威尔士社会主义协会。列宁在复信第6段中沿用了这一编号。潘克赫斯特的信载于1919年《共产国际》杂志第5期。——156。

59 指1918年12月30日—1919年1月1日在柏林举行的德国共产党成立代表大会（即全德斯巴达克派和激进派代表会议）。参加大会的有来自46个地方组织的83名代表，3名红色士兵同盟的代表，1名青年代表和16名来宾。大会由威·皮克主持。卡·李卜克内西在会上作了关于德国独立社会民主党内的危机的报告，罗·卢森堡作了关于党纲的报告。大会选出了中央委员会，通过了以进一步发展革命、建立工农政权为主要任务的党纲。在对待国民会议（立宪会议）选举的问题上，尽管卢森堡和李卜克内西在选举势必要举行的情况下主张党参加选举运动，以便利用国民会议的讲坛来进行革命宣传和鼓动，但代表大会仍以62票对23票的多数拒绝接受这个提案。后来，德国共产党第二次代表大会承认抵制国民会议选举的策略是错误的。——157。

60 指德国独立社会民主党。

德国独立社会民主党是中派政党，1917年4月在哥达成立。代表人物是卡·考茨基、胡·哈阿兹、鲁·希法亭、格·累德堡等。基本核心是中派组织"工作小组"。该党以中派言词作掩护，宣传同公开的社会沙文主义者"团结"，放弃阶级斗争。1917年4月—1918年底，斯巴达克派曾参加该党，但保持组织上和政治上的独立，继续进行秘密工作，并帮助工人党员摆脱中派领袖的影响。1920年10月，德国独立社会民主党在该党哈雷代表大会上发生了分裂，很大一部分党员于1920年12月同德国共产党合并。右派分子单独成立了一个党，仍称德国独立社会民主党，存在到1922年。——157。

61 B.S.P.即英国社会党，是由英国社会民主党和其他一些社会主义团体合并组成的，1911年在曼彻斯特成立。英国社会党是马克思主义的政治组织，但是由于带有宗派倾向，并且党员人数不多，因此未能在群众中展开广泛的宣传活动。第一次世界大战前夕和大战期间，在党内国际主义派（威·加拉赫、约·马克林、阿·英克平、费·罗特施坦等）同以亨·海德门为首的社会沙文主义派之间展开了激烈的斗争。但是在国际主义派内部也有一些不彻底分子，他们在一系列问题上采取中派立场。第一次世界大战爆发以后，1914年8月13日，英国社会党的中央机关报《正义报》发表了题为《告联合王国工人》的爱国主义宣言。1916年2月英国社会党的一部分活动家创办的《号召报》对团结国际主义派起了重要作用。1916年4月在索尔福德召开的英国社会党年会上，以马克林、英克平为首的多数代表谴责了海德门及其追随者的立场，迫使他们退出了党。该党从1916年起是工党的集体党员。1919年加入了共产国际。该党左翼是创建英国共产党的主要发起者。1920年该党的绝大多数地方组织加入了英国共产党。——158。

62 车间代表委员会是第一次世界大战期间英国一些工业部门的工人组织，由车间工人选举的代表组成。它们同执行"国内和平"政策的工联领袖相对立，捍卫工人群众的利益和要求，领导工人罢工，进行反战宣传。在车间代表运动的中心克莱德地区，建立了克莱德工人委员会，其影响遍及该地区的所有工人。克莱德工人委员会的章程中规定，该委员会的任务是按阶级原则组织工人进行斗争，直到完全消灭雇佣劳动制度为止。在伦敦、设菲尔德等大工业中心也成立了工人委员会。1916年，车间代表委员会成立了全国性组织。俄国十月革命后，在外国武装干涉苏维埃共和国期间，车间代表委员会积极支持苏维埃俄国。车间代表委员会的许多活动家，包括威·加拉赫、哈·波立特等，后来加入了英国共产党。——158。

63 《泰晤士报》(«The Times»)是英国最有影响的资产阶级报纸(日报)，1785年1月1日在伦敦创刊。原名《环球纪事日报》，1788年1月改称《泰晤士报》。——161。

64 1919年8月，安·伊·邓尼金派遣马蒙托夫骑兵军对南线苏维埃军队的后方进行袭扰。8月10日，该军在新霍皮奥尔斯克区域突破了苏维埃军队的防线，进而袭击了苏维埃军队后方的许多居民点和城市，给苏维埃军队造成威胁。为此，俄共(布)和苏维埃政府采取了一系列非常措施，同马蒙托夫骑兵军作斗争。8月23日，国防委员会宣布梁赞、图拉、奥廖尔、沃罗涅日、坦波夫、奔萨各省戒严，由革命委员会分别掌握各省的全部政权，并负责防御白卫军的进攻和镇压反革命骚乱。1919年10—11月，马蒙托夫骑兵军被击溃。——166。

65 列宁曾不止一次地要求当时由列·达·托洛茨基领导的共和国革命军事委员会采取坚决措施，同马蒙托夫骑兵军作斗争。关于这个问题，可参看1919年9月16日列宁给谢·伊·古谢夫的信(本版全集第49卷第96号文献)。——166。

66 这是列宁在莫斯科巴斯曼、列福尔托沃、阿列克谢耶夫、索科利尼基四个区非党工人红军战士代表会议上就目前局势发表的讲话。这次会议于1919年9月3—4日举行，约有3 000人参加。在会上讲话的还有阿·伊·斯维杰尔斯基(粮食问题)、亚·尼·维诺库罗夫(社会保障问题)等。会议就列宁的讲话通过的决议指出：工人阶级和农民面临着重受地主、资本家奴役的威胁，只有同敌人进行无情斗争才能防止这种威胁。会议决定全力加强红军的实力，在国民经济各部门努力工作，遵守革命纪律，坚决而准确地执行苏维埃政权的各项指示。——168。

67 指全俄工兵代表苏维埃第一次代表大会。

全俄工兵代表苏维埃第一次代表大会于1917年6月3—24日(6月16日—7月7日)在彼得格勒举行。出席大会的代表共1 090名，代表305个工兵农代表联合苏维埃，53个区、州和省苏维埃，21个作战部队组织，8个后方军队组织和5个海军组织。绝大多数代表属于孟什维克—社会革命党人联盟和支持它的一些小集团，当时在苏维埃中占少数的布尔什维克只有105名代表。列入代表大会议程的有革命民主和政权问题、对战争的态度问题、立宪会议的筹备问题、民族问题、土地问题等12项。列宁在会上就对临时政府的态度问题和战争问题发表了讲话。孟什维克和社会革命党人在会上号召加强军队纪律、在前线发动进攻、支持临时政府，并试图证明苏维埃不能掌握政权。列宁代表布尔什维克党指出，布尔什维克党时刻准备掌握全部政权。布尔什维克充分利用大会讲台揭露临时政府的帝国主义政策以及孟什维克和社会革命党人的妥协策略，对每个主要问题都提出并坚持自己的决议案。在社会革命党人和孟什维克把持下通过的代表大会决议支持临时政府、赞成前线的进攻、反对政权转归苏维埃。代表大会选出了由320人组成的中央执行委员会，其中孟什维克123名，社会革命党人119名，布尔什维克58名，统一社会民主党人13名，其他党派代表7名。孟什维克尼·谢·齐赫泽是中央执行委员会主席。——169。

68 西伯利亚政府(西伯利亚临时政府)是指在外国武装干涉者参与下于1918年6月23日在托木斯克成立的白卫政府。参加这个政府的有社会革命党人、孟什维克和立宪民主党人。政府首脑是社会革命党人彼·瓦·沃洛戈茨基。西伯利亚政府在虚伪的民主口号掩盖下，推行一系列反革命政策：将工商业企业、土地和庄园归还原业主；取消八小时工作制；解散和禁止成立苏维埃；恢复战地法庭；废除苏维埃政权颁布的一切法令；宣布沙皇政府和资产阶级临时政府的法令重新生效等。1918 年 11 月 3 日，西伯利亚政府把政权移交给了乌法执政府。——171。

69 《禁名报》(«Le Titre Censuré!!!»)是由法国新闻工作者乔治·昂克蒂尔编辑的报纸(周报)，1919 年 4 月 19 日—6 月 21 日在巴黎出版，总共出了 10 号，有些号在报头下面印有“布尔什维克报纸”或“法国共产主义者”的字样。该报主要刊登昂克蒂尔的文章，也转载过苏维埃俄国报纸的文章。——173。

70 指由于被驱逐的爱斯兰的同志到达彼得格勒而发表的《彼得格勒苏维埃告爱斯兰工人书》和 1919 年 9 月 3 日拍给爱斯兰政府的无线电报。——174。

71 看来，列宁是指英国陆军大臣温·丘吉尔在其演说中说 14 国军队正在准备进攻苏维埃俄国一事。关于这件事，罗斯塔社于 1919 年 8 月 28 日发出了以下的电讯：“据《人民政治日报》获自可靠方面的消息，陆军大臣丘吉尔不久前在一次党代表大会上发表演说，声称盟国要对俄国革命进行讨伐。14 国军队已在苏俄边界线上集中许多军事储备，就要开始大举进攻莫斯科。按照丘吉尔的打算，这次讨伐要在 8 月底或 9 月初开始。9 月攻克彼得格勒，圣诞节前攻克莫斯科。”列宁在这篇电讯稿上开列了 14 国的名单，即“英国、美国、法国、意大利、日本、芬兰、爱斯兰、拉脱维亚、立陶宛、波兰、乌克兰、格鲁吉亚、阿塞拜疆、亚美尼亚”，并在旁边加括号写了“高尔察克集团、邓尼金集团”(参看《列宁文稿》人民出版社版第 15 卷第 734 页)。——174。

72 这个决定草案是在 1919 年 9 月 4 日人民委员会的会议上通过的。——175。

73 《前进报》(«Vorwärts»)是德国社会民主党的中央机关报(日报)，1876 年 10 月在莱比锡创刊，编辑是威·李卜克内西和威·哈森克莱维尔。1878 年 10 月反社会党人非常法颁布后被查禁。1890 年 10 月反社会党人非常法废除后，德国社会民主党哈雷代表大会决定把 1884 年在柏林创办的《柏林人民报》改名为《前进报》(全称是《前进。柏林人民报》),从1891年1月起作为中央机关报在柏林出版,由李卜克内西任主编。恩格斯曾为《前进报》撰稿,同机会主义的各种表现进行斗争。1895年恩格斯逝世以后,《前进报》逐渐转入党的右翼手中。它支持过俄国的经济派和孟什维克。第一次世界大战期间持社会沙文主义立场。俄国十月革命以后,进行反对苏维埃的宣传。1933年停刊。——176。

74 指弗·施坦普费尔的《考茨基反对斯巴达克》一文,载于1919年9月7日《前进报》第457号。——176。

75 在1903年俄国社会民主工党第二次代表大会上,经济派分子莉·彼·马赫诺韦茨(布鲁凯尔)曾提出废除死刑的建议,被会议以多数票否决(赞成的有10票)。——177。

76 《新共和》杂志(«The New Republic»)是美国刊物(周刊),1914年创刊,在华盛顿—纽约出版。该刊反映资产阶级知识分子中的自由主义观点。——179。

77 美国共产党于1919年9月成立。1919年9月1—5日,退出美国社会党的以查·鲁滕贝格为首的该党左翼举行了美国共产党成立代表大会。几乎与此同时,以约·里德为首的另一个左翼集团也于同年8月31日—9月5日召开了美国共产主义工人党成立代表大会。这两个党并没有纲领性的分歧,它们在各自的成立代表大会上都通过了参加第三国际的决议。由于受政府迫害,这两个党随即转入地下。1920年它们彼此建立了联系,并于1921年5月合并为美国统一共产党。该党不久加入同年12月组成的合法的美国工人党。在1923年12月30日—1924年1月1日举行的代表大会上,美国工人党决定改称美国工人(共产)党。1930年6月改称美国共产党。——185。

78 国际联系委员会即重建国际联系委员会,是法国国际主义者于1916年1月建立的。委员会的成员有阿·梅尔黑姆、阿·布尔德朗等人。这是法国社会党人在法国建立革命的国际主义组织来对抗社会沙文主义组织的初步尝试。委员会进行反对帝国主义战争的宣传，出版揭露帝国主义者掠夺目的和社会沙文主义者叛变行为的小册子和传单，但否认必须同机会主义者决裂，并拒绝制定开展革命斗争的明确的彻底的纲领。虽然委员会的立场不够彻底，列宁仍认为有必要利用它来团结法国的国际主义者和扩大齐美尔瓦尔德左派的影响。根据列宁的意见，伊·费·阿尔曼德参加了委员会的工作。这个委员会在俄国十月革命和日益壮大的法国工人运动的影响下，成了团结革命的国际主义者的中心。委员会于1920年加入了法国共产党。

保卫工团委员会是1916年秋由一批否定议会活动而退出国际联系委员会的法国工团主义者建立的。该委员会于1919年5月决定加入共产国际。——185。

79 《国际报》(«L'Internationale»)是法国工团主义者的周报，保卫工团委员会的机关报，1919年2月15日—7月15日在巴黎出版，由雷·佩里卡编辑。——185。

80 瑞士社会党(瑞士社会民主党)成立于1870年，加入过第一国际，1888年重新建立。机会主义分子在党内有很大势力，他们在第一次世界大战期间采取了社会沙文主义立场。1916年秋，该党右翼(格吕特利联盟)从党内分裂出去。以罗·格里姆为首的多数党员采取中派主义和社会和平主义立场。党内左派则坚持国际主义立场。在俄国十月革命的影响下，该党左翼增强。左派于1920年12月退出该党，1921年3月同1917—1918年出现的一些共产主义团体一起组成了统一的瑞士共产党(后称瑞士劳动党)。

意大利社会党于1892年8月在热那亚代表大会上成立，最初叫意大利劳动党，1893年改称意大利劳动社会党，1895年开始称意大利社会党。从该党成立起，党内的革命派就同机会主义派进行着尖锐的思想斗争。1912年在艾米利亚雷焦代表大会上，改良主义分子伊·博诺米、莱·比索拉蒂等被开除出党。从第一次世界大战爆发到1915年5月意大利参战，意大利社会党一直反对战争，提出“反对战争，赞成中立!”的口号。1914年12月,拥护资产阶级帝国主义政策、主张战争的叛徒集团(贝·墨索里尼等)被开除出党。意大利社会党人曾于1914年同瑞士社会党人一起在卢加诺召开联合代表会议,并积极参加齐美尔瓦尔德(1915年)和昆塔尔(1916年)国际社会党代表会议。但是,意大利社会党基本上采取中派立场。1916年底意大利社会党在党内改良派的影响下走上了社会和平主义的道路。俄国十月革命胜利后,意大利社会党内的左翼力量增强。1919年10月5—8日在波伦亚举行的意大利社会党第十六次代表大会通过了加入共产国际的决议,该党代表参加了共产国际第二次代表大会的工作。1921年1月15—21日在里窝那举行的第十七次代表大会上,处于多数地位的中派拒绝同改良派决裂,拒绝完全承认加入共产国际的21项条件;该党左翼代表于21日退出代表大会并建立了意大利共产党。——185。

81 《小报》(«La Feuille»)是1917年8月—1920年在日内瓦出版的一种法文报纸(日报),由让·德布雷任编辑。该报标榜不追随任何政党,实际上站在伯尔尼国际的立场上。——185。

82 本文曾被美国记者麦克·布雷德作为他对列宁的访问记发表于1919年12月17日《基督教科学箴言报》,并收入他在1920年出版的《苏维埃俄国的野蛮》一书。据布雷德在他这本书中的记述,列宁同他谈话时还驳斥了所谓苏维埃政权是少数人的专政的说法,指出大多数产业工人和至少一半农民是拥护苏维埃政权并决心用生命来捍卫它的。——189。

83 1919年9月30日,人民委员会在审批小人民委员会就最高国民经济委员会的控告所作的决定时通过了这个草案。最高国民经济委员会所以向小人民委员会控告国家监察人民委员部,是因为国家监察人民委员部曾经下令撤销最高国民经济委员会的9个司法部门。人民委员会在通过列宁提出的决定草案时增补了第3条,条文是:“要求各委员会在两周内也都提出报告”;同时把列宁所提草案的第3条作为决定的第4条,条文是:“为对最高国民经济委员会各司法部门人员办事拖拉起诉,责成司法人民委员部进行调查,一周后向小人民委员会报告。”

小人民委员会是俄罗斯联邦人民委员会所属的一个常设委员会，1917年11月成立。设立小人民委员会是为了减轻人民委员会的负担。小人民委员会预先审议应由人民委员会决定的问题，自身也决定某些财政经济问题。小人民委员会一致作出的决定，经人民委员会主席签署，即具有人民委员会决定的效力。如遇意见分歧，则把问题提交人民委员会解决。小人民委员会的主席、副主席、成员由人民委员会从人民委员和副人民委员中任命，全俄工会中央理事会的代表也参加小人民委员会。1930年，小人民委员会被撤销。——197。

84 3月20日法令是指人民委员会1919年3月16日批准、3月20日在《全俄中央执行委员会消息报》公布的《关于消费公社的法令》。列宁直接参加了这个法令的制定工作。

4月3日法令是指人民委员会1919年4月3日根据《关于消费公社的法令》通过的《关于改组中央消费合作总社管理机构的决定》。这个管理机构原来的成员多数是孟什维克。根据决定，中央消费合作总社临时理事会补充了工人合作社的领导人安·马·列扎瓦、伊·阿·萨美尔、伊·伊·斯克沃尔佐夫-斯捷潘诺夫、列·米·欣丘克和人民委员会的代表彼·拉·沃伊柯夫、莫·伊·弗鲁姆金、奥·尤·施米特。根据人民委员会1919年6月27日的决定，尼·尼·克列斯廷斯基、斯·斯·皮利亚夫斯基和C.З.罗佐夫斯基也参加了中央消费合作总社临时理事会。

7月3日法令是指全俄中央执行委员会《关于工农消费合作社的决定》。这个决定是对人民委员会《关于消费公社的法令》的补充，1919年7月3日公布于《全俄中央执行委员会消息报》第143号(参看注6)。——198。

85 《彼得格勒工人的榜样》一文是为彼得格勒共产党员应征上前线而作。鉴于南线情况危急，1919年9月21日和26日俄共(布)中央召开全会，决定动员共产党员并派遣党和工人阶级的优秀代表上前线。俄共(布)中央于1919年9月30日在《俄共(布)中央通报》上发表的信件指出，各机关的共产党员，凡可由非党工作人员、妇女和国内战争中的残废人代替者，均须应征上前线。彼得格勒党组织积极响应党中央的号召，在9—11月间派往前线4 000余名共产党员，其中有1 800名是到军队担任领导工作的。列宁曾于10月2日致电格·叶·季诺维也夫，对彼得格勒工人坚决支援南线的行动表示敬意。——199。

86 这是列宁对美国《芝加哥每日新闻报》驻苏维埃俄国记者列文所提问题的书面答复，手稿是用英文写的。——202。

87 1919年10月9日，在列宁主持下召开了中央消费合作总社和粮食人民委员部党团会议，研究粮食采购问题。《合作社问题上的要求》就是在这个会上写的。——204。

88 《贫苦农民报》(«Беднота»)是俄共(布)中央主办的供农民阅读的报纸(日报)，1918年3月27日—1931年1月31日在莫斯科出版。该报的前身是在彼得格勒出版的《农村贫民报》、《士兵真理报》和在莫斯科出版的《农村真理报》。国内战争时期，《贫苦农民报》也是红军的报纸，在军内销售的份数占总印数的一半。先后担任该报编辑的有维·阿·卡尔宾斯基、列·谢·索斯诺夫斯基、雅·阿·雅柯夫列夫等。该报编辑部曾为列宁编写名为《贫苦农民晴雨表》的农民来信综述。从1931年2月1日起，《贫苦农民报》与《社会主义农业报》合并。——204。

89 指人民委员会1919年3月16日《关于消费公社的法令》。该法令规定：城乡一切合作社都必须合并为一个统一的分配机关——消费公社；当地所有居民都加入这个公社；每个公民都必须成为公社的社员并在它的一个分配站注册；各地方消费公社联合为省消费合作总社，各消费合作总社的统一中心是中央消费合作总社。——204。

90 《红旗报》(«Die Rote Fahne»)是斯巴达克联盟的中央机关报，后来是德国共产党的中央机关报，由卡·李卜克内西和罗·卢森堡创办，1918年11月9日起在柏林出版。该报多次遭到德国当局的迫害。1933年被德国法西斯政权查禁后继续秘密出版。1935年迁到布拉格出版；从1936年10月至1939年秋在布鲁塞尔出版。——206。

91 《自由报》(«Die Freiheit»)是德国独立社会民主党的机关报(日报),1918年11月15日—1922年9月30日在柏林出版。——207。

92 指1919年10月8—19日莫斯科市党组织举行的征收党员周。

征收党员周是根据俄共(布)第八次代表大会的决议举行的。在苏维埃共和国处于国内战争和外国武装干涉的极其困难的时刻,俄共(布)彼得格勒党组织于1919年8月10—17日、莫斯科省党组织于同年9月20—28日相继举行了征收党员周。俄共(布)中央全会总结初步经验后,9月26日决定在各城市、农村和军队中举行征收党员周。9月30日,中央在给各级党组织的关于征收党员周的通告信中指出,在各地党组织已经完成党员重新登记的情况下,着手吸收新的党员是适时的。通告信要求在征收党员周期间只吸收工人、红军战士、水兵和农民入党。通过举行征收党员周,仅俄罗斯联邦欧洲部分38个省就有20多万人入党,其中50%以上是工人,在作战部队中被接受入党的约7万人。——217。

93 俄共(布)根据党的第八次代表大会关于组织问题的决议于1919年5—9月进行了党员重新登记。俄共(布)中央于1919年4月24日在《真理报》上公布了重新登记的实施细则,其中说:全体党员重新登记是对各个党组织的全体人员进行的认真考核,其目的是清除党内的非共产主义分子,主要是那些混入执政党以便利用党员称号谋取私利的人。重新登记时,全体党员必须交回党证,填写履历表,呈交由两名具有半年以上党龄并被党委会认为可靠的共产党员出具的介绍书。在重新登记期间,停止接收新党员。凡是被揭发有不配党员称号的行为者(酗酒、腐化、以权谋私等)、临阵脱逃者、违反党的决议者、无正当理由不参加党的会议者以及不交纳党费者,都应开除出党。重新登记期间,恰逢动员党员入伍,有些人动摇脱党,这大大帮助了各个党组织清除那些不合格分子。据尼·尼·克列斯廷斯基在俄共(布)第九次代表大会上的报告,经过重新登记,党员人数减少了一半。——217。

94 1919年4月底,以穆罕默德·瓦利汗为首的阿富汗特命外交使团从喀布尔启程前往苏维埃俄国。使团于6月到达塔什干,直到乌拉尔南部的白卫军被歼、铁路交通恢复以后，才于10月10日抵达莫斯科。10月12日，特命大使穆罕默德·瓦利汗在随员陪同下拜访了外交人民委员，受到外交人民委员部全体部务委员的接待。

10月14日，人民委员会主席列宁接见了阿富汗使团，同大使进行了半个多小时的谈话。——220。

95 对阿富汗艾米尔阿曼努拉汗信中所提到的各项问题，人民委员会主席列宁在其签署的1919年11月27日的信中都作了回答。——221。

96 指1919年10月17日小人民委员会会议。——226。

97 指关于建立省和县苏维埃执行委员会财政局的条例和人民委员会1918年11月1日批准该条例的法令（见《苏维埃政权法令汇编》1964年俄文版第3卷第497—503页）。——226。

98 为贯彻俄共（布）中央九月全会的决定，伊万诺沃-沃兹涅先斯克于1919年10月3日举行了全市党员大会。大会要求每个党员都为粉碎邓尼金军队贡献自己的力量，并责成党组织着手动员共产党员上前线。10月9日，伊万诺沃-沃兹涅先斯克省委常委决定宣布党内总动员。经过短期工作，便有大约350人报名。10月24日，第一批开往前线的伊万诺沃-沃兹涅先斯克的共产党员到达莫斯科。当天列宁在工会大厦向他们发表了讲话。并写信给南方面军革命军事委员会热情地推荐这批同志，要求采取一切措施使他们得到妥善安排，而不致被埋没。——235。

99 波兰社会党是以波兰社会党人巴黎代表大会（1892年11月）确定的纲领方针为基础于1893年成立的。这次代表大会提出了建立独立民主共和国、为争取人民群众的民主权利而斗争的口号，但是没有把这一斗争同俄国、德国和奥匈帝国的革命力量的斗争结合起来。该党右翼领导人约·皮尔苏茨基等认为恢复波兰国家的唯一道路是民族起义，而不是以无产阶级为领导的全俄反对沙皇的革命。从1905年2月起，以马·亨·瓦列茨基、费·雅·柯恩等为首的左派逐步在党内占了优势。

1906年11月在维也纳召开的波兰社会党第九次代表大会把皮尔苏茨基及其拥护者开除出党，该党遂分裂为两个党：波兰社会党"左派"和波兰社会党"革命派"（"右派"，亦称弗腊克派）。

波兰社会党"左派"反对皮尔苏茨基分子的民族主义及其恐怖主义和密谋策略，主张同全俄工人运动密切合作，认为只有在全俄革命运动胜利的基础上才能解决波兰劳动人民的民族解放和社会解放问题。在1908—1910年期间，主要通过工会、文教团体等合法组织进行活动。该党不同意孟什维克关于在反对专制制度斗争中的领导权属于资产阶级的论点，可是支持孟什维克反对第四届国家杜马中的布尔什维克代表。第一次世界大战爆发后，该党持国际主义立场，参加了1915年的齐美尔瓦尔德会议和1916年的昆塔尔会议。该党欢迎俄国十月革命。1918年12月，该党同波兰王国和立陶宛社会民主党一起建立了波兰共产主义工人党（1925年改称波兰共产党，1938年解散）。

波兰社会党"革命派"于1909年重新使用波兰社会党的名称，强调通过武装斗争争取波兰独立，但把这一斗争同无产阶级的阶级斗争割裂开来。从第一次世界大战开始起，该党的骨干分子参加了皮尔苏茨基站在奥德帝国主义一边搞的军事政治活动（成立波兰军团）。1917年俄国二月革命后，该党转而对德奥占领者采取反对立场，开展争取建立独立的民主共和国和进行社会改革的斗争。1918年该党参加创建独立的资产阶级波兰国家，1919年同原普鲁士占领区的波兰社会党和原奥地利占领区的加利西亚和西里西亚波兰社会民主党合并。该党不反对地主资产阶级波兰对苏维埃俄国的武装干涉，并于1920年7月参加了所谓国防联合政府。1926年该党支持皮尔苏茨基发动的政变，同年11月由于拒绝同推行"健全化"的当局合作而成为反对党。1939年该党解散。——238。

100　指1919年10月开始的法国众议院选举运动。——245。

101　这是列宁在德国共产党分裂后致该党中央委员会的信。在写这封信的同时，列宁也给分裂出去的集团写了一封信（见本卷第249—250页）。

德国共产党于1919年10月在该党第二次代表大会上发生分裂。

这次代表大会在海德堡举行，有46名代表出席，代表16 000名党员。代表大会承认抵制立宪会议选举是错误的，通过了参加国会选举的决议。处于少数地位的"左"派集团反对代表大会的决议，坚持无政府工团主义的观点，因而被开除出党。他们另组了德国共产主义工人党，该党后来蜕化成为一个宗派小集团。——249。

102 本文以及本卷《附录》所收的几个提纲，看来是列宁打算写而没有写成的论无产阶级专政的小册子的准备材料。——255。

103 指马克思1852年3月5日给约·魏德迈的信（参看《马克思恩格斯文集》第10卷第106页）。——256。

104 看来是指卡·考茨基的《无产阶级专政》这本小册子。——257。

105 指马克思1870年12月13日给路·库格曼的信（见《马克思恩格斯文集》第10卷第346—350页）。——257。

106 指恩格斯1875年3月18—28日给奥·倍倍尔的信（参看《马克思恩格斯全集》第1版第19卷第7—8页）。——259。

107 指1852—1892年间马克思和恩格斯就工人阶级上层分子资产阶级化的过程所发表的意见（参看本卷第92页脚注①）。——262。

108 《工人报》(«Arbeiter-Zeitung»)是奥地利社会民主党的中央机关报。1889年7月由维·阿德勒在维也纳创办。1893年以前为周报，1894年每周出版两期，从1895年1月起改为日报。第一次世界大战期间，该报采取社会沙文主义立场。1934年被查封。1945年复刊后是奥地利社会党中央机关报。——262。

109 指1918年7月10日全俄苏维埃第五次代表大会通过的俄罗斯社会主义联邦苏维埃共和国宪法第23条："俄罗斯社会主义联邦苏维埃共和国为了整个工人阶级的利益，对利用权利来危害社会主义革命利益的个人和集团，剥夺其一切权利。"这一条款到1936年苏联苏维埃第八次（非常）代表大会通过新的苏联宪法以前一直有效。1936年苏联宪法规定，所有公民在苏维埃选举中都有平等的选举权和被选举权。——264。

110 列宁在这里指的是全俄铁路工会执行委员会。该委员会是在1917年7月15日—8月23日(7月28日—9月5日)于莫斯科召开的全俄铁路员工第一次代表大会上成立的，其成员中有社会革命党人14名，孟什维克6名，布尔什维克3名，其他党派6名，无党派人士11名，整个领导权操在孟什维克和社会革命党人手中。十月革命期间，全俄铁路工会执行委员会是反革命的中心之一。它打着"中立"和停止内战的旗号，阻挠从彼得格勒调运革命部队去支援莫斯科尚在进行的武装起义。在10月29日(11月11日)的决议中和发给铁路全线和地方苏维埃的电报中反对苏维埃政权，要求建立由布尔什维克到人民社会党各党代表组成的"清一色的社会党人政府"，并威胁说，否则就要举行总罢工，停止铁路运行。在11月20日(12月3日)通过的决议中又要求把铁路的经营管理权交给它，作为承认苏维埃政权的条件。全俄铁路工会执行委员会的这种反革命政策和行动引起了铁路工人的强烈不满。1918年1月5—30日(1月18日—2月12日)，在彼得格勒举行了全俄铁路员工非常代表大会，选出了布尔什维克占绝对优势的全俄铁路员工代表执行委员会。全俄铁路工会执行委员会被解散。——292。

111 《致土耳其斯坦共产党员同志们》是列宁为全俄中央执行委员会和人民委员会派遣土耳其斯坦事务委员会前去土耳其斯坦而写的一封信。

土耳其斯坦事务委员会是根据1919年10月8日全俄中央执行委员会和人民委员会的决定成立的，由沙·祖·埃利亚瓦任主席，成员有格·伊·博基、菲·伊·戈洛晓金、瓦·弗·古比雪夫、扬·埃·鲁祖塔克和米·瓦·伏龙芝。委员会具有国家机关和党的机关的权力，其主要任务是加强土耳其斯坦各族人民同苏维埃俄国劳动人民的联盟，巩固苏维埃政权，纠正当地在执行民族政策方面的错误和整顿党的工作。

列宁的信于1920年1月在土耳其斯坦共产党第五次边疆区全党代表会议上讨论过。代表会议写信给列宁，表示土耳其斯坦的共产党员保证坚决纠正所犯的错误，并对土耳其斯坦事务委员会给予一致的支持。——299。

112 指1919年11月5日小人民委员会会议。——301。

113 列宁的这些建议是在1919年11月11日人民委员会会议上提出的。这次会议讨论了关于统一林业机构的法令草案，未予通过，而成立了一个由森林总管理委员会、农业人民委员部和内务人民委员部的代表组成的专门委员会。列宁的建议交这个委员会加以执行。11月21日，人民委员会批准了关于统一林业机构的法令，公布于11月29日《全俄中央执行委员会消息报》。——302。

114 1919年11月8日，俄共(布)中央政治局会议讨论了燃料问题。列宁受会议委托起草了《与燃料危机作斗争》这封通告信。党中央的号召得到了全国广泛的响应。11月14日，即通告信在报上发表的次日，莫斯科红色普列斯尼亚区率先决定组织共产主义劳动"燃料周"，要求所有共产党员都参加星期六义务劳动。11月18日，俄共(布)莫斯科委员会动员了200名共产党员到燃料战线。采运燃料的劳动热潮由城市很快扩展到了农村。红军中也宣布从11月24日—12月1日为采运燃料周。党所采取的措施制止了燃料危机的继续发展。平均每昼夜的木柴装车数10月份为1 941车皮，12月份增加到2 895车皮。这对维持工业、运输和城市公用事业起了决定性作用。——303。

115 指1919年11月16—19日在莫斯科举行的全俄党的农村工作第一次会议。这次会议是俄共(布)中央农村工作部召集的，有各省(除奥伦堡、乌拉尔、顿河三个州和奥廖尔、沃罗涅日、阿斯特拉罕、阿尔汉格尔斯克四个省以外)、许多县和一些乡的党委会的代表参加。会议的目的是交流党的农村工作经验和制定加强农村工作的实际措施。会议的议程包括各地方的报告、关于组织问题以及关于农村妇女和农村青年工作、关于农村文化教育工作、关于农民报纸和对农村的书刊供应、关于农村征收党员周等问题。

在组织问题上，会议同意俄共(布)中央农村工作部提出的条例，认为必须造就专门在农民中进行工作的党员干部。会议对农村工作部拟定的《关于农村工作给俄共(布)省、县、乡党委的指示草案》略加修改,予以通过。会议指出必须吸引妇女参加国家建设各部门的工作、吸收广大农民青年群众加入俄国共产主义青年团。会议通过了举行农村征收党员周的决定,对召开各种非党代表会议的做法表示赞同。

列宁出席了 11 月 18 日的会议并讲了话。他在讲话的开头向与会代表热烈祝贺红军部队解放库尔斯克市。——307。

116 俄共(布)第八次代表大会于 1919 年 3 月 18—23 日在莫斯科举行。参加代表大会的有 301 名有表决权的代表和 102 名有发言权的代表,共代表 313 766 名党员。列入大会议程的问题是:中央委员会的总结报告;俄共(布)纲领;共产国际的建立;军事状况和军事政策;农村工作;组织工作;选举中央委员会。

列宁主持了大会,作了俄共(布)中央委员会的工作报告、关于党纲和农村工作的报告,并就军事问题发了言。

代表大会的中心问题是讨论并通过新党纲。第七次代表大会选出的纲领委员会已经通过了列宁的党纲草案,但是鉴于委员会内存在分歧,在第八次代表大会上就党纲问题作报告的除代表多数派的列宁外,还有代表少数派的尼·伊·布哈林。布哈林提议把关于资本主义和小商品生产的条文从纲领中删去,而只限于论述纯粹的帝国主义。他认为帝国主义是特殊的社会经济形态。布哈林和格·列·皮达可夫还提议把民族自决权的条文从党纲中删去。列宁反对他们的这些观点。代表大会先基本通过党纲草案,然后在纲领委员会对草案作了最后审定后于 3 月 22 日予以批准。本版全集第 36 卷《附录》中载有第八次代表大会通过的俄共(布)纲领全文。

代表大会解决的另一个重要问题是对中农的态度问题。列宁论证了党对中农的新政策,即在依靠贫苦农民、对富农斗争并保持无产阶级的领导作用的条件下从中立中农的政策转到工人阶级与中农建立牢固的联盟的政策。早在 1918 年 11 月底列宁就提出了这个口号。代表大会通过了列宁起草的《关于对中农的态度的决议》。

在代表大会的工作中,关于军事状况问题、关于党的军事政策问题、关于红军的建设问题占了相当重要的地位。在大会上,“军事反对派”维护游击主义残余,否认吸收旧的军事专家的必要性,反对在军队中建立铁的纪律。代表大会批驳了“军事反对派”的观点,批准了根据列宁的论点制定的军事问题决议。代表大会在关于组织问题的决议中反击了萨普龙诺夫—奥新斯基集团,这个集团否认党在苏维埃中的领导作用,主张把人民委员会和全俄中央执行委员会主席团合并起来。代表大会否决了联邦制建党原则,认为必须建立一个集中统一的共产党和领导党的全部工作的统一的中央委员会。代表大会规定了中央委员会的内部组织机构,包括第一次设立的政治局,以及组织局和书记处。代表大会选出了由 19 名委员和 8 名候补委员组成的中央委员会。——308。

117 1919 年 11 月 15 日,人民委员会会议审议了关于改进马铃薯收购工作的措施问题,当即成立了由亚·李·舍印曼、弗·巴·米柳亭等人组成的专门委员会,并责成该委员会在三天内拟出改进收购马铃薯并运抵莫斯科的紧急措施。这里收载的决议草案是人民委员会于 1919 年 11 月 18 日会议讨论舍印曼关于专门委员会的工作报告时通过的。——314。

118 人民委员会在讨论粮食人民委员部草案的同时,还讨论了最高国民经济委员会关于同一问题的草案。最高国民经济委员会草案第 4 条说:“准许淀粉糖浆工厂与农民签订马铃薯供应合同,每加工一普特马铃薯,可付给农民一俄磅淀粉糖浆类产品。”——314。

119 委员会制定的关于收购马铃薯的法令草案,由人民委员会在星期六,即 1919 年 11 月 22 日的会议上作了一些修改,并予以批准。——315。

120 1919 年 11 月 21 日俄共(布)中央政治局会议讨论了列宁的这份提纲草案,并作出了如下决定:

“(a)把列宁同志的提纲作为基础。

(b)对提纲进行逐条讨论的结果:第 1 条——通过,第 2 条——通过,同时还指出,在乌克兰苏维埃代表大会召开之前,乌克兰与俄罗斯根据1919年6月1日全俄中央执行委员会决议和政治局决定保持联邦关系，与此同时通过党的途径慎重制定乌克兰与俄罗斯融合的计划。

认为可以吸收斗争派的代表和乌克兰其他参加苏维埃的政党的代表进入新组建的中央，让获准进入全乌中央的所有政党都对自己采取的一切步骤负完全责任并签署共同宣言。

第3条——通过。

第4条——通过，并作如下补充：让贫苦农民进入农村和城市的机关，在其中占多数，让中农进入上述机关，在其中占少数。

第5条——通过。

第6条——经修改后通过，并要说明，在任何情况下都不得违背我们的粮食政策的基本原则。

第7条——经修改后通过。

第8条——通过。

第9条——通过。

(c)责成由加米涅夫、托洛茨基和拉柯夫斯基同志组成的委员会对提纲进行文字加工”(俄罗斯现代史文献保存和研究中心第17全宗，第3目录，第42卷宗，第1张)。

关于全乌中央的问题(见决定第b条第二段)就是在俄共(布)中央政治局的这次会议上解决的。全乌中央的名称为乌克兰革命委员会，它在工作中应当“与南方面军革命委员会保持密切联系”，在乌克兰苏维埃代表大会召开之前，乌克兰的全部政权都移交给它，参加该委员会的有格·伊·彼得罗夫斯基、德·扎·曼努伊尔斯基和其他政党的两名代表(俄罗斯现代史文献保存和研究中心第17全宗，第3目录，第42卷宗，第1—2张)。

由政治局指派的委员会根据列宁的提纲起草了决议草案，该决议草案在1919年11月29日俄共(布)中央全会上获得通过，决议在俄共(布)第八次全国代表会议(1919年12月2—4日)上得到批准(参看《苏联共产党代表大会、代表会议和中央全会决议汇编》1964年人民出版社版第1分册第587—589页；本卷第333—335页)。——316。

121　1919年11月21日俄共(布)中央政治局会议未就吸收斗争派加入第

三国际问题达成一致决议，列·达·托洛茨基和尼·尼·克列斯廷斯基持反对意见。当时决定通过电话征求共产国际执行委员会主席格·叶·季诺维也夫的意见。"如果他表示同意，决议即可执行。如果他不同意或希望把问题提交全会讨论，则由政治局就是否暂缓通过决议的问题进行讨论"（俄罗斯现代史文献保存和研究中心第17全宗，第3目录，第42卷宗，第2张）。——316。

122 这是列宁在全俄东部各民族共产党组织第二次代表大会上作的关于当前形势的报告。

全俄东部各民族共产党组织第二次代表大会由俄共（布）中央东部各民族共产党组织中央局召开，于1919年11月22日—12月3日在莫斯科举行。出席代表大会的有71名有表决权的代表和11名有发言权的代表。在代表大会开幕的前一天，曾由列宁主持召开了有俄共（布）中央委员和一部分代表参加的预备会议。代表大会听取了东部各民族共产党组织中央局的工作报告，各地的报告，中央穆斯林军事委员会和民族事务人民委员部中央穆斯林委员部的报告，以及关于国家组织问题和党的问题、关于东部妇女工作、青年工作等小组的报告并讨论了鞑靼—巴什基尔问题。代表大会规定了东部党的工作和苏维埃工作的任务，选出了俄共（布）中央东部各民族共产党组织中央局。——319。

123 立宪会议委员会是社会革命党人组织的反革命政府，1918年6月8日在捷克斯洛伐克军占领的萨马拉成立。委员会自封为立宪会议召开前的"临时政权"；最初由5名社会革命党立宪会议代表组成，弗·卡·沃尔斯基为主席；以后不断补充，到9月底增至96名。立宪会议委员会宣布"恢复民主自由"，建立所谓的工人代表苏维埃，成立"国民军"，同时废除苏维埃政权法令，将已经收归国有的企业归还原主，并在实际上让地主夺取已归农民的土地。1918年6—8月，立宪会议委员会的统治曾扩大到萨马拉、辛比尔斯克、喀山、乌法各省和萨拉托夫省的部分地区。9月，"国民军"在红军打击下节节败退，放弃了大部分地盘。1918年9月乌法执政府（即所谓"全俄临时政府"）成立后，立宪会议委员会改名为“立宪会议代表大会”，它的行政机关“部长会议”则成为乌法地区政府。11 月 19 日，在亚·瓦·高尔察克发动政变后，“立宪会议代表大会”成员被逮捕；虽经捷克斯洛伐克军交涉获释，但 12 月 3 日再度被捕，一部分人并被白卫军枪决于鄂木斯克。1918 年 12 月，“立宪会议代表大会”和“部长会议”均被撤销。——321。

124 俄共(布)第八次全国代表会议听取了格·瓦·契切林关于国际形势的报告，并通过了列宁拟定的关于国际形势的决议草案。列宁在向全俄苏维埃第七次代表大会作的关于全俄中央执行委员会和人民委员会工作报告的结尾宣读了上述决议草案(见本卷第 399—400 页)。决议经代表大会一致通过，作为向协约国各国提出的媾和建议(参看注 139)。——331。

125 这个文件是 1919 年 11 月 29 日俄共(布)中央全会通过的关于全俄中央执行委员会组成问题的决定的基础。当时，全俄苏维埃第七次代表大会即将召开，全俄中央执行委员会将由大会改选。——332。

126 指俄共(布)第八次代表大会关于组织问题的决议。决议中关于苏维埃建设的部分写道：“全俄中央执行委员会的组成应予改变，全俄中央执行委员会委员主要应当选自在农民和工人中进行经常工作的地方工作人员。”(参看《苏联共产党代表大会、代表会议和中央全会决议汇编》1964 年人民出版社版第 1 分册第 569 页)——332。

127 这个决议是根据列宁草拟的提纲制定的。俄共(布)中央政治局 1919 年 11 月 21 日会议讨论了列宁的提纲，把它交给专门委员会作最后审定。该委员会根据提纲拟的决议草案，在列宁补充了第 2 点后，于 11 月 29 日由俄共(布)中央全会通过，随后经俄共(布)第八次全国代表会议批准。——333。

128 乌克兰社会主义苏维埃共和国中央执行委员会在 1919 年 5 月 18 日同基辅工人代表苏维埃、工会、工厂委员会和基辅县农民代表大会举行的联席会议上通过了一项决议，其中指出：必须把各苏维埃共和国的一切力量联合起来同苏维埃政权的敌人进行武装斗争，并把各种物资集中在统一的中央机关手中。乌克兰社会主义苏维埃共和国中央执行委员会委托它的主席团向全俄中央执行委员会建议“制定建立革命斗争统一战线的具体形式”。拉脱维亚、立陶宛和白俄罗斯苏维埃政府也提出了类似的建议。

全俄中央执行委员会根据各苏维埃共和国最高机关的愿望，于1919年6月1日通过了《关于俄罗斯、乌克兰、拉脱维亚、立陶宛、白俄罗斯等苏维埃共和国联合起来抗击世界帝国主义的法令》。法令中说：全俄中央执行委员会鉴于国际帝国主义和国内反革命势力在各条战线上发动的进攻，考虑到乌克兰中央执行委员会1919年5月18日通过的决议以及拉脱维亚、立陶宛、白俄罗斯提出的建议，认为有必要把俄罗斯、乌克兰、拉脱维亚、立陶宛、白俄罗斯和克里木各社会主义苏维埃共和国的军事组织及军事指挥、国民经济委员会、铁路管理和经营、财政和劳动人民委员部统一起来。根据这个法令建立的各社会主义苏维埃共和国的军事政治联盟，在战胜外国武装干涉者和国内反革命势力的斗争中起了重大作用。——333。

129　革命委员会是1918—1920年俄国国内战争和外国武装干涉时期的非常政权机关。根据全俄中央执行委员会1919年10月24日颁布的条例，革命委员会分为三类：(1)从敌人手中解放出来的地区的革命委员会，由集团军革命军事委员会在苏维埃政权地方机关参与下组成，成员3—5人；(2)前线地区的革命委员会，由集团军革命军事委员会在地方省执行委员会参与下组成，其成员有革命军事委员会和执行委员会的代表。执行委员会可以暂时解散，而以革命委员会代之，执行委员会所属机关均由革命委员会领导；(3)后方的革命委员会，根据国防委员会的决定在各省、县建立，其成员为：执行委员会主席、地方部队政委和一名执行委员会委员。随着苏维埃政权的建立和巩固，革命委员会陆续解散。根据国防委员会1920年1月2日的决定，除刚从敌人手中解放出来的地区的革命委员会外，其他革命委员会一律撤销。各方面军和集团军的革命军事委员会有权在必要时提出保留革命委员会的问题。——334。

130 这一文件是列宁在人民委员会1919年12月2日会议讨论《关于改善铁路运输搞好军运的法令》的草案时提出的，并写入了该法令的第10条。法令经过这一补充和作了其他修改后，由人民委员会通过，部分发表于1919年12月14日《全俄中央执行委员会消息报》第281号。——336。

131 这是俄共（布）第八次全国代表会议的5篇文献。

俄共（布）第八次全国代表会议于1919年12月2—4日在莫斯科举行。出席会议的有45名有表决权的代表和73名有发言权的代表。某些省的党委和土耳其斯坦党组织未派代表出席会议。会议的议程是：中央委员会的政治报告和组织报告；关于国际形势的报告；全俄苏维埃第七次代表大会的议程（关于苏维埃建设的问题）；关于乌克兰的苏维埃政权；党章；关于对新党员的工作；燃料问题。代表会议是在列宁领导下进行的。

列宁和尼·尼·克列斯廷斯基分别作了中央委员会的政治报告和组织报告。代表会议讨论了他们的报告，一致赞同中央的政治路线和组织工作。关于国际形势问题，会议听取了格·瓦·契切林的报告，通过了列宁起草的一个决议草案。苏维埃建设问题是代表会议讨论的重要问题之一。米·弗·弗拉基米尔斯基作了报告，总结了苏维埃国家机关的工作经验，阐明了地方和中央机关的相互关系，提出了对俄罗斯联邦宪法作若干补充的具体建议。季·弗·萨普龙诺夫作了副报告。经过热烈讨论，代表会议肯定了列宁在建设政权机关以及这些机关的相互关系方面的民主集中制原则，通过了旨在加强国家机关、巩固无产阶级专政和吸引广大劳动群众建设苏维埃国家的一系列决议。乌克兰问题受到代表会议的极大关注。那里的党政机关当时在解决农民问题和民族问题中犯了严重错误。列宁就这个问题作了两次发言（其中一次的记录未找到），指出了巩固乌克兰苏维埃政权的道路。代表会议通过了俄共（布）新党章。这个党章新增加的《关于预备党员》的一章规定所有入党者都要经过预备期（工人、农民为两个月，其他社会成分不短于半年）。为了加强党的影响、在党外贯彻党的政策以及对所有机关团体的工作进行党的监督，新党章还增添了《关于党外机关团体中的党团》一章。代表会议还听取了尼·伊·布哈林关于对在征收党员周中发展的新党员进行工作的报告，批准了《关于使用新党员的提纲》，其中规定了提高党员的一般文化水平和思想政治水平、学习军事知识和巩固党的纪律的具体措施。代表会议就苏维埃建设、经济建设、军事建设以及对外政策所作的各项决议成为全俄苏维埃第七次代表大会决议的基础。——337。

132 指全俄苏维埃第七次代表大会(见注145)。——337。

133 指《人民政治日报》。

《人民政治日报》(«Folkets Dagblad Politiken»)是瑞典左派社会民主党人的报纸，1916年4月27日起在斯德哥尔摩出版，最初每两天出版一次，后改为日报(1917年11月以前称《政治报》)。1918—1920年该报的编辑是弗·斯特勒姆。1921年，瑞典左派社会民主党改名为共产党后，该报成为瑞典共产党的机关报。1945年停刊。——343。

134 指《泰晤士报》1919年10月24日刊载的《芬兰和布尔什维克》一文。——343。

135 《言语报》(«Речь»)是俄国立宪民主党的中央机关报(日报)，1906年2月23日(3月8日)起在彼得堡出版，实际编辑是帕·尼·米留可夫和约·弗·盖森。积极参加该报工作的有马·莫·维纳维尔、帕·德·多尔戈鲁科夫、彼·伯·司徒卢威等。1917年二月革命后，该报积极支持资产阶级临时政府的对内对外政策，反对布尔什维克。1917年10月26日(11月8日)被查封。后曾改用《我们的言语报》、《自由言语报》、《时代报》、《新言语报》和《我们时代报》等名称继续出版，1918年8月最终被查封。——343。

136 指社会革命党第九次党务会议《关于对红军的态度的决议》。该决议刊载于《人民事业小报附刊第2号》。——347。

137 指尼·彼·拉斯托普钦的《非党农民代表会议》一文。该文刊载于1919年11月20日《真理报》第260号。文章谈到了雅罗斯拉夫尔省召开非党农民代表会议的经验，认为这种会议是党联系广大劳动群众的一种形式。——355。

138 《关于农村工作给俄共(布)省、县、乡党委的指示草案》由俄共(布)中央农村工作部拟定，1919 年 9 月 20 日公布于《俄共(布)中央通报》，以供讨论。草案对《农村工作条例》中拟设的乡、县、省、地区农村工作组织员的职责作了详细规定，其中一项是使国营农场和公社对附近农民予以实际帮助。草案经全俄党的农村工作第一次会议略加修改后通过，并由俄共(布)第八次全国代表会议最后批准。——357。

139 《关于国际政策问题的决议草案》是列宁在 1919 年 12 月 2 日的会议上拟定的，经代表会议略加修改后通过。12 月 5 日，列宁在全俄苏维埃第七次代表大会上宣读了这一决议草案(见本卷第 399—400 页)。代表大会一致通过了这一决议，作为向协约国各国提出的媾和建议。

代表大会的这一媾和建议于 12 月 10 日分送给协约国各国代表。英、法、美、意四国政府拒绝予以考虑。——359。

140 斗争派是乌克兰社会革命党的左派于 1918 年 5 月建立的小资产阶级民族主义政党，因该党中央机关报《斗争报》而得名。1919 年 3 月，该党采用了乌克兰社会革命共产党(斗争派)这一名称，8 月改称为乌克兰共产党(斗争派)。斗争派依靠民族主义知识分子，并寻求中农的支持。该党领导人有格·费·格林科、瓦·米·布拉基特内、亚·雅·舒姆斯基等。

列宁和共产党对斗争派采取灵活的策略，力求把追随斗争派的一部分劳动农民和斗争派中的优秀分子争取过来，为取消斗争派这一政党创造条件。

斗争派曾申请加入共产国际，并要求承认他们是乌克兰主要的共产党。1920 年 2 月 26 日，共产国际执行委员会通过一项专门决定，建议斗争派解散自己的党，加入乌克兰共产党(布)。经过斗争派中央内部的激烈斗争，1920 年 3 月 20 日全乌克兰斗争派代表会议通过了斗争派自行解散并与乌克兰共产党(布)合并的决议。斗争派成员以个别履行手续的方式被吸收进乌克兰共产党(布)。——363。

141 农业公社和农业劳动组合第一次代表大会由农业人民委员部召开，于1919年12月3—10日在莫斯科举行。出席大会的有140名代表，其中93名为共产党员。列宁在代表大会开幕第二天发表了讲话。大会通过了全俄农业劳动生产组织（公社和劳动组合）联合会章程。章程规定，联合会的主要任务是把一切农业组织联合成一个统一的生产联合会，宣传土地共耕思想，并对附近农民，首先是红军家属和贫苦农民，给予实际帮助。——365。

142 十亿卢布基金是根据1918年11月2日人民委员会的法令“为改进和发展农业并按社会主义原则迅速改造农业”而设立的，用于对农业公社、劳动共耕社以及由个体耕作向集体耕作过渡的农业村社或农户发放补贴和贷款。农业人民委员部和财政人民委员部制定了发放这种补贴和贷款的详细办法（见1919年2月23日《全俄中央执行委员会消息报》第42号）。——365。

143 《关于社会主义土地规划和向社会主义农业过渡的措施的条例》是在1918年12月举行的全俄土地局、贫苦农民委员会和公社第一次代表大会的决议基础上制定的，由全俄中央执行委员会于1919年2月通过。列宁直接参加了制定该条例的工作，并给全俄中央执行委员会为此设立的专门委员会作过报告。条例在土地国有化的基础上规定了一系列向社会主义农业过渡的措施（见《苏维埃政权的土地政策（1917—1918年）》1954年俄文版第417—431页）。——365。

144 指谢·帕·谢列达的《农业公社和农业劳动组合联合会》一文，发表于1919年12月3日《全俄中央执行委员会消息报》第271号。——369。

145 这是全俄苏维埃第七次代表大会的4篇文献。

全俄苏维埃第七次代表大会于1919年12月5—9日在莫斯科举行。出席大会的有1 011名有表决权的代表（其中有共产党员970名），355名有发言权的代表（其中有共产党员308名）。根据全俄中央执行委员会1919年11月27日通过的关于准许曾经作出决议动员本党党员上前线保卫苏维埃共和国的反对党派代表出席代表大会的决定，有 21 名反对党的代表出席了代表大会，享有发言权。乌克兰、土耳其斯坦自治共和国和巴什基尔自治共和国的苏维埃代表也参加了代表大会的工作。大会的议程是：全俄中央执行委员会和人民委员会的报告；军事形势；关于共产国际；粮食情况；燃料问题；中央和地方的苏维埃建设；改选全俄中央执行委员会。

代表大会讨论了列宁作的全俄中央执行委员会和人民委员会的工作报告，对苏维埃政府的对内对外政策表示赞同。鉴于苏维埃建设问题、粮食状况问题和燃料问题具有特殊的重要性，这些问题的报告均交由相应的小组进行详细讨论；各小组就这些报告拟定的决议草案由 12 月 9 日的全体会议加以批准。列宁参加了苏维埃建设问题小组的会议，在会上发了言，并对关于苏维埃建设的决定草案提出了修改意见。大会通过的《关于苏维埃建设的决定》规定要进一步加强苏维埃国家机构，指出了扩大苏维埃民主的道路，并详细地规定了中央和地方苏维埃政权机关的职权范围。代表大会根据列宁的建议通过了关于和平问题的决议，再次建议英、法、美、意、日各国政府立即开始和平谈判（见本卷第 399—400 页）。大会通过了关于被压迫民族的决议，重申了苏维埃政府奉行的民族政策的原则。大会祝贺第三国际的成立，并在特别决议中对匈牙利白色恐怖的猖獗表示愤慨。代表大会选出了由 201 名委员和 68 名候补委员组成的全俄中央执行委员会。——376。

146　德国政府借口苏维埃政府的代表在德国进行革命宣传，于 1918 年 11 月 5 日即德国十一月革命爆发前三天，断绝了同俄罗斯联邦的外交关系，把苏维埃国家使团驱逐出柏林。德国同俄罗斯联邦的外交关系直到 1922 年才恢复。——380。

147　这里是套用法国作家让·巴·莫里哀的独幕喜剧《可笑的女才子》中的台词。喜剧描写两位青年因不会使用沙龙语言而遭到巴黎两位小姐的冷落，就设计报复，让他们的多少懂点交际语言的仆人冒名前去追求这两位小姐，果然博得了她们的欢心。最后他们到场说出真相，羞辱这两位小姐说：“那是我们的听差……　你们如果愿意爱他们，那就为了漂亮的眼睛而爱他们吧。”（第 16 场）——384。

148 列宁在这里和在本卷第391页都是转述法国历史学家阿·奥拉尔的信的内容。该信发表于1919年10月26日《人道报》。——387。

149 德雷福斯案件指1894年法国总参谋部尉级军官犹太人阿·德雷福斯被法国军界反动集团诬控为德国间谍而被军事法庭判处终身服苦役一案。法国反动集团利用这一案件煽动反犹太主义和沙文主义,攻击共和制和民主自由。在事实证明德雷福斯无罪后,当局仍坚决拒绝重审,引起广大群众强烈不满。法国社会党人和资产阶级民主派进步人士(包括埃·左拉、让·饶勒斯、阿·法朗士等)发动了声势浩大的运动,要求重审这一案件。在社会舆论压力下,1899年瓦尔德克-卢梭政府撤销了德雷福斯案件,由共和国总统赦免了德雷福斯。但直到1906年7月,德雷福斯才被上诉法庭确认无罪,恢复了军职。——387。

150 指1919年10月26日《人道报》发表的《列宁接受的建议全文》。——390。

151 国防委员会和人民委员会于1919年底制定了下列一些摆脱燃料危机的措施:国防委员会于1919年10月29日通过了《关于加强木柴和其他燃料运出和运达的措施的决定》;11月8日通过了关于宣布木柴采伐主管机关全体工人和职员为现役军人的决定;11月12日通过了关于成立铁路戒严特别委员会的决定;11月19日通过了实行向国家交纳木柴的义务,采伐和装卸各种燃料的劳动义务以及用畜力车辆运送燃料、军用物资、粮食和国家其他货物等的劳动义务的决定;人民委员会于11月21日发布了《关于吸收林业主管部门全体职工和农业人民委员部所有林业机关参加采伐木材以及关于林业管理机关某些人员变动的法令》,等等。——395。

152 全俄肃反委员会(全称是全俄肃清反革命和怠工非常委员会)是根据人民委员会1917年12月7日(20日)的决定,为了同反革命、怠工和投机活动进行斗争而成立的,直属人民委员会。领导人是费·埃·捷尔任斯基。在国内战争和外国武装干涉时期,它在同反革命破坏活动作斗争和保卫苏维埃共和国的国家安全方面发挥了巨大作用。随着国家转入和平经济建设，列宁于1921年12月1日向中央政治局建议改组全俄肃反委员会，缩小它的职权范围。12月23—28日召开的全俄苏维埃第九次代表大会通过了《关于全俄肃反委员会的决议》。1922年2月6日，全俄中央执行委员会根据全俄苏维埃第九次代表大会的决议通过法令，把全俄肃反委员会改组为俄罗斯联邦内务人民委员部国家政治保卫局。——402。

153　崩得是立陶宛、波兰和俄罗斯犹太工人总联盟的简称，1897年9月在维尔诺成立。参加这个组织的主要是俄国西部各省的犹太手工业者。崩得在成立初期曾进行社会主义宣传，后来在争取废除反犹太特别法律的斗争过程中滑到了民族主义立场上。在1898年俄国社会民主工党第一次代表大会上，崩得作为只在专门涉及犹太无产阶级问题上独立的"自治组织"，加入了俄国社会民主工党。在1903年俄国社会民主工党第二次代表大会上，崩得分子要求承认崩得是犹太无产阶级的唯一代表。在代表大会否决了这个要求之后，崩得退出了党。根据1906年俄国社会民主工党第四次（统一）代表大会决议，崩得重新加入了党。从1901年起，崩得是俄国工人运动中民族主义和分离主义的代表。它在党内一贯支持机会主义派别（经济派、孟什维克和取消派），反对布尔什维克。第一次世界大战期间，崩得分子采取社会沙文主义立场。1917年二月革命后，崩得支持资产阶级临时政府。1918—1920年外国武装干涉和国内战争时期，崩得的领导人同反革命势力勾结在一起，而一般的崩得分子则开始转变，主张同苏维埃政权合作。1921年3月崩得自行解散，部分成员加入俄国共产党（布）。——402。

154　指1919年11月即尼·尼·尤登尼奇再次进攻彼得格勒期间，在彼得格勒侦破的一个反革命阴谋案件。主谋是同尤登尼奇勾结并接受协约国津贴的一个白卫组织。参加这个组织的有沙皇政府的大臣、沙皇军队的将领、立宪民主党党员以及接近社会革命党和孟什维克的人物。他们准备在尤登尼奇军队逼近彼得格勒时举行暴动，并成立以立宪民主党人亚·尼·贝科夫为首的白卫政府。——403。

155　指米·费·弗拉基米尔斯基《苏维埃建设的两年》一文，发表于1919年

10 月《苏维埃政权》杂志第 11 期。——405。

156 这是列宁在组织小组第 2 次会议讨论苏维埃建设的报告时的讲话。组织小组亦称苏维埃建设小组，是在全俄苏维埃第七次代表大会上成立的，负责研究自 1918 年 6 月苏维埃第五次代表大会通过俄罗斯联邦宪法以来苏维埃建设实践中发生的变化。该小组在 1919 年 12 月 8 日举行了两次会议，基本通过了俄共（布）第八次全国代表会议关于苏维埃建设的决议，并交专门委员会修改定稿。12 月 9 日，俄共（布）中央政治局两次开会讨论组织小组拟定的关于苏维埃建设的决定，最后批准了决定文本，其中包含列宁提出并经政治局会议通过的修改意见。苏维埃第七次代表大会在最后一次全体会议上通过了这项决定。——411。

157 这里指的是人民委员会 1919 年 8 月 5 日会议听取农业人民委员谢·帕·谢列达关于省国营农场管理局和省农业局相互关系的报告一事。这次会议讨论了谢列达就这一问题提出的工作细则，通过了列宁起草的修改这一工作细则的指示（见本卷第 140—141 页）。——411。

158 指孟什维克中央 1919 年 7 月 12 日发表的宣言《怎么办》，列宁于 1919 年 7 月 26 日曾收到这个宣言。孟什维克在这个宣言中要求扩大苏维埃的选举权，“恢复出版、集会自由”，撤销肃反委员会，根本改变苏维埃国家的经济政策，并说只有在这样的纲领的基础上，才能建立“巩固的革命统一战线”。——424。

159 贫苦农民委员会（贫委会）是根据全俄中央执行委员会 1918 年 6 月 11 日《关于组织贫苦农民和对贫苦农民的供应的法令》建立的，由一个乡或村的贫苦农民以及中农选举产生。根据上述法令，贫苦农民委员会的任务是：分配粮食、生活必需品和农具；协助当地粮食机构没收富农的余粮。到 1918 年 11 月，在欧俄 33 省和白俄罗斯，共建立了 122 000 个贫苦农民委员会。在许多地方，贫苦农民委员会改选了受富农影响的苏维埃，或把权力掌握在自己手里。贫苦农民委员会的活动超出了 6 月 11 日法令规定的范围，它们为红军动员和征集志愿兵员，从事文教工作，参加农民土地（包括份地）的分配，夺取富农的超过当地平均份额的土地（从富农 8 000 万俄亩土地中割去了 5 000 万俄亩），重新分配地主土地和农具，积极参加组织农村集体经济。贫苦农民委员会实际上是无产阶级专政在农村中的支柱。到 1918 年底，贫苦农民委员会已完成了自己的任务。根据 1918 年 11 月全俄苏维埃第六次（非常）代表大会的决定，由贫苦农民委员会主持改选乡、村苏维埃，改选后贫苦农民委员会停止活动。——430。

160 俄共（布）中央政治局在 1919 年 12 月 27 日的会议上讨论了《全俄工会中央理事会俄共（布）党团委员会条例》草案。列宁的意见成为政治局有关决定的基础。——445。

161 《条例》草案第 1 条称：全俄工会中央理事会俄共（布）党团是领导全俄工会运动的党组织。——445。

162 《条例》草案第 3 条称："为协调全俄各生产联合组织的行动和最有效最有组织地贯彻共产党在工会运动中的统一路线，一切现有的和新成立的全俄生产联合组织的党团均直属于全俄工会中央理事会党团。"——445。

163 人民委员会 1919 年 12 月 6 日会议讨论了莫斯科的食品供应问题，人民委员会关于这个问题的决定是在列宁这份草案初稿的基础上形成的。——451。

164 指交通人民委员部与粮食人民委员部关于从产粮区向消费区运粮问题的协议。人民委员会的决定称："协议要保证定期将粮食运抵莫斯科，其数量应能满足按不同阶级的口粮标准进行分配的需要。"——451。

165 指逐日向人民委员会报告给莫斯科供应粮食和运送马铃薯的情况。——451。

人 名 索 引

A

阿·日·(А.Ж.)——2—6。

阿德勒,弗里德里希(Adler,Friedrich 1879—1960)——奥地利社会民主党右翼领袖之一,“奥地利马克思主义”理论家,第二半国际和社会主义工人国际的组织者和领袖之一;维·阿德勒的儿子。1907—1911年任苏黎世大学理论物理学讲师。1910—1911年任瑞士社会民主党机关报《民权报》编辑,1911年起任奥地利社会民主党书记。在哲学上是经验批判主义的信徒,主张以马赫主义哲学“补充”马克思主义。第一次世界大战期间主张社会民主党对帝国主义战争保持“中立”和促使战争早日结束。1914年8月辞去书记职务。1916年10月21日因枪杀奥匈帝国首相卡·施图尔克伯爵被捕。1918年11月获释后重新担任党的书记,走上改良主义道路。1919年当选为全国工人代表苏维埃执行委员会主席。1923—1939年任社会主义工人国际书记。——205、206、208、262、266、409。

阿尔伯特,麦克斯——见埃贝莱因,胡戈。

阿夫克森齐耶夫,尼古拉·德米特里耶维奇(Авксентьев,Николай Дмитриевич 1878—1943)——俄国社会革命党领袖之一,该党中央委员。1905年为彼得堡工人代表苏维埃委员。斯托雷平反动时期和新的革命高涨年代参加社会革命党右翼,任社会革命党中央机关刊物《劳动旗帜报》编委。第一次世界大战期间是社会沙文主义者,为护国派刊物《在国外》、《新闻报》、《号召报》撰稿。1917年二月革命后任彼得格勒苏维埃执行委员会委员、全俄农民代表苏维埃执行委员会主席、第二届联合临时政府内务部长,10月任俄罗斯共和国临时议会(预备议会)主席。十月革命后是反革命叛乱的策划者之一。1918年是所谓乌法督政府的主席。后流亡国外,继续反

对苏维埃政权。——55、428。

阿列克辛斯基,格里戈里·阿列克谢耶维奇(Алексинский,Григорий Алексеевич 1879—1967)——俄国社会民主党人,后蜕化为反革命分子。1905—1907年革命期间是布尔什维克。第二届国家杜马彼得堡工人代表,社会民主党党团成员,参加了杜马的失业工人救济委员会、粮食委员会和土地委员会,并就斯托雷平在杜马中宣读的政府宣言,就预算、土地等问题发了言。作为社会民主党杜马党团代表参加了俄国社会民主工党第五次(伦敦)代表大会的工作。斯托雷平反动时期是召回派分子、派别性的卡普里党校(意大利)的讲课人和"前进"集团的组织者之一。第一次世界大战期间是社会沙文主义者,曾为多个资产阶级报纸撰稿。1917年加入孟什维克统一派,持反革命立场;七月事变期间伙同特务机关伪造文件诬陷列宁和布尔什维克。1918年逃往国外,投入反动营垒。——428。

阿曼努拉汗(Amanullah Khan 1892—1960)——阿富汗艾米尔(1919—1926)和阿富汗国王(1926—1929)。执政期间,阿富汗宣布完全独立,并于1919年与苏维埃俄国建立外交关系。1921年同俄罗斯联邦签订友好条约,1926年同苏联签订互守中立和互不侵犯条约。——220。

阿瓦涅索夫,瓦尔拉姆·亚历山德罗维奇(Аванесов,Варлаам Александрович 1884—1930)——1903年加入俄国社会民主工党,积极参加1905—1907年革命。1907—1913年在瑞士,曾任俄国社会民主工党联合小组书记。1914年回国,参加布尔什维克。1917年二月革命后是莫斯科工人代表苏维埃布尔什维克党团成员和莫斯科苏维埃主席团委员。十月革命期间任彼得格勒军事革命委员会委员。1917—1919年任全俄中央执行委员会秘书和主席团委员。1919—1920年初任国家监察人民委员部部务委员,1920—1924年任副工农检查人民委员、全俄肃反委员会会务委员,后任副对外贸易人民委员。1925年起任最高国民经济委员会主席团委员。1922—1927年任苏联中央执行委员会委员。——314。

埃贝莱因,胡戈(阿尔伯特,麦克斯)(Eberlein,Hugo(Albert,Max) 1887—1944)——德国共产党人,斯巴达克联盟领导人之一,德国共产党中央委员。共产国际第一次、第四次和第七次代表大会代表。1935—1937年任共产国际执行委员会国际监察委员会委员。——249—250。

昂克蒂尔,乔治(Anquetil,Georges)——法国新闻工作者。1919年任《禁名报》编辑。——185、206。

奥尔洛夫,H.A.(Орлов,H.A.)——1918—1919年任《粮食人民委员部通报》杂志秘书,1920—1921年任该杂志出版部助理编辑和编辑,后任苏联驻柏林全权代表处出版的《新世界》杂志经济部主任。——375。

奥拉尔,弗朗索瓦·维克多·阿尔丰斯(Aulard,François Victor Alphonse 1849—1928)——法国历史学家,法国大革命史专家,激进党党员。1886—1922年在巴黎大学讲授法国革命史。曾任法国革命史学会会长和学会机关刊物《法国革命》杂志主编。在利用大量档案材料写成的著作中,从自由派资产阶级的立场出发,驳斥了反动历史学家对法国革命史的歪曲。写有18世纪末法国资产阶级革命史方面的著作。把1789年人权宣言的原则理想化,认为实现这些原则是今后法国全部历史的真谛。主要著作为《法国革命政治史》(1901)。——387、391、448。

B

巴比塞,昂利(Barbusse,Henri 1873—1935)——法国作家和社会活动家。1923年加入法国共产党。第一次世界大战期间作为志愿兵上过前线;在此次战争和俄国十月革命的影响下形成了革命的、反军国主义的观点。是苏维埃俄国的朋友,曾积极参加反对协约国武装干涉苏维埃俄国的运动。20—30年代在法国和世界文化界进步人士的反战、反法西斯运动中起过重大作用。——100、112、423。

巴布什金,伊万·瓦西里耶维奇(Бабушкин,Иван Васильевич 1873—1906)——俄国工人,职业革命家,布尔什维克。1891年起在彼得堡谢米扬尼科夫工厂当钳工。1894年加入列宁领导的工人马克思主义小组。曾参加列宁起草的社会民主党第一份鼓动传单《告谢米扬尼科夫工厂工人书》的撰写工作,并在厂内散发。从彼得堡工人阶级解放斗争协会建立时起,就是该协会最积极的会员和列宁最亲密的助手。参加列宁的《火星报》的组织工作,是该报首批代办员之一和通讯员。1902年受党的委派到工人团体中进行革命工作,参加反对经济派和祖巴托夫分子的斗争,使工人摆脱祖巴托夫"警察社会主义"的影响。多次被捕、流放和监禁。参加

1905—1907年革命，是俄国社会民主工党伊尔库茨克委员会和赤塔委员会委员，赤塔武装起义的领导人之一。1906年1月从赤塔到伊尔库茨克运送武器时被讨伐队捕获，未经审讯即被枪杀。列宁为巴布什金写了悼文，高度评价他忠于革命的精神。——94。

巴拉巴诺夫，米哈伊尔·索洛蒙诺维奇(Балабанов，Михаил Соломонович 生于1873年)——俄国社会民主党人，孟什维克。曾为孟什维克的《开端报》和《事业》杂志撰稿。1909年起是自由派资产阶级报纸《基辅思想报》撰稿人。1917年为基辅市杜马代表。1918年是反革命的乌克兰中央拉达成员。1919年是基辅孟什维克组织一个委员会的委员。——133。

巴扎罗夫，弗·(**鲁德涅夫，弗拉基米尔·亚历山德罗维奇**)(Базаров，В.(Руднев，Владимир Александрович) 1874—1939)——俄国哲学家和经济学家。1896年参加社会民主主义运动。1904—1907年是布尔什维克，曾为布尔什维克报刊撰稿。1907—1910年斯托雷平反动时期背弃布尔什维主义，宣传造神说和经验批判主义，是用马赫主义修正马克思主义的主要代表人物之一。1917年是孟什维克国际主义者，半孟什维克的《新生活报》的编辑之一；反对十月革命。1921年起在国家计划委员会工作。和伊·伊·斯克沃尔佐夫-斯捷潘诺夫合译了《资本论》(第1—3卷，1907—1909年)及马克思的其他一些著作。晚年从事文艺和哲学著作的翻译工作。其经济学著作涉及经济平衡表问题。哲学著作追随马赫主义，主要著作有《无政府主义的共产主义和马克思主义》(1906)、《两条战线》(1910)等。——133。

邦契-布鲁耶维奇，弗拉基米尔·德米特里耶维奇(Бонч-Бруевич，Владимир Дмитриевич 1873—1955)——19世纪80年代末参加俄国革命运动，1896年侨居瑞士。在国外参加劳动解放社的活动，为《火星报》撰稿。俄国社会民主工党第二次代表大会后是布尔什维克。1903—1905年在日内瓦领导俄国社会民主工党中央委员会发行部，组织出版布尔什维克的书刊(邦契-布鲁耶维奇和列宁出版社)。以后几年积极参加布尔什维克报刊和党的出版社的组织工作，屡遭沙皇政府迫害。对俄国的宗教社会运动，尤其是宗教分化运动作过研究，写过一些有关宗教分化运动史的著作；1904年曾为教派信徒出版社会民主主义的小报《黎明报》。1917年二月革命后任彼得

席之一,1937—1938年任苏联最高苏维埃主席团副主席。在党的第十至第十七次代表大会上当选为中央委员,1926—1939年为中央政治局候补委员。1940年起任国家革命博物馆副馆长。——408。

彼得松,卡尔·安德列耶维奇(Петерсон,Карл Андреевич 1877—1926)——1898年加入俄国社会民主工党,布尔什维克。曾在利巴瓦、里加、彼得堡等城市从事革命工作,屡遭沙皇政府迫害。1917年二月革命后是全俄中央执行委员会布尔什维克党团成员。十月革命期间任彼得格勒军事革命委员会委员,后任全俄中央执行委员会主席团委员、全俄中央执行委员会革命法庭成员、拉脱维亚步兵师政委。1918年12月起任拉脱维亚苏维埃政府陆军人民委员,1920年1月起任叶尼塞斯克省军事委员。1921年起任外交人民委员部驻新罗西斯克全权代表。——244。

彼舍霍诺夫,阿列克谢·瓦西里耶维奇(Пешехонов,Алексей Васильевич 1867—1933)——俄国社会活动家和政论家。19世纪90年代为自由主义民粹派分子。《俄国财富》杂志撰稿人,1904年起为该杂志编委;曾为自由派资产阶级的《解放》杂志和社会革命党的《革命俄国报》撰稿。1903—1905年为解放社成员。小资产阶级政党"人民社会党"的组织者(1906)和领袖之一,该党同劳动派合并后(1917年6月),参加劳动人民社会党中央委员会。1917年二月革命后任彼得格勒工兵代表苏维埃执行委员会委员,同年5—8月任临时政府粮食部长,后任预备议会副主席。十月革命后反对苏维埃政权,参加了反革命组织"俄罗斯复兴会"。1922年被驱逐出境,成为白俄流亡分子。——133。

边沁,耶利米(Bentham,Jeremy 1748—1832)——英国社会学家、哲学家和经济学家,功利主义理论的主要代表。认为"个人的利益是唯一现实的利益","社会利益只是一种抽象,它不过是个人利益的总和"。主张所谓"最大多数人的最大幸福"的"功利原则"。同时强调有利于资产者的就是有利于全社会的,而有利于资产者的就是道德的,功利就是道德的标准。他的学说把个人利益说成是社会幸福的基础,把资产阶级社会说成是通向"安宁、平等、幸福和富裕"的社会。——126、127、130。

波尔土盖斯,斯捷潘·伊万诺维奇(斯捷·伊万诺维奇)(Португейс,Степан Иванович (Ст.Иванович) 1880—1944)——俄国孟什维克,政论家。俄国

问题的卢森堡宫委员会，推行妥协政策。1848 年六月起义失败后流亡英国，是在伦敦的小资产阶级流亡者的领导人之一。1870 年回国。1871 年当选为国民议会议员，对巴黎公社抱敌视态度。否认资本主义制度下阶级矛盾的不可调和性，反对无产阶级革命，主张同资产阶级妥协，幻想依靠资产阶级国家帮助建立工人生产协作社来改造资本主义社会。主要著作有《劳动组织》(1839)、《十年史，1830—1840》(1841—1844)、《法国革命史》(12 卷，1847—1862)等。——207、208、209、212。

布勃诺夫，安德列·谢尔盖耶维奇(Бубнов，Андрей Сергеевич 1884—1940)——1903 年加入俄国社会民主工党。曾在伊万诺沃-沃兹涅先斯克、莫斯科、彼得堡等城市做党的工作，屡遭沙皇政府迫害。1912 年在党的第六次(布拉格)全国代表会议上当选为候补中央委员，为《真理报》撰稿。1917 年二月革命后是党的莫斯科区域局成员。在党的第六次代表大会上当选为中央委员，是中央委员会驻彼得堡委员会的代表。在十月革命的准备和进行期间参加领导武装起义的彼得格勒军事革命委员会和党总部。十月革命后任交通人民委员部部务委员、派驻南方的共和国铁路委员，曾参与平定卡列金叛乱。1918 年参加"左派共产主义者"集团。1918 年 3 月参加乌克兰苏维埃政府，先后当选为乌克兰共产党(布)中央委员和中央政治局委员。以乌克兰方面军革命军事委员会委员、第 14 集团军革命军事委员会委员和乌克兰国防委员会委员的身份参加了国内战争前线部队的领导工作。1921 年起任北高加索军区和骑兵第 1 集团军革命军事委员会委员，党中央委员会东南局成员。1920—1921 年参加民主集中派。1922—1923 年主管党中央委员会鼓动宣传部的工作。1923 年参加托洛茨基反对派，不久脱离。1924—1929 年任工农红军政治部主任和苏联革命军事委员会委员，1925 年任党中央委员会书记。1929—1937 年任俄罗斯联邦教育人民委员。在党的第八、第十一和第十二次代表大会上当选为候补中央委员，在党的第十三至第十七次代表大会上当选为中央委员。——363、364。

布兰亭，卡尔·亚尔马(Branting，Karl Hjalmar 1860—1925)——瑞典社会民主党和第二国际创建人和领袖之一，持机会主义立场。1887—1917 年(有间断)任瑞典社会民主党中央机关报《社会民主党人报》编辑。1896 年

C

19世纪20—40年代是美国政府机构的顾问。写有一些社会学和经济学著作。——179—180。

蔡特金，克拉拉（Zetkin，Clara 1857—1933）——德国工人运动和国际工人运动活动家，国际社会主义妇女运动领袖之一，德国共产党创建人之一。19世纪70年代末参加革命运动，1881年加入德国社会民主党。1882年流亡奥地利，后迁居瑞士苏黎世，为秘密发行的德国社会民主党机关报《社会民主党人报》撰稿。1889年积极参加第二国际成立大会的筹备工作。1890年回国。1892—1917年任德国社会民主党主办的女工运动机关刊物《平等》杂志主编。1907年参加国际社会党斯图加特代表大会，在由她发起的第一次国际妇女社会党人代表会议上当选为国际妇女联合会书记处书记。1910年在哥本哈根举行的第二次国际妇女社会党人代表会议上，根据她的倡议，通过了以3月8日为国际妇女节的决议。第一次世界大战期间持国际主义立场，反对社会沙文主义。曾积极参与组织1915年3月在伯尔尼召开的国际妇女社会党人代表会议。1916年参与组织国际派（后改称斯巴达克派和斯巴达克联盟）。1917年德国独立社会民主党成立后为党中央委员。1919年起为德国共产党党员，当选为中央委员。1920年起为国会议员。1921年起先后当选为共产国际执行委员会委员和主席团委员，领导国际妇女书记处。1925年起任国际支援革命战士协会主席。——249—250。

D

丹东，若尔日·雅克（Danton，Georges-Jacques 1759—1794）——18世纪末法国资产阶级革命活动家，雅各宾派右翼领袖；职业是律师。1792年8月参加了推翻君主制的起义，起义后任吉伦特派政府司法部长。8—9月间在普奥干涉军进逼巴黎的危急关头，发表了“为了战胜敌人，必须勇敢、勇敢、再勇敢！”的著名演说，号召人民奋起保卫革命的祖国。同年9月被选入国民公会，和罗伯斯比尔等人一起组成国民公会中的山岳派，为该派领袖之一。1793年4月参加雅各宾派政府——第一届公安委员会，成了实际上的领导人。由于力图调和雅各宾派和吉伦特派之间的斗争，同年7月被排除出改组后的公安委员会。当年11月重返国民公会，主张温和妥协，反对

E

恩·尔·(H.P.)——6—7。

恩格斯,弗里德里希(Engels,Friedrich 1820—1895)——科学共产主义创始人之一,世界无产阶级的领袖和导师,马克思的亲密战友。——61、63、75、92、93、184、258—259、260、262、279、422、435、439、440。

F

法朗士,阿纳托尔(**蒂博,雅克·阿纳托尔**)(France,Anatole (Thibaut,Jacques Anatole) 1844—1924)——法国作家。其作品深刻揭露了资产阶级社会的弊端。在政治上拥护民主,反对沙文主义和军国主义,欢迎俄国十月革命。1921年10月加入法国共产党,为《人道报》撰稿。——387。

费尔巴哈,路德维希·安德列亚斯(Feuerbach,Ludwig Andreas 1804—1872)——德国唯物主义哲学家和无神论者,德国古典哲学代表人物之一,德国资产阶级最激进的民主主义阶层的思想家。1828年起在埃朗根大学任教。在自己的第一部著作《关于死和不死的思想》(1830)中反对基督教关于灵魂不死的教义;该书被没收,本人遭迫害,并被学校解聘。1836年移居布鲁克贝格村(图林根),在农村生活了近25年。在从事哲学活动的初期是唯心主义者,属于青年黑格尔派。到30年代末摆脱了唯心主义;在《黑格尔哲学批判》(1839)和《基督教的本质》(1841)这两部著作中,割断了与黑格尔主义的联系,转向唯物主义立场。主要功绩是在唯心主义长期统治德国哲学之后,恢复了唯物主义的权威。肯定自然界是客观存在的,不以人的意识为转移;人是自然的产物,人能认识物质世界和客观规律。费尔巴哈的唯物主义是马克思主义哲学的理论来源之一。但他的唯物主义是形而上学的和直观的,是以人本主义的形式出现的,历史观仍然是唯心主义的;把人仅仅看做是一种脱离历史和社会关系而存在的生物,不了解实践在认识和社会发展过程中的作用。晚年关心社会主义文献,读过马克思的《资本论》,并于1870年加入德国社会民主党。在马克思《关于费尔巴哈的提纲》和恩格斯《路德维希·费尔巴哈和德国古典哲学的终结》中对费尔巴哈的哲学作了全面的分析。——134。

弗拉基米尔斯基，米哈伊尔·费多罗维奇（Владимирский，Михаил Федорович 1874—1951）——1895年参加俄国社会民主主义运动，布尔什维克。曾在莫斯科、阿尔扎马斯、下诺夫哥罗德和国外做党的工作，屡遭沙皇政府迫害。1905年积极参加莫斯科十二月武装起义。1906年侨居国外，在布尔什维克巴黎小组工作。1917年7月回国，任俄国社会民主工党（布）莫斯科委员会常务委员会委员。十月革命期间参加莫斯科领导武装起义的党总部。十月革命后在莫斯科苏维埃主席团工作。1918年在党的第七次代表大会上当选为中央委员。1919年在第八次代表大会上当选为候补中央委员。1919—1921年任全俄中央执行委员会主席团委员、俄罗斯联邦副内务人民委员。1922—1925年任乌克兰苏维埃社会主义共和国人民委员会副主席，乌克兰共产党（布）中央委员会书记、中央监察委员会主席，乌克兰工农检查人民委员。1926—1927年任苏联国家计划委员会副主席。1930—1934年任俄罗斯联邦卫生人民委员。1925年在党的第十四次代表大会上当选为中央监察委员会委员。1927—1951年任联共（布）中央检查委员会主席。——141、405。

福煦，斐迪南（Foch，Ferdinand 1851—1929）——法国军事活动家，元帅。1887年毕业于法国高等军事学院，1896—1900年任该院教授，1908—1911年任该院院长。第一次世界大战期间，1915—1916年任北方集团军群司令，1917—1918年任总参谋长，1918年4月起任盟军最高统帅。1919年起任协约国最高军事委员会主席。1918—1920年是武装干涉苏维埃俄国的策划者之一。曾参与起草凡尔赛和约。——16。

G

高尔察克，亚历山大·瓦西里耶维奇（Колчак，Александр Васильевич 1873—1920）——沙俄海军上将（1916），君主派分子。第一次世界大战期间任波罗的海舰队作战部部长、水雷总队长，1916—1917年任黑海舰队司令。1918年10月抵鄂木斯克，11月起任白卫军"西伯利亚政府"陆海军部长。11月18日在外国武装干涉者支持下发动政变，在西伯利亚、乌拉尔和远东建立军事专政，自封为"俄国最高执政"和陆海军最高统帅。叛乱被平定后，1919年11月率残部逃往伊尔库茨克，后被俘。1920年2月7日根据

伊尔库茨克军事革命委员会的决定被枪决。——31、34、35、36、37、39、40、42、43、44、45、46、47、49、50、54、55、56、58、80、81、105、110、111、119、120、121、122、123、124、128、130、142、143、144、147—155、162、164、169、171、172、181、189、192、199、201、213、228、237、238、240、245、286、290、295—296、303、308、309、311、312、320、321、322、324、342、344、345、346、348、349、352、356、358、385、388、389、391、394、395、403、404、405、414、428、429、447、448。

戈洛索夫——见尼古拉耶夫斯基，波里斯·伊万诺维奇。

哥尔茨，吕迪格尔（Goltz，Rüdiger 1865—1946）——德国将军。1918年4月指挥德国远征军队集群，同芬兰白卫军一起镇压了芬兰革命。1919年1月任波罗的海沿岸地区德国占领军总司令。在美英帝国主义分子协助下，建立了一支由德国军队和白卫军组成的反苏维埃部队。后来是德国法西斯军队的组织者之一。——213。

哥卢别夫，伊万·米哈伊洛维奇（Голубев，Иван Михайлович 1875—1938）——1900年加入俄国社会民主工党，布尔什维克。曾在彼得堡、特维尔、巴库、莫斯科从事革命工作。1917年二月革命后进入莫斯科苏维埃和第一届执行委员会。十月革命后任莫斯科巴斯曼区军事革命委员会委员。1918年8月起任粮食人民委员部派驻奥廖尔省采购粮食的全权代表。后在农业人民委员部、电机工业总管理局、俄罗斯联邦最高法院工作。——141。

格里戈里耶夫，尼古拉·亚历山德罗维奇（Григорьев，Николай Александрович 1878—1919）——沙俄军官，乌克兰反革命首领之一。1917年二月革命后在中央拉达的军队中供职，后来支持乌克兰统领斯科罗帕茨基，1918年底投靠佩特留拉匪帮。1919年初，由于红军在乌克兰取得胜利，他随风转舵，声明转到苏维埃政权方面。1919年5月在乌克兰南部苏维埃军队后方发动反革命叛乱。叛乱被粉碎后，于1919年7月率残部投奔马赫诺的队伍，不久被杀。——31、80。

格罗斯曼，格里戈里·亚历山德罗维奇（Гроссман，Григорий Александрович 生于1863年）——俄国孟什维克，新闻工作者。曾为《俄国财富》、《教育》、《生活》等杂志撰稿。爱德华·大卫《社会主义和农业》一书俄译者。敌视

任教育大臣。——184。

霍布森，约翰·阿特金森（Hobson，John Atkinson 1858—1940）——英国经济学家，资产阶级改良主义者和和平主义者。著有《贫困问题》（1891）、《现代资本主义的演进》（1894）、《帝国主义》（1902）等书。用大量材料说明了帝国主义的经济和政治特征，但没有揭示出帝国主义的本质，认为帝国主义仅仅是一种政策的产物，只要改进收入的分配、提高居民的消费能力，经济危机就可以消除，争夺海外投资市场也就没有必要，帝国主义就可以避免。还幻想只要帝国主义采取联合原则，形成所谓国际帝国主义，就能消除帝国主义之间的矛盾，达到永久和平。晚年支持反法西斯主义的民主力量。——440。

J

季诺维也夫（**拉多梅斯尔斯基**），格里戈里·叶夫谢耶维奇（Зиновьев（Радомысльский），Григорий Евсеевич 1883—1936）——1901 年加入俄国社会民主工党，党的第二次代表大会后是布尔什维克。在党的第五至第十四次代表大会上当选为中央委员。1908—1917 年侨居国外，参加布尔什维克《无产者报》编辑部和党的中央机关报《社会民主党人报》编辑部。斯托雷平反动时期对取消派、召回派和托洛茨基分子采取调和主义态度。1912 年后和列宁一起领导中央委员会俄国局。第一次世界大战期间持国际主义立场。1917 年 4 月回国，进入《真理报》编辑部。十月革命前夕反对举行武装起义的决定。1917 年 11 月主张成立有孟什维克和社会革命党人参加的联合政府，遭到否决后声明退出党中央。1917 年 12 月起任彼得格勒苏维埃主席。1919 年共产国际成立后任共产国际执行委员会主席。1919 年当选为党中央政治局候补委员，1921 年当选为中央政治局委员。1925 年参与组织“新反对派”，1926 年与托洛茨基结成“托季联盟”。1926 年被撤销中央政治局委员和共产国际的领导职务。1927 年 11 月被开除出党，后来两次恢复党籍，两次被开除出党。1936 年 8 月 25 日被苏联最高法院军事审判庭以“参与暗杀基洛夫、阴谋刺杀斯大林及其他苏联领导人”的罪名判处枪决。1988 年 6 月苏联最高法院为其平反。——174、188、239、398。

加里宁，米哈伊尔·伊万诺维奇（Калинин，Михаил Иванович 1875—1946）——1898年加入俄国社会民主工党。曾在第一批秘密的马克思主义工人小组和彼得堡工人阶级解放斗争协会中工作，是《火星报》代办员和1905—1907年革命的积极参加者。屡遭沙皇政府迫害。1912年在党的第六次（布拉格）全国代表会议上当选为候补中央委员，后进入中央委员会俄国局。《真理报》的组织者之一。1917年二月革命期间是彼得格勒工人和士兵武装发动的领导人之一，党的彼得堡委员会执行委员会委员。在彼得格勒积极参加十月武装起义。十月革命后任彼得格勒市长，1918年任市政委员。1919年雅·米·斯维尔德洛夫逝世后，任全俄中央执行委员会主席，1922年起任苏联中央执行委员会主席，1938年起任苏联最高苏维埃主席团主席。在党的第八至第十八次代表大会上当选为中央委员。1919年起为中央政治局候补委员，1926年起为中央政治局委员。写有许多关于社会主义建设和共产主义教育问题的著作。——310、414。

加利费，加斯东·亚历山大·奥古斯特（Galliffet，Gaston-Alexandre-Auguste 1830—1909）——法国将军，法国一系列战争的参加者，镇压1871年巴黎公社的刽子手。1870—1871年普法战争期间在色当被俘，1871年3月被放回参与镇压巴黎公社。曾指挥凡尔赛军骑兵旅，滥杀公社战士。1872年残酷镇压了阿尔及利亚的阿拉伯人起义。以后担任多种军事要职，1899—1900年任瓦尔德克-卢梭内阁陆军部长。——183。

加米涅夫（**罗森费尔德**），列夫·波里索维奇（Каменев（Розенфельд），Лев Борисович 1883—1936）——1901年加入俄国社会民主工党，党的第二次代表大会后是布尔什维克。是高加索联合会出席党的第三次代表大会的代表。1905—1907年在彼得堡从事宣传鼓动工作，为党的报刊撰稿。1908年底出国，任布尔什维克的《无产者报》编委。斯托雷平反动时期对取消派、召回派和托洛茨基分子采取调和主义态度。1914年初回国，在《真理报》编辑部工作，曾领导第四届国家杜马布尔什维克党团。1914年11月被捕，在沙皇法庭上宣布放弃使沙皇政府在帝国主义战争中失败的布尔什维克口号，次年2月被流放。1917年二月革命后反对列宁的《四月提纲》。从党的第七次全国代表会议（四月代表会议）起多次当选为中央委员。十月革命前夕反对举行武装起义的决定。在全俄苏维埃第二次代表大会上当选为全俄中央执行委员会第一任主席。1917年11月主张成立有孟什维克和社会革命党人参加的联合政府,遭到否决后声明退出党中央。1918年起任莫斯科苏维埃主席。1922年起任人民委员会副主席,1924—1926年任劳动国防委员会主席。1923年起为列宁研究院第一任院长。1919—1925年为党中央政治局委员。1925年参与组织"新反对派",1926年1月当选为中央政治局候补委员,同年参与组织"托季联盟",10月被撤销政治局候补委员职务。1927年12月被开除出党,后来两次恢复党籍,两次被开除出党。1936年8月25日被苏联最高法院军事审判庭以"参与暗杀基洛夫、阴谋刺杀斯大林及其他苏联领导人"的罪名判处枪决。1988年6月苏联最高法院为其平反。——314、374。

嘉琴科,А.П.(Дьяченко,А.П.1875—1952)——1917年加入俄国社会民主工党(布)。1919年在莫斯科—喀山铁路当医士。国内战争结束后在阿尔泰边疆区卫生部门工作。——8—10。

K

卡芬雅克,路易·欧仁(Cavaignac,Louis-Eugène 1802—1857)——法国将军,资产阶级共和党人。1831—1848年参与侵占阿尔及利亚的战争,以野蛮的作战方式著称。1848年二月革命后任阿尔及利亚总督;5月任法国陆军部长,镇压巴黎工人的六月起义。1848年6—12月任法兰西第二共和国政府首脑。卡芬雅克的名字已成为军事独裁者、屠杀工人的刽子手的通称。——183。

卡列金,阿列克谢·马克西莫维奇(Каледин,Алексей Максимович 1861—1918)——沙俄将军,顿河哥萨克军阿塔曼(统领)。第一次世界大战期间任骑兵师师长、步兵第12军军长、西南方面军第8集团军司令。1917年6月被选为顿河哥萨克军阿塔曼(统领),领导反革命的顿河军政府。1917年8月在莫斯科国务会议上提出镇压革命运动的纲领,积极参加科尔尼洛夫叛乱。十月革命期间在外国干涉者的支持下,在顿河流域组建白卫志愿军并策动反革命叛乱。1918年2月叛乱被革命军队粉碎。叛军覆灭前,卡列金于1918年1月29日(2月11日)在哥萨克军政府会议上承认处境

合作，被苏军俘获，由苏联最高法院军事庭判处死刑。——109、136、349。

克列孟梭，若尔日(Clemenceau，Georges 1841—1929)——法国国务活动家。第二帝国时期属左翼共和派。1871年巴黎公社时期任巴黎第十八区区长，力求使公社战士与凡尔赛分子和解。1876年起为众议员，80年代初成为激进派领袖，1902年起为参议员。1906年3—10月任内务部长，1906年10月—1909年7月任总理。维护大资产阶级利益，镇压工人运动和民主运动。第一次世界大战期间是沙文主义者。1917—1920年再度任总理，在国内建立军事专制制度，积极策划和鼓吹经济封锁和武装干涉苏维埃俄国。1919—1920年主持巴黎和会，参与炮制凡尔赛和约。1920年竞选总统失败后退出政界。——93、121、122、388、408。

克伦斯基，亚历山大·费多罗维奇(Керенский，Александр Федорович 1881—1970)——俄国政治活动家，资产阶级临时政府首脑。1917年3月起为社会革命党人。第四届国家杜马代表，劳动派党团领袖。第一次世界大战期间是护国派分子。1917年二月革命后任彼得格勒工兵代表苏维埃副主席、国家杜马临时委员会委员。在临时政府中任司法部长(3—5月)、陆海军部长(5—9月)、总理(7月21日起)兼最高总司令(9月12日起)。执政期间继续进行帝国主义战争，七月事变时镇压工人和士兵，迫害布尔什维克。1917年11月7日彼得格勒爆发武装起义时，从首都逃往前线，纠集部队向彼得格勒进犯，失败后逃亡巴黎。在国外参加白俄流亡分子的反革命活动，1922—1932年编辑《白日》周刊。1940年移居美国。——34、80、88、109、114、128、142、144、154、169、170、171、177、295、403、404。

克桑德罗夫，弗拉基米尔·尼古拉耶维奇(Ксандров，Владимир Николаевич 1877—1942)——1904年加入俄国社会民主工党，布尔什维克。十月革命后任燃料总委员会主席、交通人民委员部部务委员。1920年起任乌克兰最高国民经济委员会主席团委员，后任苏联最高国民经济委员会主席团和苏联国家计划委员会主席团委员。1934年起任西部铁路管理局工务处处长。——395。

库恩·贝拉(Kun Béla 1886—1939)——匈牙利工人运动和国际工人运动活动家，匈牙利共产党创建人和领导人之一。1902年加入匈牙利社会民主党。第一次世界大战初应征入伍，1916年在俄国被俘，在托木斯克战俘中进行革命宣传，同俄国社会民主工党当地组织建立了联系，后加入布尔什维克党。俄国 1917 年二月革命后任俄国社会民主工党(布)托木斯克省委员会委员。1918 年 3 月建立俄共(布)匈牙利小组并任主席；同年 5 月起任俄共(布)外国人团体联合会主席。1918 年 11 月秘密回国，参与创建匈牙利共产党，当选为党的主席。1919 年 2 月被捕，3 月获释。匈牙利苏维埃共和国成立后任外交人民委员和陆军人民委员，是苏维埃政权的实际领导人。苏维埃政权被颠覆后流亡奥地利，1920 年到苏俄，先后任南方面军革命军事委员会委员、克里木革命委员会主席。1921 年起在乌拉尔担任党的领导工作，曾任全俄中央执行委员会主席团委员、俄共(布)中央驻俄国共产主义青年团中央委员会全权代表、共产国际执行委员会主席团委员等职。——142。

奎尔奇，哈里(Quelch，Harry 1858—1913)——英国工人运动和国际工人运动活动家，英国社会民主联盟及在其基础上成立的英国社会党的创建人和领导人之一；职业是排字工人。1886 年起编辑联盟的机关报《正义报》和《社会民主党人》月刊。积极参加工会运动，在工人群众中宣传马克思主义。第二国际多次代表大会的代表；社会党国际局成员。1902—1903 年列宁的《火星报》在伦敦出版期间，积极协助报纸的印行工作。——100。

L

拉布勃，让娜·玛丽(Labourbe，Jeanne-Marie 1879—1919)——法国人，一位巴黎公社活动家的女儿。1896 年到俄国谋生，在托马舒夫城当教师。1903 年参加革命运动，1918 年加入俄共(布)。曾参加苏维埃俄国国内战争，积极参加反对武装干涉者和白卫军的斗争。1918 年在莫斯科组织法国共产主义小组并担任书记。1919 年 2 月起住在敖德萨，在武装干涉部队的法国士兵中进行鼓动工作，编辑为法国士兵和水兵出版的《共产主义者报》。1919 年 3 月被法国反间谍机关逮捕后枪杀。——341、379、446。

拉查理，康斯坦丁诺(Lazzari，Costantino 1857—1927)——意大利工人运动活动家，意大利社会党创建人之一，最高纲领派领袖之一。1882 年参与创建意大利工人党，1892 年参与创建意大利社会党，同年起为该党中央委员。1912—1919 年任意大利社会党书记。第一次世界大战期间持中派立场，曾参加齐美尔瓦尔德代表会议和昆塔尔代表会议。俄国十月革命后支持苏维埃俄国，曾参加共产国际第二次和第三次代表大会的工作。主张意大利社会党参加共产国际，是党内第三国际派的领导人。1922年在组织上与改良主义者决裂，但未能彻底划清界限。1919—1926年为国会议员。1926年被捕，出狱后不久去世。——146。

拉狄克，卡尔·伯恩哈多维奇（Радек，Карл Бернгардович 1885—1939）——生于东加利西亚。20世纪初参加加利西亚、波兰和德国的社会民主主义运动。1901年起为加利西亚社会民主党的积极成员，1904—1908年在波兰王国和立陶宛社会民主党内工作。1908年到柏林，为德国左派社会民主党人的报刊撰稿。第一次世界大战期间持国际主义立场，但表现出向中派方面动摇。1917年加入俄国社会民主工党（布）。十月革命后在外交人民委员部工作。1918年是"左派共产主义者"。在党的第八至第十二次代表大会上当选为中央委员。1920—1924年任共产国际执行委员会书记、委员和主席团委员。1923年起属托洛茨基反对派。1925—1927年任莫斯科中山大学校长。长期为《真理报》、《消息报》和其他报刊撰稿。1927年被开除出党，1930年恢复党籍，1936年被再次开除出党。1937年1月被苏联最高法院军事审判庭以"进行叛国、间谍、军事破坏和恐怖活动"的罪名判处十年监禁。1939年死于狱中。1988年6月苏联最高法院为其平反。——342、379。

拉柯夫斯基，克里斯蒂安·格奥尔吉耶维奇（Раковский，Христиан Георгиевич 1873—1941）——生于保加利亚。17岁时侨居日内瓦，受到普列汉诺夫的影响。曾参加保加利亚、罗马尼亚、瑞士、法国的社会民主主义运动。第一次世界大战期间是中派分子，参加齐美尔瓦尔德派。1917年二月革命后到彼得格勒，加入俄国社会民主工党（布）。十月革命后从事党和苏维埃的工作。1918年起任乌克兰人民委员会主席，1923年派驻英国和法国从事外交工作。在党的第八至第十四次代表大会上当选为中央委员。是托洛茨基反对派的骨干分子，1927年被开除出党。1935年恢复党籍，1938年被再次开除出党。1938年3月13日被苏联最高法院军事审判庭以"参与托洛茨基的恐怖、间谍和破坏活动"的罪名判处二十年监禁。1941年死于狱中。1988年平反昭雪并恢复党籍。——363。

拉舍维奇,米哈伊尔·米哈伊洛维奇(Лашевич,Михаил Михайлович 1884—1928)——1901年加入俄国社会民主工党,布尔什维克。曾在敖德萨、尼古拉耶夫、叶卡捷琳堡等城市做党的工作。1917年二月革命后先后任彼得格勒工兵代表苏维埃布尔什维克党团秘书和主席。十月革命期间任彼得格勒军事革命委员会委员。十月革命后在苏维埃和军事部门工作,历任第3集团军司令、西伯利亚军区司令、西伯利亚革命委员会主席、副陆海军人民委员、苏联革命军事委员会副主席、最高国民经济委员会主席团委员等职。1918—1919年和1923—1925年为党中央委员,1925—1927年为候补中央委员。1925—1926年是"新反对派"的骨干分子,因参加托洛茨基反对派,1927年被开除出党,后恢复党籍。——166、167。

拉斯托普钦,尼古拉·彼得罗维奇(Растопчин,Николай Петрович 1884—1969)——1903年加入俄国社会民主工党。曾在下诺夫哥罗德、莫斯科、彼得堡、萨拉托夫做党的工作,屡遭沙皇政府迫害。1917—1918年任科斯特罗马省工人代表苏维埃主席、党的市委员会主席、省委机关报《北方工人报》编辑。1919—1920年任党的雅罗斯拉夫尔省委员会主席。后在党和苏维埃机关以及军事部门担任领导工作。1924—1934年是党中央监察委员会委员。——355。

莱维(哈特施坦),保尔(Levi (Hartstein),Paul 1883—1930)——德国社会民主党人;职业是律师。1915年齐美尔瓦尔德代表会议的参加者,瑞士齐美尔瓦尔德左派成员;曾参加斯巴达克联盟。在德国共产党成立大会上被选入中央委员会。共产国际第二次代表大会代表。1920年代表德国共产党被选入国会。1921年2月退出中央委员会,同年4月被开除出党。1922年又回到社会民主党。——249—250。

赖德律-洛兰,亚历山大·奥古斯特(Ledru-Rollin, Alexandre-Auguste 1807—1874)——法国政论家和政治活动家,小资产阶级民主派领袖之一;职业是律师。1843年参与创办反对派报纸《改革报》,反对七月王朝,主张建立民主共和国。1848年二月革命后任临时政府内务部长,参与镇压巴黎工人六月起义。1849年领导了反对路易·波拿巴政府反动对外政策的六月示威游行,游行队伍被驱散后流亡英国。1870年回国。1871年当选为国民议会议员,但为了抗议1871年法兰克福和约的苛刻条件,辞去

了议员职务。敌视1871年的巴黎公社。——208。

劳芬贝格，亨利希(Laufenberg,Heinrich 1872—1932)——德国左派社会民主党人，政论家。曾任社会民主党《杜塞尔多夫人民报》(1904—1907)编辑。第一次世界大战期间持国际主义立场。1918年十一月革命后加入德国共产党，不久领导党内"左派"反对派，宣扬无政府工团主义观点和所谓"民族布尔什维主义"的小资产阶级民族主义纲领。1919年10月"左派"反对派被开除出共产党后，参与组织德国共产主义工人党，1920年底被该党开除。后脱离工人运动，为一些无政府主义刊物撰稿，写过有关文化问题的文章。——207。

劳合-乔治，戴维(Lloyd George,David 1863—1945)——英国国务活动家和外交家，自由党领袖。1890年起为议员。1905—1908年任商业大臣，1908—1915年任财政大臣。对英国政府策划第一次世界大战的政策有很大影响。曾提倡实行社会保险等措施，企图利用谎言和许诺来阻止工人阶级建立革命政党。1916—1922年任首相，残酷镇压殖民地和附属国的民族解放运动；是武装干涉和封锁苏维埃俄国的鼓吹者和策划者之一。曾参加1919年巴黎和会，是凡尔赛和约的炮制者之一。——121、122、388、408。

李伯尔(**戈尔德曼**)，米哈伊尔·伊萨科维奇(Либер(Гольдман),Михаил Исаакович 1880—1937)——崩得和孟什维克领袖之一。1898年起为社会民主党人，1902年起为崩得中央委员。1903年率领崩得代表团出席俄国社会民主工党第二次代表大会，在会上采取极右的反火星派立场，会后成为孟什维克。1907年在党的第五次(伦敦)代表大会上代表崩得被选入中央委员会，是崩得驻中央委员会国外局的代表。斯托雷平反动时期是取消派分子，1912年是"八月联盟"的骨干分子，第一次世界大战期间是社会沙文主义者。1917年二月革命后任彼得格勒工兵代表苏维埃执行委员会委员和第一届中央执行委员会主席团委员，采取孟什维克立场，支持资产阶级联合内阁，敌视十月革命。后脱离政治活动，从事经济工作。——428。

李卜克内西，卡尔(Liebknecht,Karl 1871—1919)——德国工人运动和国际工人运动活动家，德国社会民主党左翼领袖之一，德国共产党创建人之一；威·李卜克内西的儿子；职业是律师。1900年加入社会民主党，积极反对

和多数派委员会常务局成员；代表里加组织出席了党的第三次代表大会。1905 年参加了布尔什维克第一份合法报纸《新生活报》的出版工作。1907 年是出席国际社会党斯图加特代表大会的俄国社会民主工党代表团的秘书。1907 年底侨居伦敦。1908 年起任布尔什维克伦敦小组书记。1914 年 6 月起为俄国社会民主工党中央委员会驻社会党国际局的代表。1915 年 2 月受列宁委托在协约国社会党伦敦代表会议上发表谴责帝国主义战争的声明。十月革命后在外交部门担任负责工作。1918—1921 年任外交人民委员部部务委员，1921 年起任副外交人民委员。1922 年是出席热那亚国际会议的苏俄代表团团员和海牙国际会议的苏俄代表团团长。1930—1939 年任外交人民委员，1941—1943 年任副外交人民委员兼驻美国大使。从美国回国后至 1946 年任副外交人民委员。在党的第十七次和第十八次代表大会上当选为中央委员。曾任苏联中央执行委员会委员、第一届和第二届苏联最高苏维埃代表。——359、399。

李沃夫，格奥尔吉·叶夫根尼耶维奇（Львов，Георгий Евгеньевич 1861—1925）——俄国公爵，大地主，地方自治运动活动家，立宪民主党人。1903—1906 年任图拉县地方自治局主席，曾参加 1904—1905 年地方自治人士代表大会。第一届国家杜马代表，是负责安置远东移民和救济饥民的地方自治机关全国性组织的领导人。第一次世界大战期间是全俄地方自治机关联合会主席以及全俄地方自治机关和城市联合会军需供应总委员会的领导人之一。1917 年 3—7 月任临时政府总理兼内务部长，是七月事变期间镇压彼得格勒工人和士兵的策划者之一。十月革命后逃亡法国，参与策划对苏维埃俄国的武装干涉。——104。

连年坎普夫，帕维尔·卡尔洛维奇（Ренненкампф，Павел Карлович 1854—1918）——沙俄将军，扼杀革命运动的刽子手之一。1900—1901 年在镇压中国义和团起义时凶狠残暴。1906 年与美列尔-扎科梅尔斯基一起指挥讨伐队，镇压西伯利亚的革命运动。第一次世界大战初期曾指挥进攻东普鲁士的俄军第 1 集团军，行动迟缓，优柔寡断，导致俄军在东普鲁士的失败；1915 年被撤职。1918 年因从事反革命活动被枪决。——94。

列金，卡尔（Legien，Karl 1861—1920）——德国右派社会民主党人，德国工会领袖之一。1890 年起任德国工会总委员会主席。1903 年起任国际工会书

党创建人之一。生于波兰。19世纪80年代后半期开始革命活动,1893年参与创建和领导波兰王国社会民主党,为党的领袖之一。1898年移居德国,积极参加德国社会民主党的活动,反对伯恩施坦主义和米勒兰主义。曾参加俄国第一次革命(在华沙)。1907年参加俄国社会民主工党第五次(伦敦)代表大会,在会上支持布尔什维克。斯托雷平反动时期和新的革命高涨年代对取消派采取调和主义态度。1912年波兰王国和立陶宛社会民主党分裂后,曾谴责最接近布尔什维克的所谓分裂派。第一次世界大战期间持国际主义立场,是建立国际派(后改称斯巴达克派和斯巴达克联盟)的发起人之一。参加领导了德国1918年十一月革命,同年底参与领导德国共产党成立大会,作了党纲报告。1919年1月柏林工人斗争被镇压后,于15日被捕,当天惨遭杀害。主要著作有《社会改良还是革命》(1899)、《俄国社会民主党的组织问题》(1904)、《资本积累》(1913)等。——100、124、139、157、176、178、214、422。

鲁登道夫,埃里希(Ludendorff,Erich 1865—1937)——德国军事活动家和政治活动家,德国帝国主义军事思想家,步兵上将(1916)。第一次世界大战期间,1914年8月起在东线任德军第8集团军参谋长,11月起任东线参谋长,1916年8月起任德军最高统帅部第一总军需长。是兴登堡的助手,同兴登堡共掌军事指挥权,在国内推行军事专制制度。1918年参与策划对苏维埃俄国的武装干涉。1918年3—7月在西线对英法军队发动多次进攻,但遭失败,于10月辞职;十一月革命时逃往瑞典。1919年2月回国,成为企图在德国复辟君主制的反革命势力的首领。1920年积极参加卡普叛乱。1923年11月与希特勒一起在慕尼黑发动未遂的法西斯政变。是法西斯总体战理论的炮制者。写有《我对1914—1918年战争的回忆》、《总体战》等回忆录和军事理论著作。——213。

伦纳,卡尔(Renner,Karl 1870—1950)——奥地利政治活动家,奥地利社会民主党右翼领袖,"奥地利马克思主义"理论家。同奥·鲍威尔一起提出资产阶级民族主义的民族文化自治论。1907年起为社会民主党议员,同年参与创办党的理论刊物《斗争》杂志并任编辑。第一次世界大战期间是社会沙文主义者。1918—1920年任奥地利共和国总理,赞成德奥合并。1931—1933年任国民议会议长。1945年出任临时政府总理,同年12月当

M

马尔柯夫，谢尔盖·德米特里耶维奇（Марков，Сергей Дмитриевич 1880—1922）——1901年加入俄国社会民主工党。1903—1904年为布尔什维克彼得堡委员会委员，后在尼古拉耶夫、赫尔松和辛比尔斯克工作。1918年底起任交通人民委员部部务委员，1919年起任副交通人民委员。1920年起任弗拉基高加索铁路局局长、高加索方面军革命军事委员会委员。——314。

马尔托夫，尔·（**策杰尔包姆，尤利·奥西波维奇**）（Мартов，Л.（Цедербаум，Юлий Осипович）1873—1923）——俄国孟什维克领袖之一。1895年参与组织彼得堡工人阶级解放斗争协会。1896年被捕并流放图鲁汉斯克三年。1900年参与创办《火星报》，为该报编辑部成员。在俄国社会民主工党第二次代表大会上是《火星报》组织的代表，领导机会主义少数派，反对列宁的建党原则；从那时起成为孟什维克中央机关的领导成员和孟什维克报刊的编辑。曾参加党的第五次（伦敦）代表大会的工作。斯托雷平反动时期和新的革命高涨年代是取消派分子，编辑《社会民主党人呼声报》，参与组织"八月联盟"。第一次世界大战期间是中派分子，参加齐美尔瓦尔德代表会议和昆塔尔代表会议。曾参加孟什维克组织委员会国外书记处，为书记处编辑机关刊物。1917年二月革命后领导孟什维克国际主义派。十月革命后反对镇压反革命和解散立宪会议。1919年当选为全俄中央执行委员会委员，1919—1920年为莫斯科苏维埃代表。1920年9月侨居德国。参与组织第二半国际，在柏林创办和编辑孟什维克杂志《社会主义通报》。——14、55、56、94、133、136—138、180、181、183、275、276、401、402、403、404、408、426、427、428、449。

马赫诺，涅斯托尔·伊万诺维奇（Махно，Нестор Иванович 1889—1934）——苏联国内战争时期乌克兰无政府主义农民武装队伍的首领。农民出身。1909年因参加恐怖行动被判处十年苦役。1917年二月革命后获释，回到古利亚伊-波列村。1918年4月组织了一支无政府主义武装队伍。这支队伍起初进行反对德奥占领军和盖特曼政权的游击斗争。1919—1920年反对白卫军和佩特留拉分子，也反对红军。1921年同苏维埃政权三次达

1900年当选为劳工代表委员会书记，该委员会于1906年改建为工党。1906年起为议员，1911—1914年和1922—1931年任工党议会党团主席。推行机会主义政策，鼓吹阶级合作和资本主义逐渐长入社会主义的理论。第一次世界大战初期采取和平主义立场，后来公开支持劳合-乔治政府进行帝国主义战争。1918—1920年竭力破坏英国工人反对武装干涉苏维埃俄国的斗争。1924年和1929—1931年先后任第一届和第二届工党政府首相。1931—1935年领导由保守党决策的国民联合政府。——84—103、178、184、266、421、422。

曼纳海姆，卡尔·古斯塔夫·埃米尔（Mannerheim，Carl Gustaf Emil 1867—1951）——芬兰国务活动家，元帅。1889—1917年在俄国军队中任职，1917年为中将。1918年指挥反革命芬兰白卫军同德国武装干涉者镇压芬兰革命。1918年12月—1919年7月任芬兰摄政。是武装干涉苏维埃俄国政策的狂热支持者。1931年起任国防委员会主席。1939—1940年和1941—1944年苏芬战争期间任芬兰军队总司令。1944—1946年任芬兰总统。——110、111、181。

曼努伊尔斯基，德米特里·扎哈罗维奇（Мануильский，Дмитрий Захарович 1883—1959）——1903年加入俄国社会民主工党。曾在彼得堡、德文斯克、喀琅施塔得和莫斯科做党的工作。1906年是喀琅施塔得和斯维亚堡武装起义的组织者之一，因参加起义被捕和流放，押解途中逃跑。1907年底流亡法国。斯托雷平反动时期参加"前进"集团。第一次世界大战期间持国际主义立场，但向中派动摇。1917年5月回国，参加区联派，在俄国社会民主工党（布）第六次代表大会上随区联派集体加入布尔什维克党。十月革命期间任彼得格勒军事革命委员会委员。1917年12月起先后任粮食人民委员部部务委员和副粮食人民委员。1919—1922年任全乌克兰革命委员会委员、乌克兰苏维埃社会主义共和国农业人民委员、乌克兰共产党（布）中央委员会书记以及《共产党人报》编辑。1922年起在共产国际工作，1924年起任共产国际执行委员会主席团委员，1928—1943年任共产国际执行委员会书记。1944—1953年任乌克兰苏维埃社会主义共和国人民委员会（部长会议）副主席兼外交人民委员（部长）。在党的第十一次代表大会上当选为候补中央委员，第十二至第十八次代表大会上当选为中

等职。1920—1922年为候补中央委员。1924—1934年为中央监察委员会委员。写有一些关于经济问题的著作。——141。

米雅柯金，韦涅季克特·亚历山德罗维奇（Мякотин，Венедикт Александрович 1867—1937）——俄国人民社会党领袖之一，历史学家和政论家。1893年为《俄国财富》杂志撰稿人，1904年起为杂志编委。1905—1906年是资产阶级知识分子组织“协会联合会”的领导人之一。敌视十月革命，反对苏维埃政权。1918年是反革命组织“俄罗斯复兴会”的创建人之一，同年流亡国外。——133。

穆罕默德·瓦利汗（Mohammed Wali Khan）——1919年阿富汗驻苏维埃俄国的特命大使。1921年2月28日俄罗斯联邦和阿富汗签订友好条约的阿富汗政府代表。——220。

穆拉维约夫，米哈伊尔·阿尔捷米耶维奇（Муравьев，Михаил Артемьевич 1880—1918）——沙俄中校（1917）。1917年起为左派社会革命党人。十月革命期间转为苏维埃政权服务。1917年10月28日（11月10日）被任命为彼得格勒城防司令，指挥平定克伦斯基—克拉斯诺夫叛乱的部队。1918年初指挥同乌克兰中央拉达和卡列金作战的部队，同年6月被任命为东方面军总司令。左派社会革命党人发动叛乱后背叛苏维埃政权，于7月10日在辛比尔斯克发动叛乱。武装拒捕时被击毙。——28、55、80。

N

南森，弗里特奥夫（Nansen，Fridtjof 1861—1930）——挪威海洋地理学家，北极考察家，社会活动家。第一次世界大战期间曾从事改善各国战俘状况的工作。战后任国际联盟战俘事务高级专员。同情苏俄。1921年苏维埃俄国饥荒时期参与组织国际赈济饥民委员会。曾当选为莫斯科苏维埃的名誉代表。1922年获诺贝尔和平奖。1927年为挪威驻国际联盟裁军委员会代表。——111、359、400。

尼·列·——见列宁，弗拉基米尔·伊里奇。

尼古拉二世（**罗曼诺夫**）（Николай II（Романов）1868—1918）——俄国最后一个皇帝，亚历山大三世的儿子。1894年即位，1917年二月革命时被推翻。1918年7月17日根据乌拉尔州工兵代表苏维埃的决定在叶卡捷琳

P

创办并编辑《国际报》,是法国第三国际委员会委员。——185、206。

佩特留拉,西蒙·瓦西里耶维奇(Петлюра,Симон Васильевич 1879—1926)——俄国乌克兰反革命资产阶级民族主义运动首领之一。1917年5月被选入反革命的乌克兰中央拉达全乌克兰军队委员会,任委员会主席;后任中央拉达总书记处军事书记(部长)。1918年初在德国占领军协助下重建了被基辅起义工人推翻的中央拉达。1918年11月起是乌克兰督政府(1918—1919年间的乌克兰民族主义政府)成员和"乌克兰人民共和国"军队总盖特曼(统领),1919年2月起任督政府主席。在督政府军队被红军击溃后逃往华沙,与地主资产阶级波兰订立军事同盟,1920年参与波兰地主武装对乌克兰的进犯。1920年夏逃亡国外。1926年5月在巴黎被杀。——31。

普尔,德威特·克林顿(Poole,Dewitt Clinton 1885—1952)——美国外交家。1911—1914年任驻柏林副领事,1914—1916年任驻巴黎副领事。1917年7月起任驻莫斯科领事,1918年11月—1919年6月是驻白卫北方区域临时政府的美国代办。是协约国武装干涉苏维埃俄国和俄国国内反革命行动的策划者之一。——359、399。

Q

契切林,格奥尔吉·瓦西里耶维奇(Чичерин,Георгий Васильевич 1872—1936)——1904年参加俄国革命运动,1905年在柏林加入俄国社会民主工党。长期在国外从事革命活动。斯托雷平反动时期是孟什维主义的拥护者。第一次世界大战期间是国际主义者。1917年底转向布尔什维主义立场,1918年加入俄共(布)。1918年初回国后被任命为副外交人民委员,参加了布列斯特的第二阶段谈判,同德国签订了布列斯特和约。1918年5月—1930年任外交人民委员,是出席热那亚国际会议和洛桑国际会议的苏俄代表团团长。曾任全俄中央执行委员会和苏联中央执行委员会委员。在党的第十四次和第十五次代表大会上当选为中央委员。——331、354、390。

切尔年科夫,波里斯·尼古拉耶维奇(Черненков,Борис Николаевич 生于1883年)——1903年加入俄国社会革命党;职业是统计工作者。曾当选立

年任国家计划委员会主席，1925 年起任国内商业和对外贸易人民委员。在党的第十二至第十五次代表大会上当选为中央委员。——141、394。

S

萨普龙诺夫，季莫费·弗拉基米罗维奇（Сапронов，Тимофей Владимирович 1887—1939）——1912 年加入俄国布尔什维克党。十月革命后任莫斯科省执行委员会主席（1918—1919）、哈尔科夫省革命委员会主席（1919—1920）。此后历任党中央委员会乌拉尔局书记、小人民委员会主席、建筑工会中央委员会主席、国家建筑工程总委员会主席、最高国民经济委员会副主席、全俄中央执行委员会主席团委员、租让总委员会委员等职。1922 年在党的第十一次代表大会上当选为中央委员。1918 年是"左派共产主义者"。1920—1921 年工会问题争论期间领导民主集中派。1923 年在托洛茨基的 46 人声明上签名。1925—1927 年是"新反对派"和"托季联盟"的骨干分子。1927 年被开除出党，后恢复党籍，1932 年被再次开除出党。——141、357—358、414。

萨文柯夫，波里斯·维克多罗维奇（Савинков，Борис Викторович 1879—1925）——俄国社会革命党领袖之一，作家。在彼得堡大学学习时开始政治活动，接近经济派-工人思想派，在工人小组中进行宣传，为《工人事业》杂志撰稿。1901 年被捕，后被押送沃洛格达省，从那里逃往国外。1903 年加入社会革命党，1903—1906 年是该党"战斗组织"的领导人之一，多次参加恐怖活动。1909 年和 1912 年以维·罗普申为笔名先后发表了两部浸透神秘主义和对革命斗争失望情绪的小说：《一匹瘦弱的马》和《未曾有过的东西》。1911 年侨居国外。第一次世界大战期间是社会沙文主义者。1917 年二月革命后回国，任临时政府驻最高总司令大本营的委员、西南方面军委员、陆军部副部长、彼得格勒军事总督；根据他的提议在前线实行了死刑。十月革命后参加克伦斯基—克拉斯诺夫叛乱，参与组建顿河志愿军，建立地下反革命组织"保卫祖国与自由同盟"，参与策划反革命叛乱。1921—1923 年在国外领导反对苏维埃俄国的间谍破坏活动。1924 年偷越苏联国境时被捕，被判处死刑，后改为十年监禁。在狱中自杀。——28、120。

萨宗诺夫，谢尔盖·德米特里耶维奇（Сазонов，Сергей Дмитриевич 1860—1927）——俄国外交家，大地主和大资本家利益的代言人。1904 年起多次担任驻欧洲的外交职务。1909 年被任命为副外交大臣，1910—1916 年任外交大臣，1916 年被任命为驻伦敦大使；主张加强协约国。1917 年二月革命后支持临时政府的政策。十月革命后先后为高尔察克和邓尼金白卫政府的成员，是他们派驻巴黎的代表，后留居巴黎。——129。

塞拉蒂，扎钦托·梅诺蒂（Serrati，Giacinto Menotti 1872 或 1876—1926）——意大利工人运动活动家，意大利社会党领导人之一，最高纲领派领袖之一。1892 年加入意大利社会党。与康·拉查理等人一起领导该党中派。曾被捕，先后流亡美国、法国和瑞士，1911 年回国。1914—1922 年任社会党中央机关报《前进报》社长。第一次世界大战期间是国际主义者，曾参加齐美尔瓦尔德代表会议和昆塔尔代表会议。共产国际成立后，坚决主张意大利社会党参加共产国际。1920 年率领意大利社会党代表团出席共产国际第二次代表大会；在讨论加入共产国际的条件时，反对同改良主义者无条件决裂。他的错误立场受到列宁的批评，不久即改正了错误。1924 年带领社会党内的第三国际派加入意大利共产党。——146、253—254。

舍尔，瓦西里·弗拉基米罗维奇（Шер，Василий Владимирович 1884—1940）——俄国社会民主党人，孟什维克。1902 年参加革命运动，1905 年加入俄国社会民主工党。斯托雷平反动时期和新的革命高涨年代是取消派分子。1917 年二月革命后任莫斯科士兵代表苏维埃秘书；七月事变后任莫斯科军区副司令，后任陆军部政治部主任。十月革命后在中央消费合作总社、最高国民经济委员会和国家银行工作。1931 年因进行反革命活动被苏联最高法院判刑。——25。

舍印曼，亚伦·李沃维奇（Шейнман，Арон Львович 1886—1944）——1903 年加入俄国社会民主工党。1917 年 3 月任党的赫尔辛福斯委员会委员，10 月任芬兰赫尔辛福斯陆军、海军和工人代表苏维埃执行委员会主席。1918 年起在财政人民委员部、粮食人民委员部和对外贸易人民委员部担任负责工作，历任副对外贸易和国内商业人民委员、俄罗斯联邦国家银行管理委员会委员和苏联国家银行管理委员会主席、苏联副财政人民委员。1928

年起侨居国外。——314。

施米特，奥托·尤利耶维奇(Шмидт,Отто Юльевич 1891—1956)——苏联学者，数学家、天文学家和地球物理学家，北极考察家和社会活动家，苏联科学院院士。1918年加入俄共(布)。1918—1920年任粮食人民委员部部务委员，1920年任中央消费合作总社理事会理事，1920—1921年任教育人民委员部部务委员，1921—1922年任财政人民委员部部务委员。1921—1924年任国家出版社社长。1932—1939年任北方海运总管理局局长，1939—1942年任苏联科学院副院长。是《苏联大百科全书》的首创人之一和总编辑、莫斯科大学及其他一些高等院校的教授。曾任苏联中央执行委员会委员、苏联第一届最高苏维埃代表。——314。

施米特，瓦西里·弗拉基米罗维奇(Шмидт,Василий Владимирович 1886—1940)——1905年加入俄国社会民主工党。曾在彼得堡和叶卡捷琳诺斯拉夫做党的工作。1915—1917年是党的彼得堡委员会书记、彼得格勒五金工会领导人，1917年二月革命后兼任彼得格勒工会中央理事会书记。1918—1928年先后任全俄工会中央理事会书记和劳动人民委员，1928—1930年任苏联人民委员会和劳动国防委员会副主席。一度参加党内"右倾派别集团"。在党的第七、第十四和第十五次代表大会上当选为中央委员。——375。

施坦普费尔，弗里德里希(Stampfer,Friedrich 1874—1957)——德国社会民主党右翼领袖之一，政论家。1900—1902年任社会民主党报纸《莱比锡人民报》编辑。第一次世界大战期间是社会沙文主义者。1916—1933年任社会民主党中央机关报《前进报》主编和党的执行委员会委员。1920—1933年为国会议员。法西斯上台后，任流亡布拉格的社会民主党执行委员会委员。1938年移居法国，后去美国。1948年回到德国。——176、179、182、184、187、213。

什库罗，安德列·格里戈里耶维奇(Шкуро,Андрей Григорьевич 1887—1947)——俄国库班哥萨克部队中校，白卫军中将(1919)。曾参加第一次世界大战，为上校。1918年5月为反苏维埃政权的库班哥萨克富农支队首领。后在邓尼金军队中任库班哥萨克旅长和师长，1919年5月起任骑兵第3军军长；因凶狠残暴而臭名远扬。白卫军被击溃后逃亡国外，继续

命的准备和进行期间参加领导武装起义的彼得格勒军事革命委员会和党总部。在全俄苏维埃第二次代表大会上当选为全俄中央执行委员会委员；参加第一届人民委员会，任民族事务人民委员。1919 年 3 月起兼任国家监察人民委员，1920 年起为工农检查人民委员。国内战争时期任共和国革命军事委员会委员和一些方面军的革命军事委员会委员。1922 年 4 月起任党中央总书记。1941 年起同时担任苏联人民委员会主席，1946 年起为部长会议主席。1941—1945 年卫国战争时期任国防委员会主席、国防人民委员和苏联武装力量最高统帅。1919—1952 年为中央政治局委员，1952—1953 年为苏共中央主席团委员。1925—1943 年为共产国际执行委员会委员。——244。

斯捷·伊万诺维奇——见波尔土盖斯，斯捷潘·伊万诺维奇。

斯维杰尔斯基，阿列克谢·伊万诺维奇（Свидерский，Алексей Иванович 1878—1933）——1899 年加入俄国社会民主工党，布尔什维克。曾在彼得堡、萨马拉、乌法等地做党的工作，参加过 1905—1907 年革命。曾被捕和流放。1917 年二月革命后任在乌法出版的布尔什维克报纸《前进报》编辑，后任乌法工兵代表苏维埃主席。1918 年起任粮食人民委员部部务委员，1922 年起任工农检查人民委员部部务委员，1923—1928 年任俄罗斯联邦副农业人民委员，1929 年起任苏联驻拉脱维亚全权代表。——191。

索尔茨，亚伦·亚历山德罗维奇（Сольц，Арон Александрович 1872—1945）——1898 年加入俄国社会民主工党，布尔什维克。曾在维尔诺、彼得堡、莫斯科等城市做党的工作，屡遭沙皇政府迫害。1917 年二月革命后任党的莫斯科委员会委员、《社会民主党人报》（莫斯科的）和《真理报》编委。十月革命后担任苏维埃和党的负责工作。1920 年起为党中央监察委员会委员，1921 年起为中央监察委员会主席团委员，同年起为俄罗斯联邦最高法院成员，后为苏联最高法院成员，在苏联检察院担任负责职务。曾任国际监察委员会委员。——204。

索斯诺夫斯基，列夫·谢苗诺维奇（Сосновский，Лев Семенович 1886—1937）——1904 年加入俄国社会民主工党，新闻工作者。1918—1924 年（有间断）任《贫苦农民报》编辑。1921 年任党中央委员会鼓动宣传部长。1920—1921 年工会问题争论期间支持托洛茨基的纲领。1927 年作为托

T

1926 年与季诺维也夫结成“托季联盟”。1927 年被开除出党，1929 年被驱逐出境，1932 年被取消苏联国籍。在国外组织第四国际。死于墨西哥。——30、31、32、33—34、166、167、191、239、240、290、405、409、411、413、414、415。

托姆斯基（**叶弗列莫夫**），米哈伊尔·巴甫洛维奇（Томский（Ефремов），Михаил Павлович 1880—1936）——1904 年加入俄国社会民主工党。1905—1906 年在党的雷瓦尔组织中工作，开始从事工会运动。1907 年当选为党的彼得堡委员会委员，任布尔什维克的《无产者报》编委。曾参加党的第五次（伦敦）代表大会的工作。多次被捕和流放。1917 年二月革命后任党的彼得堡委员会执行委员会委员。十月革命后任莫斯科工会理事会主席。1919 年起任全俄工会中央理事会主席团主席。1920 年参与创建红色工会国际，1921 年工会国际成立后担任总书记。在党的第八至第十六次代表大会上当选为中央委员，1923—1930 年为中央政治局委员。1920 年起任全俄中央执行委员会主席团委员，1922 年 12 月起任苏联中央执行委员会主席团委员。支持民主集中派，坚持工会脱离党的领导的“独立性”。1929 年被作为“右倾派别集团”领袖之一受到批判。1934 年当选为候补中央委员。1936 年因受政治迫害自杀。1988 年恢复党籍。——445。

W

王德威尔得，埃米尔（Vandervelde，Émile 1866—1938）——比利时政治活动家，比利时工人党领袖，第二国际的机会主义代表人物。1885 年加入比利时工人党，90 年代中期成为党的领导人。1894 年起多次当选为议员。1900 年起任第二国际常设机构——社会党国际局主席。第一次世界大战爆发后成为社会沙文主义者，是大战期间欧洲国家中第一个参加资产阶级政府的社会党人。1918 年起历任司法大臣、外交大臣、公共卫生大臣、副首相等职。俄国 1917 年二月革命后到俄国鼓吹继续进行战争。敌视俄国十月革命，支持武装干涉苏维埃俄国。曾积极参加重建第二国际的活动，1923 年起是社会主义工人国际书记处书记和常务局成员。——87、94、100、102、184、185。

威尔逊，伍德罗（Wilson，Woodrow 1856—1924）——美国国务活动家。1910—

1912年任新泽西州州长。1913年代表民主党当选为美国总统,任期至1921年。任内镇压工人运动,推行扩张政策,对拉丁美洲各国进行武装干涉,并促使美国站在协约国一方参加第一次世界大战。俄国十月革命后是武装干涉苏维埃俄国的策划者之一。1918年提出帝国主义的和平纲领"十四点",妄图争夺世界霸权。曾率领美国代表团出席巴黎和会(1919—1920)。1920年总统竞选失败,后退出政界。——121、122、359、388、399、408。

维什尼亚克,马尔克·文亚敏诺维奇(Вишняк,Марк Веньяминович 生于1883年)——俄国右派社会革命党人,法学家,新闻工作者。第一次世界大战期间是社会沙文主义者。1917年二月革命后任农民代表苏维埃执行委员会委员、莫斯科市杜马代表、莫斯科国务会议成员、俄罗斯共和国临时议会(预备议会)秘书。敌视十月革命。1918年参加反革命组织"俄罗斯复兴会",编辑社会革命党人的《复兴》杂志。1918年夏去乌克兰。1919年侨居法国,是该地社会革命党人杂志《现代纪事》的创办人和编辑之一。1940年移居美国。——133。

沃尔斯基,弗拉基米尔·卡济米罗维奇(Вольский,Владимир Казимирович 生于1877年)——俄国社会革命党人,立宪会议代表,萨马拉反革命立宪会议委员会主席。该委员会在外国干涉者的支持下,于1918年夏在伏尔加河流域和乌拉尔地区建立了反苏维埃政权。高尔察克发动叛乱和许多立宪会议代表被捕后,以及在红军几乎全部收复了立宪会议委员会占领的地盘后,和一小批社会革命党人停止了反苏维埃政权的斗争,加入出版《人民》杂志的社会革命党少数派中央组织局。——55、402、449。

X

希法亭,鲁道夫(Hilferding,Rudolf 1877—1941)——奥地利社会民主党、德国社会民主党和第二国际机会主义领袖之一,"奥地利马克思主义"理论家。1907—1915年任德国社会民主党中央机关报《前进报》编辑。1910年发表《金融资本》一书,对研究垄断资本主义起了一定的积极作用,但书中有理论错误。第一次世界大战期间是中派分子,主张同社会帝国主义者统一。战后公开修正马克思主义,提出"有组织的资本主义"的理论,为国

家垄断资本主义辩护。1917年起为德国独立社会民主党领袖之一。敌视苏维埃政权和无产阶级专政。1920年取得德国国籍。1924年起为国会议员。1923年和1928—1929年任魏玛共和国财政部长。法西斯分子上台后流亡法国。——184、208。

谢德曼，菲力浦(Scheidemann，Philipp 1865—1939)——德国社会民主党右翼领袖之一。1903年起参加社会民主党国会党团。1911年当选为德国社会民主党执行委员会委员，1917—1918年是执行委员会主席之一。第一次世界大战期间是社会沙文主义者。1918年10月参加巴登亲王马克斯的君主制政府，任国务大臣。1918年十一月革命期间参加所谓的人民代表委员会，借助旧军队镇压革命。1919年2—6月任魏玛共和国联合政府总理。1933年德国建立法西斯专政后流亡国外。——87、100、139、157、176、182、184、185、205、206、207、209、210、211、213、214、215。

谢列达，谢苗·帕夫努季耶维奇(Середа，Семен Пафнутьевич 1871—1933)——1903年加入俄国社会民主工党。曾在斯摩棱斯克、基辅、卡卢加做党的工作。1917年二月革命后任梁赞省工兵农代表苏维埃执行委员会委员。十月革命期间任党的梁赞省委员会和市委员会委员、省军事革命委员会委员。1918—1921年任俄罗斯联邦农业人民委员，1921年起先后任最高国民经济委员会和国家计划委员会主席团委员、俄罗斯联邦中央统计局副局长和局长，1930年起任国家计划委员会副主席。——141、369。

谢马什柯，尼古拉·亚历山德罗维奇(Семашко，Николай Александрович 1874—1949)——1893年参加俄国社会民主主义运动，布尔什维克。1905年参加下诺夫哥罗德武装起义，被捕，释放后流亡国外。曾任俄国社会民主工党中央委员会国外局书记兼财务干事。1913年参加塞尔维亚和保加利亚的社会民主主义运动，第一次世界大战初期在保加利亚被拘留。1917年9月回国。积极参加莫斯科十月武装起义，为起义战士组织医疗救护。十月革命后任莫斯科苏维埃医疗卫生局局长。1918—1930年任俄罗斯联邦卫生人民委员。1930—1936年在全俄中央执行委员会工作，任全俄中央执行委员会主席团委员。苏联医学科学院和俄罗斯联邦教育科学院院士。1947—1949年任苏联医学科学院保健组织和医学史研究所所长。写有许多公共卫生学和保健组织方面的著作。——397。

兴登堡，保尔（Hindenburg，Paul 1847—1934）——德国军事家和国务活动家，元帅（1914）。普奥战争（1866）和普法战争（1870—1871）的参加者。第一次世界大战期间，1914 年 8 月起任东普鲁士的德军第 8 集团军司令，11 月起任东线部队司令，1916 年 8 月起任总参谋长，实际上是总司令。1918 年是武装干涉苏维埃俄国的策划者之一。参与镇压德国 1918 年十一月革命。1925 年和 1932 年两度当选魏玛共和国总统。1933 年授命希特勒组织政府，从而把全部政权交给了法西斯分子。——16。

Y

雅柯夫列夫（**爱泼斯坦**），雅柯夫·阿尔卡季耶维奇（Яковлев（Эпштейн），Яков Аркадьевич 1896—1938）——1913 年加入俄国布尔什维克党。曾在彼得堡涅瓦区做党的工作。1917 年二月革命后在党的彼得格勒组织中工作，5 月起任党的叶卡捷琳诺斯拉夫委员会书记。在乌克兰积极参加十月革命和国内战争，历任哈尔科夫革命委员会主席、党的叶卡捷琳诺斯拉夫省委员会和基辅省委员会主席、第 14 集团军政治部主任、党的哈尔科夫省委员会主席、乌克兰共产党（布）中央政治局委员。1920—1921 年任政治教育总委员会会务委员，1922—1923 年任党中央委员会鼓动宣传部副部长。1926 年起任苏联副工农检查人民委员，1929 年起任农业人民委员，1934 年起任党中央农业部部长。在党的第十六次和第十七次代表大会上当选为中央委员。——363。

雅柯夫列娃，瓦尔瓦拉·尼古拉耶夫娜（Яковлева，Варвара Николаевна 1884—1941）——1904 年加入俄国社会民主工党。在莫斯科做党的工作。1917 年二月革命后任党的莫斯科区域局书记。十月革命期间是莫斯科领导武装起义的党总部成员、莫斯科军事革命委员会委员。十月革命后从事苏维埃和党的工作，历任内务人民委员部部务委员、粮食人民委员部部务委员、最高国民经济委员会办公厅主任、党的莫斯科委员会书记、党中央委员会西伯利亚局书记。1922—1929 年在俄罗斯联邦教育人民委员部工作，起初任职业教育总局局长，后任副教育人民委员。1929 年起任俄罗斯联邦财政人民委员。1918 年参加“左派共产主义者”集团。1920—1921 年工会问题争论期间属“缓冲派”。1923 年参加托洛茨基反对派，后同反

对派决裂。曾任全俄中央执行委员会和苏联中央执行委员会委员。——191、375。

雅科比,约翰(Jacoby,Johann 1805—1877)——德国政论家,政治活动家,资产阶级民主主义者;职业是医生。1848年是普鲁士国民议会中的左翼领袖之一。60年代参加进步党,从资产阶级激进主义立场出发批评俾斯麦在德国统一问题上的政策。1872年起成为社会民主工党(爱森纳赫派)党员,1874年代表该党被选入帝国国会。马克思和恩格斯认为他是站到无产阶级运动方面来的民主主义者。——15。

叶戈里耶夫,弗拉基米尔·尼古拉耶维奇(Егорьев,Владимир Николаевич 1869—1948)——1887年开始在俄国军队服役。十月革命后转向苏维埃政权方面,被任命为特别集团军司令。1918年1月任西南方面军司令。1919年7—10月任南方面军司令,该方面军打退了邓尼金军队的进攻。1920—1921年是同芬兰和波兰缔结和约的苏维埃代表团军事专家。——59。

尤登尼奇,尼古拉·尼古拉耶维奇(Юденич,Николай Николаевич 1862—1933)——沙俄将军。1905—1906年曾在亚美尼亚指挥讨伐队。第一次世界大战初期任高加索集团军参谋长,1915年1月起任高加索集团军司令。1917年3—4月任高加索方面军总司令。1918年秋侨居芬兰,后移居爱沙尼亚。1919年任西北地区白卫军总司令,是反革命的"西北政府"成员。1919年两次进犯彼得格勒,失败后率残部退到爱沙尼亚。1920年起为白俄流亡分子。——148、152、222、228、230、245、280、286、290、303、308、309、311、312、320、322、324、325、326、343、355、382、383、388、391、403、404、414、446。

尤什凯维奇,帕维尔·索洛蒙诺维奇(Юшкевич,Павел Соломонович 1873—1945)——俄国社会民主党人,孟什维克;数学家。在哲学上是马赫主义者,拥护实证论和实用主义;斯托雷平反动时期对马克思主义哲学进行修正,企图用马赫主义的一个变种——"经验符号论"代替马克思主义哲学。著有《从经验符号论观点看现代唯能论》一文(收入《关于马克思主义哲学的论丛》)(1908)及《唯物主义和批判实在论》(1908)、《新思潮》(1910)、《一种世界观与种种世界观》(1912)等书。十月革命后反对苏维埃政权,

1917—1919 年在乌克兰为孟什维克—社会革命党人的《联合》杂志和其他反布尔什维克的报刊撰稿，后脱离政治活动。1930 年起在马克思恩格斯研究院从事哲学著作的翻译工作。——135、136。

Z

祖巴托夫，谢尔盖·瓦西里耶维奇（Зубатов，Сергей Васильевич 1864—1917）——沙俄宪兵上校，"警察社会主义"（祖巴托夫主义）的炮制者和鼓吹者。1896—1902 年任莫斯科保安处处长，组织政治侦查网，建立密探别动队，破坏革命组织。1902 年 10 月到彼得堡就任警察司特别局局长。1901—1903 年组织警方办的工会——莫斯科机械工人互助协会和圣彼得堡俄国工厂工人大会等，诱使工人脱离革命斗争。由于他的离间政策的破产和反内务大臣的内讧，于 1903 年被解职和流放，后脱离政治活动。1917 年二月革命初期自杀。——94。

左尔格，弗里德里希·阿道夫（Sorge，Friedrich Adolph 1828—1906）——美国工人运动和国际工人运动活动家，马克思和恩格斯的学生和战友。生于德国，参加过德国 1848—1849 年革命。革命失败后先后流亡瑞士、比利时和英国，1852 年移居美国。在美国积极宣传马克思主义，是纽约共产主义俱乐部（1857 年创立）和美国其他一些工人组织和社会主义组织的领导人之一。第一国际成立后，积极参加国际的活动，是第一国际美国各支部的组织者。1872 年第一国际总委员会从伦敦迁至纽约后，担任总委员会总书记，直到 1874 年。1876 年参加北美社会主义工人党的创建工作，领导了党内马克思主义者对拉萨尔派的斗争。与马克思和恩格斯长期保持通信联系。90 年代从事美国工人运动史的研究和写作，著有《美国工人运动》一书以及一系列有关美国工人运动史的文章，主要发表在德国社会民主党理论刊物《新时代》杂志上。晚年整理出版了他与马克思和恩格斯等人的书信集。1907 年书信集俄译本出版，并附有列宁的序言。列宁称左尔格为第一国际的老战士。——92。

文献索引

阿·日·《用革命精神从事工作》(А.Ж.Работа по-революционному.(Коммунистическая суббота).—«Правда»,М.,1919,№105,17 мая,стр.1—2)——2—6。

阿德勒,弗·《工人委员会的任务和政治地位》(Adler,F.Die Aufgaben der Arbeiterräte und die politische Lage.—«Arbeiter-Zeitung».Morgenblatt,Wien,1919,Nr.180,2.Juli,S.3—4)——262。

奥尔洛夫,Н.А.《苏维埃政权的粮食工作》(Орлов,Н.А.Продовольственная работа Советской власти.К годовщине Октябрьской революции.Изд.Нар.ком.продовольствия.М.,1918.398 стр.)——375。

奥拉尔,阿·《革命历史学家的一封信》(Aulard,A.Une lettre de l'historien de la révolution.—«L'Humanité»,Paris,1919,N 5669,26 octobre,p.1)——387、391、448。

巴比塞,昂·《光明》(Барбюс,А.Ясность (Clarté))——100、112、423。

—《火线》(В огне (Le feu))——100、112、423。

伯恩施坦,爱·《社会主义的前提和社会民主党的任务》(Bernstein,E.Die Voraussetzungen des Sozialismus und die Aufgaben der Sozialdemokratie.Stuttgart,Dietz,1899.X,188 S.)——263。

蔡斯,斯·《曼纳海姆和高尔察克》(Chase,S.Mannerheim and Kolchak.—«The New Republic»,New York,1919,No.242,June 25,p.251—252)——179—180。

恩·尔·《亚历山德罗夫铁路的第一次共产主义星期六义务劳动》(Н.Р.Первый коммунистический субботник на Александровской жел.дор.—«Правда»,М.,1919,№110,23 мая,стр.1)——6—8。

—《值得学习的榜样》(Пример,достойный подражания.—«Правда»,М.,

—《工兵代表苏维埃代表大会土地法令》(Декрет о земле съезда Советов рабочих и с.д.(Принят на зас.26 окт.в 2 ч.н.).—«Известия ЦИК и Петроградского Совета Рабочих и Солдатских Депутатов»,1917,№209, 28 октября,стр.1)——271、406—408。

—《关于对中农的态度》[俄共(布)第八次代表大会通过的决议](Об отношении к среднему крестьянству.[Резолюция, принятая на VIII съезде РКП(б)].—В кн.:VIII съезд Российской Коммунистической партии(большевиков).Москва,18—23 марта 1919 года.Стеногр.отчет. М.,«Коммунист»,1919,стр.370—372.(РКП(б)))——309—310。

—《关于国际政策问题的决议草案[1919年在俄共(布)第八次全国代表会议上提出]》(Проект резолюции по вопросу о международной политике,[внесенный на VIII Всероссийской конференции РКП(б).1919 г.])——354、390。

—《关于全俄中央执行委员会和人民委员会的报告的总结发言(12月6日)》——见[列宁,弗·伊·]《列宁同志的总结发言》。

—《关于人民委员会对外对内政策的报告(在1919年3月12日彼得格勒苏维埃会议上)》——见[列宁,弗·伊·]《列宁同志的讲话(在3月12日彼得格勒苏维埃会议上)》。

—《国家与革命》(马克思主义关于国家的学说与无产阶级在革命中的任务)(Государство и революция.Учение марксизма о государстве и задачи пролетариата в революции.Вып.1.Пг.,«Жизнь и Знание»,1918.115 стр.(Б-ка обществоведения.Кн.40-я).Перед загл.авт.:В.Ильин(Н.Ленин))——103、157、256。

—《和平法令(1917年10月26日全俄工兵农代表苏维埃代表大会会议一致通过)》(Декрет о мире, принятый единогласно на заседании Всероссийского съезда Советов рабочих, солдатских и крестьянских депутатов 26 октября 1917 г.—«Известия ЦИК и Петроградского Совета Рабочих и Солдатских Депутатов», 1917, №208, 27 октября, стр.1)——171。

—《回答问题[在1919年3月12日彼得格勒苏维埃会议上]》(Ответ на

записки [на заседании Петроградского Совета 12 марта 1919 г.])——11。
—《列宁同志的讲话》(Речь тов. Ленина.—«Известия ЦК РКП(б)», М., 1919, №9, 20 декабря, стр. 1—2. Под общ. загл.: Всероссийская партийная конференция)——357—358。
—《列宁同志的讲话》(12 月 5 日)(Речь тов. Ленина. 5 декабря.—«Правда», М., 1919, №275, 7 декабря, стр. 2; №276, 9 декабря, стр. 3; №277, 10 декабря, стр. 3)——401、446—448。
—《列宁同志的讲话(在 3 月 12 日彼得格勒苏维埃会议上)》(Речь тов. Ленина в заседании Петроградского Совета 12 марта.—«Северная Коммуна», Пг., 1919, №58(251), 14 марта, стр. 1)——11。
—《列宁同志的总结发言》(Заключительное слово тов. Ленина.—«Правда», М., 1919, №275, 7 декабря, стр. 1—2. Под общ. загл.: 7-ой Всероссийский съезд Советов)——446—448。
—《列宁同志在全俄教育工作者和社会主义文化工作者代表大会上的讲话》(Речь тов. Ленина на Всероссийском съезде работников просвещения и социалист. культуры.—«Правда», М., 1919, №170, 3 августа, стр. 2)——424—425。
—《论第三国际的任务(拉姆赛·麦克唐纳论第三国际)》(О задачах III-го Интернационала. (Рамсей Макдональд о III-ем Интернационале).—«Коммунистический Интернационал», Пг., 1919, №4, август, стлб. 447—462. Подпись: Н. Ленин)——421—423。
—《论粮食自由贸易》(О свободной торговле хлебом. Август 1919 г.)——429—431。
—《论无产阶级在这次革命中的任务》(1917 年 4 月 4 日和 5 日(17 日和 18 日))(О задачах пролетариата в данной революции. 4 и 5 (17 и 18) апреля 1917 г.)——88。
—《论无产阶级在这次革命中的任务》(载于 1917 年 4 月 7 日《真理报》第 26 号)(О задачах пролетариата в данной революции.—«Правда», Пг., 1917, №26, 7 апреля, стр. 1—2. Подпись: Н. Ленин)——88。
—《论无产阶级专政》(О диктатуре пролетариата. Сентябрь—октябрь 1919 г.)

——434—443。

—《全俄中央执行委员会和人民委员会的报告([1919年]12月5日[在全俄苏维埃第七次代表大会上])》——见[列宁,弗·伊·]《列宁同志的讲话》(12月5日)。

—《无产阶级革命和叛徒考茨基》(Пролетарская революция и ренегат Каутский. М.—Пг.,«Коммунист»,1918.135 стр.(РКП(б)).Перед загл. авт.:Н.Ленин (Вл.Ульянов))——103、177、179。

—《向意大利、法国和德国的共产党人致敬》(Привет итальянским,французским и немецким коммунистам.—«Коммунистический Интернационал», Пг.,1919,№6,октябрь,стлб.907—914,в отд.:Документы международного коммунистического движения)——249、250、251。

—《与燃料危机作斗争》(给各级党组织的通告信)(На борьбу с топливным кризисом.(Циркулярное письмо к партийным организациям).—«Правда», М.,1919,№254,13 ноября,стр.1.Подпись:ЦК РКП.)——303。

—《在出席全俄工兵代表苏维埃会议的布尔什维克代表的会议上的报告(1917年4月4日(17日))》(Доклад на собрании большевиков—участников Всероссийского совещания Советов рабочих и солдатских депутатов 4 (17) апреля 1917 г.)——88。

—《在全俄教育工作者和社会主义文化工作者第一次代表大会上的讲话(1919年7月31日)》——见[列宁,弗·伊·]《列宁同志在全俄教育工作者和社会主义文化工作者代表大会上的讲话》。

—《在下房里》(В лакейской.Июль 1919 г.)——426—428。

—《战争和俄国社会民主党》(Война и российская социал-демократия.—«Социал-Демократ», Женева, 1914, №33, 1 ноября, стр. 1. Подпись: Центральный Комитет Российской с.-д. рабочей партии)——98、138、181—182。

—《纸上的决议》(Бумажные резолюции.—«Рабочий», Пг., 1917, №2, 8 сентября (26 августа),стр.1—2)——177—178。

—《致加入过统一的“德国共产党”而现在组成新党的共产党员同志们》(Товарищам коммунистам, входившим в общую «Коммунистическую

Интернационал»，Пг.，1919，№5，сентябрь，стлб. 681 — 684，в отд.：Документы интернационального коммунистического движения. Под общ. загл.：Социализм в Англии)——156—161。

施坦普费尔，弗·《考茨基反对斯巴达克》(Stampfer，F. Kautsky gegen Spartakus.—«Vorwärts»，Berlin，1919，Nr. 457，7. September，S. 1 — 2)——176—177、179、182、183—185、186—187。

司徒卢威，彼·伯·《俄国经济发展问题的评述》(Струве，П. Б. Критические заметки к вопросу об экономическом развитии России. Вып. I. Спб.，1894. X，293 стр.)——263。

希夫，W.《英国工人的左倾》(Schiff，W. Die Radikalisierung der englischen Arbeiter.—«Vorwärts»，Berlin，1919，Nr. 477，18. September，S. 1)——262。

谢列达，谢·帕·《农业公社和农业劳动组合联合会》(Середа，С. П. Союз земледельческих коммун и артелей. (К Всероссийскому съезду с.-х. коммун и артелей).—«Известия ВЦИК Советов Рабочих，Крестьянских，Казачьих и Красноарм. Депутатов и Моск. Совета Рабоч. и Красноарм. Депутатов»，1919，№271(823)，3 декабря，стр.1)——369—370。

雅科比，约·《工人运动的目的》(Jacoby，J. Das Ziel der Arbeiterbewegung. Rede des Abgeordneten J. Jacoby vor seinen Berliner Wählern am 20. Januar 1870. Berlin，Cohn，1870. 24 S.)——15—16。

尤什凯维奇，帕·索·《革命和内战》(Юшкевич，П. С. Революция и гражданская война.—«Объединение»，Одесса，1919，№1 — 2，стр. 162 — 183)——135—136。

———

А. Т.-Р.《孟什维克谈高尔察克》(А. Т.-Р. Меньшевики о Колчаке.—«Известия ВЦИК Советов Рабочих，Крестьянских，Казачьих и Красноарм. Депутатов и Моск. Совета Рабоч. и Красноарм. Депутатов»，1919，№144(696)，4 июля，стр.3)——34—35。

П. Л.《孟什维克的宣言》(П. Л. Воззвание меньшевиков.—«Вечерние Известия Московского Совета Рабочих и Красноармейских Депутатов»，1919，

№301,26 июля,стр.1—2)——127—128、129、151—153、424—425。

*　　*　　*

《巴塞尔宣言》——见《国际关于目前形势的宣言[巴塞尔国际社会党非常代表大会通过]》。

《北方公社报》(彼得格勒)(«Северная Коммуна»,Пг.,1918,№98,6 сентября,стр.1)——118—119。

—1919,№58(251),14 марта,стр.1.——11。

《彼得格勒苏维埃告爱斯兰工人书》(От Петроградского Совета к рабочим Эстляндии.—«Петроградская Правда»,1919,№200,6 сентября,стр.1. Под общ.загл.:К прибытию эстонских товарищей)——174。

《彼得格勒真理报》(«Петроградская Правда»,1919,№198,4 сентября,стр.1)——174。

—1919,№200,6 сентября,стр.1.——174。

—1919,№255,7 ноября,стр.1.——398。

《必须遵行的携带粮食的决定》(Обязательное постановление о провозе продуктов.—«Северная Коммуна»,Пг.,1918,№98,6 сентября,стр.1)——119。

《伯尔尼的代表会议》[社论](Конференция в Берне.[Передовая].—«Всегда Вперед!»,М.,1919,№4,11 февраля,стр.1)——94—95。

"党的生活"(Партийная жизнь.—«Правда»,М.,1919,№153,15 июля,стр.2)——79。

《对俄国共产党全国代表会议报告的讨论》(Прения по докладам Всероссийской конференции Комм.партии.—«Известия ЦК РКП(б)»,М.,1919,№9,20 декабря,стр.2)——357、358。

《俄国共产党(布尔什维克)纲领》(1919年3月18—23日党的第八次代表大会通过)(Программа Российской Коммунистической партии(большевиков).Принята 8-м съездом партии 18—23 марта 1919 г.М.—Пг.,«Коммунист»,1919.24 стр.(РКП(б)))——19、52—53、72、77、232—233、258、262、271、327、351。

《俄国共产党(布尔什维克)章程》(党的[第八次]全国代表会议通过)(Устав Российской Коммунистической партии(большевиков).(Принят на [VIII] Всероссийской партийной конференции).—«Известия ЦК РКП(б)»,М.,1920,№12,14 января,стр.1)——337。

《俄共(布)中央通报》(莫斯科)(«Известия ЦК РКП(б)»,М.,1919,№5,20 сентября,стр.4)——357—358。

—1919,№6,30 сентября,стр.1.——294—295。

—1919,№8,2 декабря,стр.4.——364。

—1919,№9,20 декабря,стр.1—2.——357—358。

—1920,№12,14 января,стр.1.——337。

《俄国社会民主工党第二次(例行)代表大会》(Второй очередной съезд Росс. соц.-дем.рабочей партии.Полный текст протоколов.Изд.ЦК.Genève,тип. партии,[1904].397,II стр.(РСДРП))——177—178。

《俄国社会民主工党纲领(党的第二次代表大会通过)》(Программа Российской соц.-дем.рабочей партии,принятая на Втором съезде партии.—В кн.: Второй очередной съезд Росс. соц.-дем. рабочей партии. Полный текст протоколов.Изд.ЦК.Genève,тип.партии,[1904],стр.1—6.(РСДРП))——177—178。

《俄罗斯社会主义联邦苏维埃共和国宪法(根本法)》(Конституция(Основной закон) Российской Социалистической Федеративной Советской Республики. Опубликована в №151«Известий Всерос. Центр. Исп. Комитета» от 19 июля 1918 г.М.,Гиз,1919.16 стр.(РСФСР))——77、110、264、275—277、325、404、405、406—407、408—409、410、414、439、441、449。

《俄美关系》(Русско-американские отношения.—«Известия ВЦИК Советов Рабочих,Крестьянских,Казачьих и Красноарм.Депутатов и Моск.Совета Рабоч.и Красноарм.Депутатов»,1919,№8(560),14 января,стр.3)——359—360、399—400。

《犯了一个大罪》(Un grand crime se commet.Nous protestons.—«L'Humanité»,Paris,1919,N 5669,26 octobre,p.1.Подпись:Anatole France и др.)——386—387。

《芬兰和布尔什维克》(Finland and the Bolshevists.—«The Times», London, 1919, No.42, 239, October 24, p.4)——343。

《革命的党代表大会》(Der Revolutions-Parteitag.—«Die Freiheit». Morgen-Ausgabe, Berlin, 1919, Nr. 114, 9. März. Beilage zur «Freiheit», S. 1—3)——97。

《[给波罗的海沿岸各国和芬兰政府]和谈的建议》(Предложение мирных переговоров [правительствам прибалтийских государств и Финляндии].—«Известия ВЦИК Советов Рабочих, Крестьянских, Казачьих и Красноарм. Депутатов и Моск. Совета Рабоч. и Красноарм. Депутатов», 1919, №203(755), 13 сентября, стр. 1. Под общ. загл.: От Народного комиссариата иностранных дел)——239。

《给南森的信》——见《外交人民委员部声明》。

《工农政府法令汇编》(«Собрание Узаконений и Распоряжений Рабочего и Крестьянского Правительства», М., 1919, №21, 6 июня, стр. 280—281)——333。

《工人报》(上午版,维也纳)(«Arbeiter-Zeitung». Morgenblatt, Wien, 1919, Nr. 180, 2. Juli, S.3—4)——263。

《工人、农民、哥萨克和红军代表苏维埃全俄中央执行委员会及莫斯科工人和红军代表苏维埃消息报》(«Известия ВЦИК Советов Рабочих, Крестьянских, Казачьих и Красноарм. Депутатов и Моск. Совета Рабоч. и Красноарм. Депутатов», 1919, №8(560), 14 января, стр. 3)——359—360、399—400。

—1919, №26(578), 5 февраля, стр. 1.——359—360、399—400。

—1919, №34(586), 14 февраля, стр. 5.——140、365、366—367、369、370。

—1919, №60(612), 20 марта, стр. 3.——23、204。

—1919, №106(658), 18 мая, стр. 2.——110—111、359—360、399—400。

—1919, №110(662), 23 мая, стр. 1.——110—111、202—203、359—360、389—390、399—400。

—1919, №124(676), 11 июня, стр. 1.——120—121。

—1919, №143(695), 3 июля, стр. 3.——23。

—1919,№144(696),4 июля,стр.3.——34—35。

—1919,№165(717),29 июля,стр.2.——118—119。

—1919,№190(742),28 августа,стр.2.——160—161。

—1919,№191(743),30 августа,стр.2.——381—382。

—1919,№203(755),13 сентября,стр.1.——238—239。

—1919,№222(774),5 октября,стр.3.——238—239。

—1919,№262(814),22 ноября,стр.1.——323。

—1919,№271(823),3 декабря,стр.1.——369—370。

—1919,№273(825),5 декабря,стр.2.——395—397。

《工人日报》(彼得格勒)(«Рабочий»,Пг.,1917,№2,8 сентября(26 августа),стр.1—2)——177—178。

《工人携带行李》[粮食人民委员给各省粮食委员会和巡查队长的电报](Провоз багажа рабочими. [Телеграмма народного комиссара по продовольствию всем губпродкомам и начальникам заградительных отрядов].—«Известия ВЦИК Советов Рабочих,Крестьянских,Казачьих и Красноарм.Депутатов и Моск.Совета Рабоч.и Красноарм.Депутатов»,1919,№165(717),29 июля,стр.2,в отд.:Продовольственное дело)——119。

《共产党人》杂志(基辅)(«Коммунист»,Киев,1919,№62(90),20 мая,стр.2)——333。

《共产国际》杂志(彼得格勒)(«Коммунистический Интернационал»,Пг.,1919,№1,1 мая,стлб.105—110)—84。

—1919,№4,август,стлб.447—462.——421—423。

—1919,№5,сентябрь,стлб.681—684.——156—161。

—1919,№6,октябрь,стлб.907—914,915—916.——205—216、249、250、251。

《共产主义星期六义务劳动》(载于1919年6月6日《真理报》第121号)(Коммунистический субботник.—«Правда»,М.,1919,№121,6 июня,стр.2,в отд.:Рабочая жизнь)——10。

《共产主义星期六义务劳动》(载于1919年6月8日《真理报》第123号)

(Коммунистический субботник.—«Правда», М., 1919, №123, 8 июня, стр.3, в отд.: Телеграммы)——10。

《关于德国共产党(斯巴达克联盟)成立大会(1918年12月30日—1919年1月1日)的报道》(Bericht über den Gründungsparteitag der Kommunistischen Partei Deutschlands (Spartakusbund) vom 30. Dezember 1918 bis 1. Januar 1919. Hrsg. von der Kommunistischen Partei Deutschlands (Spartakusbund). Berlin, [1919]. 56 S.)——157、214。

《关于对各"社会主义"派别和伯尔尼代表会议的态度的决议》(Резолюция об отношении к «социалистическим» течениям и к Бернской конференции. Принята по докладам Г. Зиновьева и Ф. Платтена.—«Коммунистический Интернационал», Пг., 1919, №1, 1 мая, стлб. 105—110. Под общ. загл.: Постановления Первого съезда Коммунистического Интернационала)——84。

《关于对红军的态度的决议》[社会革命党第九次党务会议通过](Отношение к Красной Армии. [Резолюция, принятая на IX совете партии социалистов-революционеров].—«Приложение к Листку Дела Народа №2», б. м., [1919], стр. 2. Под общ. загл.: Резолюции, принятые на IX совете партии с.-р. 18—20 июня 1919 г.)——347。

《关于对社会主义政党的态度的决议》[社会革命党第九次党务会议通过](Отношение к социалистическим партиям. [Резолюция, принятая на IX совете партии социалистов-революционеров].—Там же, стр. 2)——402—403。

《关于俄罗斯、乌克兰、拉脱维亚、立陶宛、白俄罗斯等苏维埃共和国联合起来抗击世界帝国主义的法令》(Об объединении Советских республик: России, Украины, Латвии, Литвы, Белоруссии для борьбы с мировым империализмом. [Декрет ВЦИК от 1 июня 1919 г.].—«Собрание Узаконений и Распоряжений Рабочего и Крестьянского Правительства», М., 1919, №21, 6 июня, стр. 280—281. Под общ. загл.: Декреты Всероссийского Центрального Исполнительного Комитета)——333。

《关于农村工作给俄共(布)省、县、乡党委的指示草案》[由俄共(布)中央农村工作部拟定］(Инструкция губернским, уездным и волостным комитетам РКП о работе в деревне. ［Проект, выработанный отделом работы в деревне при секретариате ЦК РКП(б)］.—«Известия ЦК РКП(б)», М., 1919, №5, 20 сентября, стр. 4. Под общ. загл.: О работе в деревне)——357、358。

《关于社会主义土地规划和向社会主义农业过渡的措施的条例》(Положение о социалистическом землеустройстве и о мерах перехода к социалистическому земледелию.—«Известия ВЦИК Советов Рабочих, Крестьянских, Казачьих и Красноарм. Депутатов и Моск. Совета Рабоч. и Красноарм. Депутатов», 1919, №34(586), 14 февраля, стр. 5, в отд.: Действия и распоряжения правительства)——140、365、366—367、369、370。

《关于省和区国营农场管理局的组织和工作的指示》(Инструкция об организации и деятельности губернских и районных управлений советскими хозяйствами. ［М., Нар. ком. земледелия, 1919］. 2 стр.)——140—141。

《关于征收党员周》(О партийной неделе. Ко всем партийным организациям. Циркулярное письмо ЦК РКП(б).—«Известия ЦК РКП(б)», М., 1919, №6, 30 сентября, стр. 1. Подпись: Центральный Комитет РКП)——293—294。

《关于组织问题》［俄共(布)第八次代表大会通过的决议］(По организационному вопросу. ［Резолюция, принятая на VIII съезде РКП(б)］.—В кн.: VIII съезд Российской Коммунистической партии (большевиков). Москва, 18—23 марта 1919 года. Стеногр. отчет. М., «Коммунист», 1919, стр. 365—370. (РКП(б)))——332、337。

《国际报》(巴黎)(«L'Internationale», Paris)——173、185、206。

《国际关于目前形势的宣言［巴塞尔国际社会党非常代表大会通过］》(Manifest der Internationale zur gegenwärtigen Lage, ［angenommen auf dem Außerordentlichen Internationalen Sozialistenkongreß zu Basel］.—In.: Außerordentlicher Internationaler Sozialistenkongreß zu Basel am 24. und 25. November 1912. Berlin, Buchh. «Vorwärts», 1912, S. 23—27)——

Москву.—«Известия ВЦИК Советов Крестьянских，Рабочих，Солдатских и Казачьих Депутатов и Московского Совета Рабочих и Красноармейских Депутатов»，1918，№183(447)，25 августа，стр.1)——119。

《南方事业》文集(基辅—哈尔科夫)(«Южное Дело»，Киев—Харьков)——133。

《农民、工人、哥萨克和红军代表苏维埃全俄中央执行委员会及莫斯科工人和红军代表苏维埃消息报》(«Известия ВЦИК Советов Крестьянских，Рабочих，Казачьих и Красноармейских Депутатов и Московского Совета Рабочих и Красноармейских Депутатов»，1918，№243(507)，6 ноября，стр.12)——365、366—368。

—1918，№244(508)，9 ноября，стр.3.——359—360、399—400。

《农民、工人、士兵和哥萨克代表苏维埃全俄中央执行委员会及莫斯科工人和红军代表苏维埃消息报》(«Известия ВЦИК Советов Крестьянских，Рабочих，Солдатских и Казачьих Депутатов и Московского Совета Рабочих и Красноармейских Депутатов»)——204。

—1918，№183(447)，25 августа，стр.1.——119。

—1918，№233(497)，25 октября，стр.3.——359—360、399—400。

《贫苦农民报》(莫斯科)(«Беднота»，М.)——204、286。

《前进报》(柏林)(«Vorwärts»，Berlin)——176、177、207、213。

—1919，Nr.404，9.August，S.3；Nr.405，10.August，S.3.——184—185。

—1919，Nr.457，7.September，S.1—2.——176、177、178—179、181—182、183—185、186—187。

—1919，Nr.477，18.September，S.1.——262。

《前外交部档案秘密文件汇编》(Сборник секретных документов из архива бывшего министерства иностранных дел. №№1—7. Изд. Нар. ком. по иностр. делам. Пг.，тип. Ком. по иностр. делам，декабрь 1917 — февраль 1918.7 кн.)——170—171。

《全俄工人、农民、红军和哥萨克代表苏维埃第七次代表大会的决议(12月5日会议一致通过)》(Резолюция 7-го Всероссийского съезда Советов рабоч.，крестьян.，красноарм. и казач. депутатов，принятая единогласно на заседании 5 декабря.—«Правда», М., 1919, №274, 6 декабря, стр. 2. Под общ. загл.: 7-ой Всероссийский съезд Советов)——417—418、446—448。

《全俄农民代表苏维埃消息报》(彼得格勒)(«Известия Всероссийского Совета Крестьянских Депутатов», Пг., 1917, №88, 19 августа, стр. 3—4)——406—408。

《全俄苏维埃第七次代表大会》(7-ой Всероссийский съезд Советов.—«Правда», М., 1919, №274, 6 декабря, стр. 2)——409—410。

《全俄中央执行委员会关于工农消费合作社的决定》(Постановление Всероссийского Центрального Исполнительного Комитета о рабоче-крестьянских потребительских обществах. [30 июня 1919 г.].—«Известия ВЦИК Советов Рабочих, Крестьянских, Казачьих и Красноарм. Депутатов и Моск. Совета Рабоч. и Красноарм. Депутатов», 1919, №143 (695), 3 июля, стр. 3, в отд.: Действия и распоряжения правительства)——23。

《人道报》(巴黎)(«L'Humanité», Paris)——84、340—341、386、391。

—1919, N 5475, 14 avril, p. 1.——84—103、421—423。

—1919, N 5669, 26 octobre, p. 1.——386—387、390、391、446—447。

《人民事业小报附刊第2号》(出版地不详)(«Приложение к Листку Дела Народа №2», б. м., [1919], стр. 2)——346、401—403、424—425、427—428。

《[人民委员会]关于为发展农业设施而筹集专门基金的法令》(Декрет [СНК] об образовании специального фонда на мероприятия по развитию сельского хозяйства. [2 ноября 1918 г.].—«Известия ВЦИК Советов Крестьянских, Рабочих, Казачьих и Красноармейских Депутатов и Московского Совета Рабочих и Красноармейских Депутатов», 1918, №243 (507), 6 ноября, стр. 12, в отд.: Действия и распоряжения правительства)——365、366—368。

《人民委员会关于消费公社的法令》[1919年3月16日](Декрет Совета Народных Комиссаров о потребительских коммунах. [16 марта 1919 г.].—«Известия ВЦИК Советов Рабочих, Крестьянских, Казачьих и

Красноарм. Депутатов и Моск. Совета Рабоч. и Красноарм. Депутатов», 1919, №60(612), 20 марта, стр. 3, в отд.: Действия и распоряжения правительства)——23、204。

《人民政治日报》(斯德哥尔摩)(«Folkets Dagblad Politiken», Stockholm)——382。

—1919, N:r. 195, 25 august, s, 1.——174、325、343、382、446—447。

《社会民主党人报》(日内瓦)(«Социал-Демократ», Женева, 1914, №33, 1 ноября, стр. 1)——98、138、182。

《十四国军队进攻苏维埃俄国》(Fjorton staters arméer och resurser mot Sovjet-Ryssland. Härnadståget skall börja i dagarne.—«Folkets Dagblad Politiken», Stockholm, 1919, N: r. 195, 25 august, s. 1. Под общ. загл.: Imperialismens dråpslag mot den ryska revolutionen)——174、325、343、382、446。

《士兵真理报》(彼得格勒)(«Солдатская Правда», Пг., 1917, №13, 16(3) мая. Приложение к газ. «Солдатская Правда», стр. 1—4)——88。

《示范委托书》(Примерный наказ. Составленный на основании 242 наказов, доставленных с мест депутатами на I-й Всероссийский съезд Советов крестьянских депутатов в Петрограде в 1917 году.—«Известия Всероссийского Совета Крестьянских Депутатов», Пг., 1917, №88, 19 августа, стр. 3—4)——406—407。

《收复彼尔姆的详细情况》(Подробности взятия Перми.—«Правда», М., 1919, №144, 4 июля, стр. 1, в отд.: Оборона Советской России)——35。

《思想》杂志(哈尔科夫)(«Мысль», Харьков)——133。

—1919, №10, апрель, стр. 333—343.——136、426、427—428。

《斯图加特国际社会党代表大会》(Internationaler Sozialistenkongreß zu Stuttgart. 18. bis 24. August 1907. Berlin, Buchh. «Vorwärts», 1907. 132 S.)——100—102。

《苏维埃政府给威尔逊的照会》(Нота Советского правительства Вильсону.—«Известия ВЦИК Советов Крестьянских, Рабочих, Солдатских и Казачьих Депутатов и Московского Совета Рабочих и Красноармейских

Депутатов», 1918, №233(497), 25 октября, стр. 3)—— 359 — 360、399—400。

《苏维埃政权》杂志(莫斯科)(«Власть Советов», М., 1919, №11, октябрь, стр. 1—4)——405。

《泰晤士报》(伦敦)(«The Times», London)——161、343、382。

—1919, No.42,239, October 24, p.4.——343、382。

《讨论列宁同志的报告》(Прения по докладу т. Ленина.—«Правда», М., 1919, №275, 7 декабря, стр. 1. Под общ. загл.: 7-ой Всероссийский съезд Советов)——401—410、449—450。

《铁路交通停顿前夜》(Накануне остановки железнодорожного движения.—«Известия ВЦИК Советов Рабочих, Крестьянских, Казачьих и Красноарм. Депутатов и Моск. Совета Рабоч. и Красноарм. Депутатов», 1919, №273(825), 5 декабря, стр. 2, в отд.: Последние известия)—— 395—396。

《外交人民委员部声明》(От Народного комиссариата по иностранным делам.—«Известия ВЦИК Советов Рабочих, Крестьянских, Казачьих и Красноарм. Депутатов и Моск. Совета Рабоч. и Красноарм. Депутатов», 1919, №106(658), 18 мая, стр.2)——111、359—360、399—400。

《外交人民委员的电报》(1919 年 2 月 4 日致英、法、意、日、美各国政府)(Радиотелеграмма народного комиссара по иностранным делам. Правительствам Великобритании, Франции, Италии, Японии и Северо-Американских Соединенных Штатов. [4 февраля 1919 г.].—«Известия ВЦИК Советов Рабочих, Крестьянских, Казачьих и Красноарм. Депутатов и Моск. Совета Рабоч. и Красноарм. Депутатов», 1919, №26(578), 5 февраля, стр. 1. Под общ. загл.: Россия и союзники)—— 359 — 360、399—400。

《唯一的出路》(Единственный выход.—«Известия ВЦИК Советов Рабочих, Крестьянских, Казачьих и Красноарм. Депутатов и Моск. Совета Рабоч. и Красноарм. Депутатов», 1919, №191(743), 30 августа, стр. 2, в отд.: За границей. Под общ. загл.: Союзники и Россия)——381—382。

(Резолюции，принятые на IX совете партии с.-р.18—20 июня 1919 г.—«Приложение к Листку Дела Народа №2»，б.м.，[1919]，стр.1—2)——346、402、424、427—428。

《1919年8月11日的德国宪法》(Die Verfassung des Deutschen Reichs vom 11. August 1919. Textausgabe. Berlin，Hehmann，1919. 48 S.)——173、210、263。

《1月12日的呼吁书》——见《俄美关系》。

《议会选举和选举的策略》[1919年10月8日意大利社会党第十六次代表大会通过的决议](Elezioni politiche e tattica elettorale. [Резолюция，принятая на XVI съезде Итальянской социалистической партии 8 октября 1919 г.].—In.：Resoconto stenografico del XVI Congresso Nationale del Partito Socialista Italiano. (Bologna 5—6—7—8 ottobre 1919). Roma，1920，p. 307. (Direzione del Partito Socialista Italiano))——253。

《意大利社会党博洛尼亚代表大会的决议》(Резолюция Болонского съезда Итальянской социалистической партии.—«Коммунистический Интернационал»，Пг.，1919，№6，октябрь，стлб.915—916)——205。

《英国布尔什维克的纲领》(Программа английских большевиков.—«Известия ВЦИК Советов Рабочих，Крестьянских，Казачьих и Красноарм. Депутатов и Моск. Совета Рабоч. и Красноарм. Депутатов»，1919，№190(742)，28 августа，стр.2，в отд.：За границей. Под общ. загл.：В Англии)——161。

《永远前进报》(莫斯科)(«Всегда Вперед!»，М.，1919，№4，11 февраля，стр.1)——94。

《在组织小组里》(12月8日)(В организационной секции. (8-го декабря).—«Правда»，М.，1919，№277，10 декабря，стр. 1—2. Под общ. загл.：7-й Всероссийский съезд Советов)——411、413—414、415。

《真理报》(彼得格勒—莫斯科)(«Правда»，Пг.—М.)——204。

—Пг.，1917，№26，7 апреля，стр.1—2.——88。

—М.，1918，№178，22 августа，стр.2—3.——189。

—1919,№79,12 апреля,стр.2.——24—25、371—372。

—1919,№105,17 мая,стр.1—2.——2—6。

—1919,№107,20 мая,стр.2.——6—7。

—1919,№110,23 мая,стр.1.——7—8。

—1919,№121,6 июня,стр.2.——10—11。

—1919,№122,7 июня,стр.1.——8—11。

—1919,№123,8 июня,стр.3.——10。

—1919,№144,4 июля,стр.1.——35。

—1919,№153,15 июля,стр.2.——79。

—1919,№170,3 августа,стр.2.——424—425。

—1919,№210,21 сентября,стр.2—3.——188。

—1919,№221,4 октября,стр.1.——432—433。

—1919,№254,13 ноября,стр.1.——395—396。

—1919.№260,20 ноября,стр.1.——355。

—1919,№274,6 декабря,стр.2.——409—410、417—418。

—1919,№275,7 декабря,стр.1—2.——401—410、449—450。

—1919, №275, 7 декабря, стр. 2; №276, 9 декабря, стр. 3; №277, 10 декабря,стр.3.——401、445—448。

—1919,№277,10 декабря,стр.1—2.——411、413—414、415。

《芝加哥每日新闻报》(«The Chicago Daily News»)——202。

《致爱沙尼亚共和国部长会议主席施特兰德曼先生》(Председателю Совета министров Эстонской республики г. Штрандману.—« Петроградская Правда»,1919,№198,4 сентября,стр.1)——174。

《致美国总领事普尔先生》(To Mr. Poole, American Consul General. 5-th August, 1918.—In.: Correspondance diplomatique se rapportant aux relations entre la République Russe et les Puissances de L'Entente.1918. Publié par le Commissariat du peuple pour les affaires étrangères. Moscou,1919,p.29—30)——359—360、399—400。

《中央执行委员会和彼得格勒工兵代表苏维埃消息报》(«Известия ЦИК и Петроградского Совета Рабочих и Солдатских Делутатов»,1917,№208,

27 октября,стр.1)——170—171。

—1917,№209,28 октября,стр.1.——271、406—408。

《自由报》(柏林)(«Die Freiheit»,Berlin)——207。

—Morgen-Ausgabe,Berlin,1919,Nr,114,9.März,Beilage zur«Freiheit»,

S.1—3.——97。

年　　表

（1919年6月28日—12月15日）

1919年

6月28日

列宁写完小册子《伟大的创举（论后方工人的英雄主义。论“共产主义星期六义务劳动”）》。

6月30日

签署人民委员会关于允许工人组织和农民组织在辛比尔斯克省自行收购粮食的决定。

致电西方面军革命军事委员会委员约·维·斯大林，告知叶卡捷琳诺斯拉夫已被邓尼金的军队攻占，指示尽量节省子弹及其他军用物资。

7月1日

主持人民委员会会议。会议讨论关于农具和农业机械由原来粮食人民委员部供应改为由农业人民委员部供应、关于降低莫斯科和彼得格勒房租、关于给共和国革命军事委员会拨款等问题。

致电东方面军革命军事委员会委员米·米·拉舍维奇和康·康·尤列涅夫，祝贺苏维埃军队攻克彼尔姆和昆古尔，并提出彻底解放乌拉尔的任务。

7月2日

主持工农国防委员会会议。会议讨论关于征召兽医服兵役的法令草案、关于保卫军用仓库的措施的决定草案、关于为铁路提供燃料的实际措施、关于印刷厂军管、关于所有军工厂转归最高国民经济委员会管辖、关于从乌克兰运出粮食、关于征召萨拉托夫的铁路工人挖战壕等问题。

签署国防委员会关于把全俄肃反委员会所属部队的维亚特卡营和

维亚特卡第8征粮团改建为两个步兵团的决定。

电令东方面军第4集团军革命军事委员会委员瓦·弗·库拉耶夫、萨拉托夫省执行委员会主席维·阿·拉杜斯-曾科维奇和省党委主席基·伊·普拉克辛要注意纯洁警备部队和巩固后方,肃清城乡的白卫分子。

7月3日

签署人民委员会关于俄罗斯共和国电话通信国有化的法令。

出席俄共(布)中央全会。全会讨论由于帝国主义者发动新的进攻苏维埃俄国所面临的极其重要的问题。会议还讨论了关于批准中央苏维埃工作和党务工作学校改名为斯维尔德洛夫共产主义大学的决定。

7月4日

在全俄中央执行委员会、莫斯科工人和红军代表苏维埃、全俄工会理事会和莫斯科工厂委员会代表联席会议上作关于目前形势和苏维埃政权的当前任务的报告。

7月4日和7日之间

代表俄共(布)中央给各级党组织写《大家都去同邓尼金作斗争!》一信。

7月8日

主持人民委员会会议;签署关于免去约·约·瓦采季斯共和国武装力量总司令职务和任命谢·谢·加米涅夫为共和国武装力量总司令的决定。会议讨论关于共和国革命军事委员会的组成、关于莫斯科居民的粮食供应等问题。

致电萨拉托夫省执行委员会主席维·阿·拉杜斯-曾科维奇,要他在前线地区采取措施同富农、逃兵和"绿林分子"作斗争。

7月9日

主持工农国防委员会会议;签署关于铁路实行戒严的指示。会议讨论泥炭工人的粮食状况和为他们发运粮食所采取的紧急措施、工会动员工作的情况以及其他问题。

7月10日

主持人民委员会会议;签署关于批准和执行团队法庭条例的决定、吉尔吉斯边疆区革命管理委员会暂行条例。会议讨论关于卡尔梅克各界代表大会以及告卡尔梅克人民书等问题。

同应邀从彼得格勒来莫斯科的阿·马·高尔基谈话，询问彼得格勒的情况以及他本人的工作情况，答应给他帮助和支援；指示弗·德·邦契-布鲁耶维奇通知彼得格勒苏维埃和粮食人民委员部，必须尽力协助高尔基做好对文学家和学者的救济工作。

7月11日

主持工农国防委员会会议；提出同军队中的反革命分子作斗争的措施的决定草案；签署关于铁路燃料供应的决定。会议讨论动员工作的进程、保卫炮兵仓库的紧急措施、边防军转归陆军人民委员部管辖等问题。

在斯维尔德洛夫共产主义大学作关于国家问题的讲演，并回答了学员提出的问题。

7月12日

同有关方面代表开会磋商解决莫斯科粮食困难的措施并拟定关于度假归来的工人可携带两普特定量食品和非定量食品的法令草案。

出席在第2苏维埃大厦召开的俄共(布)莫斯科代表会议；作关于国内外形势的报告。代表会议通过加强党和苏维埃的工作的决议，确定定期召开区的非党工人代表会议和非党红军战士代表会议。

7月14日以前

阅读昂利·巴比塞的小说《光明》。

写《论第三国际的任务》一文提纲。

7月14日

写《论第三国际的任务(拉姆赛·麦克唐纳论第三国际)》一文。

看望莫斯科机枪手训练班学员。

7月15日

晚上，同出席霍登卡卫戍部队非党红军战士代表会议的俄共(布)莫斯科委员会书记弗·米·扎戈尔斯基和委员亚·费·米雅斯尼科夫谈工人和红军战士的情绪、莫斯科党组织以及粮食问题。

在霍登卡卫戍部队非党红军战士代表会议上作关于国内外形势的讲话。

主持人民委员会会议；签署关于人民银行管理委员会成员的决定。

会议讨论关于畜力车运输、关于莫斯科粮食状况等问题。

7月16日

主持工农国防委员会会议；签署关于度假归来的工人可携带两普特定量食品和非定量食品的法令、关于在前线地区收割庄稼的紧急措施的决定。会议讨论关于中央纺织工业委员会、关于向交通人民委员部提供石油以便从阿斯特拉罕运出更多军用物资和粮食等问题。

7月17日

致电辛比尔斯克东方面军革命军事委员会委员米·米·拉舍维奇和康·康·尤列涅夫，祝贺他们占领兹拉托乌斯特市和叶卡捷琳堡市。

主持人民委员会会议。会议讨论关于给中央战俘和难民事务委员会拨款、关于给消费合作社拨款、关于莫斯科的粮食状况以及其他问题。

7月18日

函请在彼得格勒的阿·马·高尔基来莫斯科，并答应安排他到哥尔克去休养。

主持工农国防委员会会议。会议讨论关于在苏维埃机关中用妇女代替男子工作、关于利用停产的工厂工人从事田间劳动、关于伊热夫斯克工厂工人的动员、关于前线地区收割庄稼的紧急措施、关于南线地区和奔萨地区受雇修筑工事的工人享受红军口粮等问题。

写《人民委员会关于拨给火灾保险局经费的决定》。

7月19日

就迟迟不批准从军队邮寄粮食的实施细则一事草拟《给人民委员会秘书处的指示》，严肃批评这种不能容忍的拖拉作风。

电请东方面军革命军事委员会以他的名义向第2集团军和第5集团军祝贺胜利，并指示必须同政治工作人员一起讨论并实行反对游击习气的具体措施。

7月20日

写《答美国记者问》一文。

7月22日

主持人民委员会会议。会议讨论面粉厂检修所引起的彼得格勒粮食紧张等问题。

签署人民委员会关于从 1919 年 8 月 1 日起给红军战士增加薪金的决定。

签署人民委员会告卡尔梅克人民书。

7 月 23 日

主持工农国防委员会会议;作关于征粮军问题的报告;签署关于红军战士邮寄粮食的细则和关于批准这一细则的决定。会议讨论关于把停产的工厂工人送去从事田间劳动、关于运送休假工人、关于为国防工作的工厂工人享受粮食优待、关于通过工会进行动员的措施以及其他问题。

签署国防委员会关于嘉奖在乌拉尔斯克被困的两个月中坚守阵地的东方面军第 4 集团军指战员的决定。

7 月 24 日

同俄国共产主义青年团出席青年共产国际第一次代表大会的代表阿·库列拉和 Л.А.沙茨金谈共产主义青年团的任务和青年共产国际的纲领等问题。

主持人民委员会会议;签署关于成立吉尔吉斯边疆区军事革命管理委员会以及该委员会人员组成的决定,关于对部分农户和全部国营农场、公社和劳动组合的播种面积、牲畜、工具和人口进行调查的决定,关于重新调整卡尔梅克人的土地关系的法令。会议讨论乌拉尔的冶金工业等问题。

7 月 25 日

致电东方面军革命军事委员会委员米·瓦·伏龙芝,对前线的失利表示担忧,指示必须恢复通往乌拉尔斯克的铁路。

主持工农国防委员会会议。会议讨论关于放弃维尔诺原因调查委员会的报告、关于用弹壳生产子弹、关于把受过训练的部队派往南线、关于充实征粮军的措施、关于为铁路运送燃料等问题。

7 月 26 日

读孟什维克中央的宣言《怎么办》,并在上面作批注。列宁在全俄教育工作者和社会主义文化工作者第一次代表大会上的讲话和其他著作中揭露了孟什维克这个宣言的机会主义实质。

不早于 7 月 26 日

写《在全俄教育工作者和社会主义文化工作者第一次代表大会上的讲

话》的提纲。

7月29日

主持人民委员会会议。会议讨论关于减少汽车运输的决定草案以及莫斯科和莫斯科省的经济和政治形势等问题。

致函库恩·贝拉，强调苏维埃俄国同匈牙利苏维埃共和国之间要团结一致。

主持工农国防委员会会议。会议讨论关于为铁路运送燃料的决定草案，以及收割庄稼等问题。

致电共和国革命军事委员会主席列·达·托洛茨基，询问乌克兰军队的情况，同邓尼金斗争所采取的措施以及在邓尼金占领区苏维埃的地下工作情况。

7月30日

在莫斯科工会大厦举行的工厂委员会、工会理事会代表、莫斯科中央工人合作社和"合作社"协会理事会代表的莫斯科代表会议上发表关于粮食状况和军事形势的讲话。

主持工农国防委员会会议；签署关于为铁路运送燃料以及关于整顿和集中管理医务汽车运输这两项决定。会议讨论关于泥炭开采的进展情况、关于彼得格勒枢纽站铁路员工的粮食供应、关于在莫斯科紧急修建功率强大的无线电报局、关于征粮军等问题，以及关于充实部队经济工作人员的决定草案。

7月31日

在全俄教育工作者和社会主义文化工作者第一次代表大会上讲话。

致函阿·马·高尔基，劝他改换生活环境，观察工农怎样以新的方式建设生活，克服某些不健康的思想情绪。

主持人民委员会会议。会议讨论关于建立国家博物馆的统一基金、关于延长给中央军事采购局和地方军事采购局拨款的期限、关于西伯利亚苏维埃工作研讨委员会、关于食品和工业品的固定价格等问题。

7月

写《在下房里》一文（没有写完）及其提纲。

8月1日

致函彼得格勒苏维埃，谈彼得格勒有人策划新的反革命阴谋问题，并请他们尽快出版和寄来他的小册子《苏维埃政权的成就和困难》。

致电西方面军革命军事委员会约·维·斯大林，告知彼得格勒受到极严重的威胁，要求尽力加速增援并采取保卫彼得格勒的果敢措施。

致电西方面军第7集团军革命军事委员会，指示他们无论如何要守住彼得格勒。

主持工农国防委员会会议；就弹药制造厂增加工人一事作报告；签署关于嘉奖在察里津疏散时发扬自我牺牲精神的察里津区水运管理局工作人员和全体船员的决定、关于征集自行车的决定。会议讨论关于调派训练好的军队去南线、关于军事机关中能够转到军队的旧军官的数量、关于动员萨拉托夫铁路员工挖战壕、关于从乌拉尔运送金属、关于立即组织一批工人收割庄稼等问题。

8月5日

主持人民委员会会议；修改和补充农业人民委员部关于省和区国营农场管理局的组织和工作的细则草案。会议在讨论这一文件和省国营农场同省农业局之间相互关系问题时，通过列宁起草的《对农业人民委员部修改工作细则的指示》。会议还讨论了告西伯利亚工人、农民、少数民族居民和哥萨克劳动者书草稿，关于实行硬性商品交换的决定草案、关于统一供应红军粮食的决定草案以及其他问题。

出席共产国际执委会执行局会议。会议讨论关于对议会制的态度等问题。

8月6日

在莫斯科普列斯尼亚、苏舍沃-玛丽亚、哈莫夫尼基和布特尔区非党工人红军战士代表会议上讲话。

出席俄共(布)中央政治局和组织局联席会议。会议讨论南线形势、对哥萨克人政策、燃料危急状况、妇女工作细则，以及向军队派遣经济工作人员等问题。

主持工农国防委员会会议；签署关于吸收工人收割庄稼的措施的决定。会议讨论木材流送状况，向辛比尔斯克、科夫罗夫和波多利斯克等地的弹药制造厂派遣工人等问题。

8月7日

收到彼得格勒苏维埃出版的小册子《苏维埃政权的成就和困难》，致函格·叶·季诺维也夫，问为什么没有把小册子的跋印出来，请他一定要找到这篇跋。

主持人民委员会会议；签署关于实行硬性商品交换的法令。会议讨论关于调节中央和地方的纸币分配、关于对在中央纺织工业委员会工作的专家实行监督等问题，以及关于人寿保险的法令草案。

8月8日

致电东方面军第5集团军革命军事委员会，祝贺集团军建立一周年，并对他们保卫伏尔加河流域和粉碎高尔察克军队的战功予以表彰和嘉奖。

得知各人民委员部部务委员生活困难，致函俄共(布)中央组织局，主张中央委员会应指示全俄中央执行委员会给全体部务委员发一次补贴并提高他们的工资。

主持工农国防委员会会议。会议讨论关于彼得格勒枢纽站铁路员工的粮食供应、关于整顿动员工作、关于暂停解散最高军事检查院等问题。

不早于8月8日

斯维尔德洛夫共产主义大学校长弗·伊·涅夫斯基1919年8月8日致函教育人民委员阿·瓦·卢那察尔斯基，要求改善学员伙食；列宁在信上写批语，要粮食人民委员部部务委员阿·伊·斯维杰尔斯基采取紧急援助措施予以解决。

8月9日

以俄共(布)中央政治局的名义指示共和国革命军事委员会主席列·达·托洛茨基和乌克兰人民委员会主席克·格·拉柯夫斯基坚守敖德萨和基辅。

8月10日

就拖延沃罗涅日方向的进攻一事致函共和国革命军事委员会副主席埃·马·斯克良斯基，要求南方面军革命军事委员会说明拖延进攻的理由和告知开始进攻的日期。

8月13日

主持工农国防委员会会议。会议讨论关于执行从军队邮寄粮食的法令、关于给下诺夫哥罗德港卸货的红军战士额外调拨1 000普特粮食、关于在通往喀琅施塔得和彼得格勒的航道和入口设置障碍的计划、关于免除燃料装运工人挖战壕等问题。

致电南方面军革命军事委员会，要他们尽快报告反击邓尼金的准备情况。

以俄共（布）中央政治局名义致电乌克兰人民委员会，要求除陆军人民委员部、交通人民委员部和粮食人民委员部之外，各委员部都合并在一起，动员一切力量去做军事工作。

出席俄共（布）中央政治局和组织局联席会议；介绍告哥萨克书。会议讨论乌克兰总的局势、关于左派社会革命党人、高加索形势以及在西伯利亚的政策等问题。

8月14日

主持人民委员会会议；签署告西伯利亚工人、农民、少数民族居民和哥萨克劳动者书，告顿河、库班、捷列克、阿斯特拉罕、乌拉尔、奥伦堡、西伯利亚、谢米列奇耶、外贝加尔、阿穆尔、伊尔库茨克和乌苏里斯克等地区哥萨克部队书。会议讨论关于莫斯科燃料状况、关于国家收购马铃薯、关于收购非定量食品等问题。

8月15日

主持工农国防委员会会议；修改关于尽快卸运萨拉托夫的粮食和其他货物的决定草案；签署关于红军粮食供给机关和革命军事委员会之间的相互关系和关于缓召正在修复伏尔加河铁路桥的工人入伍等两项决定。会议讨论关于同逃跑现象作斗争、关于建立莫斯科近郊煤矿区管理局等问题。

8月16日

出席俄共（布）中央政治局和组织局联席会议。会议讨论关于南线形势、关于前线卫生状况、关于民族事务人民委员部等问题。

8月19日

致函意大利社会党人扎·塞拉蒂和康·拉查理，感谢他们代表意大利社会党发来贺电。

8月20日

致电东方面军第10集团军和第4集团军革命军事委员会，指示他们在收割谷物期间要做好护卫农民的工作。

主持工农国防委员会会议。会议讨论关于额外供应红军战士家属食品的法令草案、关于莫斯科面粉厂工人实行军事化等问题。

用英语同来访的英国《曼彻斯特卫报》记者威廉·古德教授谈话，说明苏维埃政府对美国代表团代表威·布利特在巴黎会议上提出的建议的态度、苏维埃共和国对宣布独立的小民族的态度。临别时，列宁在自己的照片上用俄文和英文题了词，把它送给古德。

8月21日

主持人民委员会会议。会议讨论关于建造兵营、关于给国防委员会红军供给特派员调拨特别经费等问题。

8月22日

主持工农国防委员会会议。会议讨论关于调查放弃坦波夫一事以及把军事机关的军官派往前线等问题。

同出席莫斯科省苏维埃代表大会的代表Д.М.贝武诺夫和М.И.洛金诺夫谈话。

指示列·波·加米涅夫把关于批准土耳其斯坦苏维埃共和国宪法的问题呈报俄共(布)中央政治局讨论。

8月23日

致函全俄肃反委员会主席费·埃·捷尔任斯基，指示加倍重视全俄肃反委员会特别部副部长И.П.巴甫卢诺夫斯基1919年8月22日关于破获反革命组织"民族中心"的通报，指出《人民报》同右派社会革命党人有密切来往，要求对该报进行监视。

8月24日

写《为战胜高尔察克告工农书》。

8月26日

电请彼得格勒苏维埃主席格·叶·季诺维也夫尽快把彼得格勒实行星期六义务劳动的全部材料寄来。

主持人民委员会会议；签署关于统一戏剧事业的法令。会议讨论关于奖励收购队、关于中央纺织工业委员会由集体管理制改行个人管理制、关于统计苏维埃职员人数等问题。

8月27日

收到英国工人运动女活动家西·埃·潘克赫斯特1919年7月16日的伦敦来信,信中介绍了英国各党派的情况,并请列宁就对待议会的态度问题发表意见。

主持工农国防委员会会议;介绍巴什基尔师从别列别伊调往彼得格勒和彼得格勒疏散的情况;签署关于征召男牙科医生服兵役和动员司机入伍这两项决定。会议讨论关于国家监察人民委员部部务委员会拖延改组煤炭总委员会、关于用弹壳生产子弹、关于伊热夫斯克工厂工人的口粮转为红军口粮、关于缺少空车皮等问题,以及关于宣布梁赞省、图拉省、奥廖尔省、沃罗涅日省、坦波夫省和奔萨省实行戒严和关于统计有服兵役义务人员的数量这两项决定草案。

8月28日

致电南方面军革命军事委员会委员米·米·拉舍维奇,要求报告歼灭马蒙托夫骑兵的措施。

签署人民委员会关于国营农场管理工作的细则。

主持人民委员会会议;签署关于在东方战线和土耳其斯坦战线利用军事机构收购粮食的决定。会议讨论关于免费供应莫斯科和彼得格勒儿童伙食的法令的执行情况、关于为莫斯科采购木柴、关于对粮食征收工作做得好的收购队的工人实行奖励等问题。会议还讨论了关于国营农场和省农业局关系问题委员会的报告。

致函西·埃·潘克赫斯特,答复她提出的关于对待议会的态度问题。

8月29日

在斯维尔德洛夫大学作第二次讲演,讲的还是国家问题。记录没有找到。

主持工农国防委员会会议。会议讨论关于派旧军官上前线等问题。

8月30日

致电土耳其斯坦方面军司令员米·瓦·伏龙芝,指示务必把古里耶夫的石油拿到手,并采取一切措施不让哥萨克放火烧掉。

出席俄共(布)中央政治局会议。会议讨论关于向图拉调派共产党员、关于土耳其斯坦、关于共和国革命军事委员会中央军事交通部部长米·米·阿尔然诺夫的工作、共和国革命军事委员会委员伊·捷·斯米尔加关于南线问题的报告、关于允许彼得格勒和莫斯科工人自行采购马铃薯等问题。

8月底

致函共和国革命军事委员会副主席埃·马·斯克良斯基，对派遣没有战斗力的部队去同马蒙托夫作战一事表示愤慨，要求采取更强有力的措施。

8月

写《论粮食自由贸易》一文。

夏天

致函共和国革命军事委员会副主席埃·马·斯克良斯基、委员伊·捷·斯米尔加，对著名革命家卡莫(谢·阿·捷尔-彼得罗相)给予肯定的评价，建议给他一个学习指挥作战的机会，责成他组织一个在敌后活动的特别支队。

起草俄共(布)中央政治局关于同马蒙托夫作斗争的措施的决议。

9月2日

主持人民委员会会议。会议讨论关于给农业人民委员部拨款扶助军属户、关于给红军战士增加口粮、关于征粮队工人奖励条例等问题。

9月3日

在巴斯曼、列福尔托沃、阿列克谢耶夫、索科利尼基四个区非党工人红军战士代表会议上发表关于目前形势的讲话。

9月4日

主持人民委员会会议；起草人民委员会关于中央纺织工业委员会由集体管理制改行个人管理制的决定；修改和补充关于科学丛书的决定草案。会议讨论关于莫斯科粮食供应等问题。

函请共和国革命军事委员会副主席埃·马·斯克良斯基征求学者、军事专家的意见，能否用飞机对付骑兵。

指示外交人民委员部同爱沙尼亚进行和平谈判。

签署人民委员会关于把前私人图书馆藏书转交鲁勉采夫博物院的

法令。

指示埃·马·斯克良斯基利用和刊登英国军队即将撤离高加索并把物资器材交给邓尼金军队的消息。

9月5日

主持工农国防委员会会议;起草关于彼得格勒疏散问题的决定并在会上宣读。会议讨论关于堵住敌军在坦波夫附近的突破口、关于整顿伏尔加河航行的措施、关于莫斯科饲料供应、关于由卡马河运出木柴和食盐、关于提高图拉弹药制造厂职工劳动生产率的措施等问题。

致电乌法巴什基尔革命委员会,指示立即调派巴什基尔部队去保卫彼得格勒,并向巴什基尔红军战士们致敬。

9月6日

出席俄共(布)中央政治局会议。会议决定让列宁休息一两个星期。

受俄共(布)中央政治局的委托致电列·达·托洛茨基和南方面军革命军事委员会委员列·彼·谢列布里亚科夫和米·米·拉舍维奇,告知中央批准了总司令的答复,对他们提出重新审议既定的基本战略计划表示诧异。

致函各人民委员部全体部务委员和人民委员,要他们注意随信寄去的亚·格·哥伊赫巴尔格《执行苏维埃共和国的法律!》小册子中收载的全俄苏维埃第六次(非常)代表大会 1918 年 11 月 8 日通过的关于革命法制的决定,并提醒大家必须严格执行。

9月6日—23日

在哥尔克度假。在此期间曾去莫斯科出席中央政治局、人民委员会和工农国防委员会会议。

9月11日

出席俄共(布)中央政治局会议,赞成立即向芬兰、立陶宛和拉脱维亚政府提出媾和建议,并就提出这一建议的形式和时间问题发表意见。

主持人民委员会会议。会议讨论关于给学生伙食拨款、关于减轻农户实物税、关于提高专家的工资等问题。

9月11日和15日之间

接见弗·尼·通科夫教授,同他谈关于逮捕亲立宪民主党的资产阶级专家问题。

9月12日

主持工农国防委员会会议。会议讨论关于莫斯科近郊煤矿区工作总结以及关于给彼得格勒和喀琅施塔得从事特别重要的国防工作的工人调拨粮食等问题。

致函国家监察人民委员约·维·斯大林和副内务人民委员米·费·弗拉基米尔斯基，指示他们严查斯莫尔尼职工委员会揭发的营私舞弊、盗用公款等事实。

9月15日

致函阿·马·高尔基，告知中央委员会已采取措施审查亲立宪民主党的资产阶级知识分子被捕案并释放可以释放的人，同时批评高尔基的不健康情绪，劝他从资产阶级知识分子的包围中挣脱出来。

9月16日

致函共和国革命军事委员会委员谢·伊·古谢夫，严厉批评共和国革命军事委员会在领导军事行动方面的严重失误。

9月18日—20日

为《共产国际》杂志第5期写《资产阶级如何利用叛徒》一文。

9月21日以前

收到格·季诺维也夫《论我党党员人数》一文，并为这篇文章写序言。

9月21日

出席俄共(布)中央全会；建议把拉脱维亚步兵师和红色哥萨克骑兵旅从西线调往南线。会议讨论费·埃·捷尔任斯基关于取缔在莫斯科准备暴动的白卫分子组织的报告以及其他问题。

9月22日

签署人民委员会关于供应工人工作服的决定。

不晚于9月23日

在克里姆林宫自己办公室接见美国记者伊·马克布赖德，同他谈美国和其他国家工人运动的情况，并回答他提出的关于和平、租让和无产阶级专政方面的问题。

9月23日

写《致美国工人》一信。

在莫斯科市非党女工第四次代表会议上发表论苏维埃共和国女工运动的任务的讲话。

主持人民委员会会议；把批准瓦·亚·阿瓦涅索夫为副国家监察人民委员一事列入议程并提出自己就这个问题起草的决议。会议讨论关于土耳其斯坦委员会的组成及其工作情况、关于液体燃料、关于把对红军战士及其家属的优待扩大到红军指挥人员的法令草案以及其他问题。

9月23日和30日之间

审阅莫斯科和莫斯科省劳动局总会计处处长A.C.索洛维约夫关于乌赫塔石油的报告并在报告上作批示。

9月24日

主持工农国防委员会会议。会议讨论共和国革命军事委员会副主席埃·马·斯克良斯基关于加快巴什基尔师从别列别伊向前推进的措施的报告、关于派副司法人民委员尼·瓦·克雷连柯去巴什基尔革命委员会、关于组织普遍军训、关于"俄罗斯机器"工厂实行军事化、关于波多利斯克的弹药制造厂和光学仪器厂工人的口粮转为红军口粮等问题，以及关于征召国家建筑工程委员会职工服兵役和关于从居民中回收军大衣等决定草案。

签署国防委员会关于对劳动者实行普遍军训的决定、关于在莫斯科—维捷布斯克—切尔尼戈夫—沃罗涅日—坦波夫—沙茨克—莫斯科范围内建立牢固防御区和宣布该区实行戒严的决定。

签署人民委员会关于安排好儿童伙食的法令。

9月25日以后

同俄共(布)莫斯科委员会委员和莫斯科河南岸区委员会委员米·斯·奥里明斯基谈话，指出必须同苏维埃机关中的拖拉作风和官僚主义作斗争。

9月26日

出席俄共(布)中央全会会议。会议讨论关于恐怖手段、关于总司令的战略计划、关于加强南线的措施、关于任命约·维·斯大林为南方面军革命军事委员会委员、关于建立莫斯科防卫委员会、关于第三国际、关于征收党员周、关于召开全俄苏维埃第七次代表大会的时间、关于在11月初准备召开党的第八次全国代表会议等问题。

不早于9月26日

请阿·马·高尔基致函协约国提出和平建议。

9月27日—28日

在莫斯科省执行委员会休养所休息两天。

9月30日

写便条给最高国民经济委员会副主席阿·洛莫夫或弗·巴·米柳亭，请他们向有关部门转交关于乌赫塔石油的报告，并汇报他们在这方面具体做了哪些工作。

主持人民委员会会议；提议建立讨论燃料问题委员会；起草人民委员会关于最高国民经济委员会和国家监察人民委员部之间争执的决定。

不晚于9月

写便条给埃·马·斯克良斯基，谈帮助法国战俘问题以及法国社会党人新闻记者昂·吉尔波就这个问题提出的申诉。

9月—10月

写《论无产阶级专政的小册子的提纲》。

10月1日

主持工农国防委员会会议；签署关于嘉奖解放奥尔斯克、阿克纠宾斯克、铁米尔的东方面军第1集团军的决定。会议讨论关于征用苏维埃机关、公有和私有企业手中的马匹的指示草案，关于索尔莫沃工人的食品供应等问题。

签署国防委员会关于授予南方面军第12集团军第45师和第58师革命荣誉旗帜和奖励一个月工资的决定。

10月2日

主持中央消费合作总社俄共(布)党团和粮食人民委员部俄共(布)党团磋商会议；起草这个会议关于食品收购总结的决定。

致电彼得格勒苏维埃主席格·叶·季诺维也夫，对他和彼得格勒工人努力进行动员工作表示热烈欢迎。

不晚于10月3日

写《彼得格勒工人的榜样》一文提纲。

10月3日

写《彼得格勒工人的榜样》一文。

10月4日

致电东南方面军革命军事委员会委员伊·捷·斯米尔加，指示必须采取支援南方面军的紧急措施。

10月5日

书面答美国《芝加哥每日新闻报》记者问。

10月6日

请亚·米·柯伦泰向俄罗斯共产主义青年团第二次全国代表大会转达他的祝贺。

10月6日和13日之间

同从图拉回来的共和国革命军事委员会代表阿·瓦·卢那察尔斯基谈话，询问图拉的形势、工人的情绪、党组织的工作，建议他返回图拉继续在军队和居民中做工作。

10月7日

主持人民委员会会议。会议讨论关于成立铁路运输委员会、关于同投机活动作斗争、关于为莫斯科采购木柴等问题，以及关于保护和恢复卡尔梅克畜牧业和关于对农民征收实物税的优惠办法这两项法令草案。

出席俄共(布)中央政治局会议。会议讨论马·马·李维诺夫关于增加同爱沙尼亚和谈代表团成员的报告、关于复查顿河骑兵军前指挥员菲·库·米龙诺夫等人因涉嫌策动叛乱被捕一案以及其他问题。

10月8日

签署全俄中央执行委员会和人民委员会关于成立土耳其斯坦事务委员会的决定。

10月9日

主持中央消费合作总社俄共(布)党团和粮食人民委员部俄共(布)党团第二次磋商会议。会议研究食品收购问题。

写《合作社问题上的要求》一文。

10月10日

主持工农国防委员会会议；签署关于地方机关和后方军事机关停止使用

战地电话设施的法令；补充和修改关于提高国防企业劳动生产率的决定草案。会议讨论关于保卫炮兵仓库的措施、关于共和国革命军事委员会的战地联络、关于反逃跑斗争等问题。

写《向意大利、法国和德国的共产党人致敬》一文。

致电修复别拉亚河大桥的乌法工人，对他们提前完工表示敬意和感谢。

10月11日

出席俄共(布)中央政治局会议。会议讨论关于组织军需供应、关于民族事务人民委员部领导成员的调动、关于资助乌克兰左派社会革命党人(斗争派)和关于允许他们用俄文在俄罗斯出版杂志等问题。

写《工人国家和征收党员周》一文。

10月13日

致电东方面军第5集团军革命军事委员会委员伊·尼·斯米尔诺夫和土耳其斯坦方面军司令米·瓦·伏龙芝，向他们通告中央委员会的指示：大量抽调各方面军兵力支援南方面军。那里的情况危急。

10月14日

接见阿富汗特命外交使团，同穆罕默德·瓦利·汗大使谈话。

主持人民委员会会议。会议讨论卫生人民委员尼·亚·谢马什柯关于改善警卫部队营房卫生状况的措施的报告、关于同投机活动作斗争等问题。

致电彼得格勒苏维埃执行委员会，认为尤登尼奇进攻彼得格勒只是把红军从南线引开的手段，要继续支援南线，动员苏维埃机关工作人员，集中一切力量去反击和粉碎敌人。

致函荷兰共产党人，说苏维埃俄国由于14国进攻处于困难境地，但坚信国际无产阶级革命必然胜利。

10月15日

致函埃·马·斯克良斯基，要他立即下令速送给南方面军骑兵电台和轻型野战流动电台各50部。

致函全俄中央执行委员会主席团委员瓦·亚·阿瓦涅索夫、共和国革命军事委员会副主席埃·马·斯克良斯基、莫斯科苏维埃委员米·

伊·罗戈夫、最高国民经济委员会主席团委员费·费·瑟罗莫洛托夫、最高国民经济委员会副主席弗·巴·米柳亭，向他们传达一项决定：由他们组成一个小组来起草关于重新查核军需物资领取凭单及其用途的法令。

致函埃·马·斯克良斯基、尼·亚·谢马什柯和列·波·加米涅夫，责成他们起草关于成立全俄中央执行委员会伤病员救援委员会的法令。

出席中央政治局会议；被选入起草关于精简非军事机关加强军事工作的法令和负责处理其他具体任务的专门委员会。会议讨论关于前线局势等问题。

10月16日

致电图拉省执行委员会主席格·瑙·卡敏斯基，对他和其他负责工作人员拖延骑兵载运工作表示愤慨，要求他们全力加速这一工作。

在莫斯科苏维埃大楼阳台上对雅罗斯拉夫尔和弗拉基米尔两省应征入伍的工人共产党员讲话。

10月16日—17日

出席工农国防委员会非常会议。会议讨论由于尤登尼奇军队在彼得格勒附近发起进攻而出现的严重军事形势；通过关于保卫彼得格勒的决定；委托列宁起草告彼得格勒工人和红军战士书。

10月17日

写告彼得格勒工人和红军战士书。

致电列·达·托洛茨基，告知国防委员会已通过一项关于保卫彼得格勒和与尤登尼奇军队斗争到底的决定。

主持工农国防委员会会议；修改关于提高国防企业劳动生产率的条例草案。会议讨论关于动员参加修工事的优待办法、关于收集各种军事器材、关于供应铁路员工工作服等问题。

收到东方面军第5集团军革命军事委员会委员伊·尼·斯米尔诺夫关于汇报西伯利亚和东线形势的电报，在电报上批示发给3万套军装和立即将第5集团军调往南线。

10月18日

签署《人民委员会关于拨给莫斯科市执行委员会经费的决定》。

致电土耳其斯坦方面军司令米·瓦·伏龙芝，根据中央政治局的决定，要他们首先彻底消灭乌拉尔的白卫哥萨克，并全力加速支援南方面军。

致电格·叶·季诺维也夫，告知粮食人民委员部给彼得格勒发运粮食和其他食品的情况。

10月19日

写告红军战士同志们书。

致电后备军司令波·伊·戈尔德贝格，询问他们是否已得到足够人员来新建部队，工作是否顺利，地方工作人员是否热心协助。

10月20日以前

同图拉负责工作人员谈图拉的形势和地方政权同图拉设防地区军事委员会的相互关系问题；在谈话中很关心军工厂的工作、工人的情绪、他们的供给情况等问题。

10月20日

致函图拉省执行委员会主席格·瑙·卡敏斯基、南方面军革命军事委员会委员瓦·伊·梅日劳克、政治委员德·普·奥西金，指示他们集中一切力量搞好军事工作和军需工作。

不早于10月20日

阅读中央统计局关于1918—1919年苏维埃俄国26省粮食及肉类的生产与消费情况的统计材料；在自己的《无产阶级专政时代的经济和政治》一文中利用了其中的部分材料。

10月21日

写《莫斯科征收党员周的总结和我们的任务》一文。

致电东方面军第5集团军革命军事委员会委员伊·尼·斯米尔诺夫，请他准确地报告他们关于东方面军的意见以及他们能派往南线的部队的数量。

电请西方面军司令弗·米·吉季斯和革命军事委员会委员 A.И.波嘉耶夫核实波兰士兵同红军战士联欢的消息并报告所了解的波兰士兵情绪的情况。

主持人民委员会会议；在讨论关于精简非军事机关的法令草案过程

中拟定法令草案审查委员会人选。会议讨论关于同投机倒把、盗窃国家财物等违法乱纪现象作斗争的法令草案,关于发行新纸币和信用券的法令草案以及其他问题。

10月22日

致函列·达·托洛茨基,不同意他提出的关于把苏维埃军队开进爱沙尼亚领土的建议。

致函列·达·托洛茨基,指出击溃尤登尼奇非常重要,但继续从南方面军后备队中抽调兵力不无危险,建议再动员2万名左右彼得格勒工人。

致电奥廖尔执行委员会主席,指示他把搜查作家伊·沃尔内时没收的全部手稿保存好并寄往莫斯科。

读总司令谢·谢·加米涅夫关于政府的作战指示草案应预先征求总司令部意见的请示报告,在报告上批示:应尊重总司令的意见。

10月23日

出席俄共(布)中央政治局会议。会议通过关于释放因涉嫌策动叛乱被捕的顿河骑兵军前指挥员菲·库·米龙诺夫等人的决定。会议还讨论了关于建立军事卫生总局、关于任命莫斯科设防地区卫戍司令等问题。列宁赞成让米龙诺夫参加顿河执行委员会的建议。

10月24日

在开赴前线的斯维尔德洛夫大学第一届毕业生的晚会上讲话。

在工会大厦对开赴前线的伊万诺沃-沃兹涅先斯克工人共产党员发表讲话;同他们中的一些人交谈。

指示共和国革命军事委员会副主席埃·马·斯克良斯基采取紧急措施,把部队调往南线并指定专人负责落实这些措施。

致函国家出版社社长瓦·瓦·沃罗夫斯基,对出版小册子《第三国际。1919年3月6—7日》这样的书提出严重警告。

主持工农国防委员会会议。会议讨论军队防治斑疹伤寒的措施、莫斯科近郊煤矿区的工作总结,以及关于加强对红军、运输业和其他企业的燃料供应等问题。

10月25日

同即将离开莫斯科赴前线地区的米·伊·加里宁谈话。

致函伊·捷·斯米尔加以及南方面军和各集团军革命军事委员会其他委员，推荐斯·伊·纳扎罗夫同志及其他伊万诺沃-沃兹涅先斯克的工人共产党员，并请安排这些同志的工作。

10月25日以后

致函彼得格勒苏维埃主席格·叶·季诺维也夫，建议加紧开采韦马恩附近的页岩，为此提出动员资产阶级、动员农民、实行三班制等措施。

10月26日

致电普加乔夫斯克县粮食会议，要求立即准确报告哪些村或乡全部完成了余粮收集任务。

出席俄(共)中央政治局会议。会议讨论菲·库·米龙诺夫告顿河哥萨克书和派他去东线等问题。

10月27日

同莫斯科卫生局医生波·索·魏斯布罗德谈话，指出防治流行病具有头等重要意义。

指示各级苏维埃机关和军事当局充分信任魏斯布罗德医生和大力协助他的工作。

10月28日

致函洛里欧同志和所有参加第三国际的法国朋友，指出共产党员必须反对任何形式的机会主义。得知德国共产党内发生分裂，就这一问题致函德国共产党中央委员会，认为共产党队伍必须恢复团结。

致函加入过统一的"德国共产党"而现在组成新党的共产党员同志们，深信在争取无产阶级专政和反对机会主义等根本问题上意见相同的共产党员是能够而且应当一致行动的。

致函意大利社会党领导人扎·梅·塞拉蒂和全体意大利共产党员，指出意大利无产阶级面临着艰巨的任务，但意大利无产阶级专政一定会取得胜利。

对开赴前线的社会教育训练班学员讲话。

主持人民委员会会议；修改关于同投机倒把作斗争的措施的决定草案。会议讨论东南方面军革命军事委员会关于允许萨拉托夫省粮食委员会给农民保留一部分饲料和粮食以完成运送木柴的紧急任务的请示报告,以及防治斑疹伤寒的措施等问题。

10月29日

同正在克里姆林宫训练班学习的红军战士格·伊·尼科尔斯基谈话,尼科尔斯基反映地方当局不帮助他的家属。列宁指示克里姆林宫警卫长收下格·伊·尼科尔斯基将送来的材料并立即交给他本人。

10月30日

写《无产阶级专政时代的经济和政治》一文。

就梁赞省学员格·伊·尼科尔斯基所反映的情况致电梁赞省执行委员会,要他们调查佩切尔尼基乡执行委员会对他的家属是否给予法定的帮助,并报告执行情况。

出席俄共(布)中央政治局会议。会议讨论关于巴什基尔革命委员会和吉尔吉斯革命委员会之间的关系、关于给斗争派拨必要的经费出版杂志等问题。

10月31日

出席俄共(布)中央政治局会议。会议讨论关于收购马铃薯、关于各人民委员部和其他苏维埃机关提出的原则问题的讨论的程序、关于劳动人民委员部和社会保障人民委员部合并等问题。

主持工农国防委员会会议;签署关于动员大学生服兵役的决定草案。会议讨论关于从库斯塔奈和特罗伊茨科耶地区运出粮食的决定执行情况的报告、关于发展乌拉尔煤炭生产的措施的报告以及其他问题。

10月

同米·瓦·伏龙芝谈派他去土耳其斯坦参加全俄中央执行委员会和人民委员会土耳其斯坦事务委员会一事。

11月1日

电令共和国革命军事委员会主席列·达·托洛茨基和彼得格勒苏维埃主席格·叶·季诺维也夫在彼得格勒附近集中大量兵力,以便彻底粉碎尤登尼奇。

致电东方面军第5集团军革命军事委员会委员伊·尼·斯米尔诺夫,询问从他们那可抽调多少个师、哪几个师、何时能抽调。

11月4日

主持人民委员会会议。会议讨论关于大赦和关于精简非军事机关两项法令草案，以及劳动人民委员部和社会保障人民委员部合并的形式等问题。

11月5日

主持工农国防委员会会议；签署关于征召医士服兵役的法令。会议讨论关于在东方战线和土耳其斯坦战线防治斑疹伤寒的措施等问题。

签署国防委员会关于在东方战线和土耳其斯坦战线防治斑疹伤寒的措施的决定。

为苏维埃政权成立两周年写《向彼得格勒工人致敬》一文。

11月6日

写《苏维埃政权和妇女的地位》一文。

出席俄共(布)中央政治局会议；通报顿河政府和库班政府驻巴黎代表通过法国社会党人斐·洛里欧向苏维埃政府提出的和平建议。会议讨论关于召开党的第八次全国代表会议和全俄苏维埃第七次代表大会等问题。

11月7日以前

为《贫苦农民报》写《苏维埃政权成立两周年》一文。

在全俄中央执行委员会、莫斯科工人和红军代表苏维埃、全俄工会中央理事会和各工厂委员会联合庆祝大会上发表关于十月革命两周年的讲话。

11月7日—10日

列宁《致土耳其斯坦共产党员同志们》一信在《土耳其斯坦共产党人报》、《土耳其斯坦共和国苏维埃中央执行委员会消息报》和《红色战线报》联合出版的纪念专刊上发表。

11月8日

主持工农国防委员会会议。会议讨论关于为莫斯科运送燃料、关于动员五类年龄较大的人去采伐木柴、关于成立全俄卫生状况改善委员会等问题。

签署国防委员会关于对沙图拉和卡希拉工地的全体职工实行军事化的决定。

11月8日和13日之间

受俄共(布)中央政治局委托，给各级党组织写通告信《与燃料危机作斗争》。

11月10日

写《人民委员会关于火灾保险局经费问题的决定》。

主持工农国防委员会会议。会议讨论关于彼得格勒"国营压缩瓦斯及润滑油工厂"实行军事化的决定草案，以及关于铺设窄轨铁路等问题。

11月11日

致电东方面军粮食特设委员会主席尼·巴·布留哈诺夫，指示采取紧急措施以保证乌拉尔工人的粮食供应。

主持人民委员会会议。在讨论关于统一林业机构问题时，起草关于这一问题的建议。会议讨论关于动员苏维埃职员采伐木柴，关于保证特列季亚科夫绘画陈列馆、图书馆和其他文教机关的燃料供应，关于同志纪律审判会等问题。

致函泥炭总委员会，希望在《经济生活报》上刊登 1919 年泥炭开采运动总结报告。

11月12日

主持工农国防委员会会议。会议讨论关于在军队中防治斑疹伤寒的措施、关于向莫斯科供应莫斯科近郊的泥炭、关于采购马铃薯等问题，以及燃料机关工作军事化条例草案。

11月13日和21日之间

接见俄国红十字会代表尤·马尔赫列夫斯基，听取他关于同波兰停战谈判的汇报。

11月14日

出席俄共(布)中央政治局会议。会议讨论关于乌克兰、关于高加索党组织等问题。

11月15日

主持人民委员会会议；审定关于供应工人粮食的法令草案。会议讨论关于在苏维埃机关中限制用电的法令草案，以及关于收购马铃薯等问题。

同塞兹兰—维亚济马铁路政治部主任 В.Ю.卡德兹利斯谈话，要他向图拉、卡卢加和塞兹兰等地党政工作人员转达中央关于动员一切力量与燃料恐慌作斗争的号召。

11月17日

主持工农国防委员会会议；签署关于征召牙科医生服兵役的决定。会议讨论关于对破坏供给莫斯科燃料委员会钢轨事件调查的结果、最高国民经济委员会和粮食人民委员部关于军需物资领取凭单查核结果的报告、林业总委员会关于采伐工作的报告、燃料总委员会关于装运燃料的报告以及其他问题。

11月18日

主持人民委员会会议；起草人民委员会关于收购马铃薯的决定。会议讨论关于建立专门的商品储备来交换亚麻、关于改进运输工作的措施、关于印刷业的危急状况等问题。

在全俄党的农村工作第一次会议上讲话；讲话后同参加会议的人合影留念，并同他们交谈。

11月19日

接见旅俄华工联合会会长刘绍周（刘泽荣），同他谈中国革命、中国工人生活和联合会的工作等问题；谈话时在外交人民委员部1919年10月7日给刘泽荣开的证明信上加了一句："谨请各苏维埃机关和主管部门尽力协助刘绍周同志"，并在信上签名。

11月20日以前

接见莫斯科党的领导人、乌克兰共产党中央委员和乌克兰苏维埃政府成员，同他们谈乌克兰的国家制度、土地等问题。

起草关于乌克兰苏维埃政权的提纲。

11月20日

出席俄共（布）中央政治局和组织局联席会议。会议研究关于在乌克兰组织政权的问题。会议还讨论了列宁关于乌克兰苏维埃政权的提纲草稿。

主持工农国防委员会会议。会议讨论关于清除积雪的义务劳动、关于电信机关燃料供应、关于增加运木柴车皮的紧急措施、关于梁赞—乌拉尔铁路的状况、关于建立领导全国窄轨运木铁路建设的联合机构等问题。

11月21日

致函全俄中央执行委员会秘书阿·萨·叶努基泽，请他给前来援助苏维埃共和国的美国工程师罗·安·基利和曾大力帮助过俄国工人阶级的芬兰社会民主党创建人之一尼·罗·乌尔辛增加食品供应。

主持人民委员会会议。会议讨论关于精简非军事机关的法令草案、关于利用林业专家的决定草案、关于成立领导全国窄轨和宽轨运木铁路建设最高委员会的条例草案以及其他问题。

召开俄共(布)中央委员和全俄东部各民族共产党组织第二次代表大会部分代表的预备会议;作关于代表大会基本任务的笔记;三次发言,说明东部各民族共产党组织的任务。

出席俄共(布)中央政治局会议。会议讨论和通过列宁写的关于乌克兰苏维埃政权的提纲。

11月22日

主持人民委员会会议。会议批准关于收购马铃薯的法令草案以及其他问题。

在全俄东部各民族共产党组织第二次代表大会上作报告。

11月25日

主持人民委员会会议。会议讨论关于供应莫斯科和彼得格勒粮食等问题,以及关于精简非军事机关的法令草案。

收到卫生人民委员部防治斑疹伤寒特别委员会主席波·索·魏斯布罗德关于斑疹伤寒蔓延严重的电报,回电答应竭力采取一切措施。

11月26日

主持工农国防委员会会议;签署关于医学院五年级学生尽快毕业并应征入伍的决定。会议讨论关于铁路戒严特别委员会的工作、关于加快莫斯科近郊煤矿区的煤炭装运的措施、关于供应国营"输电"发电站职工的粮食、关于增加红军战士家属的口粮等问题。

11月27日

致电最高国民经济委员会副主席弗·巴·米柳亭,请他们拟定供《经济生活报》发表的关于各经济部门或主要经济部门生产力发展情况的定期工作报告的格式。

11月28日以前

接见梁赞省执行委员会主席米·尼·沙布林,同他谈关于苏维埃建设的各种问题。

11月28日

主持工农国防委员会会议。会议讨论关于清除积雪的义务劳动的法令草案、关于东部停止客运后同私贩粮食作斗争的规章草案以及其他问题。

11月29日

参加俄共(布)中央全会。全会委托格·瓦·契切林草拟准备在全俄苏维埃第七次代表大会上作的有关媾和问题的报告提纲和苏维埃代表大会的声明,列宁起草中央的这项决定以及关于全俄中央执行委员会的组成的决定。全会通过关于乌克兰苏维埃政权的决议草案;全会委托列宁在俄共(布)第八次全国代表会议上作关于中央委员会工作的政治报告和在全俄苏维埃第七次代表大会上作关于全俄中央执行委员会和人民委员会的工作报告;全会还讨论了关于工会、关于供应彼得格勒工人马铃薯、关于帮助红军战士家属等问题。

秋天

接见曾把他1918年8月20日写的《给美国工人的信》送往美国发表的П.И.特拉温。

同夫人娜·康·克鲁普斯卡娅和卫生人民委员尼·亚·谢马什柯一起前往151军医医院看望红军伤病员,同他们谈话,了解他们在健康、营养和治疗方面的情况;向他们介绍前线的形势、粉碎尤登尼奇和邓尼金的胜利。

视察教育人民委员部职业教育总局的实验学校,同学校领导和学生谈话,关心他们的生活和学习;观看他们的业余文艺演出。

参与编制斯维尔德洛夫共产主义大学的教育大纲;两次接见大学校长弗·伊·涅夫斯基,同意他在大纲中加入自然科学的课程;强调不掌握自然科学的基本原理就不能成为一个好的唯物主义者。

12月1日

同出席农业公社和农业劳动组合第一次代表大会的卡卢加省代表Д.П.科尔蓬科夫谈目前农村的若干问题。

用直达电报同阿·伊·李可夫谈阿斯特拉罕的军事形势,指示必须采取一切措施守住阿斯特拉罕,并把那里储存的鱼、布匹、金属、油脂和食盐等抢运出来。

12月2日—4日

领导俄共(布)第八次全国代表会议工作。

12月2日

上午,宣布俄共(布)第八次全国代表会议开幕,致开幕词;被选入代表会议主席团;主持第1次会议。

主持人民委员会会议;补充和修改《关于改善铁路运输搞好军运的法令》的草案。

晚上,在党代表会议第2次会议上作中央委员会的政治报告;作政治报告的总结发言;起草关于国际政策问题的决议。

12月3日

上午,在代表会议第3次会议上作关于乌克兰苏维埃政权问题的讲话。

晚上,在代表会议第4次会议上作关于乌克兰苏维埃政权问题的总结发言。

致函俄共(布)中央组织局,指出党章草案的编辑出版工作非常草率马虎,建议派人查清情况。

12月4日

出席俄共(布)中央政治局会议。会议讨论关于邀请社会民主党人和民粹派分子代表参加全俄苏维埃第七次代表大会、关于俄共(布)第八次全国代表会议选出的苏维埃建设委员会的工作成果等问题。

在农业公社和农业劳动组合第一次代表大会上讲话。

不早于12月4日

写《对全俄工会中央理事会俄共(布)党团委员会条例草案的意见》。

不晚于12月5日

写全俄中央执行委员会和人民委员会在全俄苏维埃第七次代表大会上的报告的提纲。

12月5日

在全俄苏维埃第七次代表大会第1次会议上被选入代表大会主席团;作关于全俄中央执行委员会和人民委员会的报告并宣读代表大会一致通过的关于国际政策的决议草案。

12月6日

出席全俄苏维埃第七次代表大会第2次会议;写关于全俄中央执行委员会和人民委员会的报告的总结发言的提纲;在讨论结束后作总结发言。

主持人民委员会会议;写《人民委员会关于莫斯科食品供应的决定草案初稿》。

写《关于粮食部门工作的决议草案》。

12月7日

签署人民委员会关于帮助被白卫军疏散到哈萨克草原的乌拉尔哥萨克返回家园的决定。

12月8日

在全俄苏维埃第七次代表大会组织小组第2次会议上参加关于苏维埃建设的报告的讨论并讲话。

12月9日

在全俄苏维埃第七次代表大会第5次会议上被选为全俄中央执行委员会委员;在代表大会闭幕式上致闭幕词。

主持工农国防委员会会议。会议讨论关于乌拉尔采矿工人食品供应问题。

12月9日以后

召开有全俄苏维埃第七次代表大会代表参加的民族问题会议。

12月10日

主持工农国防委员会会议;签署关于奖给东方面军第3集团军和第5集团军一个月工资和关于从西伯利亚和乌拉尔调运粮食的决定。

致函俄共(布)中央组织局,建议拒绝土耳其斯坦方面军司令米·瓦·伏龙芝关于增派党和苏维埃工作人员到土耳其斯坦方面军去的请求,指出必须集中全力解放乌克兰。

12月11日

主持工农国防委员会会议;签署关于授权省反逃跑委员会审理屡教不改的逃兵的诉讼案的决定。会议讨论关于伐木工人食品供应、关于莫斯科工人食品供应、关于改善军队供应的措施、关于国防委员会红军供给特派员为征粮军的制服和装备所采取的措施以及其他问题。

同苏维埃代表团成员讨论代表团在同爱沙尼亚资产阶级政府和谈中的任务。

12月12日

主持人民委员会会议;签署《关于改善铁路运输搞好军运的法令》。会议讨论关于改变剧院的剧目等问题。

12月15日

主持人民委员会会议。会议讨论关于莫斯科工人食品供应,关于卫生人民委员部部务委员的任命,关于乌拉尔各厂矿、林场和泥炭开采机构的食品和日用品供应等问题。

致电东方面军第5集团军革命军事委员会委员伊·尼·斯米尔诺夫,祝贺东方面军攻克新尼古拉耶夫斯克,并请他们设法完整无损地拿下库兹涅茨克地区。

《列宁全集》第二版第 37 卷编译人员

译文校订：崔松龄　傅子荣　张启荣　王锦文　翟民刚　王宏华

资料编写：张瑞亭　王　澍　冯如馥　刘方清

编　　辑：杨祝华　江显藩　许易森　李桂兰　蒋素琴

译文审订：胡尧之　岑鼎山

《列宁全集》第二版增订版编辑人员

李京洲　高晓惠　翟民刚　张海滨　赵国顺　任建华　刘燕明
孙凌齐　门三姗　韩　英　侯静娜　彭晓宇　李宏梅　付　哲
戢炳惠　李晓萌

审　　定：韦建桦　顾锦屏　柴方国

本卷增订工作负责人：门三姗　高晓惠

项目统筹：崔继新
责任编辑：崔继新
装帧设计：石笑梦
版式设计：周方亚
责任校对：吕 飞

图书在版编目(CIP)数据

列宁全集.第37卷/(苏)列宁著；中共中央马克思恩格斯列宁斯大林著作编译局编译.
—2版(增订版)-北京：人民出版社，2017.3(2024.7重印)
ISBN 978-7-01-017121-0
Ⅰ.①列… Ⅱ.①列… ②中… Ⅲ.①列宁著作-全集 Ⅳ.①A2
中国版本图书馆CIP数据核字(2016)第316442号

书　　名　列宁全集
LIENING QUANJI
第三十七卷
编 译 者　中共中央马克思恩格斯列宁斯大林著作编译局
出版发行　人民出版社
(北京市东城区隆福寺街99号　邮编 100706)
邮购电话　(010)65250042　65289539
经　　销　新华书店
印　　刷　北京新华印刷有限公司
版　　次　2017年3月第2版增订版　2024年7月北京第2次印刷
开　　本　880毫米×1230毫米 1/32
印　　张　19.875
插　　页　6
字　　数　518千字
印　　数　3,001—6,000册
书　　号　ISBN 978-7-01-017121-0
定　　价　49.00元

ISBN 978-7-01-017121-0